© ELI77 - IS

Avec son vaste Parc national de forêts et sa superbe forêt de Châtillon-sur-Seine, ici aucun doute : c'est la nature dans toute sa splendeur qui s'impose et triomphe !

Ici, les découvertes ne manquent vraiment pas, du superbe Flavigny-sur-Ozerain à la gourmande Epoisses, sans oublier les historiques Alise-Sainte-Reine et Semur-en-Auxois...

Ici la région se découvre au fil de ses cours d'eau et de ses véloroutes. Un havre de paix où les villes et villages chargés d'histoire défilent avec poésie.

D'Auxonne à Seurre en passant par Fontaine Française cette belle région aux confins de la Côte-d'Or se laisse découvrir le long de ses voies cyclables le long de la Saône et du canal.

Comment y venir ? Où dormir ? Qu'y faire ? Et comment s'informer au mieux une fois sur place ? Tout ce que vous devez savoir avant d'arriver en terres côtes-d'oriennes !

© LUCENTIUS - ISTOCKPHOTO.COM

© AM-C

Côte-d'Or
Vers Troyes
Villedieu
D965
CHÂTILLON-SUR-SEINE
Ource
Forêt de Châtillon
AUBE
D5
Puits
Forêt du Grand Jailly-l'Essard et Rochefort
D980
D21
D32
Vers Sens
D905
Seine
YONNE
MONTBARD
D19
D954
Lam
Armançon
SEMUR-EN-AUXOIS
Site d'Alésia
FLAVIGNY-S.-OZERAIN
D971
Vers Auxerre
EPOISSES
A6
D970
D26
D70
D70
D906
D905
D119
D980
Parc du Morvan
SAULIEU
POUILLY-EN-AUXOIS
N
O
E
S
D977b
Serein
Liernai
D15
N81
NIÈVRE
ARNAY-LE-DUC
D970
l'Ouche
D17
Ménessair
D906
D38
Vers Autun
POMM
AUXEY-DURESSES
MEURSAU
Vers Autun
NOLAY
SAÔNE-ET-LOIRE

Côte-d'Or

LA DESTINATION NATURE ET PATRIMOINE ENTRE PARIS ET LYON

La seule évocation du nom « Côte-d'Or » est magique et invite à l'évasion. La Côte-d'Or, c'est la promesse de découvrir un territoire sans pareil, mondialement connu et reconnu pour la qualité de ses vins, sa gastronomie, son patrimoine et ses savoir-faire ! Notre département a tous les atours pour devenir la première destination nature et patrimoine entre Paris et Lyon. Avec ses multiples visages, la Côte-d'Or vous étonnera et vous serez séduits par notre terre qui cultive la convivialité autant que l'authenticité. Je vous encourage à une itinérance douce pour mieux profiter de cette expérience. La marque « Savoir-Faire 100% Côte-d'Or » vous guidera dans votre découverte des produits typiques du département et je vous invite à échanger avec les femmes et les hommes qui se sont engagés dans cette démarche pour mieux comprendre leur attachement à notre terroir. Les climats de Bourgogne, inscrits au Patrimoine mondial de l'Unesco, sont gages là aussi d'un savoir-faire unique. Terre d'histoire, le département se découvre également à travers son patrimoine architectural et culturel d'exception. MuséoParc Alésia, Abbaye de Fontenay, Hospices de Beaune, Palais des Ducs de Bourgogne et Musée des Beaux-Arts à Dijon, Trésor de Vix au Musée du Pays Châtillonnais, Buffon, Pompon… sont autant de lieux et de noms illustres qui évoquent la force de notre histoire. En 2022, le MuséoParc Alésia célébrera son 10e anniversaire, avec son lot de surprises et de nouveautés. En cette période difficile pour beaucoup où la crise sanitaire nous oblige à repenser nos modes de consommation, la Côte-d'Or sera un refuge où chacun pourra trouver son bonheur ! N'attendez pas, rejoignez la destination Côte-d'Or pour un séjour charmant, gourmand et ressourçant !

Le Président du Département de la Côte-d'Or

Retrouvez cette offre en page 20

SOMMAIRE

© JEAN-JACQUES CORDIER - FOTOLIA

© YVANN K - FOTOLIA

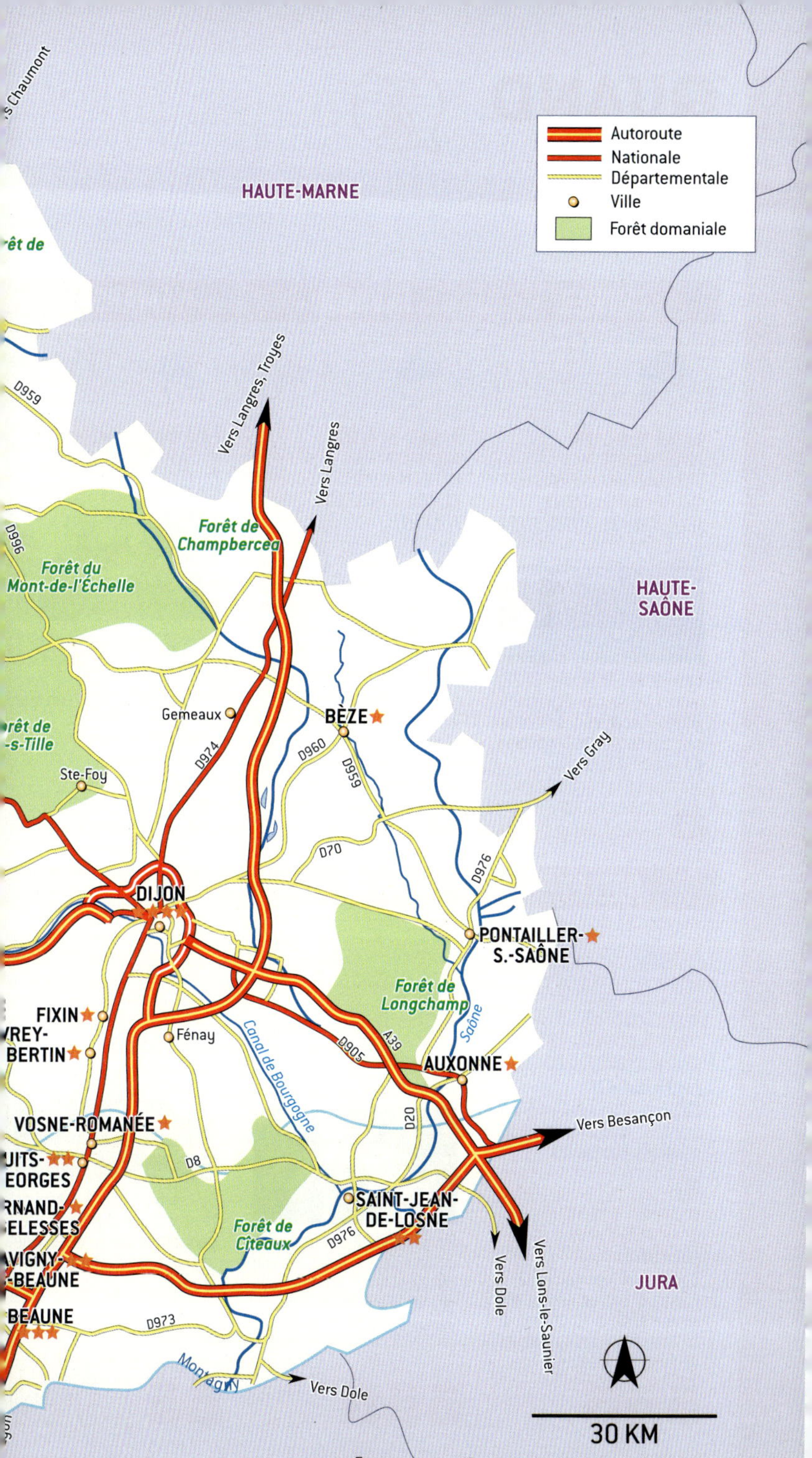
Autoroute
Nationale
Départementale
Ville
Forêt domaniale
HAUTE-MARNE
HAUTE-SAÔNE
JURA
Vers Langres, Troyes
Vers Langres
Vers Gray
Vers Besançon
Vers Dole
Vers Lons-le-Saunier
Vers Dole
Forêt de Champbercea
Forêt du Mont-de-l'Échelle
Forêt de Longchamp
Forêt de Cîteaux
Gemeaux
BÈZE
Ste-Foy
DIJON
PONTAILLER-S.-SAÔNE
FIXIN
Fénay
AUXONNE
VOSNE-ROMANÉE
SAINT-JEAN-DE-LOSNE
BEAUNE
Canal de Bourgogne
Saône
D959
D996
D974
D960
D70
D976
D905
A39
D20
D8
D973
30 KM

QUAND Y ALLER

JANVIER

-1° / 6°

SAINT VINCENT TOURNANTE À PULIGNY-MONTRACHET CORPEAU BLAGNY
(PULIGNY-MONTRACHET)

© PHOVOIR

Les 29 et 30 janvier 2022, rendez-vous pour ce traditionnel week-end au cœur des caves et des vignobles du sud de la Côte-d'Or.

$

FÉVRIER

-1° / 8°

À PAS CONTÉS-FESTIVAL INTERNATIONAL JEUNE ET TOUS PUBLICS
(DIJON)

La 22e édition aura lieu comme chaque année en février. Danse, théâtre, marionnettes, cirque... Une trentaine de spectacles.

$

MARS

2° / 12°

FÊTE DU CRÉMANT ET TAPE-CHAUDRON
(CHÂTILLON-SUR-SEINE)

© SHARON WILDIE -

Entre grand carnaval et fête du vin, c'est le 19 mars 2022 qu'à Châtillon-sur-Seine aura lieu cet événement unique en France.

$

JUILLET

14° / 26°

WEEK-END DE L'ART ABORDABLE ET DU STREET ART
(MONTBARD)

Le temps d'un week-end, des artistes présentent leurs créations abordables.

FESTIVAL INTERNATIONAL D'OPÉRA BAROQUE ET ROMANTIQUE
(BEAUNE)

Dédié aux opéras et à la musique sacrée (mais pas seulement), la réputation de ce beau festival dépasse largement nos frontières.

$$$

AOÛT

14° / 26°

ESCAPADES ET FESTIVAL MUSICALES EN AUXOIS
(SEMUR-EN-AUXOIS)

© STOKKETE - SHUTTERSTOCK.COM

Fin juillet-début août, la 26e édition de ce beau festival offrira notamment une revisite de Bach et de Scarlatti version jazz.

$$$

SEPTEMBRE

10° / 22°

LIVRES EN VIGNES
(VOUGEOT)

© OLIVIER PONCELET /

Ce célèbre salon du livre se tient chaque année à Vougeot le dernier week-end de septembre. Avec de nombreux écrivains présents.

$$

De Dijon à Nuits-Saint-Georges, de Beaune à Châtillon-sur-Seine en passant par Volnay, en toute saison la Côte-d'Or accueille de nombreux événements réunissant les amateurs de culture, de spectacles vivants, de patrimoine, d'histoire, de cinéma, de gastronomie et – bien entendu ! – de vins. Voici une sélection de quelques grands rendez-vous annuels incontournables. N'hésitez pas à consulter aussi nos pages Agenda : elles vous permettront d'en connaître encore bien davantage !

AVRIL

4° / 16°

$ $

MAI

8° / 20°

FÊTE DE LA BAGUE DE SEMUR-EN-AUXOIS
(SEMUR-EN-AUXOIS)
Le 31 mai, chaque année, les passionnés de chevaux et de courses équestres vont adorer cette grande fête médiévale. Un saut dans le temps.

$ $

JUIN

12° / 24°

ÉLÉGANCE DES VOLNAY
(VOLNAY)

© ANDREA FEDERICI - SHUTTERSTOCK.COM

Découverte des climats en calèche, visites des caves... Depuis 2005, le dernier samedi de juin, ici on célèbre les vins de Volnay.

$ $

OCTOBRE

7° / 16°

FOIRE INTERNATIONALE ET GASTRONOMIQUE
(DIJON)
Du 30 octobre au 11 novembre 2021, la 90e édition de cette grande foire qui réunit 600 exposants aura l'Irlande pour invitée.

MARCHÉ DE LA SAINT-SIMON
(FLAVIGNY-SUR-OZERAIN)
Le 18 octobre, ne manquez pas ce traditionnel marché qui se tient dans l'un des Plus Beaux Villages de France.

$

NOVEMBRE

2° / 10°

VENTE DES VINS DES HOSPICES DE BEAUNE
(BEAUNE)

© ELITRAVO - SHUTTERSTOCK.COM

Le 21 novembre se déroulera la 161e édition de cette vente aux enchères mondialement connue, et des animations qui l'accompagnent.

$

DÉCEMBRE

0° / 6°

$

LES BONNES RAISONS D'Y ALLER

© TUNART - ISTOCKPHOTO.COM

ICI ON SE MET AU VERT !

Forêts et lacs, vignes et plaines, combes et vallées... Partout la nature flamboie.

UNE GRANDE DIVERSITÉ DE PAYSAGES

Du Châtillonnais à l'Auxois jusqu'au Val de Saône, la Côte-d'Or offre de multiples visages…

© FLORENT - STOCK.ADOBE.COM

© RICHARD SEMIK - SHUTTERSTOCK.COM

DES VINS MONDIALEMENT RECONNUS

Sur toute la planète, le prestige de la côte des grands crus n'est plus à faire.

UNE GASTRONOMIE RÉPUTÉE

Jambon persillé, fromage d'Epoisses, bœuf bourguignon, œufs en meurette… A table !

UN TOURISME FLUVIAL TRÈS RICHE

Sur la Saône ou sur le canal de Bourgogne, il fait toujours bon voguer au fil de l'eau.

DE NOMBREUX PETITS PRODUCTEURS

Directement à la ferme ou sur les marchés, de nombreux produits gourmands vous attendent.

UN PATRIMOINE HORS-NORME

Vestiges gallo-romains, merveilles du Moyen Age, trésors des Ducs… Ici, tout est histoire.

LES BONNES RAISONS D'Y ALLER

UNE TERRE DE CULTURE

Des musées d'exception, des festivals de renom... L'offre culturelle est pléthorique.

UN PARADIS POUR LES SPORTIFS

Que l'on aime les activités tranquilles ou les sports plus extrêmes, ici on aura le choix.

UN CARREFOUR DE COMMUNICATION

Que l'on aille du nord au sud ou d'est en ouest, la Côte-d'Or est souvent incontournable.

LES 12 MOTS-CLÉS

#AGRICULTURE

Produits de la vigne, céréales, élevages de bovins et d'ovins, fruits et légumes, mais aussi fromages (d'Epoisses, mais pas seulement !), la Côte-d'Or est ancrée dans la ruralité. Son agriculture constitue même un secteur essentiel à l'économie d'ici. Bref, si pour vous le bonheur n'est pas dans le pré, passez tout de suite votre chemin !

#ARTISANAT

Travail du bois, du verre, du fer, de la pierre ou de la terre, vanneries ou même savonneries… Aux quatre coins du département, des artisans d'art proposent leurs créations. Sans compter tous ces petits producteurs qui vous régaleront de leurs produits faits maison. Difficile de résister. Aussi, avant de venir, prévoyez de grands sacs à remplir !

#CASSIS

Autant que les vins et la moutarde, le cassis est emblématique de ce coin de France ! Ici, de l'apéritif jusqu'au dessert (voire jusqu'au digestif), vous boirez et mangerez cassis. Sans compter les innombrables confiseries, chocolats, confitures et autres pains d'épices qui, eux aussi, ont tous leur version cassis. Incontournable, on vous dit !

© ELENALEONOVA - ISTOCKPHOTO.COM

#CAVES

A Beaune, Vougeot, Pommard, ou encore à Vosne-Romanée et Châtillon-sur-Seine, c'est souvent sous terre que vous vous laisserez aller au plaisir d'une dégustation des grands crus dont la Côte-d'Or regorge. Rouge, blanc ou crémant : vous n'aurez que l'embarras du choix. Alors, courez-y ! D'autant que l'été vous y trouverez aussi un peu de fraîcheur.

#CLIMAT(S)

Neige, gel et brouillard en hiver, chaleur torride et forts orages en été, la Côte-d'Or connaît une assez forte amplitude thermique. Mais ne vous y trompez pas : quand ici on vous parlera de climat, ce sera surtout pour évoquer les parcelles de vignes émaillant les côtes des vins. Elles sont même inscrites au patrimoine mondial de l'humanité.

#DUCS

Du sud au nord, d'est en ouest, où que vous alliez vous trouverez ici l'empreinte des Ducs de Bourgogne. Là, les Hospices de Beaune. Ailleurs le château et le jardin de Barbilly ou ceux de Commarin et Bussy-Rabutin. Bref, les Ducs sont partout. Normal, ils ont régné sur ces terres pendant plus de 500 ans. Forcément, ça laisse des traces !

© PIERRE JEAN DURIEU - SHUTTERSTOCK.COM

#EAU

De la Saône à l'Armançon en passant par l'Ouche, la canal de Bourgogne, la Tille ou le Serein, fleuves, rivières et canaux sont nombreux. Sans compter les innombrables lacs et autres plans d'eau qui font la joie des adeptes de la baignade ou de la pêche. Si, en plus, vous êtes fan de croisières, n'hésitez vraiment plus : bienvenue en Côte-d'Or !

#GRANDES TABLES

Si la Bourgogne compte une trentaine de chefs étoilés, la seule Côte-d'Or en héberge 14. C'est dire si les excellentes tables ne manquent pas, et il faut y ajouter une offre bistronomique et une multitude de restaurants qui mériteraient de voir eux aussi mille et une étoiles. Autant vous le dire : ici vous ne connaîtrez jamais la faim !

LES 12 MOTS-CLÉS

#INTERNATIONAL

Plus que jamais la Côte-d'Or compte faire de la richesse de son patrimoine historique et naturel une vitrine internationale. En 2022, la grande Cité du Vin s'établira à Beaune. Quant à la Cité de la Gastronomie et du Vin, elle s'installera dès la fin 2021 à Dijon, qui compte déjà (depuis 90 ans) une Foire internationale gastronomique de renom.

#NATURE

Vignes et forêts, plateaux calcaires ou vallées verdoyantes, la Côte-d'Or offre de nombreux paysages. Les espaces naturels y sont nombreux. Quant au Parc national de Forêt situé dans le Châtillonnais, ses 241 000 ha en font le plus grand massif boisé du département, et le plus grand parc européen à vocation écologique et économique. Rien que ça !

#MOUTARDE

Que serait Dijon sans sa moutarde ? Avec ses vins et sa liqueur de cassis, voilà le produit le plus exporté de Côte-d'Or. Attention, toutefois, si celle dite de Bourgogne est 100 % locale (grâce à son AOP), celle de Dijon n'a plus grand-chose à voir avec la région. Elle viendrait souvent du Canada que de la patrie de Gustave Eiffel. Tabernacle !

© TYCOON101 - ADOBE STOCK

#UNESCO

De l'abbaye de Cîteaux à la ville médiévale de Semur-en-Auxois, des beaux villages de Flavigny-sur-Ozerain ou de Vougeot aux superbes Hospices de Beaune, ici les merveilles ne manquent pas. La preuve, l'Unesco a même classé deux sites côte-d'oriens au patrimoine mondial de l'humanité : l'abbaye de Fontenay et les climats des vins de Bourgogne !

VOUS ÊTES D'ICI, SI...

- **Pour dire bonjour et au revoir vous faites 4 bises.** Attention : si vous vous économisez on saura immédiatement que vous n'êtes pas d'ici.
- **Vous n'êtes pas du genre à vous plaindre** de la rudesse de l'hiver ni des grosses chaleurs de l'été. Vous en avez tellement l'habitude !
- **Le Ban bourguignon, vous pratiquez.** Pas de noces et banquets sans qu'au moment de la poire (juste avant le fromage), on le chante tous ensemble.
- **Vous pensez qu'il n'y a rien de meilleur que les vins du cru** (« parce que les autres, ma foi... »), et que la cuisine bourguignonne, « y a pas à dire... elle les surpasse toutes ! ». Vous pensez aussi que Dijon est de loin la plus belle ville (à 2 millions de kilomètres à la ronde), et que rien ne vaut les beaux sites de Côte-d'Or. Bref, vous êtes « un poil »... chauvin !
- **Aux repas vite faits mal faits vous préférez de loin prendre le temps** et savourer chaque seconde les produits du terroir. Là, ce n'est pas que vous êtes chauvin, non. Vous êtes simplement épicurien !

MA CÔTE-D'OR

Magali Masson, auteur

© DR

Interview

Le tourisme est son fil d'Ariane depuis plus de 20 ans. Magali aime la Côte d'Or où elle réside et est passionnée de vins. Elle prend plaisir à fédérer des personnes différentes autour d'un projet et rédiger des textes qui, elle l'espère, retranscrivent la beauté de ce territoire. Elle aime cette citation d'Oscar Wilde : «J'ai les goûts les plus simples du monde, je me contente du meilleur».

TOP 5

SE RESTAURER

Des tables étoilées, une bistronomie particulièrement créative… Grâce à sa gastronomie mondialement reconnue, la Côte-d'Or est un véritable jardin d'Eden pour les épicuriens. Et pour les plus exigeants des gourmets qui vivront dans ces 5 établissements une expérience forcément mémorable.

L'ESSENTIEL

Dijon
Une carte courte, un menu du jour renouvelé quotidiennement, et dans l'assiette beaucoup de goût et de raffinement. Remarquable.

© ALEXANDRE NIQUET

© LOISEAU DES SENS

LOISEAU DES SENS

Saulieu
Ce second restaurant Bernard Loiseau à Saulieu propose une cuisine savoureuse qui vient compléter celle du Relais étoilé voisin.

© LE MILLÉSIME

LE MILLÉSIME

Chambolle-Musigny
Installé dans une belle maison vigneronne, Le Millésime (du très créatif chef Mathieu Mazoyer) vaut franchement qu'on s'y attable.

HOSTELLERIE DU CHAPEAU ROUGE

Dijon
Une cuisine bourguignonne réinventée, et double étoilée. Se poser à la table de William Frachot est une expérience unique !

© C. FOUQUIN

© TABLE D'HÔTES DE LA ROTISSERIE DE CHAMBERTIN

LA TABLE D'HÔTES DE LA RÔTISSERIE DU CHAMBERTIN

Gevrey-Chambertin
Cette table d'hôtes toute en authenticité est surtout un magnifique restaurant étoilé à la cuisine absolument savoureuse.

TOP 5

SE LOGER

De Courban tout au nord du département jusqu'à Levernois à son extrême sud, ces 5 hôtels font partie des plus beaux de la Côte-d'Or. Tous situés près (voire au cœur) de sites incontournables, ils vous offriront la garantie d'un séjour inoubliable aux pays des Ducs et des grands vins.

© ARNAUD FRICH

HOSTELLERIE DE LEVERNOIS

Levernois

Un restaurant étoilé, un bistrot, un hôtel... Dans cette propriété du XVIIIe siècle, le luxe se fait élégant, sans ostentation.

© VANDENDRIESSCHE FREDERIC

CHÂTEAU DE COURBAN & SPA

Courban

Un restaurant étoilé, un superbe spa et un hôtel de charme, chic et raffiné. Un paradis au cœur de la forêt châtillonnaise !

© C. FOUQUIN

HOSTELLERIE DU CHAPEAU ROUGE

Dijon

Près de la cathédrale, cette institution dijonnaise vaut autant pour son superbe hôtel que pour son exceptionnel restaurant.

© CHÂTEAU DE SAULON

CHÂTEAU DE SAULON

Saulon-la-Rue

Au milieu d'un parc de 27 ha à Saulon-la-Rue, ce château du XVIIe siècle est un magnifique havre de paix, tout en chic et en élégance.

HÔTEL LE CEP - CENTRE DE MIEUX-ETRE MARIE DE BOURGOGNE

Beaune

Un hôtel-restaurant 5 étoiles, chic et romantique, près des Hospices. Avec spa, bar 24/24, et caveau pour les dégustations.

© CLÉMENT BONVALOT

TOP 5

ACTIVITÉS

Que vous privilégiez les découvertes culturelles aux activités sportives, que vous ayez choisi l'option d'un séjour œno-touristique ou que vous préfériez l'Histoire et le patrimoine, ces 5 activités ne vous décevront pas. Elles font partie des incontournables de la Côte-d'Or. Parmi d'autres, évidemment...

BFC PARACHUTISME

Ouges
Vous rêvez de sauter en parachute à 4 000 mètres ? A Dijon, le BFC Parachutisme vous le propose. Une expérience inoubliable !

© BFC

© SÉBASTIEN PITOIZET

MUSÉOPARC ALÉSIA

Alise-Sainte-Reine
Un site archéologique unique, qui s'articule (entre autres) autour des vestiges gallo-romains et de la statue de Vercingétorix.

PARC NATIONAL DE FORÊTS

Leuglay
50 millions d'arbres, 100 marais tufeux, 700 km de rivières, 2 000 km de sentiers... Bienvenue au Parc national de forêts !

© PARC NATIONAL DE FORÊTS - ERIC GIRARDOT

LE CHÂTEAU DU CLOS DE VOUGEOT

Vougeot
Au cœur du vignoble, ce haut lieu de la gastronomie regorge de trésors. Ou quand l'histoire de la Bourgogne défile sous nos yeux.

© OLIVIER PONCELET / ADOBE STOCK

© JULIEN MORIN

TNCO TÉLÉSKI NAUTIQUE CÔTE D'OR

Prémeaux-Prissey
Vous rêvez d'une activité inattendue ? Sur le vaste plan d'eau de Bois-Guillaume, osez le ski nautique ou le kneeboard !

IDÉES DE SÉJOUR

Ses vignes et ses grands crus, sa gastronomie et ses chefs étoilés, son patrimoine, la diversité de ses paysages... Pour mieux se laisser découvrir la Côte d'Or offre de très nombreuses possibilités de séjours. Que l'on rêve de naviguer au fil de l'eau en se prélassant sur le pont d'un bateau, que l'on soit un passionné d'Histoire ou résolument épicurien, il y en a vraiment pour tous les goûts ! Nous vous proposons ici 3 idées qui figurent parmi les incontournables lorsqu'on souhaite visiter le département. Autant d'expériences qui vous laisseront des souvenirs impérissables. A vivre seul ou en duo, en famille ou entre amis. Dans tous les cas, les offices de tourisme pourront bien entendu vous renseigner davantage. De même, des sites internet dédiés et des applications smartphone existent pour vous donner des idées thématiques et toutes les bonnes adresses à découvrir. N'hésitez pas à les consulter.

FLÂNER SUR LE CANAL DE BOURGOGNE

Naviguer sur le Canal de Bourgogne, c'est l'assurance de découvrir une bonne partie du patrimoine bourguignon et ses superbes paysages. Et pour cause... Le long de ses 242 km, de ses 189 écluses et de ses 43 ports ou gares d'eau, ce sont 2 départements que vous traverserez, de Migennes (Yonne) jusqu'à Saint-Jean-de-Losne. Mais arrêtons-nous sur sa partie côte-d'orienne.

› Jour 1

Depuis la vallée de l'Armançon icaunaise, vous atteindrez la Côte d'Or via Rougemont, Semur-en-Auxois, Fontenay et son abbaye. Autant de très belles haltes à programmer absolument pour débuter votre parcours.

› Jour 2

Vous voici maintenant à Montbard où vous visiterez le Musée et le Parc Buffon dédiés au célèbre naturaliste. Le canal franchira ensuite la Brenne, et vous atteindrez Pouilly-en-Auxois et son tunnel long de 3,3 km. C'est ici que se situe la ligne de partage des eaux, d'où la construction de ce tunnel dans lequel la circulation est alternée (du fait de son étroitesse). Dans un parcours parsemé d'écluses, vous poursuivrez votre périple en découvrant peu à peu les paysages de la vallée de l'Ouche, de Pont d'Ouche qui précède une région boisée jusqu'à Fleury-sur-Ouche.

› Jour 3

Vous ne serez plus qu'à quelques encablures de Dijon. Pour y parvenir, vous longerez l'autoroute, puis le fameux lac Kir. En repartant, c'est l'aéroport de Dijon-Longvic que vous approcherez avant de rejoindre la vallée de la Saône dans un tracé en ligne quasi droite sur une trentaine de kilomètres. Alors Saint-Jean-de-Losne vous apparaîtra, point d'arrivée de ce très beau canal qui rejoint ici la Saône.

Vue sur la ville de Montbard.

À LA DÉCOUVERTE DE LA CÔTE DE NUITS

La prestigieuse côte de Nuits, au sud de Dijon et au nord de Beaune, abrite une large partie des grands crus de la région. Mais pas seulement ! Des trésors du patrimoine aussi. Voici, sur 2 belles journées, un circuit de rêve qui ne traverse que des lieux emblématiques de la région !

› Jour 1

Partons de Fixin, un village vigneron situé à 20 minutes de Dijon. Fixin est le premier à avoir bénéficié de l'appellation « Côte-de-Nuits-Villages ». De belles demeures vous y attendent, et même un musée dédié à Napoléon juché au cœur d'un parc boisé où trône sa statue. À voir aussi, dans le hameau de Fixey tout proche, une superbe église des XIIe et XVe siècles aux tuiles vernissées. De là, vous gagnerez la ville voisine, Gevrey-Chambertin. Outre les nombreux domaines et tous les grands crus, vous pourrez y découvrir la réserve naturelle de Combe Lavaux-Jean Rolland. Tout à côté encore, Chambolle-Musigny vous attend. Son église Sainte-Barbe fut édifiée au XVIe siècle ; elle possède un clocher en dôme à l'impériale qui rappelle ceux de Franche-Comté. Restera ensuite à gagner Vougeot. Vieilles pierres, murets, demeures historiques, n'hésitez pas à déambuler dans les rues de ce village si caractéristique de la région, notamment celles qui mènent au château du Clos de Vougeot. Une pure merveille et un monument emblématique de la région. Fondé par les moines cisterciens, et administré aujourd'hui par la confrérie des chevaliers du Tastevin, vous pourrez en son sein voir retracée toute la grande et belle histoire des vignes et des vins de la région. En sortant, c'est sûr, vous admirerez d'un tout autre œil les 50 ha vignes qui entourent le château ! Certes, elles ne produisent plus de vin, mais elles témoignent de toute l'histoire de la Bourgogne.

› Jour 2

Poursuivez votre route au sud : à quelques minutes de là, vous passerez par Vosne-Romanée, puis arriverez à Nuits-Saint-Georges. Vous rendez-vous compte que depuis votre point de départ à Fixin vous n'avez finalement parcouru qu'une quinzaine de kilomètres ? Bref, courez découvrir le « Cassissium », un musée dédié à l'un des emblèmes de la Côte d'Or : le cassis. Et n'oubliez pas « L'Imaginarium » qui propose la découverte des grands vins de façon ludique. Vous démarrerez par un spectacle son et lumière qui retracera l'histoire des vignes et des vignerons, puis un parcours spécifique vous aidera à mieux connaître les vins effervescents par le biais d'amusants ateliers. Pour conclure votre périple, il ne vous restera plus qu'à vous diriger vers l'est. À Saint-Nicolas-lès-Cîteaux où se situe l'un des joyaux de la Côte d'Or (et de la Bourgogne tout entière), l'abbaye de Cîteaux. Au Moyen Âge, les moines qui l'ont bâtie ont aussi contribué au développement des vignes. À voir également la vaste forêt qui s'étend d'Agencourt à l'ouest jusqu'au Canal de Bourgogne à l'est, près de Brazey-en-Plaine.

SUR LA ROUTE DES GRANDS CHEFS

Riche de 14 tables étoilées qui émaillent l'ensemble de son territoire, la Côte d'Or peut se visiter au gré d'étapes épicuriennes qui vous laisseront forcément de fabuleux souvenirs.

› Jour 1

Partons du sud du département, de Chassagne-Montrachet précisément, où pour déjeuner vous vous attablerez chez « Ed.Em » tenu par le chef Édouard Mignot et sa compagne Émilie Rey. Le soir venu, vous dînerez tout près d'ici, chez Philippe Augé et sa « Table de Levernois ». Mais d'ici là vous aurez tout le temps de profiter des villes et villages à proximité : Pommard, Meursault, La Rochepot, ça vous dit quelque chose ?

› Jour 2

De Levernois vous n'aurez que 5 km à parcourir pour atteindre Beaune. Là, à vous de choisir entre la cuisine de Keishi Sugimura ou celle de Christophe Quéant aux commandes du « Bénaton » et du « Carmin ». Après votre visite des Hospices et du superbe Musée des Beaux-Arts, cap sur Pernand-Vergelesses, à 7 km. Oui, ce village d'à peine plus de 200 âmes abrite une table étoilée, « Le Charlemagne » de Jordan Prot !

› Jour 3

Dirigez-vous vers l'ouest, aux portes du Morvan. À Saulieu, Patrick Bertron a succédé au légendaire Bernard Loiseau. Il est l'un des 2 chefs de Côte d'Or à être couronné de 2 étoiles. De là vous pourrez récupérer l'autoroute A 38 pour gagner Dijon, et dîner chez William Frachot à l'Hostellerie du Chapeau Rouge, l'autre 2 étoiles ! En chemin, vous découvrirez Pouilly-en-Auxois, le château de Commarin, la vallée de l'Ouche.

› Jour 4

À Dijon, 3 autres tables étoilées vous attendent. Reste donc à choisir entre « L'Aspérule », « Loiseau des Sens » et « Cibo », tant pour le déjeuner que pour le dîner. Car entre temps, la capitale bourguignonne regorgeant de trésors, vous aurez largement de quoi occuper votre journée ! Et dire que lors de votre prochain séjour il vous restera encore 6 grandes tables à visiter…

LA TÊTE À L'ENDROIT
EN BOURGOGNE-FRANCHE-COMTÉ
Présenté par
Guillaume Pierre
3 bourgogne franche-comté
Le dimanche à 12h55
© Jean-Luc Petit
france•tv

DÉCOUVRIR

Pour nombre d'entre nous, la Côte-d'Or est avant tout marquée par ses vignes, et ses grands crus aux noms si prestigieux que les énoncer suffit déjà à nous faire rêver. Vosne-Romanée, Pommard, Meursault, Gevrey-Chambertin, Beaune (pour ne citer qu'eux) résonnent partout dans le monde comme une invitation à l'excellence. Mais la Côte-d'Or, c'est aussi une gastronomie unanimement saluée. Et une terre d'art et d'histoire au patrimoine saisissant, gravé pour l'éternité par l'époque gallo-romaine, par les moines cisterciens, puis par les ducs de Bourgogne qui régnèrent ici pendant 500 ans. Ce territoire où la nature flamboie offre des paysages incroyablement diversifiés, du Morvan au sud-ouest jusqu'aux plateaux du Châtillonnais plus au nord en passant par le Val de Saône ou les pays d'Ouche et de l'Auxois. Pas de doute : si souvent croqué par les peintres, écrivains et cinéastes, ce beau département cultive un véritable art de vivre.

VINS ET VIGNOBLES

Gevrey-Chambertin, Vosne-Romanée, Nuits-Saint-Georges, Pommard, Meursault… Les vins venus de la Côte d'Or sont, depuis des siècles, reconnus et célébrés parmi les meilleurs et les plus prestigieux au monde. Leurs climats, créés par les moines cisterciens au Moyen Âge, ont même été classés au Patrimoine mondial de l'UNESCO. Mais la Côte d'Or, c'est aussi les vins de l'Auxois moins connus, les crémants du Châtillonais, le marc de Bourgogne (une eau-de-vie produite avec les résidus de la vigne) ou encore le ratafia. Désireux de faire mieux connaître la richesse de ce patrimoine et le savoir-faire de ses viticulteurs passionnés qui, bien souvent, se succèdent de générations en générations, la région multiplie les projets touristiques et pédagogiques les plus ambitieux. Pour le plus grand bonheur des nombreux amateurs de ces crus d'exception. Sans oublier les fêtes qui émaillent chaque année les communes viticoles du département.

Des vins millénaires célébrés sur toute la planète !

Si, en Bourgogne, l'origine de la vigne est ancienne, la date de son apparition demeure floue. Il faut très probablement remonter bien plus loin, toutefois le texte le plus ancien attestant la présence de la vigne et du vin en Bourgogne remonte à 312 : Eumène, le président de l'université d'Augustodunum (Autun), y décrit le vignoble beaunois. Un peu plus tard, aristocrates et communautés religieuses représentent la majeure partie des propriétaires de vignobles. Ainsi, c'est à l'activité des moines bénédictins et cisterciens qu'est lié le véritable essor du vin d'ici. Dans un souci de perfection, ceux-ci étudient tout ce qui peut contribuer à son amélioration : taille, boutures, greffages, méthodes de vinification, construction de caveaux… Leur plus grande contribution se trouve cependant dans la création des « climats » : en les imaginant, les moines offrent aux vins de Bourgogne leur identité. Servi à la table des papes et des rois, ils deviennent synonyme d'hospitalité et de prestige. A la fin du XIVe siècle, la cour des Ducs apprécie elle aussi ce qu'on appelait alors les « vins de Beaune » ; elle participe donc à promouvoir leur renommée qui s'étend désormais au monde entier. Au XVIIIe, le négoce s'organise. L'élevage des vins s'effectue en fûts neufs, et la bouteille apparaît ainsi que le vocabulaire de la dégustation : robe, arômes, goût… A l'époque, le vin de Champagne est le seul rival des vins de Bourgogne. Jusqu'à ce que le médecin de Louis XIV, Fagon, rédige une ordonnance prescrivant à son royal patient « le vin vieux de Bourgogne » comme un vin de régime très salutaire pour la santé. Aussitôt la Cour boit donc du bourgogne… et délaisse le champagne ! Quant à Napoléon, il n'admettra que le chambertin à sa table, suivant lui aussi les conseils de ses médecins…

© CHRISROLL - ISTOCKPHOTO.COM

Vignobles à Chambertin.

Un exceptionnel trésor viticole

La Côte des vins est sans doute l'un des vignobles les plus célèbres au monde : une grande bande géographique longue de 65 km, avec une taille de guêpe puisqu'on mesure parfois moins de 300 mètres de largeur d'un point à un autre (un à deux kilomètres le plus souvent). Située entre Dijon et Maranges, elle est recouverte de vignes sur quasiment toute sa longueur, et seules quelques villes comme Beaune et Nuits-Saint-Georges émergent de cette mer végétale. Ici, ce sont 2 200 maisons qui cultivent plus de 9 000 ha de terres, toutes en AOC. La production annuelle est comprise entre 350 000 et 460 000 hectolitres, les 3/4 en rouge. Elle se subdivise en 2 zones géographiques : la prestigieuse Côte de Nuits, d'abord. Chambertin, Musigny, Clos de Vougeot, Romanée-Conti ou Nuits-Saint-Georges, la quasi-totalité des grands crus bourguignons sont abrités là. Sur 2 500 ha, ce sont 15 millions de bouteilles, à 90 % rouge, qui

© RICHARD SEMIK - SHUTTERSTOCK.COM

Vignoble sur la côte de Beaune près de Pommard.

y sont produites tous les ans. La Côte de Beaune s'étend, quant à elle, de Ladoix-Serrigny au nord jusqu'aux coteaux de Maranges au sud (ces derniers ne se situant d'ailleurs pas en Côte-d'Or mais en Saône-et-Loire). Ses 4 800 ha de vignobles offrent plus de 25 millions de bouteilles par an. Certains la surnomment « les Champs-Elysées de la Bourgogne ». Et pour cause, les grands noms y défilent aussi : Montrachet, Meursault, Pommard, Santenay, Volnay, Pernand-Vergelesses… Enfin, tout à côté se trouvent aussi les Hautes-Côtes qui, comme leur nom l'indique, surplombent la côte des vins et se présentent sur une quarantaine de kilomètres de long. Les altitudes y varient de 300 à 640 mètres. Elles aussi se subdivisent en 2 appellations : Hautes-Côtes-de-Nuits et Hautes-Côtes-de-Beaune (550 ha et 650 ha). Comme pour les côtes de Beaune et de Nuits, des moines sont à l'origine de leur développement, ceux de Saint-Vivant et de Cîteaux. Longtemps délaissés, des acharnés ont lutté pour leur retour en grâce. Née officiellement en 1961, l'appellation s'étend aujourd'hui sur 16 communes de Côte-d'Or. Rouges et rosés représentent 617 ha de vignes, les blancs près de 148 ha.

Dans l'Auxois aussi…

Trop souvent oubliés, les vins de l'Auxois ont habité, pendant des siècles, les caves les plus prestigieuses, à commencer par celles de Versailles. Attestée depuis (au moins) l'an 741, sa présence doit forcément beaucoup aux 3 abbayes présentes sur ce territoire. Car, on le sait, les moines (ici, ceux de Flavigny, de Fontenay et de Moutiers-Saint-Jean) ont beaucoup fait pour les vignes bourguignonnes. Hélas, au fil du temps, le développement des moyens de communication (comme le chemin de fer) fait du tort à l'Auxois; la région est alors délaissée. Bonne nouvelle : après plus d'un siècle de sommeil les coteaux de l'Auxois profite ces dernières années d'une nouvelle (et très belle) mise en valeur, fruit de quelques irréductibles passionnés. Depuis leurs premières vendanges en 1997 les vins retrouvent leur splendeur. Pour preuve, l'appellation Vin de Pays des Coteaux de l'Auxois a évolué en 2012 vers une IGP (Indication Géographique Protégée) pour les producteurs basés à Villaines-les-Prévotes, Flavigny-sur-Ozerain et Thorey-sous-Charny.

Crémants, marc de Bourgogne et ratafia sont aussi très présents

Au milieu du XIXe siècle, la crise du phylloxéra a largement impacté les vins du Châtillonnais. Mais la culture n'en a pas été abandonnée pour autant. L'Appellation d'Origine Contrôlée (AOC) reçue en 1975 en est une preuve incontestable. Aujourd'hui, ce sont une soixantaine de viticulteurs réparties dans une vingtaine de communes qui sont concernés. Et c'est désormais le crémant qui joue les stars ! Un vin sec, fruité, pétillant et léger que vous retrouverez sur tout le territoire Sur les 7 régions productrices de crémants en France, la Bourgogne tient la seconde place avec plus de 16 millions de bouteilles vendues chaque année, et ceux de Châtillon y sont particulièrement bien représentés. Bon à savoir : l'appellation Crémant impose en particulier des vendanges manuelles à juste maturité du raisin et un rendement de 150 kg de raisin par hectolitre. Très répandu lui aussi, le marc de Bourgogne est une eau-de-vie faite avec les résidus de pressage du raisin. Il est donc produit après les vendanges ou en hiver. De couleur ambrée, il se consomme en digestif. On compte 25 distillateurs et une centaine de producteurs sur la seule Côte-d'Or. Quant à l'incontournable ratafia, il s'agit d'un mélange de jus de raisin, de moût et de marc qu'on déguste à l'apéritif. Certains l'appellent le « riquiqui », peut-être parce qu'il est deux fois moins fort que l'eau-de-vie…

Pédagogie et promotion touristique au cœur de la politique régionale

Depuis juillet 2015 les Climats du vignoble de Bourgogne sont inscrits sur la liste du Patrimoine mondial de l'UNESCO. La Côte de Nuits et la Côte de Beaune (et leurs quelque 1 200 « Climats ») sont reconnues comme uniques au monde par leur diversité, tout comme le patrimoine historique qu'elles représentent. Ainsi, cette inscription au Patrimoine mondial engage tous les acteurs du territoire à préserver et à valoriser ce paysage culturel. C'est pourquoi l'Association des Climats du vignoble de Bourgogne entreprend de nombreuses actions. Un programme de valorisation des entrées de villages et de rénovation des murets (on en compte 220 km sur le périmètre des climats) a notamment été lancé ces dernières années. Une signalétique touristique dédiée apparaît aussi le long de la côte viticole. La Maison des Climats du vignoble de Bourgogne, installée à l'office de tourisme de Beaune, permet quant à elle de comprendre comment s'est construite la notion de terroir et pourquoi les Climats représentent un trésor pour l'humanité. Et ce n'est pas tout… Fin 2020, la Bourgogne a lancé son grand chantier de la Cité des vins et des climats, avec pour objectif 200 000 visiteurs par an. Son ouverture est envisagée en 2022. À Beaune où se situera l'épicentre de cette Cité, mais aussi à Mâcon (Saône-et-Loire) et à Chablis (Yonne) où seront installées ses annexes. Quant à Dijon, les travaux de sa Cité internationale de la Gastronomie et du Vin devraient s'achever en cette fin d'année 2021. Elle abritera notamment la chapelle des climats et sera considérée comme le Kilomètre Zéro de la route des grands crus.

Des lieux d'exception à visiter absolument !

Au delà de ces 2 ambitieuses créations, n'oublions pas les très nombreuses manifestations liées au vin dans toutes les communes viticoles du département, la plus réputée demeurant bien sûr la très prestigieuse vente traditionnelle des vins aux Hospices de Beaune (chaque année en décembre). Un lieu d'exception qui fait partie des sites les plus visités de Bourgogne, et qu'il faut en effet absolument découvrir ! Tout comme le château du Clos de Vougeot qui trône au cœur du vignoble. D'abord bâtiment d'exploitation pour les moines de Cîteaux au XIIe, il fut ensuite racheté pour devenir le superbe monument que l'on connaît. Qui, toute l'année, accueille des événements tournés vers le vin (ou vers l'art), notamment le festival Musique et Vin (fin juin), Livre en vigne (le premier week-end d'octobre) ou encore… les Journées mondiales de l'œuf en meurette (en octobre aussi) ! Classé monument historique, il est aujourd'hui le quartier général de la Confrérie des Chevaliers du Tastevin, et regorge de trésors comme un superbe cellier du XIIe siècle, une cuverie des XIIe et XIIIe siècles, des anciennes cuisines et de magnifiques salons Renaissance. À ne pas manquer non plus, la visite guidée du château suivie de la découverte de vins de Bourgogne (3 vins tastevinés ou 5 grands crus en accords mets et vins). Enfin, si vous passez par Gevrey-Chambertin (qui propose de nombreuses balades œnologiques au cœur de son vignoble), n'oubliez pas de faire une halte à la toute récente Halle Chambertin. Aménagée dans l'ancienne mairie, cet espace de plus de 100 m^2 a été transformé en centre d'interprétation des Climats de la commune qui regroupe 9 des grands crus bourguignons. Une machine Enomatic permet d'effectuer des dégustations à l'aide d'une carte prépayée, et l'on peut même s'offrir la production des vignerons du coin.

Château du Clos Vougeot.

GÉOGRAPHIE

Contrairement à ce que prétend la légende, la Côte-d'Or ne doit pas son nom à ses vignes et à leurs couleurs dorées quand vient l'automne, mais à sa situation géographique. Le département se place en effet entre la côte montagneuse du Morvan à l'ouest et la plaine de la Saône (orientée vers l'Orient) à l'est. Entre les plateaux calcaires du Châtillonnais, la montagne nord-djionnaise ou celle du Morvan et les vallées de la Saône, les paysages sont ici des plus variés. La météo aussi. La Côte-d'Or se situant au carrefour des climats continentaux, méditerranéens et océaniques, les hivers y sont souvent froids et les étés chauds, très chauds. Ceci, même si nord et sud du département ne sont pas toujours logés à la même enseigne ! Enfin, il faut aussi parler des nombreux cours d'eau qui émaillent le département : de la Saône à l'Ouche, en passant par les nombreux lacs et canaux, les pêcheurs seront ici à leur aise !

Son nom dit déjà beaucoup !

C'est le 4 mars 1790 que l'Assemblée constituante née de la Révolution donne au nouveau département son nom d'aujourd'hui. La légende prétend que le nom « Côte-d'Or » est venu du choix d'un député, André-Rémy Arnoult, qui souhaitait célébrer de cette façon la côte des vins et sa couleur dorée si spécifique quand vient l'automne. De nombreux Côte-d'Oriens en sont persuadés. Sauf que ce ne serait là que pure fiction ! En réalité, le nom viendrait des caractéristiques géographiques du territoire : le département se situe en effet entre la côte montagneuse du Morvan à l'ouest, et la plaine de la Saône (orientée vers l'Orient) à l'est. Ainsi, la Côte-d'Or aurait dû s'appeler « Côte-d'Orient », mais – vraisemblablement suite à une erreur de transcription – c'est la « Côte-d'Or » qui est née (du moins sa dénomination). Et c'est celle-ci qui – un siècle plus tard – inspirera l'écrivain dijonnais Stéphen Liégeard, à l'origine du nom « Côte d'Azur ».

Des paysages très variés

Les paysages de Côte-d'Or sont particulièrement contrastés. Les plaines de la Saône (au sud-est) forment la partie nord d'un vaste fossé : le fossé bressan. A l'ouest se trouve la plaine dijonnaise et, plus à l'est, le val de Saône. Zones de cultures et réserves naturelles composent ce dernier, tandis que dans la plaine dijonnaise forêts et terroirs cultivés alternent. La petite plaine de Beaune est riche en alluvions. A l'ouest, l'Auxois forme une plaine marneuse et vallonnée. Les plateaux de Langres-Châtillonnais sont remarquables par l'importante superficie qu'ils occupent (plus de la moitié du département). Ces roches sédimentaires sont essentiellement composées de calcaire et de couches

© LIANEM - ISTOCKPHOTO.COM

Paysage bourguignon près de Flavigny-sur-Ozerain.

marneuses. Les plateaux secs, recouverts de pierrailles, sont enveloppés d'une mince couche d'argile brun rouge. On distingue également le seuil de Bourgogne et la montagne nord-dijonnaise qui correspondent à une partie plus faillée. Le point culminant du département, le mont de Gien (723 m), se situe dans le Morvan, à l'ouest. D'autres paliers sont à noter dans la région des Hautes-Côtes (entre 450 et 550 mètres d'altitude) et celle de la montagne dijonnaise (entre 600 et 650 mètres) qui domine la Côte des vins. Ici, on trouve aussi des combes, c'est-à-dire des dépressions moins encaissées que les creux et moins vastes que les vallées. Elles sont présentes vers Dijon avec la combe Persil, la combe Saint-Joseph et la combe à la Serpent. Du côté de Gevrey-Chambertin, citons la combe Lavaux, et au nord-ouest la combe du Val Suzon, classée Réserve Naturelle Régionale (la première en Bourgogne !). Grottes et gouffres sont aussi présents, comme les grottes de Bèze, un somptueux amphithéâtre rocheux. L'existence de la première est connue depuis la nuit des temps, mais la seconde ne fut découverte qu'en 1950, et le lac en 1954. L'ensemble se visite depuis le début des années 1970.

De nombreux cours d'eau

A l'ouest, le département ne possède qu'une petite partie du Morvan : outres les fameuses forêts morvandelles on y trouve cours d'eau, sources et étangs. Les rivières abondent dans les plaines (pays beaunois et dijonnais). Quant à la Seine, elle prend sa source sur les plateaux du Châtillonnais. Rivières torrentielles (Suzon, Serein, Ource), rivières de plaines (Norges, Ouche, Vouge) ou rivière navigable (Saône), la Côte-d'Or compte plus de 2 500 km de cours d'eau. Parmi eux, la Saône est considérée comme l'une des rivières les plus riches en poissons d'Europe. Mais de nombreux lacs se trouvent aussi là, comme celui de la Tille, celui de Pont (au cœur de l'Auxois), ou le lac Kir (un lac artificiel de 37 ha, créé à Dijon en 1964 par le chanoine du même nom). Citons aussi le lac de Chamboux, le réservoir de Panthier et de Grosbois, le lac de Chour et de Montagny-lès-Beaune, ou le plan d'eau d'Arc-sur-Tille. Enfin, n'oublions pas les canaux, dont celui de Bourgogne qui relie Migennes (Yonne) à Saint-Jean-de-Losne. Un véritable symbole de la région !

Forêts et bois font la fierté de la Côte-d'Or

En Côte-d'Or, les espaces boisés occupent une large place. L'épaisse forêt du Châtillonnais qui s'étend jusqu'en Haute-Marne lui a valu fin 2019 d'être labellisée Parc national de forêts. Il est le plus grand d'Europe avec un périmètre de 240 000 ha de terres. La forêt est aussi très présente dans le Morvan, au sud-ouest. Là-bas, au fil des années, les feuillus (hêtres et chênes) ont diminué au profit des résineux à la croissance plus rapide.

© ADRIANPOPESCU - SHUTTERSTOCK.COM

Vue sur le lac Kir.

Un carrefour des climats

Certes, le climat, ici, n'est pas qu'une histoire de météo : il désigne aussi une parcelle de vigne. Mais la météo occupe également les esprits ! En effet, le département est situé à un carrefour d'influences qui souvent s'entrechoquent : océaniques au nord comme sur toute la partie ouest ainsi qu'au centre, continentales sur tout le territoire (hormis dans sa partie centrale) et méditerranéennes au sud-est. Conséquence : comme les paysages, les conditions climatiques varient beaucoup ! L'hiver est généralement long et rigoureux avec du gel, des chutes de neige et des températures souvent au-dessous de 0 °C. Le froid hivernal est particulièrement marqué sur une large bande nord-sud traversant le centre du département ainsi que sur le sud-ouest morvandiau. Le printemps et l'été sont plutôt frais (avec tout de même 20 °C en moyenne en juillet sur les plaines du nord de Dijon), mais les étés peuvent aussi être torrides avec des sécheresses très prononcées et des températures pouvant flirter parfois avec les 38 °C ! Du côté de l'ensoleillement, pas d'inquiétude : pendant l'été 2018, par exemple, la Côte-d'Or a connu 666 heures d'ensoleillement, soit davantage que… la ville de Nice ! Au nord de Dijon, l'été est cependant moins ensoleillé, un phénomène climatique qui explique la disparition de la vigne dans cette zone. La plaine de la Saône (au sud-est) est connue, quant à elle, pour ses violents orages avec une remontée d'air chaud venant du sud. Gels tardifs, humidité et grêle lors de la floraison, pluies pendant les vendanges y sont aussi redoutés. N'oublions pas le brouillard, présent et tenace en hiver, surtout sur le pan oriental et dans la vallée de la Saône où l'on rencontre d'ailleurs d'importants écarts thermiques entre les maximales de l'été et les minimales de l'hiver.

DÉCOUVRIR

NATURE

Le Parc national de Forêts, le Parc naturel régional du Morvan, les marais tufeux ou les réserves naturelles comme celles du Val Suzon ou de la Combe Lavaux-Jean Roland… Outre ses nombreux plans d'eau et la terre des vignes, la Côte-d'Or offre de multiples richesses naturelles. Pour les préserver, la région Bourgogne a mis en place dès 2006 d'ambitieux programmes qui passent aussi par une politique d'éducation et de sensibilisation du grand public. Ainsi, le département abrite plusieurs Espaces Naturels Sensibles labellisés qui hébergent des espèces animales et végétales remarquables et parfois rares. Saviez-vous, par exemple, que sur les falaises de Baulme-la-Roche vous apercevrez des faucons pèlerins ? Et des cigognes noires dans les bois du Châtillonnais ? Quant au marais du Cônois, vous y admirerez quelques fleurs et plantes vues habituellement dans nos montagnes ! Bref, ici le beau patrimoine naturel s'exhibe avec générosité.

DÉCOUVRIR

Des parcs et réserves naturelles parmi les plus beaux d'Europe

Avec près de 970 000 ha de forêts, saviez-vous que la région Bourgogne est la troisième région la plus boisée de France, juste derrière la Corse et Provence-Alpes-Côte d'Azur ? Un atout biologique majeur, d'autant que ces forêts hébergent le tiers des Zones Naturelles d'Intérêt Écologique, Faunistique et Floristique (ZNIEFF). Comprenez : des espaces abritant des espèces animales ou végétales rares ou caractéristiques de la région. Or, des 4 départements qui composent cette belle région, la Côte-d'Or est sans doute l'une des mieux loties, notamment grâce à ses parcs et à ses réserves naturelles. De superbes domaines s'offrent en effet aux amoureux de la nature. Citons, entre autres, celui de Cîteaux. Et, parmi les plus connus, le Parc national de Forêts. Le plus grand massif boisé de Côte-d'Or s'étend sur près de 241 000 ha, et préserve les massifs forestiers de Châtillon-sur-Seine, d'Arc-en-Barrois, et d'Auberive. Inauguré en 2019, il est devenu le onzième parc national français enregistré, le premier au nord de la Loire, le premier aussi à être entièrement dédié à la forêt. Ultime privilège, il est aussi le plus grand d'Europe à défendre une vocation à la fois écologique et économique, tout en se consacrant aux loisirs et à la découverte. Cette forêt (qui s'étend de la Bourgogne à la Champagne), regroupe 127 communes dont 77 en Côte-d'Or, ainsi qu'une réserve intégrale qui s'étendra bientôt sur 3 100 hectares laissés en libre évolution : la forêt y redevient peu à peu sauvage alors qu'un centre de recherche scientifique sera bientôt créé. D'ici là, des espèces les plus communes aux morilles très recherchées en passant par les girolles, les adeptes de la chasse aux champignons y trouvent leur bonheur ! Fameux aussi,

Castor européen.

le Parc naturel régional du Morvan fait partie des 53 parcs labellisés en France ; il a célébré ses 50 ans en 2020. La Côte-d'Or le partage avec les trois autres départements bourguignons, au sud-ouest. Bien sûr, la nature y est reine et ses reliefs aux paysages bosselés sont couverts de forêts entre lesquelles s'insinuent bocages, rivières, lacs et villages pittoresques. Il nous faut aussi parler du Marais du Cônois qui s'étend sur 7 ha, et qui figure parmi les plus beaux marais tufeux du Châtillonnais. Alimenté par des sources dont l'eau est fortement chargée en calcaire, ce marais présente une caractéristique géologique intéressante : au contact de l'air et de la végétation, le calcaire donne naissance à une roche plus ou moins friable, le tuf. De plus, en raison de la présence d'un microclimat froid, il est le siège d'une flore très spécifique, dont des plantes à caractère montagnard, telles la gentiane et la swertie pérenne. La Réserve naturelle de la Combe Lavaux-Jean Roland couvre, quant à elle, 486 ha. Elle est située sur les communes de Brochon et de Gevrey-Chambertin. On y découvre de nombreuses plantes, des animaux et des reptiles, dont quelques espèces rares. Parlons enfin de la Réserve naturelle régionale du Val Suzon. Au nord de Dijon, ce massif forestier s'étend sur plus de 3 000 ha. Créée fin 2011, elle permet d'offrir une nouvelle zone de protection et de préservation dans le département.

Une faune parfois surprenante !

Autant que dans ses paysages, la Côte-d'Or bénéficie d'une large diversité d'espèces naturelles. Du Châtillonnais au Morvan ou au Val de Saône, cet exceptionnel patrimoine vert est largement entretenu et valorisé par la région Bourgogne qui, dès 2006, a mis en place d'ambitieux programmes de préservation. Mais ce maintien des paysages caractéristiques passe aussi par une politique d'éducation à l'environnement, ainsi que par la sensibilisation du grand public. C'est ainsi que, dans de nombreuses forêts et dans les parcs naturels, sentiers et panneaux pédagogiques ont été installés. Et que des sites d'observation ont aussi été aménagés ici et là. Sans parler des balades rendues possibles sur les nombreuses voies vertes. Toujours est-il que, partout, vous verrez de nombreuses espèces animales, et pas toujours les plus attendues en cette région de France ! Comme sur les falaises de Baulme-la-Roche où vous pourrez apercevoir des faucons pèlerins. Et des cigognes noires dans les bois du Châtillonnais. Sinon ? Les pâturages attirent chevreuils, renards, lièvres. Vous croiserez peut-être aussi des sangliers, des grands cerfs élaphes, des écureuils et des hérissons dans la forêt de Cîteaux et d'Izeure. On observe aussi la présence de « nouvelles » espèces : les loutres sont revenues par le Morvan, et les castors ont remonté l'Arroux. Mais

Céphalanthère rouge.

la Côte-d'Or, avec ses plateaux et ses côtes calcaires, constitue également un solarium idéal pour les reptiles, comme les vipères aspics ou encore les lézards. Des couleuvres sont également présentes en côte dijonnaise. Quant aux oiseaux, ils sont légion : martin-pêcheur, pic noir, bergeronnette, buse, héron cendré, geai des chênes, chouette, grande aigrette ou encore milan royal… En revanche, il est à noter que les vignobles n'accueillent plus la faune comme autrefois : l'utilisation d'insecticides a malheureusement chassé de nombreuses espèces.

Une flore riche et souvent protégée

La flore, elle, est tout aussi riche et variée. Ainsi, la ligulaire de Sibérie, une grande plante à fleurs jaunes introduite par les moines, s'est bien acclimatée au nord du département. Les plateaux de Langres et du Châtillonnais abritent des espèces rares : laîche blanche, ronce des rochers, gentiane jaune, chardon à tige nue, daphné thymélée, céphalanthère rouge, etc. On l'a dit plus haut, les marais tufeux sont le refuge d'espèces rares et remarquables. Le climat de l'arrière-côte et de la montagne dijonnaise a favorisé en effet l'épanouissement d'espèces végétales submontagnardes, comme le lis martagon par exemple. L'œillet des bois se remarque également sur les falaises. Quant aux forêts du Châtillonnais, elles abritent notamment une jolie orchidée nommée sabot de Vénus. Cette fleur à la tige dressée - et dont le fruit possède une capsule qui peut rester séchée sur la tige jusqu'à l'été suivant - est emblématique de la région. Elle fleurit de mai à juillet. Mais attention : seulement pour le plaisir des yeux ! Protégée, il est strictement interdit de la cueillir. Vous voilà prévenu !

HISTOIRE

Selon les spécialistes, il faut remonter 150 000 ans en arrière pour retrouver la première trace de vie en Bourgogne. Lieu de rudes batailles entre Gaulois et Romains, puis centre de la chrétienté occidentale au Moyen-âge (avec l'ordre de Cîteaux, et celle de Cluny en Saône-et-Loire), la région passe ensuite pendant près de 500 ans sous la gouvernance des très influents Ducs de Bourgogne. Ceux-ci vont choisir Dijon pour capitale, et ferons entrer la Bourgogne dans la modernité. Mieux, ils étendront même son territoire jusqu'aux confins de la Hollande et de la Flandre ! A l'ère de l'industrialisation, et malgré les ravages causés par le philloxera sur ses illustres vignes, la Côte d'Or sait parfaitement relever le défi et s'imposer peu à peu comme le pôle économique et culturel de premier ordre qu'elle est aujourd'hui'hui. Un carrefour incontournable aussi, par lequel on passe pour joindre le nord au sud, l'est à l'ouest...

PRÉ-HISTOIRE

Le premier des Bourguignons vivait ici !

Si, en Bourgogne, la vie semblait présente il y a 150 000 ans, il faut attendre 120 000 années supplémentaires pour y trouver trace humaine. Le plus ancien des Bourguignons aurait vécu il y a 30 000 ans, en Côte d'Or. Ce Néandertalien faisait peut-être partie de ces regroupements de chasseurs apparus à la même époque dans l'Auxois, dans la vallée de l'Ouche et le long de la future côte des vins. A l'âge du bronze (2 200 à 750 av. J.C.), puis à celui du fer qui lui a succédé, des échanges commerciaux avec des négociants grecs, phéniciens et italiens commencèrent à s'établir le long de la route de l'étain reliant le nord de l'Europe au bassin méditerranéen en passant par la Bourgogne. La tombe de Vix, à Châtillon-sur-Seine, est l'une des plus grandes merveilles archéologiques jamais découvertes concernant cette période.

52 AV J.C

Face aux menaces des Helvètes, les Eduens (qui règnent sur le sud de la Bourgogne) en appellent à César qui entame vers 58 av. J.C. la campagne des Gaules. La région devient alors un dépôt de vivres pour la Rome glorieuse. Jusqu'au jour où, s'alliant à leurs anciens ennemis Arvernes menés par Vercingétorix, les Eduens s'opposent finalement à César. Nous sommes en 52 av. J.C., et la bataille d'Alésia fait rage. César en sortira glorieux. Naissent alors de nombreuses villes gallo-romaines. Cette époque voit aussi l'introduction de la culture de la vigne. Un peu plus tard, après les Eduens venus du Morvan, arrivent les Lingons qui veillent sur un territoire s'étendant du Châtillonais jusqu'au Dijonnais en passant par le pays d'Armance.

MOYEN AGE

L'immense héritage des moines cisterciens

A partir du Xe siècle l'abbaye de Cluny (Saône-et-Loire) règne sur l'Europe. Mais c'est en Côte-d'Or que naît l'autre grand mouvement de réforme monastique : Cîteaux. Au départ, il s'agit de moines dissidents, partisans d'un retour à la stricte règle monastique. Après un périple qui les mènera de Tonnerre (Yonne) jusqu'à la Saône, ils décident de s'établir ici en 1098. A leur tête, Robert de Molesme. L'an 1112 marque toutefois une ère nouvelle avec l'arrivée de Bernard de Clairvaux. La communauté fonde alors 4 abbayes (dont celle de Fontenay) et impulse un courant architectural et artistique ainsi qu'un système d'exploitation économique. Les moines apportent aussi des progrès techniques, notamment dans la culture de la vigne. Le Moyen Age bourguignon brille alors dans toute la chrétienté occidentale.

Statue de Bernard de Clervaux.

XV-XVIIIE SIÈCLE

La Bourgogne est désormais rattachée à la couronne. Parmi ses nombreux gouverneurs, les Condé doteront la région d'un riche patrimoine architectural (jusqu'à la Révolution). Dijon bénéficie de la présence d'un parlement qui prend possession de l'ancien palais des ducs. Et Beaune voit éclore les premières riches entreprises de négoce en vin. Noblesse de robe et élite bourgeoise passent commande d'hôtels particuliers fastueux. Le cœur historique de Dijon et de Beaune en regorge encore.

1789

Durant la Révolution française, on relève peu d'émeutes. En 1790 sont crées les départements ; la Côte d'Or est officiellement née.

1832-1851

De nouvelles voies de communication

Le canal de Bourgogne, dont les travaux ont débuté en 1775, relie enfin la Seine à la Saône en 1832. Puis, très vite, le chemin de fer apparaît. En 1851, la gare de Dijon est inaugurée en présence de Louis-Napoléon Bonaparte. La ville est désormais reliée à Paris. Une révolution !

© L F FILE - SHUTTERSTOCK.COM

Le Canal de Bourgogne.

1878

Le phylloxera ravage les vignes

En 1878, les ceps bourguignons sont à leur tour touchés par l'épidémie de phylloxéra qui ravage les vignobles français. Le paysage est lourdement modifié. Les surfaces se réduisent. Les vignerons doivent alors se reconvertir et trouvent dans la crème de cassis l'occasion de développer une culture qui ne représentait jusque là qu'une économie d'appoint.

DE NOS JOURS

Après les 2 guerres mondiales une politique de reconstruction est lancée au début des années 50. Dijon prend alors définitivement le pas sur les autres villes bourguignonnes. En 1964, la Région Bourgogne apparaît; elle est implantée dans l'ancienne capitale des ducs. Bien lotie en termes de réseau routier et ferroviaire, la Côte-d'Or devient un véritable carrefour. Le TGV la traverse depuis 40 ans.

2016-2021

Dans le cadre de la réforme territoriale, Bourgogne et Franche-Comté sont désormais rattachées, donnant naissance à la 5e plus vaste région de France. Dijon reste sa capitale tandis que Besançon accueille le siège du conseil régional.

TOP 10

MONUMENTS

Qu'ils nous viennent de la Préhistoire, du Moyen Âge ou du long règne des ducs de Bourgogne, ces 10 sites incontournables témoignent de la très riche histoire de la Côte-d'Or. Ils sont à découvrir absolument !

LES MUSÉE ET PARC BUFFON, MONTBARD

D'ici, le comte de Buffon (1707-1788) écrivit l'essentiel des 36 tomes de sa fameuse *Histoire naturelle*.

L'ABBAYE DE FONTENAY

Chef-d'œuvre des cisterciens, classée au patrimoine mondial de l'Unesco, tout ici est absolument inoubliable !

© MAARTENHOEK

L'ABBAYE DE CÎTEAUX

C'est d'ici qu'au Moyen Âge les moines cisterciens bâtirent leur ordre dont l'influence résonnait dans tout l'Occident.

© ABBAYE DE CÎTEAUX

LE MUSÉE DU PAYS CHÂTILLONNAIS

Situé dans l'ancienne abbaye Notre-Dame, il présente une belle collection venues des époques celtique et gallo-romaine.

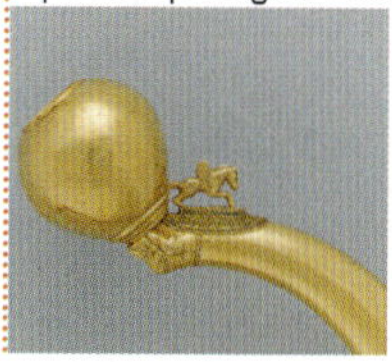

© RMN - MATHIEU RABEAU

LE PALAIS DES DUCS ET DES ETATS DE DIJON

Le monument emblématique de Dijon et de toute la Bourgogne abrite aussi un superbe musée des Beaux-Arts.

© TUPUNGATO _ ADOBE STOCK

FLAVIGNY-SUR-OZERAIN

Célèbre pour son abbaye et pour ses fameux anis, Flavigny est aussi l'un des plus beaux villages de France.

© FORSYTHE FOTOGRAPHY - ISTOCKPHOTO.COM

L'ABBAYE SAINTE-BÉNIGNE, DIJON

Fondée au IVe siècle par les bénédictins, elle est aujourd'hui le siège du musée archéologique de Dijon.

© KODACHROME25 - ISTOCKPHOTO.COM

LES HOSPICES DE BEAUNE

En 1443, le chancelier de Philippe le Bon les fit construire. L'un des monuments les plus visités de la région.

© LEONID ANDRONOV - ISTOCKPHOTO.COM

SEMUR-EN-AUXOIS

Avec ses remparts, son fameux donjon et sa collégiale, cette superbe cité médiévale est immanquable.

© ANTONEL - ISTOCKPHOTO.COM

LES CLIMATS DE BOURGOGNE

Inscrites au patrimoine mondial de l'humanité, ces parcelles de vignes ont été créées par les moines, au Moyen Age.

© DUCHY - SHUTTERSTOCK.COM

LES DUCS DE BOURGOGNE

PAR DELÀ NOS FRONTIÈRES ILS ONT FAIT LE PRESTIGE ET LA SPLENDEUR DE LA CÔTE D'OR

Après les robes de bure des moines, place aux riches étoffes et aux pierreries des ducs de Bourgogne. De la fin du IXe siècle jusqu'au XVe, tous ont joué un rôle majeur dans l'histoire de la région, installant même définitivement sa grandeur dans l'ensemble de l'Europe. De nombreuses villes et campagnes bourguignonnes en portent aujourd'hui encore les splendides traces architecturales. Mais qui étaient ces gouvernants aux multiples facettes ?

Les ducs capétiens créent les bases du grand duché

C'est donc à la fin du IXe siècle que la Bourgogne devient duché. Elle compte alors en son sein les villes de Langres, Troyes, Sens, ou encore Mâcon. La première branche de ces nouveaux ducs régnants sont les Capétiens. Ce sont eux qui, de 1031 à 1362, vont poser les bases du fameux duché. L'autorité et la fonction ducale restent dès lors entre les mains d'une même famille, avec de fortes personnalités comme Richard Ier Le Justicier (le tout premier des Ducs de Bourgogne !) ou encore Henri le Grand. La région retrouve alors une certaine prospérité. Et sous cette dynastie, la capitale Dijon commence à prendre la forme qu'on lui connaît aujourd'hui, notamment avec l'édification de ses principaux monuments comme le palais ducal ou l'église Notre-Dame. Mais la guerre de Cent Ans, la grande peste de 1348, puis les effets du gigantesque tremblement de terre de Bâle en 1356 mettent ces édifices à mal, entamant par la même occasion la fin du long règne des Capétiens.

Quand les Valois conquièrent l'Europe

En 1363, le duché retourne au roi de France Jean II Le Bon, issu de la branche des Valois. Celui-ci installe aussitôt son jeune fils, Philippe le Hardi, âgé d'à peine 22 ans. Le jeune homme quitte alors Paris pour Dijon, se détache du royaume de France et mène une diplomatie de haut rang : ceux que l'on nomme « grands ducs d'Occident » s'imposent rapidement à toute l'Europe. D'abord Philippe le Hardi prend possession du comté de Nevers. Puis, en se mariant avec Marguerite de Flandre, il fait venir à sa cour bon nombre d'artistes flamands. Désireux d'assurer à sa famille une nécropole digne de son nom, il fait aussi construire la Chartreuse de Champmol à Dijon. A sa mort, le duché est ruiné… Ce qui n'empêche pas son successeur, Jean sans Peur, d'entamer une guerre impitoyable contre les Orléans, dont l'issue sera marquée par un conflit tonitruant entre Bourguignons et Armagnacs, au profit des Anglais. Après son assassinat en 1419, son fils Philippe le Bon lui succède et s'allie cette fois aux Anglais. Jusqu'au traité d'Arras où il renouera avec le roi, enrichissant dans la foulée son territoire de la Hollande, des Flandres, du Hainaut, de l'Artois et du Luxembourg !

A l'occasion de son mariage avec Isabelle du Portugal en 1429, Philippe le Bon fonde un ordre nouveau, celui de la Toison d'or. Quelques années plus tard, se rêvant comme le nouvel Alexandre, le dernier des Valois, Charles le Téméraire (devenu duc en 1467) fera tout pour agrandir encore le territoire. Hélas, en seulement dix, ans il dilapidera l'héritage de 3 générations… Farouche ennemi du roi Louis XI, il entre sans cesse en guerre, et meurt en assiégeant Nancy en 1477. C'est alors la fin de la Bourgogne ducale. Louis XI décide d'intégrer le duché proprement dit au domaine royal alors que les autres possessions sont transmises par Marie de Bourgogne à son mari Maximilien de Habsbourg, fils de l'empereur d'Allemagne. Plus tard, leur fils Philippe le Beau donnera naissance à Charles Quint qui reprendra vigoureusement la lutte contre la maison de France face à François Ier. Mais ses efforts sont vains ; c'en est bien fini du règne des fameux Ducs de Bourgogne !

Un patrimoine intact… et rayonnant !

Aujourd'hui ? Les trésors du patrimoine laissé par les Ducs de Bourgogne dépassent de loin les seules frontières de la région (et même de la France). Toutefois, c'est ici bien sûr que demeurent les plus beaux vestiges. En Côte d'Or, on peut citer les châteaux de Frôlois, d'Epoisses, de Commarin, de Bourbilly, de Bussy-Rabutin ou encore de Lantilly qui peuvent se visiter en un passionnant circuit touristique. On peut aussi évoquer l'Hôtel des Ducs de Bourgogne à Beaune. Et l'Hôtel Dieu surtout, au sein de ces Hospices mondialement connus ! N'oublions pas Dijon, dont le palais ducal ainsi que le Musée des Beaux Arts et ses Pleurants du tombeau de Jean Sans Peur (considérés comme des chefs d'œuvre de l'art médiéval) sont sans le moindre doute les plus beaux témoignages ! Avant de revenir à Dijon en 2013, ils ont d'ailleurs été exposés dans les plus grands musées du monde entier.

Le château de Commarin.

ARCHITECTURE

De ses abbayes millénaires jusqu'aux sites les plus avant-gardistes, l'architecture côte-d'orienne est incroyablement riche. Situé au cœur du premier bassin français d'extraction de pierre naturelle calcaire, le département est aussi composé de 1001 sites, monuments, villes et villages construits avec ce matériau si spécifique, la pierre de Bourgogne. Et il a aussi le privilège d'abriter 2 sites classés au Patrimoine mondial de l'UNESCO. Un atout majeur pour le tourisme local puisque ceux-ci attirent chaque année des centaines de milliers de visiteurs. Normal ! De la plus vieille abbaye cistercienne au monde jusqu'aux fameuses toitures en tuiles vernissées qui ornent de nombreux édifices sur la route des grands crus, c'est de toute notre Histoire de France dont l'architecture de la Côte-d'Or témoigne ! Pas de doute, aux 4 coins de ce beau territoire, ce sont plus de 2000 ans d'histoire qui partout défilent…

Des siècles vous contemplent !

Les époques carolingienne, romane et gothique ont laissé de somptueuses traces en Côte-d'Or, parfois même uniques au monde. Tout comme l'art cistercien créé par les moines. Outre leur splendides abbayes de Cîteaux et de Fontenay, notons par exemple celle de Sainte-Bénigne à Dijon qui abrite aujourd'hui le musée d'archéologie. Restaurée en 989 grâce à Guillaume de Volpiano (un italien arrivé de Cluny, à la fois architecte et homme de foi), elle se transforme alors en une église gigantesque prolongée par une rotonde de 3 étages avec plus de 100 colonnes. Citons aussi l'abbaye Sainte-Reine à Flavigny-sur-Ozerain et l'église Sainte-Vorles de Châtillon-sur-Seine. Du côté du gothique, figurent à Dijon la cathédrale Sainte-Bénigne, la Chartreuse de Champmol et l'église Notre-Dame. Plus loin, c'est Saint-Nicolas de Châtillon-sur-Seine, Saint-Genest de Flavigny-sur-Ozerain, l'abbaye de Sainte-Seine ou encore Auxonne. Hors cette architecture religieuse de premier ordre, le Moyen Age a vu aussi fleurir de superbes édifices. Ceux de Châteauneuf, La Rochepot, Mont-Saint-Jean, Thoizy-La-Berchère, Antigny-la-Ville, Montbard. Et bien sûr les fortifications de Semur-en-Auxois. Ensuite, sous la Renaissance, les maisons en bois apparaissent, ainsi que les hôtels en pierre et certains châteaux. Citons l'église Saint-Michel et le palais de justice de Dijon, la maison Philandrier à Châtillon-sur-Seine, l'hôtel de la Mare à Beaune, les maisons anciennes de Flavigny-sur-Ozerain et de Seurre, ou les châteaux de Bussy-le-Grand et d'Epoisses.

Chartreuse de Champmol.

Les tuiles vernissées, un cadeau des ducs à la Bourgogne

Vient ensuite l'art classique, issu de Versailles, qui s'exprime à Dijon dans l'aménagement de la place Royale (l'actuelle place de la Libération), mais aussi dans la construction du palais des États de Bourgogne. C'est à cette époque régie par les Ducs qu'apparaissent bon nombre d'hôtels particuliers, encore visibles à Beaune et à Dijon. Surtout, c'est aussi sous cette ère qu'apparaissent les fameux toits ornés de motifs géométriques colorés qui, aujourd'hui encore, caractérisent l'architecture bourguignonne dans l'esprit de ceux qui la découvrent. Jaunes, vertes, rouges, noires, marrons et or, ces tuiles vernissées en terre cuite parent ainsi les toitures de nombreux bâtiments le long de la route des grands crus. Parmi elles, impossible de faire l'impasse sur l'Hôtel-Dieu des Hospices de Beaune. Il est connu dans le monde entier ! Mais parlons aussi de l'Hôtel de Vogüé et de la cathédrale Sainte-Bénigne de Dijon, du château de la Rochepot ou encore de l'Hôtel de ville de Meursault.

Un patrimoine mondial riche

La Bourgogne-Franche-Comté est la région française qui possède le plus de sites classés au Patrimoine mondial de l'UNESCO. Deux d'entre eux

© PACK-SHOT - SHUTTERSTOCK.COM

La pierre de Bourgogne dont est construit le château du Clos Vougeot.

se situent en Côte d'Or. L'abbaye de Fontenay, d'abord, qui n'est autre que la plus ancienne abbaye cistercienne conservée au monde. Fondé en 1118 par saint-Bernard de Clairvaux, l'édifice a été classé Monument historique dès l'instauration de cette classification, c'est-à-dire en 1862. Plus au sud, le second site côte-d'orien classé jouit d'une réputation et d'un prestige qui s'étendent dans le monde entier : les climats du vignoble de Bourgogne. Rien à voir ici avec la météo : les climats de Bourgogne sont des parcelles de vignes précisément délimitées et ainsi nommées depuis des siècles. Chacun des 1 247 climats, pourtant situés les uns à côté des autres, produit un vin au goût unique, et cette étonnante mosaïque a donné naissance à un riche patrimoine qu'on peut découvrir du côté des Côtes de Beaune et de Nuits-Saint-Georges ainsi que dans les villages viticoles du Dijonnais jusqu'au sud de Beaune.

Pierres et lave de Bourgogne marquent la région

Premier bassin français d'extraction de pierre naturelle calcaire, la Bourgogne regroupe depuis longtemps tous les savoir-faire des métiers de la pierre et des roches ornementales. Qu'elles viennent (entre autres) des carrières d'Ampilly-le-Sec, de Coulmier-le-Sec ou de Magny-lès-Villers, ce sont au total quelques 83 variétés de pierres de Bourgogne qui sont référencées dans toute la région, réparties sur 5 bassins principaux dont ceux du Châtillonnais et de la Côte (entre Beaune et Dijon). Ces bassins ont fourni les matériaux qui, aujourd'hui, permettent au département de disposer d'un patrimoine particulièrement riche. Notamment l'abbaye de Fontenay, le château du Clos de Vougeot et son vieux village. La vieille ville de Beaune aussi, et les centres historiques de Nuits-Saint-Georges et de Gevrey-Chambertin. Sans oublier Pommard, Meursault, Chateauneuf-en-Auxois, Châtillon-sur-Seine et son musée ou encore la porte de la cité médiévale de Semur-en-Auxois. Enfin, ne manquez pas les nombreuses caves voutées que l'on peut visiter dans les villages viticoles. La plupart sont de magnifiques exemples de ces constructions d'antan qui faisaient appel à la pierre de Bourgogne.

Des sites parfois (très) surprenants

Créée en 1982, La Maison de l'Architecture de Bourgogne (MAB) est une association loi 1901 qui rassemble les acteurs de l'architecture et de la construction. Son objectif : faire connaitre la culture architecturale contemporaine au travers de visites, de conférences, d'expositions, de publications et de rencontres directement sur les sites concernés. Comme par exemple le « Fantastic Picnic » organisé en 2020. Ou quand la MAB a proposé au public de visiter l'étonnant Domaine de la Pierre Ronde, sur les bords du Lac de Chamboux à Saint-Martin-de-Mer, dans le Morvan côte-d'orien. En 2016, Yannick Boisfard et Gaëlle Lajugée ont lancé un financement participatif sur internet pour créer un village autour de l'univers de Tolkien. Avec succès, puisque, sur 25 ha, ce village absolument incroyable propose désormais des hébergements dans des maisons de hobbits, d'elfes et de magiciens. Celles et ceux qui l'ont construit venaient donc, ce jour-là, livrer les secrets de leur folle aventure aux curieux. Tout près de là, à Saulieu, la Maison Bandelier d'André Wogenscky met, quant à elle, à l'honneur la première réalisation de l'architecte qui fut le premier collaborateur de Le Corbusier. Ou quand, chargée d'une belle et riche histoire, la Côte-d'Or sait aussi être terre d'avant-garde !

BEAUX-ARTS

Des musées parmi les plus beaux de France, des chefs d'œuvre directement venus de l'héritage laissé par les très esthètes Ducs de Bourgogne, des sites atypiques et plus contemporains que l'on vient visiter de partout en France… La Côte d'Or est riche d'un formidable patrimoine et de trésors venus d'hier, d'avant-hier et même d'aujourd'hui. Voire de demain tant l'avant-garde est aussi présente ! En témoignent les nombreux centres d'art contemporain et autres biennales qui émaillent le territoire, et qui comptent parfois parmi les plus prisées. Rien de plus normal quand on sait que, de tous temps, le département a vu naître ou a accueilli de nombreux artistes, de François Pompon à Gustave Eiffel en passant par Félix Ziem, Hyppolyte Moreau ou le contemporain Yan Pei-Ming qui vit à Dijon depuis plus de 40 ans. Quant au 7e art, il voit ici – et depuis toujours – une formidable terre d'accueil !

Les ducs de Bourgogne ont laissé un immense héritage

Plus que n'importe où en Bourgogne-Franche-Comté la Côte d'Or bénéficie d'une impressionnante richesse artistique, notamment grâce au patrimoine laissé par les Ducs de Bourgogne. Ainsi, en leurs temps, Philippe le Hardi et Jean sans Peur ont créé une véritable émulation artistique dans tout l'Occident. Partout on parlait alors d'une école à la fois flamande et bourguignonne, et quelques grandes œuvres demeurent aujourd'hui que l'on peut aller admirer. Comme la Chartreuse de Champmol et son Puits de Moïse, aux portes de Dijon. Par cette œuvre éclatent au grand jour de nouveaux procédés figuratifs pour la sculpture avec un style expressif où les sujets semblent évoluer comme sur une scène de théâtre. Le Puits de Moïse est tout ce qui subsiste d'un calvaire. Ce chef-d'œuvre, réalisé entre 1395 et 1406 par le sculpteur hollandais Claus Sluter, est une pile hexagonale de 7 mètres de haut composée de personnages sculptés, à savoir les 6 prophètes de l'Ancien Testament : Moïse, Isaïe, Daniel, Zacharie, Jérémie et David. De nos jours, Il à est voir au sein du parc du centre hospitalier La Chartreuse de Dijon. Le polyptyque du Jugement Dernier, lui, est l'œuvre de Rogier van der Weyden. Né à la fin du XIVe siècle, l'artiste devient le peintre officiel

Le puits de Moïse de la chartreuse de Champmol.

de la ville de Bruxelles, et sa renommée s'étend dans toute l'Europe lorsqu'il entre au service des ducs. Il offre alors à la Bourgogne son plus bel ouvrage, à savoir ce flamboyant polyptyque conservé à Beaune au cœur de l'Hôtel-Dieu.

La Côte-d'Or a vu naître de nombreux artistes

De nombreuses légendes des arts sont nées en terres côte-d'oriennes. Comme Hippolyte Michaud né en1823 à Beaune. Élève à l'École des Beaux-Arts de Dijon, il sera nommé conservateur de celui de sa ville natale en 1864. On peut voir nombre de ses œuvres dans le musée qu'il dirigea, au musée Magnin et à celui des Beaux-Arts de Dijon. Le peintre Félix Ziem est né en 1821, lui aussi à Beaune. Après un différent avec l'Ecole des Beaux-Arts de Dijon il quitte la région à 18 ans. Pour autant, rattaché aux orientalistes il est souvent considéré comme l'un des précurseurs de l'impressionnisme. Il est surtout le premier peintre à avoir vu ses œuvres rentrées au Louvre de son vivant (en 1910). Le fameux sculpteur Hippolyte Moreau (1832-1926), lui, est né à Dijon. La plupart de son œuvre est conservée au musée des Beaux-Arts de la ville. Autre Dijonnais célèbre, et non des moindres, Gustave Eiffel (1832-1923) vécut une bonne partie de son enfance au château du Castel (devenu le lycée Le Castel). Après avoir travaillé à la poudrerie de Châtillon-sur-Seine, il fait la rencontre de Charles Nepveu, un entrepreneur parisien spécialisé dans la construction métallique. Une rencontre décisive qui nous offrira notamment la Tour Eiffel et la statue de la Liberté de New York. Depuis 1981, une grande sculpture métallique, « Le rêve ailé », est installée sur le port du canal de Bourgogne à Dijon. Réalisée par le sculpteur Robert Rigot, elle vient célébrer l'artiste dans le quartier qui l'a vu naître. Citons encore François Pompon (1855-1933), natif de Saulieu, mais on y reviendra ! Enfin, beaucoup plus proche de nous, le peintre et sculpteur d'origine chinoise Yan Pei-Ming (né à Shangaï en 1958) vit à Dijon depuis plus de 40 ans. Le Musée des Beaux Arts lui a d'ailleurs consacré une grande exposition lors de sa réouverture en 2019.

Des musées incontournables

Le département abrite de très beaux musées qu'il est impossible de tous citer. Tout de même, parmi eux se trouvent quelques immanquables. Notamment le Musée des Beaux-arts de Dijon que l'on vient d'évoquer. Rouvert en 2019 après 15 ans de travaux, il présente plus de 1 500 œuvres. Le parcours de l'exposition permanente, chronologique et thématique, permet d'évoluer dans 50 salles retraçant 8 périodes depuis l'Antiquité jusqu'au XXe siècle. Le Musée des Beaux-arts de Beaune, lui, renferme quelques stèles et vestiges gallo-romains, et présente des sculptures allant du XIIe au début du XXe siècle, dont une Vierge à l'Enfant polychrome, véritable trésor de l'art médiéval. Les peintres flamands des XVIe et XVIIe siècles sont également représentés. Ne manquez pas non plus les lithographies de Pablo Picasso, Fernand Léger et Le Corbusier. Au total, près de 400 peintures, 350 sculptures et 1 000 gravures sont abrités là. A Beaune toujours, comment ne pas aller visiter les superbes Hospices qui font la réputation et la fierté de toute la Bourgogne ? Ce monument, parmi les plus visités de la Côte-d'Or (plus de 420 000 visiteurs par an !), doit sa célébrité à ses tuiles vernissées, à ses prestigieuses ventes de grands crus qui se tiennent depuis plus de 160 ans, mais aussi au film *La Grande Vadrouille* qui s'y est en partie tourné. Ce fleuron du patrimoine médiéval bourguignon est né en 1443, lorsque Nicolas Rolin (chancelier du duc de Bourgogne), Philippe le Bon et son épouse, Guigone de Salins, décidèrent de créer une fondation pieuse. Ils font alors bâtir un hôpital pour les malades et les déshérités. Le premier patient y sera accueilli en 1452, le dernier au début des années 1980. Aujourd'hui, le Musée de l'Hôtel-Dieu invite à découvrir son histoire passionnante. Et l'on peut donc admirer le polyptyque du Jugement Dernier dont on a parlé plus haut. Mais retournons à Dijon où vous attendent le Musée des arts sacrés, et le magnifique Musée Magnin situé dans l'un des plus beaux hôtels particuliers de la ville. Celui-ci présente l'impressionnante collection que Maurice Magnin et sa sœur Jeanne ont légué à l'Etat (en même temps que leur bâtiment). Des peintures de l'école flamande et hollandaise sont à découvrir, avec – entre autres – le *Paysage d'hiver* de Pieter Brueghel le Jeune. Sont aussi présentés des tableaux des écoles italiennes du XVIe au XVIIIe siècles.

Enfin, l'école française est là aussi, avec des œuvres de Le Sueur ou encore de Géricault. Impossible de faire l'impasse sur le formidable Musée du pays châtillonnais, logé dans l'ancienne abbaye Notre-Dame de Châtillon-sur-Seine. S'y trouve l'une des plus belles collections issues des époques celtique et gallo-romaine en France. Avec, à la clé, une pièce extraordinaire : le trésor de Vix, découvert en 1953 au pied du mont Lassois. Ce trésor se compose entre autres du plus grand vase connu à ce jour : 208 kg, 1,64 m de haut, 1,27 m de diamètre. Enfin, un détour par Montbard s'impose aussi. Au Musée Buffon, précisément. Dédié au grand naturaliste du XVIIIe siècle (natif de la ville) il vaut aussi pour son parc et ses 14 terrasses, intimement lié à l'histoire du château des ducs de Bourgogne autour duquel il est construit. C'est ici même que Buffon écrivit une très large partie des 36 tomes de son *Histoire naturelle*.

© TICHR - SHUTTERSTOCK.COM

L'« ours Pompon », sculpture de François Pompon, au Jardin Darcy.

Un paradis pour les arts : nouveau, moderne et contemporain

L'art nouveau n'a pas manqué de laisser de solides traces ici, avant que ne s'installe l'art moderne, puis contemporain. Revenons, par exemple, au sculpteur animalier François Pompon, auteur de nombreuses œuvres dont le très célèbre Ours blanc, communément appelé « Ours Pompon ». Un Musée François Pompon lui est consacré dans sa ville natale, à Saulieu, et une reproduction de son Ours est visible à l'entrée de la ville ainsi qu'au Jardin Darcy de Dijon. Dijon où Le Consortium fait rayonner l'art contemporain sur toute la Côte-d'Or. Au fil du temps, cette association a su se constituer une collection de premier ordre qui s'est invitée dans des musées prestigieux européens (du Centre Pompidou jusqu'à Séville). Parlons aussi de L'Usine, de l'Espace autogéré des Tanneries (une ancienne usine devenue squat d'artistes) à Dijon, ou encore de La Porcherie à Ménetreux-le-Pitois, un lieu d'exposition et d'expérimentation d'art contemporain. Tout comme la Karrier, près de Villars-Fontaine. Une ancienne carrière qui présente notamment 10 fresques monumentales et de nombreuses expositions. Bien sûr, il y a aussi Art'Planète à Nuits-Saint-Georges : un festival d'art contemporain et d'art brut. Sans oublier Art Fair//Dijon, une foire d'art contemporain dont la toute première édition se tiendra du 8 au 10 octobre 2021. Et puisque l'on parle de nouveautés, citons aussi la nouvelle galerie d'art de Montbard. Créée par Michel de Marmont, elle organisera début juillet 2021 le très attendu Week-end de l'art abordable et du street art : 50 artistes exposeront alors dans le splendide parc Buffon.

Le 7e art se sent particulièrement bien ici !

Riche de quelques grands écrivains, peintres, sculpteurs et scientifiques, la Bourgogne compte aussi de nombreux admirateurs dans le monde du 7e art ! Ainsi, créé il y a quelques années, le Bureau d'accueil des tournages de Bourgogne-Franche-Comté aide à la création et à la production de films. Mais de tous temps de très nombreux longs-métrages se sont tournés dans le département. A Beaune, on a déjà parlé de *La Grande Vadrouille* de Gérard Oury (1966) passée également par Meursault, mais on peut aussi citer Claude Lelouch. Très ancré dans le territoire, il a réalisé ici 3 de ses derniers films : *Roman de gare* (2007), *Chacun sa vie* (2017) et *La Vertu des impondérables* (2019). Un peu plus tôt, Cédric Klapisch a proposé *Ce qui nous lie*, un film sur la transmission d'un vignoble dont l'action se déroule dans le célèbre vignoble beaunois. A Dijon, citons *Les Amants* de Louis Malle (1958), *Le Repos du guerrier* de Roger Vadim (1962) ou *L'Etudiante* de Claude Pinoteau (1988).

A Semur-en-Auxois, *La Route joyeuse* de et avec Gene Kelly (1960). A Montbard et au château de Marigny-le-Cahuet, *Les Trois Mousquetaires* de Bernard Borderie (1961), et à l'abbaye de Fontenay *Angélique, marquise des anges* du même Bernard Borderie (1964) ainsi que *Cyrano de Bergerac* de Jean-Paul Rappeneau (1990). A Pont-d'Ouche sont passées *Les Valseuses* de Bertrand Blier (1974). Et à Flavigny-sur-Ozerain, *Le Chocolat* de Lasse Hallström (2001) avec Juliette Binoche et Johnny Depp. Mais, hors ces tournages, la Côte d'Or abrite aussi un Festival international du film Policier à Beaune, présidé par Claude Lelouch. Quant à Dijon, la ville reçoit tous les ans au mois d'octobre les « Rencontres cinématographiques». Organisées par la société civile des Auteurs, Réalisateurs et Producteurs (l'ARP), celles-ci permettent au public de découvrir de nombreux films, parfois en avant-premières.

MUSIQUES ET SCÈNES

Depuis Jean-Philippe Rameau jusqu'à Yves Jamait, de nombreux musiciens ont marqué l'histoire de la Côte d'Or. Ils y sont nés, y ont grandi, et ont souvent trouvé là une source d'inspiration au point de rester fidèles toute leur vie au département. Du côté des artistes contemporains, leur ancrage est si fort qu'il suffit déjà à expliquer qu'à chacun de leurs concerts les salles affichent complet. Et des salles, il y en a beaucoup dans la région ! Du Zénith de Dijon à la petite Écluse de la Charme n° 28 de Saint-Victor-sur-Ouche, tous les publics, tous les goûts sont servis. Comment rester insensible au Grand Théâtre de Dijon, au Théâtre des Remparts de Semur-en-Auxois ou à la Lanterne Magique située dans d'anciennes caves de négoces qui, en leurs temps, ont fait les beaux jours de Beaune ? Aujourd'hui, La Lanterne Magique accueille toute l'année des spectacles, et notamment quelques-uns des nombreux festivals qui animent la Côte d'Or.

Des artistes ancrés dans le territoire

Si la scène musicale occupe une large place dans le cœur des Côte-d'oriens (et plus généralement des Bourguignons), c'est sans aucun doute parce que celle-ci est, depuis des siècles, ancrée dans le patrimoine régional autant que dans ses traditions. Au XVe siècle déjà, les ducs de Bourgogne Philippe Le Bon et Charles le Téméraire veillaient aux destinées de l'École bourguignonne, un groupe de compositeurs qui rompirent avec les traditions de la musique médiévale et posèrent les prémices de l'École franco-flamande qui se développa ensuite dans les Pays-Bas bourguignons avant de se répandre dans toute l'Europe. 200 ans plus tard, l'immense Jean-Philippe Rameau (1683-1764) est né et a grandi à Dijon avant d'y diriger un temps les orgues de la collégiale Saint-Etienne. Une statue érigée en 1880 lui rend aujourd'hui hommage, face au Conservatoire de musique de Dijon. Les siècles ont passé, et les liens entre les artistes et leur région sont toujours aussi vifs. Ainsi, l'auteur-compositeur-interprète Bastien Lallemant, représentant d'une chanson française belle et exigeante, est né à Dijon en 1972. Il y fit ses études au Conservatoire, puis aux Beaux-Arts. Très attaché à sa ville natale il y réside encore. Né en Savoie, Damien Saez n'a vécu à Dijon qu'à partir de l'âge de 8 ans. Il y mènera sa scolarité, puis entrera au Conservatoire. Si le chanteur a quitté Dijon une fois son bac en poche, lui aussi lui est toujours resté fidèle ; il s'y produit souvent, et y conserve ses attaches familiales. Certes, le comédien et chanteur Lambert Wilson possède une résidence secondaire près de Chablis (Yonne), mais ce sont les paysages de Côte d'Or qui l'ont d'abord marqué, lorsque durant son enfance il descendait dans le Midi avec ses parents. « J'étais très attiré par l'Auxois, une région que je trouvais très belle, verdoyante, vallonnée. Les paysages m'évoquaient une Angleterre rêvée », raconte-t-il souvent. Pour autant, l'artiste emblématique de Dijon (et de la Bourgogne toute entière !) s'appelle désormais Yves Jamait. Né en 1961, il attendra 2003 pour sortir son premier album. Grâce au soutien du célèbre animateur de France Inter Jean-Louis Foulquier, et de Patrick Sébastien qui l'a ensuite produit, Yves Jamait s'est rapidement fait un nom. Aujourd'hui devenu incontournable, il remplit le Zénith de Dijon ainsi que toutes les salles de Bourgogne où il se produit souvent. Sans jamais oublier de déclarer sa flamme à sa ville, notamment avec sa chanson *Dijon la bourgeoise* : « Je te salue, ma vieille Dijon, ô maîtresse burgonde./Je te salue, ma vieille Dijon./Et nulle part au monde, je n'aurais voulu naître ».

Jean-Philippe Rameau.

© PJPHOTO69 - ISTOCKPHOTO.COM

Le jardin Darcy accueille tous les ans le festival « D'jazz au jardin ».

Des scènes particulièrement vivantes

Scènes nationales ou régionales, salles privées ou publiques, dans les villes comme dans les campagnes de très nombreux lieux de spectacle et d'expression artistique existent. De toutes les tailles. Outre le Zenith de Dijon et ses 5 000 places, n'hésitez pas à faire une halte au beau Théâtre Dijon Bourgogne (Centre Dramatique National) qui toute l'année offre une superbe programmation. Situé place Bossuet, dans l'église Saint-Jean de Dijon (dite « parvis Saint-Jean »), le TDB dispose également d'une autre salle, plus petite, la salle Jacques Fornier située rue d'Ahuy. Le magnifique Grand Théâtre de Dijon est à découvrir aussi. Situé au cœur de l'un des patrimoines historiques les plus riches d'Europe, il a été construit en 1828. Une salle à l'italienne où l'opéra, le théâtre et la danse tiennent une grande place. Toujours à Dijon, on aime aussi La Vapeur. Labellisé « Scène de Musiques Actuelles » (SMAC), ce lieu d'expression artistique a été conçu comme un petit village s'articulant autour d'un hall et d'un foyer en continuité avec son parvis ouvert sur le quartier. Avec, notamment, une salle de concerts de 1 200 places, un club de 230 places, 7 studios de répétitions, et 1 salle dévolue à l'action culturelle. Parlons aussi de la Fabrique de spectacles Kiki de Montparnasse qui, à Châtillon-sur-Seine, accueille des spectacles vivants dans une chaleureuse petite salle de 90 places. Elle reçoit aussi des artistes en résidence. N'oublions pas le beau Théâtre du Rempart à Semur-en-Auxois, ni le chic Théâtre municipal de Beaune et ses 320 places. Mais l'atypique est présent aussi. Coup de cœur à La Lanterne Magique, à Beaune. Une salle unique en son genre puisqu'elle abritait il y a plus d'un siècle les célèbres caves de négoce Calvet. Entre boiseries et pierres apparentes, La Lanterne Magique s'est imposée comme un lieu incontournable de la vie culturelle beaunoise. Zoom également sur le Café Parisien de Saulieu qui a reçu le label « Café Historique d'Europe » et propose toute l'année des dîners-concerts, des expositions et diverses animations. Quant à L'Ecluse de la Charme n°28, à Saint-Victor-sur-Ouche, elle propose en été des concerts, des guinguettes, et bien d'autres animations.

Des festivals en toute saison ou presque !

Des festivals, la Côte d'Or en abrite beaucoup. Comme partout en France, chaque été – et tout au long de l'année – quasiment toutes les villes du département en proposent, et même souvent plusieurs au cours des saisons. Citons « D'Jazz dans la ville » qui organise tous les ans (en mai) des concerts sur les places emblématiques de la ville sous forme d'apéros-concerts, de déambulations et, bien sûr, d'une grande scène. « D'jazz au jardin » aussi, qui se déroule en juillet au Jardin Darcy. Le Tribu Festival fête les musiques du monde à la fin octobre. Quant au jeune VYV Festival, sa toute première édition (fin juin 2019) a rassemblé quelques 20 000 festivaliers sur 2 jours au Parc de la Combe à la Serpent. Avant son annulation (mesures sanitaires obligent) l'édition 2020 devait accueillir IAM, Nekfeu, Beck et Catherine Ringer. C'est dire son ambition et l'attente qu'il suscite auprès des Dijonnais ! Ailleurs, on peut citer (entre autres) le Gevrey Wine Food and Music à Gevrey-Chambertin, Sons d'une nuit d'été à Nuits-Saint-Georges, le RootStock Festival de Pommard, les Escapades et le Festival Musicales en Auxois dans différents territoires du pays de l'Auxois. N'oublions pas Beaune Vibrations et Beaune Blues Boogie, mais aussi le Festival international de blues de Talant et Musique et Vin au Clos Vougeot.

LITTÉRATURE

Si le truculent Henri Vincenot, sa *Billebaude* et son *Pape des escargots*, ont durablement marqué la Côte d'Or depuis leur grand succès dans les années 1970, l'ombre d'autres grands auteurs plane ici. De Dijon à Beaune, de Semur-en-Auxois à Montbard jusqu'à Pernand-Vergelesses, le souvenir de Bossuet, de Madame de Sévigné, de Roger de Bussy-Rabutin, ou encore de Buffon et de Daubenton a traversé les siècles. Et si le cinéma utilise souvent les décors naturels de la Côte d'Or, la littérature aussi : de grands romans français et internationaux ont choisi Dijon pour tout ou partie de leurs décors, depuis *Tropique du Cancer* d'Henry Miller jusqu'à *Harry Potter et l'ordre du Phénix* ! Pas étonnant, donc, que des grands rendez-vous littéraires soient organisés tout au long de l'année aux 4 coins du département. Comme « Livres en vignes » au Clos de Vougeot et pour lequel on vient de partout en France.

Des légendes de la littérature

Depuis toujours, littérature et Côte-d'Or sont intimement liés. Quelques illustres noms ont en effet marqué l'histoire du département. Comme Marie de Rabutin-Chantal, plus connue sous le nom de Madame de Sévigné (1626-1696). La célèbre marquise est née à Paris, mais possédait ici de solides liens : sa grand-mère, sainte Jeanne de Chantal, fondatrice avec saint François de Sales de l'ordre de la Visitation, était dijonnaise. La correspondance de Madame de Sévigné relate quelques séjours dans la région, notamment au « vieux château » et dans ses alentours, à savoir au château de Bourbilly, près de Semur-en-Auxois. Une partie de sa correspondance s'adresse à son cousin, Roger de Bussy-Rabutin (1618-1693), longtemps exilé en son château de Bussy-le-Grand. Sulfureux, l'écrivain était un libertin revendiqué, ce qui lui valut plusieurs bannissements de la cour royale. Particulièrement lorsqu'il raconta avec menus détails l'orgie à laquelle il participa durant la semaine sainte. Renvoyé dans son magnifique château de haute Côte-d'Or, il y recréa son univers grâce à de multiples portraits qu'on peut aujourd'hui découvrir en visitant l'édifice qui porte son nom : des portraits d'hommes de guerre dans l'antichambre, de femmes de la cour dans la chambre, d'hommes d'Etat dans le salon de la Tour dorée, de rois et de ducs de Bourgogne dans la galerie qui conduit à la chapelle. Bussy-Rabutin fut aussi le contemporain du célèbre Bossuet (1627-1704), bien connu pour ses oraisons funèbres. Natif de Dijon, l'homme d'église grandit dans une famille de magistrats ; son père était le doyen des conseillers au Parlement de la ville. A la même époque, l'auteur de théâtre Prosper Jolyot de Crébillon (père de Crébillon fils) est né lui aussi à Dijon, en 1674. Sans doute a-t-il connu un autre côte-d'orien passé à la postérité : Georges-Louis Leclerc, comte de Buffon (1707-1788). Naturaliste, grand propriétaire terrien, maître de forges, architecte et bâtisseur, Buffon est né à Montbard et y restera toujours attaché, partageant sa vie entre sa ville natale et Paris où il sera nommé Intendant du Jardin du Roy (le futur Jardin des Plantes). A Montbard, on peut aujourd'hui visiter son ancienne demeure, là où il écrivit une grande partie des 36 volumes de son *Histoire naturelle* qui influença nombre de naturalistes, de Darwin à Lamarck. En 1745, Buffon nommera Louis-Jean-Marie Daubenton (lui aussi natif de Montbard) au titre de « Garde et démonstrateur du Cabinet d'Histoire Naturelle ». Daubenton deviendra alors le 1er directeur du Muséum d'Histoire naturelle de Paris en 1793.

Au XXe siècle aussi…

Oublié depuis plus de 50 ans, Jacques Copeau (1879-1949) fut toutefois une personnalité majeure du monde du théâtre de la première partie du XXe siècle. Critique pour plusieurs journaux parisiens, il participe avec André Gide à la création de *La Nouvelle Revue Française* en 1908, puis fonde le Théâtre du Vieux Colombier, avant de monter une école d'art dramatique. En octobre 1924, Copeau et sa troupe quittent Paris pour s'établir au Château de Morteuil, à Merceuil, près de Beaune. Plus tard, c'est à Pernand-Vergelesses que Copeau et sa troupe finissent par s'installer.

© COULANGES - SHUTTERSTOCK.COM

Statue de Madame de Sévigné.

DÉCOUVRIR

© ALEXEY PEVNEV - SHUTTERSTOCK.COM

Statue de Georges-Louis Leclerc, Comte de Buffon (1707-1788), naturaliste et encyclopédiste.

Ils y jouent leurs pièces ainsi que sur les places des villages aux alentours. Totalement intégrés à la vie du coin, les comédiens participent même aux travaux agricoles et viticoles ! C'est là aussi que Copeau écrira *Le Théâtre populaire* (1941), un essai qui influença la conception théâtrale du grand Jean Vilar, fondateur du Festival d'Avignon et directeur du mythique Théâtre National Populaire (TNP). Jacques Copeau meurt aux Hospices de Beaune en octobre 1949. Il est enterré au cimetière de Pernand-Vergelesses et, ses côtés, repose le chanteur et auteur Graeme Allwright (1926-2020), son petit-fils par alliance.

Mais s'il est un écrivain qui aura profondément marqué la région, se révélant même comme un véritable ambassadeur de ses traditions et de son histoire, c'est bien le Dijonnais Henri Vincenot (1912-1985). Rédigés dans une langue truculente, ses deux romans les plus fameux (*La Billebaude* et *Le Pape des escargots*) sont imprégnés des paysages bourguignons, mais aussi de ses accents. À la fin de sa vie, c'est dans le village où il aimait passer ses vacances, à Commarin où vivaient ses grands-parents, qu'il choisit de s'installer. Toutefois, sa vie entière il la passa à rebâtir un hameau en ruines découvert par hasard lors d'une partie de chasse avec son grand-père (La Pourrie, à Saint-Victor-sur-Ouche). C'est là, dans ce lieu-dit qu'il a racheté, qu'il repose désormais.

Dijon inspire les écrivains du monde entier

Le saviez-vous ? Dijon a souvent servi de décor aux plus grands auteurs. Dans le monde entier ! Citons par exemple l'Américain Henry Miller : dans *Tropique du Cancer*, paru en 1934, il évoque Dijon (et sa moutarde !). Il faut dire que 3 ans auparavant, il avait été un furtif professeur d'anglais au Lycée Carnot de la ville. Dans sa grande saga *Les Rois Maudits* (parue entre 1955 et 1977), Maurice Druon évoquait longuement la création – à la veille de la Guerre de Cent ans – de l'état bourguignon avec Dijon pour capitale. Dans *Clarissa*, – son roman inachevé retrouvé dans ses archives en 1981 et publié 9 ans plus tard – l'Autrichien Stefan Zweig faisait d'un professeur dans un lycée de Dijon l'un de ses personnages. Tout comme Michel Houellebecq dans *Les Particules élémentaires* (1998). Enfin, comment ne pas évoquer Hermione Granger ? Sous la plume de J.K. Rowlings, la meilleure amie d'Harry Potter racontait au héros (dans *Harry Potter, l'ordre du Phénix*, paru en 2003) ses vacances à Dijon !

Petits et grands salons

Partout en Côte d'Or de nombreux rendez-vous mettent à l'honneur la littérature. Parmi eux, figure l'incontournable « Livres en vignes ». Chaque année, le dernier week-end de septembre, une centaine d'écrivains se réunissent au château du Clos de Vougeot, près de Beaune, au cœur du vignoble. Avec des dédicaces, des conférences, et bien sûr des dégustations de grands vins. Mais citons aussi « Clameur(s) », un cycle de rencontres mis en œuvre par des bibliothécaires dijonnais. Ou encore, à la mi-novembre, « Crocmilllivre », un salon du livre jeunesse organisé par les libraires Granger et Autrement dit.

QUE RAPPORTER ?

De toute évidence, c'est aux vins que l'on pense d'abord lorsqu'il s'agit de rapporter quelques produits du cru. Mais, le saviez-vous ? Outre ses grands crus, la Côte d'Or propose aussi sa fameuse liqueur de cassis, ses bières, et même ses whiskies ! Vous y trouverez également quantité de produits gourmands qui devraient vous mettre l'eau à la bouche. Des spécialités locales comme le pain d'épices, les nonnettes de Dijon ou les anis de Flavigny, mais aussi l'incontournable moutarde, les escargots de Bourgogne, voire quelques terrines, pâtés et autres foies gras concoctés par les nombreux petits producteurs qui émaillent le territoire. Pour mieux les mettre en valeur le Conseil Départemental a même créé le label « Savoir-Faire 100% Côte d'Or ». Un véritable gage de qualité pour les consommateurs que nous sommes. Enfin, n'oublions pas l'artisanat local. Là aussi l'offre est particulièrement riche !

Vins et spiritueux sont incontournables

Impensable, pour les amateurs de vins, de ne pas rapporter dans ses bagages quelques bouteilles de crus bourguignons auxquels viendront s'ajouter les crémants de la région de Châtillon-sur-Seine, les ratafias et autres marcs de Bourgogne. Pensez aussi à la liqueur de cassis qu'on utilise (notamment) pour servir un kir. Au XIXe siècle, en pleine crise du phylloxera, un dénommé M. Joly, distillateur, met au point cette liqueur. Depuis ? Nuits-Saint-Georges et Dijon demeurent les capitales de la baie de cassis, et ce sont quelques 5 entreprises qui se partagent un marché riche de plus de 10 millions de litres produits chaque année (soit 80 % de la production française). Parmi elles, Lhéritier-Guyot possède sa boutique à Dijon. Tout comme Vedrenne, également présent à Beaune ainsi qu'au Cassissium de Nuits-Saint-Georges. Mais saviez-vous que la Côte d'Or est aussi une terre de… whisky ? A Bouze-lès-Beaune, la réputation de la distillerie de Michel Couvreur a depuis longtemps dépassé nos frontières. Depuis sa création en 1978, sa production se vend dans le monde entier. Enfin, sachez que la bière bourguignonne vit une superbe renaissance. Pour remonter à sa genèse, il faut retourner au XVe siècle, quand Jean Sans Peur, duc de Bourgogne, crée l'ordre du houblon. Exit la cervoise, place à la bière ! Les traces des premiers établissements dijonnais et beaunois remontent aux années 1790. Hélas, la bière régionale finit par disparaitre sous l'effet de l'industrialisation. Depuis ? La Bourgogne, 3e région productrice d'orge, compte quelques 40 brasseries en activité. Parmi elles, la Brasserie Trois Fontaines à Bretenieres, Belenium à Beaune et Elixhir à Dijon.

Moutarde et Côte-d'Or sont indissociables…

S'il est ici un produit aussi célèbre que les vins, c'est bien… la moutarde ! Les ducs de Bourgogne en raffolaient et l'utilisaient même à des fins diplomatiques. Au point que Philippe le Hardi décida d'apposer sur le blason de Dijon la même inscription que celle qui figurait sur les fameux pots en grès : « Moult me tarde » ! De nos jours, ne disposant pas d'un label AOC, la moutarde de Dijon n'a plus grand chose de dijonnaise : les graines qui servent à son élaboration nous viennent le plus souvent du Canada ! Pour autant, agriculteurs et moutardiers ont impulsé une relance : ensemble, ils ont créé l'Association Moutarde de Bourgogne (AMB) qui, il y a 12 ans, a obtenu une indication géographique protégée (IGP) pour la « moutarde de Bourgogne ». En clair, contrairement à la « moutarde de Dijon », celle dite de Bourgogne est garantie 100% locale. Parmi les producteurs renommés, la Moutarderie Fallot est née à Beaune en 1840. Dans ses locaux, on découvrira le procédé de fabrication historique au travers d'un espace muséographique. Fallot dispose aussi de 2 boutiques à Beaune, d'une à Dijon, et d'un bar à moutarde « Enjoy Fallot » située dans sa moutarderie. Autre enseigne incontournable : la fameuse Maille, installée rue de la Liberté à Dijon depuis 1845.

© OLGA LARIONOVA - SHUTTERSTOCK.COM

Ratafia.

© LITTLE ADVENTURES - SHUTTERSTOCK.COM

Le fameux escargot de Bourgogne.

De nombreuses douceurs sucrées

Autre produit dijonnais, le pain d'épice. Né au Moyen Âge, il s'implanta d'abord à Reims, et il faut attendre le XIXe siècle pour que celui de Dijon prenne le pas. Cette pâtisserie composée de farine de seigle ou de froment, de miel et d'aromates connaît aussi une célèbre déclinaison : la nonnette de Dijon, créée à la même époque par des nonnes (d'où son nom !) et dont le croquant glaçage protège le moelleux du pain d'épice enrichi d'un cœur fondant de crème à l'orange, au cassis, au chocolat ou encore à la framboise. Parmi les artisans produisant ces gourmandises, impossible de ne pas citer l'un des précurseurs, Mulot & Petitjean. Fondée il y a plus de 220 ans cette entreprise familiale fut la première société labellisée « Entreprise du Patrimoine Vivant » en Bourgogne (dans le domaine de la gastronomie). Dans sa fabrique de Dijon, un espace muséographique est consacré à l'histoire du pain d'épices, et la marque dispose de 4 boutiques à Dijon, d'une à Beaune. Les adeptes de sucré succomberont aussi à la cassissine, une pâte de fruits au cassis avec un cœur liquoreux. Et aux jacquelines : des friandises au praliné recouvertes d'un glaçage. Enfin, n'oubliez pas les incontournables et ancestrales anis de Flavigny. C'est un voyageur romain qui a apporté à Flavigny-sur-Ozerain son nom et la graine d'anis. En 718, Widerard créa là une abbaye bénédictine où les moines ont probablement élaboré la recette. Mais il faut attendre la Révolution pour que les productions du couvent des Ursulines voient grandir leur réputation. Disponibles partout en France, les anis de Flavigny sont toujours fabriqués sur place. Au fil du temps, leurs arômes se sont enrichis de nombreux parfums : violette, café, fleur d'oranger, jasmin, mandarine etc…

Des produits 100 % Côte-d'Or

La Côte d'Or abrite d'innombrables petits producteurs. Un atout tel que le Conseil Départemental a créé fin 2019 le label « Savoir-faire 100 % Côte-d'Or » destiné à leur donner plus de visibilité. Parmi tous ceux-là, on peut citer notamment les foies gras, magrets et confits de Pascal Laprée à découvrir dans sa ferme de Mairey au Mont Saint-Jean, ou sur les marchés de Dijon et de Beaune ainsi que dans les Drive fermiers. Pour les escargots de Bourgogne, citons (entre autres) L'Escargot Dijonnais géré par Hervé Menelot à Fenay et L'Escargot Bourguignon de Bruce Duvic à Dienay. Même les amateurs de poissons trouveront leur bonheur. Comme à la Pisciculture des Truites de l'Aube, située tout au nord du département, aux confins de la Haute-Marne, à Veuxhaulles-sur-Aube.

Un artisanat particulièrement riche

Ateliers d'art, créateurs en tous genre, aux 4 coins de la Côte d'Or vous trouverez quantité d'idées cadeaux. Citons, par exemple, Gaston l'escargot bourguignon. Fin 2013, le serrurier Hervé Bégin créait cette petite figurine à partir d'une lame d'acier surmontée d'un trou. Rapidement, Gaston devint une star des réseaux sociaux, et voyage désormais à travers le monde. Il est à découvrir « en vrai » à Is-sur-Tille. Parlons aussi de la Maison de Pays de l'Auxois-Sud, à Pouilly-en-Auxois. Produits de bouche, mais également poterie, bijoux, soie, aquarelles, livres, senteurs ou encore jouets en bois, plus de 110 producteurs et artisans bourguignons y sont représentés !

SPORTS ET LOISIRS

Pédestres ou à deux-roues (voire à cheval), dédiées à la forêt, à la faune et à la flore, aux vignes ou aux produits gourmands, les possibilités de randonnées en terres côte-d'oriennes sont multiples. Tout comme les baignades et les sports nautiques que les très nombreux plans d'eau permettent. Mais les adeptes de croisières autant que les fans de sports extrêmes auront eux aussi le choix. Saviez-vous par exemple qu'en Côte-d'Or on peut s'adonner à la plongée sous-marine ou à l'escalade ? Entre nature, œnotourisme, sports, gastronomie et culture, les activités ne manquent vraiment pas ! Aucun doute : de Châtillon-sur-Seine jusqu'à Beaune ou Nuits-Saint-Georges, de Saulieu jusqu'à Auxonne ou Dijon, vous trouverez sans la moindre peine de quoi satisfaire à toutes vos envies. Des activités à faire seul(e), à deux ou en famille. Et qui vous donneront forcément envie de revenir très vite dans ces splendides paysages !

A pied, à cheval ou à vélo...

Qu'ils se situent dans le parc naturel régional du Morvan, dans les différentes combes, dans l'Auxois ou dans le Châtillonnais notamment, on compte en Côte-d'Or quelque 155 sentiers balisés parcourant pas moins de 3 200 km. Ainsi, pourra-t-on partir à pied à la découverte d'Alésia ou arpenter, par exemple, le Sentier de la coquille à Agnay-le-Duc : un site classé depuis 1932, et au sein duquel le Conservatoire Naturel des sites de Bourgogne a tracé un sentier de 14 km. Avec ses nombreuses forêts, le département de la Côte-d'Or est aussi un terrain propice à l'ornithologie. Des sorties à la découverte de la faune et de la flore sont notamment organisées par l'Office National des Forêts à Châtillon-sur-Seine, ou dans la forêt domaniale vers les étangs des Marots. Sans oublier le vaste Parc national de Forêts, premier parc national français de plaine. Situé sur le plateau de Langres – c'est-à-dire à cheval entre Haute-Marne et Côte-d'Or, entre Champagne et Bourgogne – il s'étend sur une superficie de 143 233 ha. A vélo ? Le paradis des cyclistes se situe dans le Morvan qui compte environ 140 circuits (de 4 à 50 km), mais partout ailleurs les possibilités sont nombreuses ! A commencer par la fameuse Véloroute qui, depuis Dijon, vous permettra sur 800 km de voies vertes, de faire le tour de toute la Bourgogne via les chemins de halage, les voies ferrées désaffectées, les routes de campagne ou les chemins de vignes. Mais vous pourrez viser moins large en sillonnant les vignes, en longeant la Saône ou en suivant le canal de Bourgogne : 320 km de voies sont réservés aux vélos et aux VTT. Restent les balades à cheval. Dans le pays Châtillonnais, à l'écart des grandes routes, le Grand Chemin séduit les cavaliers par la diversité des paysages entre rivières paisibles et forêts verdoyantes. Divers centres équestres jalonnent aussi le département, comme à Baubigny, Binges, Brazey-en-Plaine, Izeure, Montbard, Sacquenay, Saulieu, ou encore Plombières-lès-Dijon... Enfin, la balade en calèche est un moyen original de découvrir villes et villages (Beaune, Esbarres, Nuits-Saint-Georges...), et les randonnées à dos d'âne sont aussi possibles à Chemin-d'Aisey, Montlay-en-Auxois, et Saulieu. A noter que l'appli mobile (gratuite) de Côte-d'Or Tourisme Bourgogne « Rando Vignes » vous aidera à découvrir à pied les climats de Bourgogne. Quant à celle intitulée « Balades en Bourgogne », elle vous donnera des idées que vous soyez à pied, à vélo, en voiture ou au fil de l'eau. Ainsi, n'hésitez pas à vous lancer dans la balade de l'ours à Saulieu ou dans celle de la Karrière à Villars-Fontaine.

La Voie des vignes, ou la découverte des fromages de Côte-d'Or

Mais revenons au vélo et aux belles découvertes qu'il peut nous offrir. Une superbe route vélo-fromages a récemment été labellisée, avec des haltes gourmandes dans des établissements fromagers du département. Certes, la balade existe depuis longtemps. C'est de Beaune à Santenay que l'histoire a d'abord commencé, avec 23 km de voies communales, prolongées ensuite sur 14 km de Santenay à Nolay. Là-bas, la route emprunte notamment une ancienne voie ferrée sur 9 km dont 7 se trouvent en Saône-et-Loire. Afin de prolonger le plaisir, l'aménagement de la voie des Vignes s'est poursuivi entre Beaune et Dijon. Une première tranche de 20 km a été réalisée de Beaune à Premeaux-Prissey en 2017. Une seconde de Premeaux-Prissey à Chambolle-Musigny deux ans plus tard. Enfin, l'ouverture de la dernière tranche de Chambolle-Musigny à Chenôve s'est faite au printemps 2020. Le 25 février 2020, la voie des Vignes a été récompensée par le label national (et gourmand) « Vélo et fromage ». Pour l'heure, ce sont 9 sites fromagers qui sont inscrits sur ce parcours.

Frissons garantis !

Que vous soyez sportif de haut niveau, adepte de sports extrêmes ou que vous ayez « simplement » envie d'expériences hors du commun, vous trouverez aussi votre bonheur en Côte-d'Or ! Car, en la matière, le département est plein de surprises. Saviez-vous, par exemple, qu'il est possible de s'adonner à la plongée sous-marine ? Notamment grâce à l'école de plongée Dijon Plongée. Le ski nautique, lui, peut notamment se pratiquer près de Nuits-Saint-Georges, à Prémeaux-Prissey, grâce à TNCO Téléski Nautique Côte-d'Or. Envie de spéléologie ? C'est possible aussi grâce à la Ligue Spéléologique de Bourgogne qui propose des formations ci et là. Par exemple au gouffre du Bel Affreux, à Antheuil. Des vols en montgolfière sont également organisés, notamment au-dessus de Dijon (de mai à octobre) avec des ascensions d'environ 1h30 (mais comptez une présence de 3 heures). Air Adventures propose des escapades à partir de Pouilly-en-Auxois. Air Escargot permet, la découverte du vignoble, avec des vols d'environ 1h30 (mais là aussi 3 heures de disponibilité sont nécessaires). Citons aussi, à Nuits-Saint-Georges, les Montgolfières Nuitonnes. Toujours dans les airs, mais en ULM cette fois, le centre de loisirs aériens U aiLes aiMe à l'aérodome de Beaune-Challange (Beaune) dispense des vols avec balades au-dessus des Hautes-Côtes et des sites viticoles. On peut aussi s'envoler à Meilley-sur-Rouvres, à Fleurey-sur-Ouche, à Messigny-et-Vantoux, à Saint-Seine-l'Abbaye, à Semur-en-Auxois et à Til-Châtel. Enfin, l'aéro-club de la Côte-d'Or à Darois dispense également des cours d'initiation à l'ULM à partir de 15 ans. Mais si vous sautiez plutôt en parachute ? Plusieurs sociétés organisent ce genre d'activités, mais Bourgogne Franche Comté Parachutisme (BFCP) est la seule à proposer des sauts à 4 000 et 6 000 mètres d'altitude au dessus de la base aérienne de Dijon-Longvic. Quant aux falaises de Brochon, Chambolle, Fixey, Fixin, Gevrey-Chambertin, Hauteroche, Montbard, Saffres et Vieux-Château, elles vous permettront de vous adonner à l'alpinisme. Tout comme vous pourrez d'ailleurs le faire dans des salles d'escalade présentes à Dijon : Cime Altitude 245 ou Climb up, par exemple.

Et si vous partiez en croisière ?

La Saône, l'Ouche, le canal de Bourgogne… Riche de ses nombreux cours d'eau, la Côte d'Or offre 1001 possibilités de croisières, de la promenade au fil de l'eau jusqu'aux séjours au long cours. Le Canal de Bourgogne, de son point de départ à Migennes (Yonne) à son arrivée à Saint-Jean-de-Losne, vous laissera de grands souvenirs. Outre les paysages magnifiques que vous découvrirez entre Montbard et le Dijonnais, vous pourrez notamment passer sous le long tunnel qui l'encercle depuis 1832 à Pouilly-en-Auxois. Mais saviez-vous que Saint-Jean-de-Losne est aussi le premier port fluvial de plaisance de France ? Ce village de 1 000 âmes est situé aux confluents de la Saône et de l'Ouche, du Canal de Bourgogne et du Canal Rhin-Rhône. Ici, vous pourrez par exemple vous offrir une balade en bateau sur le Vagabondo qui relie Auxonne, Seurre mais aussi Dole (en Franche-Comté). Classique, culturelle ou gastronomique, la croisière vaudra toujours le détour, on vous le garantit !

Montgolfière survolant les vignes.

© ANZE MULEC - SHUTTERSTOCK.COM

Croisière sur le canal de Bourgogne.

Des loisirs pour tous les goûts… et tous les âges !

Outre les parcs de loisirs et d'attractions qui émaillent le territoire, de nombreuses bases de plein air existent qui raviront les familles autant que les sportifs ou les amoureux de la nature. Le lac Kir à l'ouest de Dijon a obtenu le label environnemental Pavillon Bleu. Sur place, Dijon Plage met à disposition un poste de secours, un maître nageur en saison, une plage avec bar et restauration, un terrain de beach-volley, des sports nautiques, des aires de jeux pour les enfants. L'étang de Fouché (vers Arnay-le-Duc), le réservoir de Grosbois, le lac de Pont (près de Semur-en-Auxois) et le lac de Panthier proposent des prestations semblables. Le lac de la Tille (à une dizaine de km de Dijon) et le lac d'Arc-sur-Tille disposent d'une base de loisirs qui propose des sports nautiques en saison. En tout, ce sont donc 12 plans d'eau avec baignade surveillée qui ont été aménagés pour l'accueil des estivants. De même, depuis mai 2014, Beaune Côté Plage est devenu le nouveau lieu de baignade en vogue. C'est sur les bords du lac de Montagny-lès-Beaune que la Communauté d'Agglomération Beaune Côte & Sud a choisi d'implanter ce parc de loisirs aquatiques en partenariat avec Suez. Beaune Côté Plage dispose de 3 000 m^2 de bassins agrémentés d'un mur d'escalade aquatique de 6 m de haut, d'un toboggan, d'une liane et de plusieurs plongeoirs. Mais hormis pour les sports aquatiques qu'ils permettent, tous ces lacs (du moins certains d'entre eux) et ces rivières feront aussi la joie des pêcheurs ! Envie d'une activité en famille ? Ne manquez pas le très beau Parc de l'Auxois implanté sur un écrin de verdure de 40 ha. Un parc animalier où s'ébattent plus de 500 animaux de près de 100 espèces. On peut même se promener parmi les lémuriens, les loriquets (des petits perroquets), les wallabies, ou encore les daims. Mais le parc est également un joli lieu de détente avec manèges, aires de jeux et petit train. Sans oublier la piscine et ses toboggans aquatiques ! Enfin, il y a les golfs. Quelques beaux parcours 9 ou 18 trous se trouvent à Chailly-sur-Armançon, Levernois, Mâlain, Norges-la-Ville, Quetigny, Salives, Venarey-les-Laumes et Vic-sous-Thil.

Balades aux jardins

N'hésitez pas non plus à découvrir l'un ou l'autre des nombreux jardins remarquables de la Côte d'Or. A commencer par ceux de l'abbaye de Fontenay qui ont été entièrement réaménagés par l'architecte-paysagiste Peter Holmes. Le Jardin et le parc du château de Barbirey-sur-Ouche est un parc paysager à l'anglaise dessiné au XIXe siècle. Il s'étend sur 8 ha et dispose d'un grand potager en terrasses ainsi que d'un verger. Le Parc du Château d'Arcelot à Arceau, les Vergers Potagers du Château de Montigny-sur-Aube, le Jardin du moulin d'Athie, ou encore le Potager fleuri du Château de Lantilly sont aussi à visiter. Sans oublier le Parc de Saint-Léger à Champeau-en-Morvan, ou encore le Jardin des cinq roses à Talant. A Dijon, ne manquez pas le Jardin botanique qui s'étend sur 3 hectares, mais aussi le très zen Jardin japonais qui incite à la méditation et au repos, ainsi que le parc de la Colombière. Un parc à la française, dessiné au XVIIe siècle par un élève de Le Nôtre, et traversé par une vaste avenue ombragée de tilleuls.

GASTRONOMIE

En Côte d'Or, gourmets et gourmands sont depuis toujours au paradis. Outre ses vins, les spécialités locales sont nombreuses, dont certaines ont conquis les cartes des restaurants de France et de Navarre, jusqu'à nos propres cuisines ! Comment résister, en effet, à déguster (ou même à préparer soi-même) un traditionnel bœuf bourguignon, un coq au vin, des œufs en meurette, un poulet Gaston Gérard, des escargots de Bourgogne ou un jambon persillé ? Nos plateaux de fromages, quant à eux, se composent souvent d'un époisses. Quant aux desserts, le cassis vient souvent les enrichir. Preuve de sa richesse gastronomique le département compte un grand nombre de chefs étoilés, et de nombreux petits producteurs. De plus, elle multiplie les projets d'envergure pour mieux faire connaître sa savoureuse cuisine. Et donc ses plus belles traditions, sa très riche histoire et son incontestable savoir faire !

Des plats évidemment bourguignons !

Nul besoin d'avoir déjà visité la Côte d'Or (et plus généralement la Bourgogne) pour en connaître certaines de ses belles spécialités. Et pour cause : leurs seuls noms annoncent déjà clairement la couleur. Il en est ainsi du traditionnel bœuf bourguignon et des célèbres escargots de Bourgogne appréciés ici depuis… la Préhistoire ! Leur calibre est particulier (plus gros que celui de la plupart des autres espèces), et ils sont le plus souvent servis dans leur coquille avec un beurre persillé. Mais de nombreuses variantes existent qui viennent agrémenter les cartes des restaurateurs et les étals des producteurs locaux. La potée bourguignonne, dérivée de la traditionnelle potée, n'utilise que des produits locaux. Mais, à côté de ces plats et viandes qui portent leurs origines comme un étendard, demeure une étonnante exception : la fondue bourguignonne Contrairement aux apparences, elle n'est pas du tout née ici, mais… en Suisse ! C'est en effet à un restaurateur de Lausanne qu'on doit cette invention en 1948. S'il l'a appelé ainsi c'est que sa recette originelle faisait tout de même appel à de la viande charolaise (venue donc de la Saône-et-Loire voisine) accompagnée de vins rouges de la prestigieuse côte des grands crus.

L'époisses est un fromage de caractère typique de la région.

Au menu, de grands classiques

Dans les cuisines, d'autres spécialités sont incontournables. Comme l'emblématique jambon persillé qui trouve son origine près de Dijon où on le servait déjà lors des fêtes de Pâques au XIVe siècle. Proche du fromage de tête, cette charcuterie traditionnelle est réalisée à partir de jambon et d'épaule de porc, finement tranchés et enrobés de gelée persillée, puis cuits dans un bouillon de vin blanc et de moutarde (de Bourgogne évidemment !). Les truffes de Bourgogne, quant à elles, sont devenues au fil des ans un produit très prisé des consommateurs comme des restaurateurs qui les affichent de plus en plus souvent à leurs menus. De nombreux acteurs œuvrent ici pour sa promotion, notamment la Confrérie de la Truffe de Bourgogne d'Is-sur-Tille. Dans cette petite ville située à une vingtaine de kilomètres au nord de Dijon, des textes remontant au XIVe siècle la décrivent comme l'un des mets principaux des cuisines royales. Mais nombre de villages du département possèdent aussi des lieux truffiers, et de nombreux producteurs s'y exercent. A Bure-les-Templiers, l'association La Truffe côte-d'orienne (www.truffe-bourgogne.fr) est le relais du Syndicat des Producteurs de Truffes de la Côte-d'Or qui fédère l'organisation de la filière. Par ailleurs, certains acteurs privés passionnés par ce diamant noir proposent une offre de découverte très intéressante. Comme La Maison aux Mille truffes by l'Or des Valois à Marey-lès-Fussey, près de Nuits-Saint-Georges.

Boeuf bourguignon.

Le Kir est un apéritif qui vient de Bourgogne.

C'est tout ? Bien sûr que non ! S'il est un plat particulièrement apprécié ici, c'est bien les œufs en meurette : des œufs pochés servis dans une sauce à base de vin rouge, de lardons, d'oignons et d'échalotes revenus dans du beurre. À tout cela, ajoutons les nombreuses entrées et les plats à base d''époisses. Le plus célèbre des fromages bourguignons, AOC depuis 1991, est un lait de vache affiné au marc de Bourgogne. Sa couleur orangée, son parfum particulier, sa consistance onctueuse et molle ne sont plus à présenter. La cour de Louis XIV ne jurait d'ailleurs que par lui ! Du côté des poissons ? La Saône, importante rivière navigable côte-d'orienne, est aussi l'une des rivières les plus riches en poissons d'Europe. Truites, brochets ou sandres apportent ainsi tous leurs saveurs à de nombreux plats, telle la pôchouse (ou pauchouse) : une recette traditionnelle qui associe poissons à chair maigre (brochet, perche) et poissons à chair grasse (anguille, tanche) auxquels on ajoute du thym, beaucoup d'ail (5 à 6 gousses), du gros sel, le tout arrosé d'un vin blanc aligoté. La pôchouse se déguste principalement dans le Val de Saône jusqu'en Franche-Comté. Une spécialité très locale, donc. Comme l'est aussi la cuisine morvandelle et ses fameuses charcuteries qu'on pourra trouver notamment près de Saulieu. Ou comme celle dite « de la côte vineuse », qui s'étend de la Côte-d'Or jusqu'à la Saône-et-Loire. Là, coq au chambertin (ou plus généralement au vin) et pavé bourguignon y sont souvent servis. Sans parler des gaudes : une préparation composée de farine de maïs mélangée à du lait, à déguster sucrée ou salée. Peu onéreuses, les gaudes furent pendant des siècles un aliment de base pour les familles paysannes de Bresse, du Haut-Jura, et de Côte-d'Or.

L'incroyable histoire du poulet Gaston Gérard

Grand classique de la cuisine dijonnaise, le poulet Gaston Gérard est un plat à base de poulet, de vin blanc, de crème fraiche, de moutarde, de comté râpé et de paprika. Une recette conçue en 1930 par Reine Geneviève Bourgogne, épouse du politicien dijonnais Gaston Gérard (1978-1969). L'homme fut sous-secrétaire d'état sous la IIIe République, et le tout premier membre du gouvernement à avoir été en charge du tourisme. Maire de Dijon de 1919 à 1935, député de Côte d'Or dans les années 30, Gérard s'attacha à construire la réputation gastronomique de sa ville tout au long de ses mandats. Ainsi donna-t-il plus de 600 conférences dans 32 pays pour promouvoir la Bourgogne, Dijon en particulier. C'est lui aussi qui fonda en 1921 la Fédération des Syndicats d'initiatives de Bourgogne ainsi que la Foire gastronomique de Dijon. Mais revenons au poulet qui porte son nom. En vérité, cette création est née (comme beaucoup d'autres) d'un simple accident. Ce jour de 1930, alors qu'elle prépare un poulet à sa façon, Reine Geneviève Bourgogne renverse un pot de paprika dans sa préparation. Pour tenter de « sauver » son plat, elle décide alors d'ajouter du vin blanc, de la crème fraîche, du comté râpé. La recette est une telle réussite que leur invité du jour (un célèbre critique gastronomique de l'époque) la félicite… et baptise aussitôt la recette du nom de son hôte ! Depuis, le poulet Gaston Gérard est devenu un incontournable de la gastronomie bourguignonne.

Desserts et boissons : le choix est large !

Reste à conclure notre repas par quelques douceurs sucrées. On vous proposera souvent une goûteuse poire pochée au vin rouge, une tarte aux pêches de vignes (venues d'ici ou de Saône-et-Loire), ou encore de nombreux desserts et glaces arrosés du coulis de cassis dijonnais. Enfin, pour ouvrir, accompagner et clore vos repas, hors vins et crémants, dans vos verres vous aurez le choix entre le fameux marc de Bourgogne (une eau-de-vie élaborée avec les résidus de pressage du raisin et qui se boit en digestif), le ratafia (un mélange de jus de raisin, de moût et de marc, à servir plutôt en apéritif), ou les nombreuses bières locales. Mais la star, ici, c'est bien sûr le kir. Servi depuis le XIXe siècle dans les gargotes où le cassis était utilisé pour rendre buvable le vin de mauvaise qualité, cet apéritif composé de liqueur de cassis (pour 1/3) et de vin blanc (souvent un aligoté) devint l'apanage des hommes politiques locaux qui l'élevèrent au rang de boisson officielle de leurs banquets. A l'après-guerre, le chanoine Kir (1876-1968) – prêtre et député-maire de Dijon pendant 22 ans – reprit la recette à son compte, allant jusqu'à signer un contrat d'exclusivité avec un producteur de liqueurs. Ce cocktail prit alors son nom, et entra même au dictionnaire des noms communs du Petit Larousse en 1976. Le kir est à déguster avec les fameuses gougères de Bourgogne : une pâte-à-choux au comté ou au gruyère totalement incontournable aux 4 coins de la Bourgogne.

Une région multi-étoilée

Preuve d'une cuisine particulièrement inventive, la Côte d'Or dénombre 14 tables étoilées. Du côté des 2 étoiles, ils sont 2 : William Frachot à l'Hostellerie du Chapeau Rouge de Dijon, et Patrick Bertron (qui a succédé à Bernard Loiseau) à Saulieu, Les 1 étoile ? A Dijon, Cibo – tenu par Angelo Ferrigno – a obtenu sa première étoile en 2021. Citons aussi, toujours à Dijon, Keigo Kimura à la tête de L'Aspérule, et Louis-Philippe Vigilant à Loiseau des Ducs. A Pernand-Vergelesses, Jordan Prot aux commandes du Charlemagne. Keishi Sugimura et Christophe Quéant, respectivement au Bénaton et au Carmin, à Beaune. A Chassagne-Montrachet, Émilie Rey et Édouard Mignot aux cuisines d'Ed Em. Au Château de Courban, Takashi Kinoshita, et Thomas Collomb à La Table d'Hôtes de la Rôtisserie du Chambertin à Gevrey-Chambertin. N'oublions pas Guillaume Royer et son restaurant 1131 à La Bussière-sur-Ouche, et Philippe Augé et sa Table de Levernois à Levernois. Enfin, Nicolas Isnard, aux fourneaux de l'Auberge de la Charme de Prenois, est également distingué.

Un savoir-faire 100 % Côte-d'Or

Au delà des cartes des restaurants et des cuisines locales, saluons aussi les nombreux petits producteurs qui participent à la réputation gastronomique de la Côte-d'Or (et de toute la Bourgogne). Lancée en 2019 par le Conseil Départemental, le label «Savoir Faire 100% Côte-d'Or » a pour objectif de donner plus de visibilité aux producteurs et éleveurs côte-d'oriens. Véritable gage de qualité, cette appellation se veut respectueuse de toute la filière, du producteur au consommateur en passant par l'environnement. Parmi les produits mis en avant, le pain Côte d'Or (une baguette en forme de C), et le fromage Côte-d'Or (un petit fromage crémeux, mélange entre chaource, langres et soumaintrain). Quant aux vins, l'appellation Bourgogne Côte-d'Or s'appuie sur une zone de production bien délimitée (36 communes en Côte de Nuits et Côte de Beaune, et 4 communes en Saône-et-Loire).

Dijon, capitale européenne de la gastronomie

Depuis sa création en 1921, la Foire internationale et gastronomique de Dijon est devenue le 1er événement économique et populaire de Bourgogne, la 5e foire internationale de France. Elle rassemble chaque année, vers la fin octobre (en 2021, du 30 octobre au 11 novembre) près de 600 exposants et quelques 200 000 visiteurs. Elle met tous les ans un pays invité à l'honneur : cette année, zoom sur l'Irlande et sa gastronomie. Ce n'est pas tout : pour asseoir davantage son statut de capitale gastronomique régionale, Dijon s'enrichira dès cette année 2021 d'une Cité internationale de la Gastronomie et du Vin. Avec un investissement estimé à 250 millions d'euros, ce projet devrait permettre de faire rayonner Dijon et l'ensemble de la Bourgogne à l'international. Ainsi, la Cité prendra place à deux pas du centre-ville, au kilomètre 0 de la route des Grands Crus, en lieu et place de l'ancien hôpital général. Grande de 22 000 m², sur un site de 6,5 ha, elle devrait accueillir un million de visiteurs chaque année. La prestigieuse école Ferrandi y formera à la gastronomie hexagonale plus d'une centaine de jeunes venus des quatre coins du globe. Un hôtel 4 étoiles et 2 cinémas prendront aussi place, ainsi que des espaces d'expositions, un centre de conférences et la chapelle des Climats.

Poire pochée au vin rouge.

AGENDA

Tout au long de l'année, la Côte-d'Or célèbre son patrimoine, ses traditions et ses richesses au travers de fêtes et de manifestations organisées aux quatre coins du territoire. Les grands crus sont ainsi à la fête à Vougeot, à Châtillon-sur-Seine, à Gevrey-Chambertin ou encore à Nolay et à Puligny-Montrachet, quand la gastronomie est honorée à Dijon (notamment). La culture n'est pas en reste : les festivals sont aussi nombreux, de Beaune à Dijon en passant par Nuits-Saint-Georges. Quant aux traditions, elles sont fêtées ici et là, par exemple à Semur-en-Auxois où les courses équestres se tenant tous les ans au cœur de la ville nous viennent du XVIIe siècle. Vous trouverez ici les événements particulièrement attendus. Mais, bien sûr, cette liste n'est pas exhaustive. N'hésitez pas à consulter aussi nos pages « Quand y aller ? » qui font la lumière sur quelques rendez-vous incontournables en Côte-d'Or.

DÉCOUVRIR

À PAS CONTÉS-FESTIVAL INTERNATIONAL JEUNE ET TOUS PUBLICS

DIJON ✆ 03 80 30 98 99 - www.apascontes.fr

En février. Entrée : 10 € (8 € pour les adhérents). Pass «A pas contés» : 24 € (3 spectacles au choix).

La 22e édition du festival international jeune et tous publics À Pas Contés aura lieu comme chaque année en février. Organisé par l'Association bourguignonne culturelle (ABC), ce festival rassemble petits et grands autour d'une trentaine de spectacles, donnés dans différents lieux liés culturels à Dijon et aux alentours. Les spectacles sont variés : danse, récitations de contes, pièces de théâtre, marionnettes, cirque, mais aussi séances de cinéma en avant-première et concerts.

D'JAZZ DANS LA VILLE

DIJON

✆ 09 63 03 50 87

www.mediamusic-dijon.fr

Tous les ans en mai. En 2021, exceptionnellement à partir du 16 juin.

Depuis 1990, chaque année au mois de mai (cette année exceptionnellement en juin), les Dijonnais amateurs de jazz se ruent sur les places emblématiques de la ville, c'est-à-dire dans la cour de Flore, dans la cour d'Honneur, place des Cordeliers ou encore place François-Rude. Plusieurs scènes y accueillent alors différents groupes de jazz. Apéro-concerts et déambulations sont aussi proposés ainsi qu'une grande scène pour clôturer l'événement organisé par l'association Media Music, très impliquée dans le développement du jazz à Dijon.

COUP D'ŒIL, COUP DE CŒUR

AUXEY-DURESSES

Les 23 et 24 octobre 2021.

Depuis 1996, le quatrième week-end d'octobre les viticulteurs d'Auxey-Duresses organisent - via le Syndicat des vignerons de ce village viticole situé à deux pas de Beaune - une grande fête baptisée Coup d'Œil, Coup de Cœur. Le principe est simple : une vingtaine de professionnels ouvrent leurs portes au public le temps d'une promenade dans les vignes (c'est le Coup d'Œil). Une bonne opportunité pour découvrir les vins locaux mais aussi pour apprécier quelques spécialités gourmandes et admirer quelques expositions d'artisanat. Là, c'est le Coup de Cœur garanti !

DE CEP EN VERRE

NOLAY

✆ 03 80 21 80 73

www.nolay.com/fr/

Les 7 et 8 août 2021 dans le centre historique de Nolay. Tarif : 5 € entrée avec verre sérigraphié, 3 € entrée seule.

L'Agence de Tourisme de Nolay (en partenariat avec le Syndicat de Défense des Hautes Côtes) organise cette année la 17e édition de « De Cep en verre », une flânerie autour de la vigne et du vin au cœur de son centre historique. Dans ce village riche de 40 artisans, les visiteurs découvriront les différents métiers pratiqués sous leurs yeux tandis que des spectacles de rues seront donnés. Pour les enfants, des ateliers et des jeux géants les divertiront quand vous vous laisserez tenter par une dégustation ! Deux très belles journées en perspective.

ÉLÉGANCE DES VOLNAY

VOLNAY

Chaque dernier samedi de juin.

Afin de promouvoir le beau village de Volnay et ses vins fins et élégants, quelques vignerons se sont mobilisés depuis 2005, entraînant avec eux la majorité des producteurs volnaysiens. Ainsi est née l'Association Elégance des Volnay qui, tous les ans, le dernier samedi de juin, propose cette très jolie fête qui met à l'honneur les femmes autant que les vins du cru. Avec de nombreuses animations dans les rues du village, comme la découverte des climats en calèche, la visite des caves, et bien sûr d'immanquables dégustations !

FESTIVAL SONS D'UNE NUITS D'ETÉ

NUITS-SAINT-GEORGES

✆ 06 81 30 38 87

www.festivalnuits.fr

En juillet.

Sons d'une Nuits d'été est un festival de musique né en 2005. Après 15 éditions réussies, et une annulée en 2020, il est de retour du 6 au 10 juillet 2021, dans le parc de la Maison Albert Bichot, au centre-ville de Nuits-Saint-Georges. Au programme : Mnozil Brass pour l'ouverture, Thomas Fersen le mercredi 7, Chimène Badi le jeudi 8, Jethro Tull le vendredi 9 et Marc Lavoine le samedi 10 juillet en clôture. De belles retrouvailles entre les artistes et le public en perspective !

ESCAPADES ET FESTIVAL MUSICALES EN AUXOIS

SEMUR-EN-AUXOIS

✆ 06 62 09 78 68

https://musicalesenauxois.wixsite.com/musicalesenauxois

Tous les ans fin juillet-début août.

D'année en année, la réputation de ce festival s'est construite autour de la rencontre entre musiques savantes et populaires, et de spectacles qui associent souvent musique, danse et théâtre. Le tout dans des sites étonnants situés dans divers lieux de l'Auxois. Après son annulation en 2020, la 26e édition proposera une revisite de Bach et de Scarlatti en version jazz, mais aussi – comme toujours – le meilleur de la musique baroque. Le tout sous la direction de Franck-Emmanuel Comte.

FÊTE DE LA BAGUE DE SEMUR-EN-AUXOIS

2, place Gaveau

SEMUR-EN-AUXOIS

✆ 03 80 97 05 96

www.ville-semur-en-auxois.fr

Chaque 31 mai.

Cette fête associe 3 événements : la course des Chausses, la course de la Bague et celle à la Timbale. La première plonge ses racines dans l'Auxois de la Renaissance. Au XVIIe siècle, le galop du cheval remplace les foulées de l'homme, et ainsi nait la course de la bague. Enfin, au XIXe vient se greffer la course à la Timbale : une course de trot attelé. Depuis, chaque 31 mai, en tenue médiévale, les cavaliers prennent le départ sur le cours Charles-de-Gaulle.

FESTIVAL INTERNATIONAL D'OPÉRA BAROQUE ET ROMANTIQUE DE BEAUNE

BEAUNE

✆ 03 80 22 97 20

www.festivalbeaune.com

Tous les ans en juillet.

Inscrites au calendrier des mélomanes internationaux depuis 1983, ces rencontres musicales estivales s'offrent le luxe d'investir les plus beaux lieux de Beaune. Les opéras et la musique sacrée baroques sont privilégiés, mais n'empêchent pas la programmation d'autres répertoires comme les œuvres du Moyen Age et de la Renaissance. Une place toute particulière est réservée aux œuvres inédites et aux re-créations qui s'appuient sur les recherches musicologiques les plus récentes.

FÊTE DU CRÉMANT ET TAPE-CHAUDRON

CHÂTILLON-SUR-SEINE

https://routeducremant.fr

Le 3ème samedi de mars. Gratuit.

Entre fête traditionnelle et grand carnaval, ce défilé (dont la genèse remonte au Ve siècle, lorsqu'on tapait sur des chaudrons pour chasser l'hiver) se déroule chaque année le 3e samedi de mars. On y fête l'arrivée du printemps bien sûr, mais aussi le crémant de Bourgogne qui fait la fierté du Châtillonnais. Un défilé de chars au cours duquel quelque 500 chaudrons et bidons sont agités frénétiquement. Tous les ans, ce sont environ 5 000 visiteurs qui sont attendus.

FOIRE INTERNATIONALE ET GASTRONOMIQUE DE DIJON

DIJON

✆ 03 80 77 39 00

www.foirededijon.com

Du 31 octobre au 11 novembre 2021.

Avec près de 600 exposants et 160 000 visiteurs, la foire internationale et gastronomique de Dijon est la 5e foire internationale de France et le 1er événement économique de Bourgogne. De nombreux secteurs sont représentés : la gastronomie bien sûr avec les vins et produits du terroir, mais aussi l'habitat, l'artisanat, les loisirs. La Foire accueille tous les ans un pays en qualité d'hôte d'honneur. En 2021, l'Irlande sera l'invitée de cette 90e édition.

GARÇON LA NOTE !

AUXERRE

✆ 03 86 52 06 19

www.garcon-la-note.com

En soirée, du 1er juillet au 31 août, à Auxerre, Dijon, Cosne, Chalon, Nevers, Sens, Tournus et dans la Bresse. Gratuit.

Ce n'est pas une ville, mais toute une région qui s'est lancée dans l'organisation de ce festival dont la naissance s'est faite à Auxerre en 2001. 20 ans plus tard, Dijon, Cosne-Cours-sur-Loire, Chalon-sur-Saône, Nevers, Sens, Tournus et la Bresse bourguignonne ont rejoint la préfecture de l'Yonne dans cette belle aventure. Le concept ? Du 1er juillet au 31 août, les terrasses des cafés et des restaurants s'animent et donnent la chance à des artistes par le biais de concerts gratuits. Pour connaître la programmation, voir le site du festival : garcon-la-note.com

GEVREY WINE FOOD AND MUSIC

GEVREY-CHAMBERTIN

✆ 03 80 62 11 17

18 € à 20 €. Tarif prévente et tarif sur place.

Le 11 septembre 2021, Gevrey Nuits Tourisme organise la troisième édition du Gevrey Wine Food and Music. L'événement, qui a réuni 1 200 personnes en 2020, met à l'honneur les producteurs et les viticulteurs de la côte de Nuits dont de grands chefs étoilés. De nombreuses animations pour les enfants sont prévues ainsi qu'un marché d'artisans d'art régionaux qui se tiendra en parallèle pour une soirée placée sous le signe de la convivialité et de la gourmandise.

LIVRES EN VIGNES

Rue de la Montagne

VOUGEOT

✆ 03 80 62 86 09

www.livresenvignes.fr

Tous les ans le dernier week-end de septembre. En 2021, les 25 et 26.

Livres en Vignes se déroule chaque année lors du dernier week-end de septembre à Vougeot. Toujours présidée par des personnalités du monde de l'édition, ce prestigieux salon du livre siège dans la magnifique cuverie et dans les salons Renaissance du château du Clos de Vougeot où des prix littéraires sont attribués, des rencontres et des débats organisés. Bien sûr, les lecteurs peuvent aussi rencontrer la centaine d'auteurs présents. Ou participer à la traditionnelle grande dictée ! Bref, un très beau rendez-vous littéraire dans un cadre superbe.

SAINT VINCENT TOURNANTE À PULIGNY-MONTRACHET CORPEAU BLAGNY

Place du Pasquier de la Fontaine

PULIGNY-MONTRACHET

www.saint-vincent-tournante-2021.com

29 et 30 janvier 2022.

Après avoir enchanté les très nombreux visiteurs à Gevrey-Chambertin lors de la 75e Saint Vincent Tournante en 2020, c'est à Puligny que la prochaine édition se déroulera finalement en 2022. Corpeau, Puligny-Montrachet et Blagny seront donc mobilisées pour vous offrir un superbe week-end de découverte au milieu des caves et des vignobles prestigieux du sud de la Côte-d'Or. Une fête grandeur nature entre tradition et folklore. Absolument immanquable !

VENTE DES VINS DES HOSPICES DE BEAUNE

Place de la Halle

BEAUNE

✆ 03 80 26 21 30

www.beaune-tourisme.fr

Le 21 novembre 2021.

Quand on parle de Beaune, on ne peut pas passer à côté de ses hospices et de sa célèbre vente des vins qui se déroule chaque année au mois de novembre. La vente de charité a lieu sous les halles de Beaune au pied des hospices avec une densité de participants désormais réduite pour les raisons sanitaires que l'on sait. Pour le grand public, il faudra patienter jusqu'en novembre 2021 pour la prochaine vente qui sera la 161e. Un évènement à ne pas manquer !

DIJONNAIS

Dijon (avec son agglomération) compte 260 000 habitants, juste ce qu'il faut pour ne pas être saturée. Ses habitants bénéficient en effet d'une grande qualité de vie, au cœur d'une ville d'histoire et de patrimoine. Entre art de vivre à la française et culture, les 23 communes de la métropole ne manquent pas d'infrastructures pour accueillir le public lors de manifestations sportives et artistiques, que celles-ci s'adressent au jeune public, à la Minoterie, ou encore aux mélomanes, à l'Auditorium et au Grand Théâtre. Ce dernier, jusqu'alors fermé, fait l'objet de travaux pour être rouvert au public. Dijon se réinvente et fait face aux enjeux de notre époque, en particulier avec l'alimentation de son réseau de transport à l'hydrogène, et par sa participation au dispositif "Ici commence la mer". Les Dijonnais verront bientôt leur capitale bourguignonne euphorisée avec l'inauguration de la Cité Internationale de la Gastronomie et du Vin.

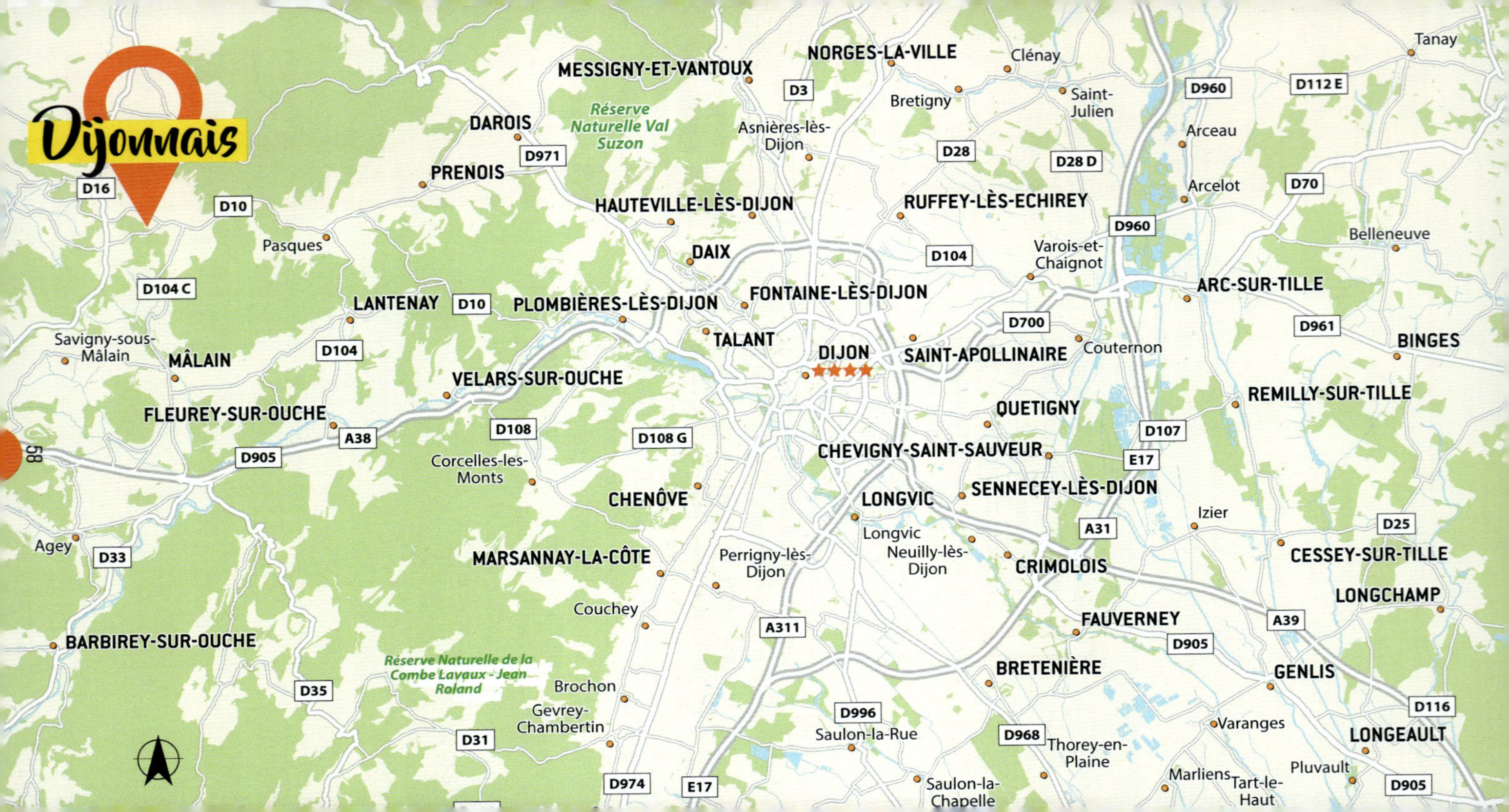
Dijonnais
D16
D10
Pasques
D104 C
Savigny-sous-Mâlain
MÂLAIN
LANTENAY
D10
D104
FLEUREY-SUR-OUCHE
A38
D905
Agey
D33
BARBIREY-SUR-OUCHE
D35
D31
DAROIS
D971
PRENOIS
MESSIGNY-ET-VANTOUX
Réserve Naturelle Val Suzon
HAUTEVILLE-LÈS-DIJON
DAIX
PLOMBIÈRES-LÈS-DIJON
VELARS-SUR-OUCHE
D108
Corcelles-les-Monts
D108 G
CHENÔVE
MARSANNAY-LA-CÔTE
Couchey
Réserve Naturelle de la Combe Lavaux - Jean Roland
Brochon
Gevrey-Chambertin
D974
E17
A311
Perrigny-lès-Dijon
TALANT
FONTAINE-LÈS-DIJON
DIJON
NORGES-LA-VILLE
D3
Asnières-lès-Dijon
Bretigny
Clénay
Saint-Julien
D28
D28 D
RUFFEY-LÈS-ECHIREY
D104
Varois-et-Chaignot
D700
SAINT-APOLLINAIRE
Couternon
QUETIGNY
CHEVIGNY-SAINT-SAUVEUR
LONGVIC
Longvic
Neuilly-lès-Dijon
SENNECEY-LÈS-DIJON
CRIMOLOIS
A31
E17
D107
FAUVERNEY
D905
BRETENIÈRE
D996
Saulon-la-Rue
D968
Thorey-en-Plaine
Saulon-la-Chapelle
Marliens
Tart-le-Haut
Pluvault
D905
LONGEAULT
D116
Varanges
GENLIS
A39
LONGCHAMP
CESSEY-SUR-TILLE
D25
Izier
REMILLY-SUR-TILLE
BINGES
D961
ARC-SUR-TILLE
Belleneuve
D70
Arcelot
D960
Arceau
D960
D112 E
Tanay

DIJON ★★★★

Dijon, capitale de la région Bourgogne-Franche-Comté et du département de la Côte-d'Or, est une ville touristique et d'histoire, dont les richesses sont en grande partie classées au patrimoine mondial de l'Unesco. Haut lieu de la gastronomie, ses spécialités culinaires telles que la moutarde, le pain d'épices ou encore la crème de cassis seront représentées à la Cité Internationale de la Gastronomie et du Vin dont l'inauguration est prévue le 21 décembre 2021.

La ville rayonne comme destination touristique mais encore et surtout pour la qualité de vie offerte à ses habitants. Ecologique, avec une centrale photovoltaïque construite sur le site de l'ancienne décharge Valmy, Dijon passe au tout hydrogène. On aime l'atmosphère paisible qui règne ici et flâner le long du port du Canal ou aux abords du lac Kir, dont la base nautique sera à l'avenir modernisée. La ville se dote non seulement d'équipements sportifs à la pointe, mais aussi des meilleures infrastructures en matière d'habitat, avec la construction de 114 logements à haute performance énergétique.

Enfin, Dijon et la culture sont très liés ! Au centre-ville, les passants côtoient les œuvres d'art contemporain. Après *Le Compteur du temps* de Gloria Friedmann dévoilé l'été dernier place Grangier, le square des Ducs accueille l'œuvre *Point de vue*, de l'artiste bourguignon Philippe Ramette. Parmi les chantiers en cours et après l'inauguration de son Musée des Beaux-Arts, viennent les rénovations du Grand Théâtre, jusqu'alors fermé au public, ou encore de la Bibliothèque patrimoniale et d'étude, un monument du XVIIe siècle.

CATHÉDRALE SAINT-BÉNIGNE ✝ ★

6, rue Danton
✆ 03 80 30 39 33
cathedrale-dijon.fr
Tous les jours de 9h à 12h et de 14h à 19h. Le samedi 18h.

La cathédrale Saint-Bénigne fait partie des très beaux monuments à visiter sur Dijon, située tout près de la gare, elle jouxte le Musée Archéologique. L'édifice réunit un ensemble de plusieurs trésors architecturaux à découvrir ou redécouvrir. La toute première construction de type roman qui fut construite en 535, est dédiée au martyr chrétien saint Bénigne. La rotonde, autrefois sur trois étages, située dans la crypte est actuellement en travaux. Dès sa restauration terminée, le public pourra admirer de nouveau son pavement en marbres colorés et ses superbes chapiteaux sculptés. Sa date de réouverture n'est pas encore connue. A la demande de l'évêque Isaac fut ensuite bâtie au IXe siècle une basilique carolingienne. C'est en 1001 que Guillaume de Volpiano entame des travaux pour en faire une basilique dite lombarde. Au cours des époques, le sort s'acharne et elle subit, saccage à la révolution, incendie, écroulement d'une tour. A partir de 1272 débutera alors sa reconstruction en style gothique pour laisser place à celle que l'on connaît aujourd'hui. Avec sa façade aux contreforts massifs et saillants, ses deux grosses tours octogonales couvertes de toits coniques en tuiles multicolores, sa triple nef gothique bourguignon. De son passé roman, elle n'a conservé que son portail massif. La cathédrale et sa crypte sont classées aux monuments historiques depuis le milieu du XIXe siècle. A noter également que la cathédrale dispose d'un magnifique carillon composé de 63 cloches. Un lieu à voir et à entendre !

DIJONNAIS

© YVANN K - FOTOLIA

Maisons pittoresques à pan de bois.

CITÉ INTERNATIONALE DE LA GASTRONOMIE ET DU VIN DE DIJON

3, rue du Faubourg-Raines
✆ 03 80 50 35 35
www.citedelagastronomie-dijon.fr

La Cité internationale de la Gastronomie et du Vin ouvrira ses portes à la fin de l'année 2021. Tel est le projet ambitieux porté par la ville et très bientôt concrétisé, pour faire de la capitale des ducs de Bourgogne une métropole régionale à rayonnement international et une destination majeure en Europe. Les travaux ont commencé fin 2017. L'ensemble bâti de 70 000 m² et conçu par l'agence d'architecture Anthony Béchu se composera de bâtiments historiques rénovés des XVIe, XVIIe et XVIIIe siècles et de constructions contemporaines, ancrant ce site de plain-pied dans son époque. Pourquoi une Cité Internationale de la Gastronomie et du Vin à Dijon ?

Rappelons que depuis 2010, la gastronomie française est officiellement inscrite au patrimoine mondial de l'Unesco. Pour incarner, préserver et faire connaître ce savoir-faire exceptionnel, un outil fédérateur a été mis en place, qui n'est autre que le réseau des cités de la gastronomie. Quatre villes ont été sélectionnées, dont Lyon, Paris-Rungis, Tours et Dijon. Notre cité a donc désormais officiellement la belle responsabilité de représenter la gastronomie française, de valoriser et de promouvoir la culture et les traditions de la vigne et du vin. Plus qu'un simple lieu, le projet est à la hauteur de ses ambitions. Ceux qui étaient impatients d'en découvrir le contenu ne seront pas déçus. Avec un investissement total estimé à 200 millions d'euros, l'enjeu est culturel et touristique, mais aussi économique et urbanistique.

Cette Cité qui est implantée sur un site de 6,5 ha, s'articulera autour de pôles pouvant accueillir un million de visiteurs chaque année, entre les touristes friands des grands crus de Bourgogne, les amateurs de patrimoine attirés par le classement récent du secteur sauvegardé de Dijon au patrimoine mondial de l'Unesco, les chercheurs spécialistes du vin et de la vigne et les Dijonnais. Ils découvriront donc une Cité avec son centre d'interprétation de l'architecture et du patrimoine (CIAP) qui rappellera l'ancien site, à savoir l'ancien hôpital général et qui mettra en valeur l'histoire de Dijon, par des expositions permanentes et temporaires.

4 expositions sont à la carte, dont « **À table** », exposition permanente pour comprendre ce qu'est le repas gastronomique des Français d'un point de vue sociologique, anthropologique et historique ; « **En cuisine** », exposition sensorielle réalisée avec le laboratoire d'analyses sensorielles du centre des sciences du goût et de l'alimentation (CSGA) de Dijon ; « **En Bourgogne** », exposition qui se tiendra dans la chapelle de l'ancien hôpital général pour faire connaissance avec les vins de bourgogne et plus spécifiquement avec les climats du vignoble de bourgogne inscrits au Patrimoine mondial de l'Unesco. Enfin l'exposition « **Pâtisserie** », dédiée à cette spécificité de la gastronomie française et à son savoir-faire qui est reconnu dans le monde entier.

La prestigieuse école de gastronomie Ferrandi formera à la gastronomie hexagonale plus d'une centaine de jeunes venus des quatre coins du globe à travers des cursus du CAP à bac+5. L'hôtel 4 étoiles Curio by Hilton accueillera les visiteurs dans ses 125 chambres de standing et deux nouveaux cinémas trouveront également leur place dans la Cité : un multiplex et un cinéma d'art et d'essai cohabiteront pour la première fois, avec 13 salles au total et près de 2 000 fauteuils. À leurs côtés, les visiteurs découvriront un pôle Culture et Formation, composé d'espaces d'expositions, d'un centre de conférences, de la chapelle des Climats et d'un centre de formation sur 1 750 m², avec notamment un atelier de démonstration. La Cité c'est aussi 5 000 m² de commerces, dont restaurants, bars et caves à vin, ainsi qu'une quinzaine de boutiques spécialisées, produits du terroir et savoir-faire gastronomique français. Découvrez également Village by CA, une pépinière d'entreprises et un espace de co-working pour les startups. Enfin, un écoquartier sur 3,5 hectares y est implanté, avec logements conventionnés et en accession, 3 résidences « gérées » pour les étudiants, les seniors et les touristes.

La Métropole a par ailleurs tout mis en œuvre pour améliorer l'accessibilité du site. Une liaison piétonne entre la gare TGV et la Cité, véritable balade urbaine, traverse le Jardin de l'Arquebuse. Elle démarre depuis la sortie de la gare. Une passerelle a en effet été aménagée constituant une promenade dans l'arboretum du Jardin. L'aménagement global de 85 000 m² en plein cœur de ville s'impose pour les partenaires comme la plus grosse opération d'aménagement privé en région sur le territoire national. Une Cité très accessible en voiture également, grâce au nouveau parking en silo Monge pour accueillir les véhicules. Son architecture attire le regard, il est par ailleurs idéalement situé pour associer les différents modes de transport, avec 460 places et à proximité directe du tram, du bus et d'une station de vélos.

La Cité favorisera enfin l'insertion professionnelle, avec au total près de 2 000 emplois durables créés dans l'Hexagone. Conçue pour proposer des expériences à la fois immersives et interactives, elle sera au croisement de la culture et de l'apprentissage de ces savoir-faire qui font le prestige de la gastronomie française. Un emblème et un haut lieu du patrimoine culinaire où se cultiveront le goût et l'art de vivre à la française.

LE CONSORTIUM MUSEUM - CENTRE D'ART CONTEMPORAIN

37, rue de Longvic ✆ 03 80 68 45 55

www.leconsortium.fr

Ouvert du mercredi au dimanche 14h-18h, vendredi 14h-20h. Gratuit -18 ans et les vendredi de 17h à 20h. Adulte : 5 €.

Conçu par l'architecte japonais Shigeru Ban, le Consortium est un centre d'art contemporain reconnu internationalement. Un espace de 4 000 m² met en valeur les œuvres exposées et des travaux auront lieu prochainement pour l'agrandir. Plusieurs salles y sont aménagées dont la plus grande dédiée aux expositions temporaires. Le centre d'art comprend également une librairie dont les ouvrages sont diffusés par la maison d'édition *Les presses du réel*. Un lieu culturel incontournable.

ÉGLISE DU SACRÉ-CŒUR

Place du Général-Giraud

✆ 03 80 74 38 12

http://sacrecoeurdijon.free.fr

Ouvert tous les jours de 8h30 à 17h.

Édifiée dans les années 1930, l'église du Sacré-Cœur apporte de la spiritualité au quartier de la Maladière. Les travaux dirigés par l'architecte parisien Julien Barbier commencent en 1931, l'église est ensuite consacrée le 10 mai 1938. Surprenante par son style néo-byzantin, ses bâtisseurs se sont inspirés de la basilique de Paray-le-Monial. Longue de 60 mètres, elle impressionne notamment par son volume et par la splendide mosaïque de 7 mètres de hauteur. Une architecture intéressante que les visiteurs peuvent librement découvrir sur place ou virtuellement.

HÔTEL DE VOGÜÉ

8, rue de la Chouette

www.destinationdijon.com/patrimoine-culturel/hotel-de-vogue/

Entrée libre toute l'année. Visite guidée pendant les Journées du patrimoine et sur rendez-vous.

Cet hôtel particulier du XVIIe siècle fut construit pour Étienne Bouhier, magistrat au Parlement de 1607 à 1635. Le bâtiment passe dans la famille Vogüé, à l'occasion du mariage, au XVIIIe siècle, de Catherine-Louise Bouhier avec le comte Cérice-François Melchior de Vogüé. Admirez son portail majestueux sculpté d'un décor inspiré du style Renaissance italien. L'intérieur arbore de somptueux décors peints ainsi qu'une gigantesque cheminée sculptée et rehaussée de polychromie. Un des plus beaux exemples d'hôtel particulier du XVIIe siècle à Dijon.

LA FABRIQUE DE PAIN D'ÉPICES MULOT & PETITJEAN

6, boulevard de l'Ouest

✆ 03 80 66 30 80

www.mulotpetitjean.fr

Ouvert du mardi au samedi de 10h à 12h30 et de 14h à 18h30. Gratuit jusqu'à 12 ans. Adulte : 8 €. Enfant : 6 €.

Le pain d'épices est indissociable de la ville de Dijon, on peut même parler d'emblème, au même titre que le cassis, ou la moutarde. La société Mulot et Petit Jean Entreprise du Patrimoine Vivant perpétue la tradition depuis 1796 et se fait un plaisir de l'expliquer aux amateurs de ce gâteau particulier. De fabrication artisanale issu d'une recette traditionnelle, le personnel reçoit les visiteurs dans sa fabrique et propose de faire découvrir les secrets de son succès. Un vaste espace qui sent bon le miel et les épices, accueille petits et grands le temps d'une visite expliquée d'environ une heure. S'en suivra la dégustation où vous découvrez les différents produits élaborés dans l'unité de production, car la gamme de pain d'épices est large. Conditionnée dans de jolis emballages ou même à la coupe les clients ont le choix. Découvrez aussi les fameuses nonettes fourrées à l'orange, au cassis au chocolat et même nature que l'on peut associer à du foie gras, que de gourmandises ! Découvrez les amusantes Jacquelines dont l'origine remonte à 1926. Les papilles seront ravies ! Enfin vous pouvez faire votre marché avec évidemment à la vente l'ensemble des références, mais aussi un échantillon de quelques produits régionaux faisant partis d'un groupement appelé Vivre la Bourgogne. Crème de cassis Boudier, liqueur Briottet, moutarde Reine de Dijon, Anis de Flavigny... et d'autres. Ponctuellement des ateliers pour petits et grands sont organisé autour du pain d'épices.

JARDIN DARCY

Place Darcy

Ouvert toute l'année. Tous les jours et les jours fériés de 7h30 à 19h. Animations. Les animaux sont acceptés.

L'ours Pompon vous accueille à l'entrée du parc, réplique de l'œuvre de François Pompon, véritable symbole de Dijon. Créé en 1880, c'est à l'ingénieur Henry Darcy que l'on doit l'idée d'un réservoir d'eau potable installé juste en dessous du jardin, dont la vocation était d'apporter l'eau courante à la ville. Cette eau est aujourd'hui utilisée pour arroser les plateformes herbeuses du tramway. On vient se détendre au son des cascades de l'eau qui s'écoule, on admire son bassin et ses beaux escaliers. Le jardin idéal pour flâner pour une promenade bucolique.

© CHRISTOPHE FOUQUIN / ADOBE STOCK

ÉGLISE NOTRE-DAME ★

2, place Notre-Dame
✆ 03 45 34 27 61
Ouvert toute l'année. Tous les jours et les jours fériés de 8h à 18h. Messes en semaine et le week-end.

Doyenne des églises dijonnaises, l'église Notre-Dame est pour beaucoup de Dijonnais un emblème tant elle est belle et inscrite dans le cœur de chacun ! Elle fêtait en 2020 son 800e anniversaire. Un joyau de l'art gothique décrit par Viollet-le-Duc comme « chef-d'œuvre de raison », construit entre 1220 et 1240 avant d'être restauré entre 1865 et 1884. L'intérieur de l'église étonne par ses proportions harmonieuses et l'élégance de son décor : délicates colonnettes fuselées, voûtes élancées, hauteur et luminosité de la tour-lanterne. Dans le transept nord, des vitraux du XIIIe siècle sont encore visibles sous la rose. Au fond de l'église, dans la chapelle qui se trouve à droite du chœur, Notre-Dame de Bon-Espoir, l'une des plus anciennes statues de bois de la Vierge en France, date du XIe siècle et protège la ville. Quant à l'extérieur, c'est également un enchantement tant on découvre de choses ! Arrêtez-vous face à Notre-Dame et admirez le Jacquemart sur le clocher de droite. Prise de guerre de Philippe de Hardi, le Jacquemart fut ramené de Courtrai en 1383 et depuis Jacquemart, son épouse et leurs enfants donnent l'heure aux passants. Ensuite, admirez la façade-écran unique en France ! Trois rangées de gargouilles vous sont présentées… Et pour les observer pleinement, placez-vous juste en dessous, levez la tête et marchez lentement. Elles apparaissent une à une ! Enfin, à gauche de l'église, vous découvrirez la fameuse chouette qui réalise les vœux des dijonnais quant ils viennent la caresser de la main gauche !

FRAC BOURGOGNE

16, rue Quentin
✆ 03 80 67 18 18
www.frac-bourgogne.org
Ouvert du mercredi au vendredi et le dimanche de 14h30 à 18h ; le samedi de 11h à 13h et de 14h à 18h. Gratuit

Le Fonds Régional, d'Art Contemporain de Bourgogne fut créé en 1983. Sa mission est d'aider au développement de l'art contemporain en stimulant la création et en s'adressant à tous les publics. L'espace d'exposition « Les Bains du Nord » est installé juste en face des Halles dijonnaises, avec sa vitrine Storefront qui met à l'honneur différents artistes lors de résidences d'expositions. Les 500 m² du bâtiment servent aussi bien pour des débats autour notamment des 645 œuvres exposées, que pour des ateliers et des visites commentées. La collection s'enrichit régulièrement de nouvelles œuvres et les artistes émergents ou confirmés peuvent proposer les leurs auprès de la directrice Astrid Handa-Gagnard. On y retrouve notamment des œuvres d'artistes prestigieux dont Jean Dupuy, Man Ray, Annette Messager, Didier Marcel, Christian Boltanski et Andy Warhol rien que ça ! Contrairement à un musée « classique », le FRAC n'expose pas sa collection en permanence, mais prête ses œuvres lors d'expositions dans ses murs ou hors de ces derniers. Découvrez le monde de l'art contemporain grâce aux visites guidées participatives (dès 5 ans) qui vous apportent les clefs nécessaires au décryptage des œuvres. La structure développe également de nombreux partenariats comme avec la Minoterie, une salle dédiée au jeune public. Elle soutient par ailleurs les artistes résidents de la Halle 38, une ancienne caserne située dans l'écoquartier Heudelet reconvertie en espace d'ateliers dont fait partie entre autres le peintre Gentaro Murakami.

LE JARDIN DES SCIENCES DU PARC DE L'ARQUEBUSE ★

1, avenue Albert-Ier et 14, rue Jehan-de-Marville
✆ 03 80 48 82 00
www.dijon.fr
Tous les jours 14h-18h ; lundi et mercredi-vendredi 9h-12h30. Planétarium fermé le samedi. Adulte : 3 € (planétarium).

Sur 5 hectares, avec 1 500 variétés de plantes, le jardin des sciences est idéal pour une promenade au cœur de la ville. Construit en 1833, il offre aux 120 000 visiteurs annuels le meilleur du savoir et de la nature. Partez aux confins de la galaxie au planétarium, où une salle de projection à vocation scientifique vous permet une immersion à 360°. Découvrez l'évolution des espèces au Muséum ou encore le jardin botanique avec 250 essences d'arbres.

MAISON MILLIÈRE

10, 12, 14, rue de la Chouette
✆ 03 80 30 99 99
www.maison-milliere.fr
Du mardi au dimanche de 10h à 19h. Restaurant ouvert tous les midis de 12h à 14h15, les vendredis et samedis soirs.

A proximité de l'église Notre-Dame, si chère aux Dijonnais, se dresse un autre bâtiment célèbre de la ville : il s'agit d'une maison vieille de plus de 500 ans ! Édifiée en 1483, pour les marchands drapiers Guillaume Millière et Guillemette Durand, elle est un bel exemple de maison médiévale. Sa configuration comprend une échoppe au rez-de-chaussée et un appartement à l'étage. Ses arcades en anse de panier et ses colombages en croix de Saint-André comblés par des briques, illustrent parfaitement les modes de construction du XVe siècle. Au XXe siècle, un chat et un hibou grand-duc ont pris place sur le toit, en guise de clin d'œil à la Chouette toute proche et au palais des Ducs, situé à quelques mètres ! Et si sur la façade vous trouvez un écusson portant les initiales du marchand et de son épouse, n'hésitez pas à vous imprégner encore plus du lieu, en y entrant. C'est comme faire un retour dans le passé, on apprécie tout particulièrement le calme de son jardin intérieur en été, pour s'installer et lire un bon roman en toute tranquillité. Le rez-de-chaussée est resté une boutique dans laquelle vous trouverez divers objets et divers produits régionaux à offrir en souvenir de votre séjour. Vous pourrez également vous reposer dans le salon de thé de la maison où goûter aux plats régionaux du restaurant, situé à l'étage. Une demeure emplie de cachet qui est, depuis 1943, inscrite aux Monuments historiques et qui a même servi de décor au tournage de *Cyrano de Bergerac*, de Jean-Paul Rappeneau.

MUSÉE FRANÇOIS RUDE ★

8, rue Vaillant ✆ 03 80 74 52 09
musees.dijon.fr
Basse saison du mercredi au lundi 9h30-18h. Haute saison du mercredi au lundi 10h-18h30. Gratuit. Visite commentée 6 €.

Le musée Rude est abrité dans le transept de l'ancienne église Saint-Etienne, dont les fondations du chœur sont datées du XIe siècle. Ici, admirez les moulages du célèbre sculpteur dijonnais François Rude, dont la maison natale est située place François Rude. Parmi ses œuvres majeures, le monumental relief allégorique *Le Départ des volontaires*, dit *La Marseillaise*, daté de 1792 et visible sur l'Arc de Triomphe à Paris, qui impressionne les curieux. D'autres œuvres notoires de cette figure du romantisme sont exposées, comme *Le Réveil de Napoléon*.

DIJONNAIS

MUSÉE ARCHÉOLOGIQUE ★

5, rue du Docteur Maret
✆ 03 80 48 83 70
www.dijon.fr
Basse saison, le mercredi et week end 9h30-12h30 et 14h-18h Haute saison, du mercredi au lundi 9h30-12h30 de 14h-18h.

Logées dans l'aile principale de l'ancienne abbaye bénédictine Saint-Bénigne, les collections présentent un panorama de la présence de l'homme en Bourgogne de la Préhistoire au Moyen Age à travers les sites incontournables de la région : Dijon, Alésia, Les Bolards, les sources de la Seine, Mâlain. Au niveau 0, les ex-voto du sanctuaire gallo-romain des sources de la Seine rendent hommage à la déesse *Sequana*. De nombreuses stèles et des bas-reliefs, dont celles du «Marchand aux chevaux», des «Bouchers» ou encore du « Marchand de vin» de Til-Châtel qui vous transporteront il y a 2 000 an de ça dans les ruelles animées de Divio, le nom antique de Dijon. Les anciennes murailles du castrum de Divio ont notamment livré au siècle dernier de nombreuses sculptures. Au niveau 1, les voûtes gothiques accueillent les collections médiévales : évocation des sites de l'abbaye Saint-Bénigne et de la Chartreuse de Champmol. Le niveau 2 présente le trésor de Blanot, prestigieux dépôt de l'âge du bronze final composé de pièces en métaux précieux. La vie quotidienne à l'époque gallo-romaine est abordée avec la fouille du site de Mediolanum (Mâlain). Enfin, une introduction à l'époque mérovingienne permet d'admirer des objets des habitants de la Bourgogne. Parmi les plus belles pièces du musée : les artefacts de l'abbaye de Saint-Bénigne et le buste du Christ de Claus Sluter réalisé en 1399. A voir aussi, la collection du médailler Bertrand, qui comprend 13 monnaies grecques, 479 celtiques, 471 romaines, et 128 médiévales et modernes.

MUSÉE D'ART SACRÉ ★

17, rue Sainte-Anne
✆ 03 80 48 80 90
www.dijon.fr
Ouvert du mercredi au lundi de 9h30 à 12h30 et 14h à18h. Gratuit. Visite commentée 6€ adulte et 3€ réduit.

Inauguré en 1980, c'est dans l'enceinte de l'église du monastère des Bernardines que siège le Musée d'Art Sacré. Situé tout près de la place des Cordeliers, ce bâtiment est un bel écrin pour ses collections, qui permettent de retracer l'histoire de la province du XIIe au XXe siècle. Cette église qui fut consacrée en 1710 est très surprenante par sa rotonde surmontée d'un dôme en cuivre vert, ouvrant sur des chapelles, un vestibule et son chœur. L'édifice est classé aux Monuments historiques depuis 1945. A l'origine de ce musée, la volonté de préserver un patrimoine religieux catholique menacé à l'époque de pillage. C'est sous l'impulsion du chanoine jean Marilier, membre de la commission diocésaine d'art sacré, que l'inventaire des œuvres sacrées fut établi et que leur préservation devint un objectif. Ainsi, en dix ans (de 1970 à 1980, date de son ouverture), ce sont près de 380 objets qui furent stockés et qui sont aujourd'hui visibles. Dans ses vitrines, sculptures, peintures, orfèvrerie, textiles liturgiques peuvent être admirés et d'autres pièces viendront au fil des années s'ajouter à cette importante collection. Découvrez par ailleurs le magnifique autel en marbre noir et bois polychrome du sculpteur dijonnais Jean Dubois datant de 1675, une des pièces maîtresses de la collection. Au fil de la saison culturelle, le musée d'art sacré propose également des visites commentées ainsi que des ateliers créatifs et artistiques pour mieux connaître ce trésor cultuel qui compte en tout près de 500 pièces.

NASSER VOLANT - MUSÉE DU CERF-VOLANT

12, rue de Vignery - **PERRIGNY-LÈS-DIJON**
✆ 03 80 54 32 46
www.nasservolant.com
Du lundi au samedi 10h-12h et 14h-18h. Gratuit. Fabrication de cerfs-volants : 6-15 €. Visite guidée sur réservation.

Créé en 2001 par Nasser Volant, il s'agit du tout premier musée du cerf-volant en Europe. Champion du monde depuis 1992, il propose des spectacles avec le féérique jardin du vent. De quoi vous donner des ailes et vous faire rêver ! Rendez-vous dans ce musée avec plus de 1 000 cerfs-volants du monde entier. Les enfants pourront apprendre à fabriquer leur propre cerf-volant, ainsi qu'à le piloter ! Nasser se déplace également dans de nombreux salons et foires en Bourgogne.

PARC DE LA COMBE À LA SERPENT

Chemin de la Combe-à-la-Serpent
✆ 03 80 74 51 54
www.cotedor-tourisme.com
Ouvert toute l'année. Gratuit.

Ce poumon de plus de 330 ha offre de vastes possibilités de s'oxygéner. Véritable reflet de la nature bourguignonne, il présente toute la typicité de la région avec ses coteaux secs calcaires, ses fonds de vallées verdoyants et frais (les combes), ses forêts de feuillus ainsi que ses cadoles en pierres sèches entre reliefs et prairies. Ce parc permet de multiples activités, avec 28 km de sentiers de randonnée. C'est aussi l'endroit rêvé pour un pique-nique en famille.

MUSÉE DE LA VIE BOURGUIGNONNE ★

17, rue Sainte-Anne ✆ 03 80 48 80 90
https://vie-bourguignonne.dijon.fr/musee-monastere

Ouvert du mercredi au lundi de 9h30 à 12h30 et de 14h à 18h. Gratuit. Visites guidées pour les groupes sur rendez-vous.

Le musée de la Vie bourguignonne a été fondé en 1938 par le collectionneur Maurice Bonnefond Perrin de Puycousin, à l'origine dans l'Hôtel Aubriot, rue des Forges. Il a été déplacé dans l'ancien monastère des Bernardines en 1985. Le musée s'ouvre sur un magnifique cloître. Au rez-de-chaussée des bâtiments sont présentées des collections d'instruments et d'objets d'art de la fin du XIXe siècle. On découvre des mises en scène réalistes avec des personnages en cire pour une totale immersion dans des scènes de vie de l'époque. C'est au premier étage que l'on découvre véritablement l'atmosphère bourguignonne de l'époque en découvrant dix commerces entièrement reconstitués : une pharmacie, un magasin de bonbons, l'étal d'un fourreur, boucher... Les boîtes en fer côtoient les instruments du boucher et les santons de pierre. Une déambulation agréable dans la vie commerciale de l'époque. Le deuxième étage est, quant à lui, consacré aux objets régionaux à travers l'art de la faïence, la cuisson des aliments, le travail de la pierre... Vous pourrez également admirer des tableaux intéressants sur la vie dijonnaise. Une salle audiovisuelle et un petit salon de lecture complètent votre parcours. Enfin, pour connaître toutes les expositions temporaires et les visites thématiques de l'année, rendez-vous sur le site web du musée et n'oubliez pas de réserver si vous êtes en groupe pour une vraie visite guidée. C'est une véritable plongée dans la vie bourguignonne d'antan qui vous attend !

MUSÉE DES BEAUX-ARTS DE DIJON ★★★★

Place de la Libération
✆ 03 80 74 52 09
beaux-arts.dijon.fr

Fermé le mardi. Du 1er octobre au 31 mai, ouvert de 9h30 à 18h. Du 1er juin au 30 septembre, de 10h à 18h30. Gratuit.

Le maire de Dijon, le ministre de la Culture, Franck Riester, et la présidente du Conseil régional, Marie-Guite Dufay, ont coupé le ruban le 17 mai 2019, mettant fin à un chantier de quinze ans. François Hollande, Laurent Fabius et Frédéric Mitterrand étaient aussi présents. Une surface d'exposition plus grande est désormais offerte au public, permettant la présentation de 1 500 œuvres. Les collections du musée des Beaux-Arts de Dijon sont parmi les plus riches des musées français. Le parcours de l'exposition permanente a été entièrement repensé. Chronologique et thématique, il permet de se balader dans cinquante salles retraçant huit périodes de l'histoire allant de l'Antiquité au XXe siècle, en faisant dialoguer les peintures, les sculptures, les objets d'art, le mobilier... En outre, le parti a été pris, dans la mesure du possible, de faire coïncider les époques des collections avec celles des bâtiments où elles sont exposées. À noter que de nouveaux outils offrant des contenus d'aide à la visite sont proposés comme les textes de salles, les cartels, les tables multimédia et nomade (fourni par le musée). Le bâtiment est enfin accessible à tous les publics. Les travaux de rénovation ont duré 15 ans, portés par la Ville, élaborés et mis en œuvre par le tandem d'architectes composé d'Yves Lion (maîtrise d'œuvre) et Éric Pallot, architecte en chef des monuments historiques. Une convention a été aussi signée avec le Musée du Louvre, ouvrant à de futures collaborations.

PARC DE LA COMBE PERSIL

Rue des Marcs
✆ 03 80 74 51 54

Gratuit.

Plus petit que son frère le parc de La Combe à la Serpent, le parc de la Combe Persil n'a rien à lui envier ! Avec 1,8 km d'allées, il permet de se promener sans difficulté. Au fil de votre balade, découvrez les cadoles (petites constructions traditionnelles rondes en pierres sèches où s'abritaient les paysans), les murets à pierres verticales qui délimitaient les parcelles et son ancien puits. Côté nature, une grande variété d'essences comme le hêtre, le mélèze, l'érable champêtre, le troène commun, le pin noir d'Autriche ou le fusain d'Europe est à découvrir.

TOUR PHILIPPE LE BON ★

Place de la Libération ✆ 03 80 74 52 71
destinationdijon.com/patrimoine-culturel/tour-philippe-le-bon

Visites tous les jours, à partir de 10h30 le matin et de 14h30 l'après-midi, sur réservation à l'Office de Tourisme.

Prêt à prendre de la hauteur ? Il vous faudra gravir les 316 marches pour atteindre son sommet à 46 m de hauteur. La visite dure 45 minutes, toujours accompagnée d'un guide. Édifiée entre 1450 et 1460 par l'architecte Jean Poncelet, la Tour avait davantage un rôle d'affirmation symbolique du pouvoir ducal que défensif. Un escalier en vis mène à la terrasse qui surplombe la ville et est décorée par un garde-corps de style gothique flamboyant. Le noyau hélicoïdal intérieur se termine par une voûte sous laquelle on découvre les emblèmes de Philippe le Bon.

MUSÉE MAGNIN ★

4, rue des Bons-Enfants
✆ 03 80 67 11 10
www.musee-magnin.fr

Ouvert du mardi au dimanche de 10h à 12h30 et de 13h30 à 18h. Gratuit jusqu'à 26 ans. Adulte : 3,50 € (réduit : 2,50 €).

C'est dans l'un des plus beaux hôtels particuliers du XVIIe siècle, classé monument historique depuis 1939, que Maurice Magnin et sa sœur Jeanne ont créé ce musée. Passionnés de peintures et de dessins, ils ont réuni une collection de qualité et raffinée dans leur demeure familiale, l'hôtel Lantin. En 1939, Maurice Magnin lègue à l'Etat l'intégralité des œuvres ainsi que ses biens immobiliers. Découvrez au fil des pièces son superbe mobilier, qui donne l'impression que la demeure est habitée, ainsi que des peintures de l'école flamande et hollandaise avec, entre autres, le *Paysage d'hiver* de Pieter Brueghel le Jeune. Appréciez également les tableaux des écoles italiennes – vénitienne, lombarde et napolitaine – couvrant les XVI, XVII et XVIIIe siècles. Contemplez la bouleversante *Pietà* de Stefano Danedi ou encore les œuvres de l'école française, notamment des XVII et XIXe siècles et ses représentants : L. de La Hyre, E. Le Sueur, F.-M. Granet ou encore T. Géricault. Des travaux sont prévus en 2021-2022 pour aménager un cabinet d'art graphique, une salle de bibliothèque-documentation, ainsi que trois nouveaux espaces au rez-de-chaussée. La boutique vous propose une sélection de catalogues sur les collections du musée et ses expositions en cours ou passées. Toute l'année ont lieu ateliers, visites commentées, concerts, et conférences à l'occasion d'événements comme les Journées européennes des métiers d'art, la Nuit européenne des musées, les Journées nationales de l'archéologie ou encore les Journées européennes du patrimoine.

MUSEUM D'HISTOIRE NATURELLE

1, avenue Albert-Ier
✆ 03 80 48 82 00
www.dijon.fr

Ouvert le lundi et du mercredi au vendredi de 9h à 12h30 et de 14h à 18h ; le week-end de 14h à 18h. Gratuit.

Situé en lieu et place de l'ancienne caserne des arquebusiers, cette belle construction à arcades du XIXe siècle abrite le Muséum de Dijon, lui-même intégré dans un ensemble désormais entièrement dédié à la découverte du vivant : un espace pour apprendre et pour comprendre la biodiversité. Bienvenue au jardin des sciences de l'Arquebuse, un lieu entièrement rénové qui fait la part belle à la muséographie. Lorsque vous visitez ce musée, vous êtes sur un site complet qui compte un jardin botanique historique et exceptionnel, par ses variétés d'essences florales, mais encore le Pavillon du Raines, avec son planétarium, qui organise régulièrement des expositions scientifiques et ludiques, ainsi que le muséum d'histoire naturelle. Complètement rénové et repensé il y a quelques années, le musée vous invite au cœur de l'histoire du vivant et de la biodiversité. Avec plus de 100 000 visites par an, il est très prisé des dijonnais, des adultes comme des enfants et des visiteurs de la ville. Les collections sont surprenantes, entre les squelettes de dinosaures et les très nombreuses vitrines qui présentent des scènes d'animaux en pleine nature. Une chose est sûre, vous ne vous ennuierez pas. Les plus curieux en apprendront beaucoup à propos des oiseaux, des poissons et des animaux de la jungle comme le gorille, l'éléphant, la girafe, le lion, le tigre… Une petite partie est même réservée aux animaux que l'on trouve dans la région. Un musée tout simplement passionnant.

BOURGOGNE TOURISME

5, avenue Garibaldi
✆ 03 81 25 08 00
www.bourgogne-tourisme.com

Bourgogne Tourisme est le site touristique par excellence qui centralise toutes les informations relatives à ce territoire. Parmi les rubriques proposées chacun trouvera son bonheur en fonction de ses loisirs préférés : œnotourisme, gastronomie, artisanat, patrimoine, sites naturels, activités nautiques, relaxation, parc de loisirs, sports et bien d'autres ! Selon le département que vous souhaitez découvrir, les rubriques "J'y vais", "J'y suis" vous donneront de nombreuses idées de sorties. N'hésitez pas à consulter ce portail, pour un séjour inoubliable !

CÔTE-D'OR TOURISME - ADT

19, rue Ferdinand-de-Lesseps
✆ 03 80 63 69 49
www.cotedor-tourisme.com

Organe de communication et de promotion du tourisme. Site internet et applications.

Côte-d'Or Tourisme se fait l'écho des activités et découvertes de ce beau et riche territoire. L'Agence départementale du tourisme, dont Marie-Claire Bonnet Vallet est la présidente, vous permet d'organiser votre séjour avec des informations précises sur les solutions d'hébergement, les adresses de restauration, les visites de caves et domaines, villes et villages ou encore les musées. Les visiteurs peuvent aussi télécharger l'application « Balade en Bourgogne », aussi ludique que fonctionnelle et compagnon de voyage à emmener partout avec soi.

PALAIS DES DUCS ET DES ÉTATS DE BOURGOGNE ★★★

Place de la Libération
✆ 03 80 74 52 71
www.destinationdijon.com/patrimoine-culturel/palais-des-ducs-et-des-etats-de-bourgogne
Ouvert toute l'année. Gratuit. Visite libre ou guidée sur rdv. Restauration. Boutique.

Haut-lieu de la vie politique et culturelle dijonnaise, le Palais des Ducs et des États de Bourgogne est un des symboles de Dijon ! Vous commencerez par gravir la Tour Philippe le Bon qui surplombe le palais du haut de ses 46 mètres. Après les 316 marches, vous pourrez contempler toute la ville et apercevoir les premiers contreforts du Jura et même, par beau temps, le Mont Blanc. La tour domine la cour d'honneur du Palais qui s'ouvre sur la place de la Libération. L'édifice date des XVIIe et XVIIIe siècles et comporte aujourd'hui le bureau d'accueil de la ville, les bureaux du Maire de Dijon et de ses conseillers et adjoints. La cour de Flore est située dans la partie classique du bâtiment. Sous le porche d'entrée de cette cour, vous découvrirez le magnifique escalier Gabriel qui conduit à la salle des États. Cette pièce à la gloire de la Bourgogne abritait les réunions des États de Bourgogne. Dans la même cour, siège également la salle de Flore qui accueille les conseils municipaux. Pour aller voir la troisième cour, à savoir la cour de Bar, passez par l'arrière du Palais des Ducs et des États de Bourgogne. Vous pourrez vous attabler à la Brasserie des Beaux-Arts où il fait bon déjeuner. Arrivés au niveau du Square des Ducs de Bourgogne, admirez la façade médiévale. Dans la cour de Bar, découvrez les cuisines ducales construites à la demande de Philippe le Bon au XVe siècle avec six grands foyers de cheminée. Dans cette cour se trouve aussi l'entrée du Musée des Beaux-Arts.

OFFICE DE TOURISME DE DIJON MÉTROPOLE

11, rue des Forges ✆ 08 92 70 05 58
www.destinationdijon.com
Basse saison : lun.-sam 10h-13h et 14h-18h, dim. 10h-13h et 14h-16h. Haute saison : lun.-sam. 10h-18h30, dim. 10h-17h30.

Trois espaces permettent aux visiteurs d'optimiser leur séjour et de se documenter sur la capitale des Ducs : l'office de tourisme central, logé au Palais des Etats de Bourgogne, l'accueil Dijon Gare et celui du Puits de Moïse, au Centre hospitalier de la Chartreuse. Les hôtesses multilingues de l'espace central de la rue des Forges vous renseignent sur les offres culturelles, patrimoniales et muséales. Les curiosités ne manquent pas ! Découvrez également son espace boutique.

PARC DE LA COLOMBIÈRE

Cours du Général de Gaulle
www.dijon.fr
Ouvert toute l'année. De 8h à 19h. Gratuit. Animaux autorisés.

Le parc de la Colombière fait partie des parcs préférés des Dijonnais petits et grands. Et on comprend pourquoi tant il est beau. Il a même obtenu le Label Ecojardin pour sa gestion écologique respectueuse de la biodiversité et est classé aux monuments historiques depuis 1925. Un peu d'histoire : construit au XVIIe siècle par Louis II de Bourbon, prince de Condé et gouverneur de Bourgogne, sa configuration évolua au fil du temps. C'est le fils du Grand Condé qui en entreprend l'aménagement au moment où il fait construire le Castel de Colombière, un pavillon de chasse, sur l'autre rive de l'Ouche. En arrivant, vous passerez par les allées du parc, superbe avenue où fleurissent des marronniers roses au printemps. Après l'imposante grille du XVIIe siècle, vous découvrirez un espace arboré qui compte plus de 6 000 arbres, une centaine de conifères et de vastes pelouses. Épicéas, charmes, ifs, tilleuls et chênes sont aujourd'hui le terrain de jeu des écureuils que les enfants s'amusent à épier tout en faisant un tour de rosalie ou une balade sur un âne. Le jardin, confié à Antoine de Maerle, élève de Le Nôtre (le créateur des jardins de Versailles), est réalisé « à la française » selon un strict plan géométrique. Une symétrie permet à 16 allées de rayonner à partir du cœur du parc. Une allée octogonale relie ces mêmes allées en faisant le tour du bois. Deux mails (grandes voies bordées d'arbres et de bancs) se trouvent de part et d'autre du parc et permettent aux piétons de déambuler autour d'une large pelouse. Les vestiges de la voie romaine d'Agrippa (qui reliait Langres à Chalon-sur-Saône) et un temple d'Amour du XVIIe siècle provenant du château de Bierre-lès-Semur sont abrités dans le sous-bois. Prisé des joggeurs, des promeneurs comme des cavaliers qui viennent du centre équestre voisin, le parc attire aussi les familles qui adorent y venir le week-end pour saluer les paons, les dindons et autres animaux. Avec ses aires de jeux, le parc de la Colombière fera le bonheur de vos enfants ! Dans ce parc vous trouverez également l'écodrome, pour faire découvrir l'accrobranche à vos enfants. De nombreuses animations autour de la nature y sont proposées, ainsi que des activités à sensations, dès 3 ans, adaptées aux bambins et ouvertes à tous les âges. Découvrez ses parcours acrobatiques en hauteur, 7 parcours, chacun équipé d'une ligne de vie 100 % sécurisée, ou encore la possibilité de faire le grand saut à 12 mètres de haut ! Profitez également de l'espace détente « Ô Pique-Prune », avec sa buvette pour vous remettre de vos émotions !

LE PUITS DE MOÏSE DE LA CHARTREUSE DE CHAMPMOL ★

1, boulevard du Chanoine-Kir
✆ 08 92 70 05 58
www.destinationdijon.com
De juillet à septembre le dimanche et les dimanches 3 et 17 octobre 2021 à 11h30. Plein tarif 10 €. Réduit 5 €.

Pour comprendre et admirer cette très belle œuvre, quelques éléments historiques vous seront nécessaires. En 1383, le duc de Bourgogne, Philippe le Hardi, fonde un monastère de chartreux pour abriter son tombeau et ceux de sa lignée. L'empereur Charles Quint (rappelez-vous, il était le petit-fils de Marie de Bourgogne) rêvait de s'y faire enterrer ! Le magnifique ensemble est malheureusement détruit à la Révolution et seuls subsistent aujourd'hui le portail de la chapelle, une tourelle et le puits de Moïse. Ce dernier, réalisé par Claus Sluter, l'un des plus grands sculpteurs européens du XIVe siècle est un édifice hexagonal en pierre et en briques de 7 m de haut qui servait de piédestal à un calvaire monumental, baignant à l'origine dans une fontaine «source de vie». Adossées à cette colonne, six statues représentent Moïse et cinq autres prophètes de l'Ancien Testament. L'œuvre est classée aux monuments historiques. La chapelle de 1844 abrite le portail sculpté par Claus Sluter, une Vierge à l'Enfant, entourée de Philippe le Hardi, de son épouse Marguerite de Flandre et de leurs saints protecteurs. Au XIXe siècle, un hôpital psychiatrique est construit à la place de la chartreuse, mais ces magnifiques vestiges sont conservés à leur emplacement d'origine. Les autres trésors du monastère (les tombeaux des ducs, un retable exceptionnel et bien d'autres œuvres encore…) sont visibles au Musée archéologique et au Musée des Beaux-Arts de Dijon.

© MICHEL JOLY

AUTHENTICA TOURS

✆ 06 87 01 43 78
www.authentica-tours.com

À la journée, la demi-journée ou même sur plusieurs jours, l'agence de tourisme propose des parcours privatisés ou en petits groupes pour vous faire découvrir le meilleur de la région. Laissez-vous porter par ces professionnels, à bord d'un mini-bus haut de gamme et en compagnie d'un accompagnateur local pour visiter des villages typiques comme Flavigny-sur-Ozerain, où sont nés les fameux anis de Flavigny. Les transports sont assurés depuis les aéroports de Lyon, Paris, Dijon ou encore Genève. Faites confiance à ce spécialiste reconnu dans le milieu du tourisme.

L'ATELIER COCKTAIL

11, rue des Forges
✆ 08 92 70 05 58
www.destinationdijon.com
Sur rdv auprès de l'office de tourisme. Adulte : 30 €. Animations.

Cet atelier proposé par l'office de tourisme se déroule dans le très beau bar Mr Moutarde. Vous aurez la chance de découvrir ce très beau lieu et de créer des breuvages savoureux. Guidés par Colin le «bartender mixologue», vous allez apprendre l'art des mélanges délicieux et les secrets des professionnels. Pour un coût moyen, vous pourrez assister à la réalisation de trois cocktails emblématiques, les déguster et en fin de séance, avec votre shaker dans les mains, vous pourrez créer le vôtre. Un atelier fort sympathique réservé aux groupes de 10 personnes maximum.

ÉCHAPPÉE NATURE

4, voie Creuse - **SAINT-JULIEN**
✆ 07 86 24 94 17
www.echappee-nature.fr
Sur réservation. Echappée Terroir à partir de 50 €. Echappée Circuit à partir de 80 €. Echappée Oxygène 40 € la séance.

Echappée Nature est une jeune entreprise de sport et loisirs à vélo de randonnée à assistance électrique. Les formules sont multiples de la balade de 2h à la randonnée itinérante de 4 étapes d'environ 50 km. Les vélos Moustache à assistance électrique permettent à tous de rouler sans effort à une moyenne de 15 km/h. On peut choisir une thématique, visite du patrimoine, visite de sites industriels, dégustations ou découverte nature. Les premiers parcours vous mènent surtout sur le nord de Dijon et le Parc, et en 2021 direction les vignes.

AÉROPORT DIJON BOURGOGNE

717, rue de l'Aviation
OUGES
✆ 03 36 37 63 54 51
www.dijon.aeroport.fr
Ouvert tous les jours de 9h à 18h.

A quelques kilomètres de Dijon, l'aéroport de Dijon-Longvic est principalement dédié aux missions de service public : des vols d'affaires et privés. Dans un second temps, l'aérodrome accueille aussi les vols militaires, les loisirs aériens, ainsi que les vols de formation. La patrouille acrobatique Breitling Apache a contribué à la notoriété de ce lieu où se retrouvent les passionnés d'aviation, en lien avec les aéro-clubs de la région. Les amateurs viennent y exercer leur passion de haute voltige ou encore pratiquer les sauts en parachute, avec BFCP parachutisme.

CENTRE PORSCHE DIJON

7, rue Paul Langevin
✆ 03 80 52 08 00
https://drive.porsche.com/france/fr/accueil.html
Ouvert du lundi au vendredi de 9h à 12h et de 14h à 19h ; le samedi de 9h à 12h et de 14h à 18h.

Conduire une Porsche n'est plus un rêve, Porsche Drive, dont le Centre Porsche de Dijon a été pilote met à disposition un service de location exclusif. De la Porsche 718 Boxster T aux toutes nouvelles 992 Carrera et Taycan 4S Electrique en passant par le Macan et le Cayenne, ce sont 5 modèles que vous pouvez louer une journée, un week-end et jusqu'à un mois si le cœur vous en dit. Parmi les clauses, attardez-vous à celle des cautions. Elles sont importantes compte tenu de la valeur des voitures. Mais l'expérience est unique pour les admirateurs de la marque.

GARE DE DIJON

31, cour de la Gare
✆ 36 35
www.mobigo-bourgogne.com
Ouvert tous les jours de 4h15 à 23h. Ouverture des services aux personnes. Bornes automatiques : 4h15/0h15.

Vous pouvez accéder à la gare en tram ou en voiture : un parking est à votre disposition juste devant, gratuit pendant les vingt premières minutes. Dans le grand hall des départs, vous pouvez accéder aux guichets SNCF TER (sur votre droite, en entrant) et Grandes lignes (au fond). Pensez à utiliser les bornes automatiques ! Côté boutiques, vous trouverez plusieurs cafés, une pharmacie, une boulangerie, une sandwicherie, un Quick et des Points Relay. Vous trouverez aussi plusieurs services : assistance voyageurs handicapés, objets trouvés, toilettes...

MOBIGO

✆ 03 80 11 29 29
www.viamobigo.fr
Ouvert du lundi au samedi de 7h à 20h. Centrale d'appels.

Plateforme téléphonique et site Internet, Mobigo gère les transports dans l'ensemble de la région Bourgogne-Franche-Comté. Par celle-ci vous obtiendrez des informations sur les lignes desservant l'ensemble des départements, mais également les horaires des bus ou trams dans Dijon (comme dans toutes les autres villes bourguignonnes). Avec bien sûr aussi tout ce qu'il faut savoir sur vos futurs déplacements en TER. Une plateforme très complète où l'on peut aussi acheter ses tickets (à l'unité, par carnets de 10 ou par abonnement).

DIVIA MOBILITÉS

15/16, place Darcy
✆ 03 80 11 29 29
www.divia.fr
Ouvert du lundi au samedi de 9h30 à 19h.

DiviaMobilités propose des solutions de déplacement en transport en commun (bus, tramway, vélo avec DiviaVélodi ou en version électrique, avec DiviaCity, parckage voitures), sur l'ensemble du réseau urbain. Vous pourrez souscrire à un abonnement dans cet espace d'accueil, mais aussi dans plus de 70 commerces relais DiviaMobilités, 58 distributeurs automatiques disponibles aux stations Tramway 24h/24 et 7j/7 et depuis votre espace personnel de la e-boutique de DiviaMobilités. Pour les voitures, près de 4 000 places sont disponibles dans les 10 parkings de la ville.

DIVIAVÉLODI

16, place Darcy
✆ 03 80 11 29 29
divia.fr/page/diviavelodi
Du lundi au samedi 9h30-19h. Abonnement de 1,50 € à 30 €

A l'heure de la circulation douce, le vélo est à la fois pratique, silencieux, bon pour la santé et pour la planète. Divia a mis en place le système de vélo en libre service pour tous : Diviavelodi. Les usagers peuvent profiter des 340 km de piste cyclable de l'agglomération. Une offre utilisable aussi bien pour les résidents de la métropole que pour les visiteurs. Profitez d'un système d'abonnement de 24h à 1 an. Diviavelodi, c'est 40 stations pour 400 vélos ! Rendez-vous dans l'une des stations que vous pouvez trouver sur le site divia.fr.

B&B HÔTEL DIJON NORD €

1, rue des Ardennes
✆ 03 80 30 26 81
www.hotel-bb.com
60 chambres. Chambre simple à partir de 42 €. Petit déjeuner buffet : 6,85 €. Parking fermé (gratuit).

Le B&B hôtel Dijon Nord se trouve à quelques minutes du Zénith. Si vous vous rendez à Dijon pour voir un concert, c'est donc l'endroit où dormir ! L'hôtel est confortable et les prix sont très compétitifs. Les chambres sont climatisées et disposent de matelas Bultex qui vous assurent une nuit sans nuages. Bien sûr, vous ne serez pas coupé du monde grâce à un accès wifi haut débit, gratuit et illimité. Tous les matins, un buffet à volonté vous attend. Vous passerez assurément un agréable séjour, avec en plus la garantie «Remboursé et invité» en cas de souci.

CAMPING DU LAC KIR €

3, boulevard Chanoine-Kir ✆ 06 66 96 56 26
www.camping-du-lac-dijon.com
Ouvert d'avril à début novembre. Arrivée de 14h00 à 18h00. Réservation recommandée. 121 emplacements. Animaux acceptés.

Ce camping offre de très nombreux avantages, puisque c'est dans un véritable écrin de verdure qu'il est installé à 300 mètres du lac Kir tout en étant à quelques minutes à pied, en bus ou à vélo du centre-ville. Ici les vacanciers trouveront pas moins de 121 emplacements pour planter leur tente. Le Camping du Lac Kir est idéal pour les familles ou les vacances entre amis tant les activités proposées sont nombreuses. Sur place : aire de jeux pour les plus jeunes, ping-pong, location de vélo et à moins de 300 mètres les joies des activités aquatiques sur le lac.

HÔTEL B&B DIJON CENTRE €

5, rue du Château ✆ 08 92 70 75 06
www.hotel-bb.com/fr/hotels/dijon-centre.htm
Accueil 24h/24. 60 chambres : double dès 55 € ; triple dès 65 €. Petit déjeuner buffet : 6,85 € (enfant -10 ans : 3 €).

Près de la gare et du centre-ville de Dijon, l'emplacement du B&B Dijon Centre est idéal et sa prestation de qualité. Séjournez dans l'une des 60 chambres confortables et bien équipées (wifi gratuit, télévision et climatisation). Bref, voilà tout le confort d'un hôtel deux étoiles, avec de nombreux petits plus : grand nombre de prises électriques dans les chambres, chambres aux multiples configurations pour les familles et décoration sympa ! Enfin, le petit déjeuner est fort copieux. Et tout ça pour un prix ultra-raisonnable ! On dit oui au B&B Dijon Centre !

HÔTEL MONTCHAPET €

26-28, rue Jacques-Cellerier
✆ 03 80 53 95 00
www.hotel-montchapet.com
Accueil 24h/24 (sauf samedi et dimanche). 43 chambres. Chambre double à partir de 71 €.

A deux pas du très beau Parc Darcy où règne en maître l'Ours Pompon séjournez à l'hôtel Montchapet. Dans cette grande bâtisse installée dans une rue calme en plein centre-ville, vous avez le choix sur deux étages entre 33 chambres, de la simple à la familiale et 9 studios équipés de kitchenettes. Toutes sont rénovées et climatisées, offrant confort et connectivité. Que vous soyez en déplacement professionnel ou en vacances, cet hôtel présente des services adaptés pour tous. Un bar vous accueille ainsi qu'un salon dédié aux réunions.

HÔTEL VICTOR HUGO €

23, rue des Fleurs ✆ 03 80 43 63 45
www.hotelvictorhugo-dijon.fr
Accueil 24h/24. 23 chambres. Chambre simple à partir de 39 € ; chambre double à partir de 63 €. petit dej : 6.50€

Séjournez à l'Hôtel Victor Hugo, dans l'une de ses 23 chambres spacieuses qui donnent pour la plupart sur un jardin arboré. Chacune des chambres bénéficie d'une connexion wifi et de la climatisation sur demande. On apprécie l'emplacement de l'établissement, tout près des lieux de visites et du centre-ville. Ouvert toute l'année et 24h/24h, vous serez accueilli par un personnel sympathique, chaleureux et professionnel ! Un petit déjeuner de qualité, sous forme de buffet vous est proposé à un tarif très raisonnable. On recommande sans aucune réserve !

HÔTEL CAMPANILE DIJON CENTRE GARE €€

15-17, avenue du Maréchal-Foch
✆ 03 80 43 40 01
www.campanile-dijon-centre.com
83 chambres à partir de 60 €. Petit déjeuner buffet 9,90 €. Parking 6 €. Animaux 5 €.

Dirigé par Philippe Gaillard, l'hôtel le Campanile Dijon Centre Gare est parfait pour séjourner dans la capitale des ducs de Bourgogne. Situé à proximité de la gare, à deux pas du tramway et de la Place Darcy, ses chambres sont confortables. L'accueil est chaleureux avec le plateau de courtoisie disponible dans chaque chambre. Différents espaces sont à disposition de la clientèle dont un grand salon, un salon TV ainsi que le bar-restaurant « Le Comptoir ».

HÔTEL CAMPANILE DIJON CONGRÈS CLEMENCEAU €€

16, avenue Raymond-Poincaré © 03 80 71 10 56
www.campanile.com/fr/hotels/campanile-dijon-congres-clemenceau

Accueil 24h/24. 90 chambres : double de 65 € à 120 €. Petit déjeuner buffet : 9,90 € (5h30-12h). Parking fermé : 10 €.

L'hôtel Campanile Dijon Congrès Clemenceau est la solution repos de proximité la plus adaptée, sans être trop éloignée du centre-ville, avec la station de tramway toute proche. Les visiteurs apprécieront le confort de l'hôtel avec ses 90 chambres en vert et blanc du style de la chaîne hôtelière. Rénové il y a peu, les chambres sont spacieuses, fonctionnelles et parfaitement équipées. Enfin, l'hôtel dispose d'un espace bar-lounge-snack pour se détendre et se restaurer à toute heure.

HÔTEL DES DUCS €€

5, rue Lamonnoye
© 03 80 67 31 31
www.hoteldesducs.com

35 chambres. Chambre double à partir de 79 €. Petit déjeuner en chambre : 12 €.

L'hôtel vous accueille dans le centre historique de Dijon, en face du Grand Théâtre avec à deux pas le square des Ducs, de nombreux restaurants et cafés, ainsi que la place de la Libération. Ses 35 chambres à la décoration moderne vous offrent un grand confort. Totalement équipées, vous y trouverez une télévision écran plat, un accès au wifi, la climatisation et pour les professionnels une salle de réunion de 45 m². Une adresse idéale pour votre séjour ! Testez aussi l'escape game, le «Défi des ducs», situé dans le sous-sol de l'hôtel pour 60 minutes d'émotions !

HÔTEL IBIS CENTRE-CLEMENCEAU €€

2, avenue Marbotte
© 03 80 74 67 30
www.hotel-ibisclemenceau-dijon.com

51 chambres Ibis Budget à partir de 59 € et 85 chambres Ibis Rouge à partir de 79 €.

L'hôtel Ibis est parfaitement adapté pour un séjour pro ou touristique à Dijon. Côté affaire, ses 85 chambres « Sweet room » équipées en wifi gratuit et Ibis Music, vous invitent à allier business et détente. La literie est d'excellente qualité et les équipements bienvenus (climatisation…). L'hôtel dispose par ailleurs d'un bar, parfait pour vous prendre un apéritif ou vous restaurer. Le plus ? Son emplacement à côté de l'Auditorium, du palais des Congrès et d'une station de tram.

HÔTEL IBIS DIJON GARE €€

15 A, avenue Albert 1er
© 03 80 43 01 12
www.hotel-ibisgare-dijon.fr

28 chambres. Chambre double à partir de 69 €. Petit déjeuner : 10,20 €. Parking. Séminaires. Restauration.

Cet établissement hôtelier 3 étoiles possède de nombreux atouts. Ses 128 chambres sont entièrement rénovées, dotées d'une literie confortable et d'équipements modernes pour ne manquer de rien. C'est l'endroit privilégié des professionnels pour l'organisation de réunions. L'hôtel est dirigé par Anthony Jacquier et propose un parc important d'espaces de travail avec plusieurs salles de séminaires. Proche de la gare, du tram et des commerces du centre-ville il est très fonctionnel. Et pour bien manger, rendez-vous dans son restaurant le Klub.

HÔTEL IBIS STYLES DIJON CENTRAL €€

3, place Grangier
© 03 80 30 44 00
www.hotel-ibiscentral-dijon.fr

Chambre double de 90 € à 155 €. Petit déj. inclus. Restauration (brasserie le petit central et restaurant le central).

Cet hôtel de la gamme Ibis Styles ne manque pas d'atouts. Idéalement placé, non loin des musées de la ville, il dispose aussi d'une brasserie, d'un restaurant, d'un service traiteur et d'un espace pour les réunions de travail. Les 90 chambres, au design moderne et aux couleurs « pépins de raisin » ou « graines de moutarde », sont lumineuses et confortables. Les voyageurs pourront profiter du room service, et pour les pros une salle de 35 m² est accessible.

HÔTEL RESTAURANT DU PARC DE LA COLOMBIÈRE €€

49, cours du Parc © 03 80 65 18 41
www.hotel-parc-dijon.com

33 chambres à partir de 78 €. Pension complète. Petit déjeuner buffet 9 €. Soirée étape à partir de 90 €. Animaux 8 €.

A quelques minutes du centre-ville et face au superbe parc de la Colombière siège cet hôtel accueillant et confortable. Ses 33 chambres et suite familiale garantissent confort, calme et sérénité. L'hôtel du parc de la Colombière constitue une étape recommandée et pratique. En outre, pour déjeuner comme pour dîner, le restaurant attenant permet de se délecter d'une cuisine gourmande. N'hésitez pas à en profiter en salle comme en terrasse aux beaux jours de l'année.

HÔTEL-RESTAURANT LA FLAMBÉE €€

2, route de Chevigny - **SENNECEY-LÈS-DIJON**
✆ 03 80 47 35 35
www.laflambee.fr

23 chambres : double de 69 € à 149 €. Petit déjeuner buffet ou en chambre : 12 € (offert jusqu'à 8 ans). Parking inclus.

L'hôtel-restaurant La Flambée, situé à quelques kilomètres de Dijon, convient pour un séjour touristique ou professionnel. Le hall d'accueil jouxte un espace bar cosy et moderne. Spacieuses, les chambres invitent au repos. De nombreux équipements comme la piscine sont autant d'atouts pour ce bel établissement niché dans un magnifique parc arboré. En salle comme en terrasse, le restaurant permet de prolonger le plaisir afin de goûter aux délices régionaux.

HÔTEL-RESTAURANT LA MUSARDE €€

7, rue des Riottes - **HAUTEVILLE-LÈS-DIJON**
✆ 03 80 56 22 82
www.lamusarde.fr

Hôtel fermé pour travaux. Restaurant ouvert du mercredi au samedi midi et soir, mardi soir. Menus du midi à 18 et 22 €.

Bienvenue à cette adresse qui a plus de 30 ans d'existence ! Si la partie hôtel est fermée toute l'année le temps de se refaire une beauté, le restaurant demeure quant à lui ouvert à la clientèle, proposant une très bonne table gastronomique, qui met en avant la cuisine traditionnelle bourguignonne. La carte fait envie avec le saumon accompagné de caviar d'aubergine, le risotto de pistou et en dessert un délice de charlotte au chocolat. De bonnes raisons pour réserver à la Musarde !

HÔTEL WILSON €€

1, rue de Longvic ✆ 03 80 66 82 50
www.wilson-hotel.com

27 chambres : double de 89 € à 145 € ; triple de 135 € à 180 €. Soirée étape à partir de 120 €. Petit déjeuner 14 €.

L'hôtel Wilson « Les Collectionneurs » est un ancien relais de poste du XVIIe siècle qui a gardé ses nombreux charmes. Idéalement placé, donnant sur la place du même nom, ses 27 chambres offrent un grand confort, avec literie de qualité, connectivité et équipements à la pointe. L'hôtel Wilson est aussi à même de proposer une salle de séminaire et des séjours clés en main, pour ceux qui aspirent à travailler dans un cadre adapté, chic, mais aussi propice à la détente. Un vrai hôtel de charme ! A noter : l'excellente adresse du restaurant Origine juste à côté.

LA COUR BERBISEY €€€

31, rue Berbisey
✆ 03 45 83 12 38
www.lacourberbisey.fr

Les Collectionneurs. 5 chambres. De 150 € à 290 €. Sauna.

Offrez-vous un magnifique séjour à la Cour Berbisey, hôtel particulier situé au centre-ville, aménagé en chambres d'hôtes d'exception. Dans cette demeure datée du XVIIe siècle, calme et tranquillité sont les maîtres-mots, avec quatre suites à disposition de la clientèle chacune parfaitement équipée. Pour compléter ce décor idyllique aux plafonds à la française, boiseries, parquets et mobiliers anciens, faites-vous plaisir en prenant un bain de jouvence dans la piscine intérieure chauffée ou encore au sauna. Le petit-déjeuner continental est généreux.

GRAND HÔTEL LA CLOCHE MGALLERY €€€

14, place Darcy ✆ 03 80 30 12 32
www.hotel-lacloche.fr

Chambre simple à partir de 139 €, double à partir de 159 €. Petit déjeuner 23 €. Parking 15 €. Animaux 25 €.

Dirigé par Antoine Muñoz, cet hôtel de luxe est installé dans un bâtiment inscrit aux Monuments historiques. Découvrez son restaurant gastronomique, un bar chic, un spa et un espace dédié aux réceptions. Séjournez dans l'une de ses 83 chambres et ses 5 très belles suites, aux équipements dernière génération. La suite duplex et ses 50 m², la suite appartement et son grand salon et la suite présidentielle aux allures de loft moderne, sur 100 m², séduisent les voyageurs privilégiés.

HOSTELLERIE DU CHAPEAU ROUGE €€€

5, rue Michelet ✆ 03 80 50 88 88
www.chapeau-rouge.fr

Ouvert toute l'année. 28 chambres dont 3 suites. Chambre double de 102 à 279 €. Suite dès 170 €. Petit déjeuner 18 €.

L'Hostellerie du Chapeau Rouge est située près des plus beaux monuments du centre-ville. Dans cet ancien relais de poste du XIXe siècle, le luxe authentique tutoie la modernité. Les 28 chambres au design sobre disposent d'un équipement haut de gamme, avec mini bar, coffre-fort, air conditionné et salle de bains dernier cri. Vous pourrez profiter de l'espace bien-être et savourer le plaisir d'un sauna, d'un massage, d'un bain à remous ou réserver un soin complet du corps.

HÔTEL HOLIDAY INN DIJON CENTRE-TOISON D'OR €€€

1, place Marie-de-Bourgogne ✆ 03 80 60 46 00
www.ihg.com/holidayinn

Accueil 24h/24. 142 chambres (dont 4 suites), à partir de 99 €. Petit déjeuner buffet : 17 €. Parking inclus. Piscine.

Voilà un hôtel qui ravit les passionnés de design et les amoureux du luxe. Le ton est donné avec une belle modernité affichée dès le grand hall blanc d'entrée et puis avec les six étages qui desservent les 138 chambres et 4 suites spacieuses. Dès la porte de la chambre franchie, le plateau de courtoisie vous rappelle le standing de l'hôtel. Design et luminosité sont de mise dans des chambres au confort moderne. L'espace séminaire de 500 m² connecté peut accueillir jusqu'à 90 personnes.

HÔTEL KYRIAD PRESTIGE DIJON CENTRE €€€

22, avenue du Maréchal Foch
✆ 03 80 43 53 78
www.kyriaddijon.com

Ouvert toute l'année. Piscine. Chambre dès 99 €. Chambre quadruple dès 145 €. Animaux acceptés. Petit déjeuner 15 €.

L'Hôtel Prestige Dijon Centre 4 étoiles, au design futuriste, vous accueille dans l'une de ses 30 chambres de grand confort avec salle de bains privative, sèche-cheveux, sèche-serviette, télévision avec satellite, Canal+ et BeIN Sports, téléphone en ligne directe, station iPod, wifi, coffre-fort. Un espace détente avec espace fitness, sauna et piscine intérieure chauffée, ici on ne manque de rien ! Le petit déjeuner est appétissant et la carte du room-service agréable !

HÔTEL MERCURE DIJON CLEMENCEAU €€€

22, boulevard de la Marne ✆ 03 80 72 31 13
www.hotel-mercure-dijon.fr

123 chambres, Supérieure dès 99 €, Privilège dès 119 €, Junior Suite dès 139 € Petit déjeuner : 19 € jusqu'à 12h.

Luxe, modernité et confort règnent à l'Hôtel Mercure du centre dijonnais, situé à proximité du Palais des congrès et desservi par le tramway. L'hôtel propose 123 chambres spacieuses et met également à disposition salles de conférence, salons de réception, une piscine extérieure, un agréable jardin avec terrasse ombragée, ainsi qu'un parking couvert et clos de 70 places. Ce niveau de qualité se retrouve aussi dans les restaurants Le Château Bourgogne comme dans le bar lounge Le M21.

HÔTEL OCÉANIA LE JURA €€€

14, avenue du Maréchal-Foch
✆ 03 80 41 61 12
www.oceaniahotels.com

Ouvert toute l'année. Accueil 24h/24. 73 chambres. Chambre double à partir de 94 €. Espace Spa. Room service.

Votre séjour sera ici très confortable : les couleurs et les luminaires vous invitent au repos et les matériaux nobles créent une ambiance chaleureuse. À voir, le superbe escalier en bois et en fer forgé ! Faites un petit tour dans l'espace bien-être, dans une belle véranda avec vue sur le jardin qui propose : une piscine, un bain à remous ainsi qu'une salle de fitness ! Nouveau, la maison propose un service traiteur avec des menus préparés par le chef du restaurant la Dame d'Aquitaine. L'emplacement est en plus idéal entre la gare et la place Darcy !

MAISON PHILIPPE LE BON €€€

18, rue Sainte-Anne ✆ 03 80 30 73 52
www.maisonphilippelebon.com

Chambre simple à partir de 97€, chambre double à partir de 105€, demie pension 48€. Petit déjeuner 17€

La Maison Philippe le Bon vous accueille au cœur de Dijon dans son hôtel 4-étoiles, son restaurant bistronomique La Closerie et son nouveau bar bistro Le 19. Un boutique-hôtel de caractère dont la cour gothique d'origine a été préservée. Estelle et Pierre Molin, les nouveaux propriétaires de ce très bel établissement, feront de votre séjour une expérience unique. Vous apprécierez le calme et le confort des chambres modernes et élégantes et succomberez au charme envoûtant du jardin intérieur. Une maison bourguignonne de choix, qui n'a de cesse de se réinventer.

VERTIGO HÔTEL SPA €€€

3, rue Devosge ✆ 03 80 40 40 40
www.vertigohoteldijon.com

Chambre double à partir de 127 €. Petit déjeuner buffet : 20 € ; formule express 14 €. Animaux : 20 €.

A 5 minutes de la gare, non loin de la place Darcy, cet hôtel spa ultra moderne fait revivre un superbe bâtiment des années folles, inscrit aux Monuments historiques. Membre du concept Design Hôtel, les visiteurs ont la chance de pénétrer dans un lieu où la modernité est à part égale avec l'élégance. 42 chambres et suites confortables sont accessibles, avec de nombreux services proposés. Un espace Spa Nuxe, piscine hammam, sauna, espace fitness. Et, l'Ambassy Bar un espace chic pour un petit déjeuner gourmand et se restaurer à toutes heures.

DIJON LA BELLE ADRESSE €€€

21, rue Monge © 06 67 54 99 91
www.dijonlabelleadresse.com
4 appartement de 55 à 70 m² à partir de 120 € la nuit. Cuisine équipée. Tv satellite. Caveau dégustation.

En plein centre-ville, dans une rue vivante avec bars et restos, la Belle Adresse peut être la vôtre le temps d'un séjour dans l'un des quatre appartements de standing, installés dans une belle maison bourgeoise dijonnaise. Un confort haut de gamme avec une parfaite insonorisation et un mobilier de grande qualité. Moutarde, cassis, pain d'épices : des mots évocateurs pour nommer chacun des appartements. Le dernier étage c'est l'appartement Chambertin, une surface optimum avec terrasse. Vous pourrez choisir l'option VIP proposant de nombreux services personnalisés.

LUXURY FLAT IN DIJON €€€

5, rue du Palais © 06 79 52 49 16
www.luxuryflatindijon.fr
5 appartements. Appartement de 65 à 165 € la nuit. 2 nuits minimum. Non fumeur. Animaux non admis.

Luxury Flat in Dijon vous propose de passer un séjour de caractère au cœur du centre historique de Dijon. 5 appartements sont accessibles à la location pour deux nuits minimum, offrant luxe et intimité avec deux prestations, standard ou premium. Les appartements ont des noms d'illustres Dijonnais comme Bénigne Le Compasseur ou Logis des Frémyot. Dans ces décors raffinés, profitez de l'art de vivre à la française entre pierres de Bourgogne, tomettes, parquets et boiseries, cuisines et salles de bain design, TV écran plat, accès Internet gratuit, literie de qualité.

CHEZ MES SOEURS €

18, avenue de la Concorde © 06 61 91 80 12
www.chezmessoeurs.fr
Ouvert du lundi au jeudi de 8h à 18h ; vendredi de 8h à 17h. Menus de 10,20 € à 14,10 €. Boxes à commander.

Pour une pause déjeuner dans une atmosphère chaleureuse, soyez sûr d'être bien accueilli par trois sœurs (Annabelle, Anne-Claire et Anne-Sophie) qui ont ouvert leur service de restauration 100 % maison, sur place, à emporter et traiteur. Venez à l'heure du petit déjeuner pour savourer de délicieux pancakes ou pour midi avec à la carte des bowls chauds ou froids, les soupes de la semaine et d'excellents burgers à base de pain pita, brioché ou viennois. Si vous venez seul, cela ne vous empêchera pas d'être bien accompagné par un livre grâce à la librairie solidaire.

LA PAPAYE VERTE €

2, rue Marceau
© 03 80 33 92 48
www.la-papaye-verte.fr
Ouvert du mardi au samedi de 11h à 19h30. Formules midi à partir de 5 €. Uniquement en vente à emporter.

Vanmany Tissier et son équipe vous proposent une cuisine asiatique entièrement faite maison, à partir de produits frais achetés le jour même ou la veille. Des plats traditionnels à emporter avec deux formules froides au choix : soit deux rouleaux de printemps, soit un bò bún avec un nem au poulet ou au porc. Située à deux pas de la place de la République, on aime cette adresse pour ses soupes chaudes, sans oublier l'offre végétarienne. En dessert, goûtez la perle du Japon à la mangue ou à la fraise, un nouveau parfum à la carte.

LE TAJ MAHAL €€

8, rue Bouhier
© 03 80 30 54 61
Du mardi au samedi midi et soir, lundi et dimanche soir uniquement. Formule du midi : 14 €. Menus de 20 € à 28 €.

Le restaurant de Chazade, ouvert en 1986, est incontournable, situé au coeur de Dijon. Le nombre de plats présents à la carte pourrait décourager tant il est important, mais les menus proposent une première sélection. Viandes et poissons en sauce curry, poulet tandoori, agneau madras et autres crevettes malaï ont de quoi séduire les amoureux de plats épicés. Et comment résister aux galettes naan que l'on savoure seules ou accompagnées d'un raita, bien frais ? C'est un régal. En dessert, le halwa ou la glace à la pistache sont deux valeurs sûres.

TRAN €€

Centre commercial Toison d'Or © 03 80 70 10 25
www.traiteur-tran.com
Ouvert du lundi au vendredi de 10h à 20h ; le samedi de 9h à 20h. Vente à emporter. Service traiteur.

Tran c'est plus de 30 ans de réussite familiale avec Pheng et Dominique, et leurs fils Julien et Jimmy. Jimmy vous accueille au niveau 0 de la Toison d'Or. Une grande variété de plats d'inspiration vietnamienne, thaïlandaise et chinoise vous est proposée et si la quantité est au rendez-vous, c'est en comptant bien évidemment sur la qualité. Tout est préparé à partir de produits frais. Entre les multiples entrées, dont les bouchées de crevettes, les nems et les samoussas aux légumes, bœuf ou crevettes poulet, et des plats comme le mee sauté on se régale forcément !

LE BISTROT DES TRAMWAYS €

34, rue de Mulhouse ✆ 09 81 30 12 41

Ouvert du mardi au samedi de 11h30 à 13h et de 19h30 à 22h. Menus de 15 € à 30 €.

Le Bistrot des Tramways a deux ans et est déjà une table avec ses habitués. Sa très jolie salle chaleureuse et ultra tendance, dans son style industriel, propose plusieurs espaces pour s'attabler et se réunir en groupe. Les burgers font l'unanimité en réunissant les carnivores et les végétariens. La région se rappelle aux gourmands, car sur la carte on peut lire : filet de canette de Bourgogne au cassis, œuf poché à l'époisses, ou encore risotto aux champignons... C'est gourmand et c'est copieux. Simple et efficace, on n'en demande guère plus pour être comblé !

CAFÉ DE L'INDUSTRIE €

15, rue des Godrans

✆ 03 80 30 20 81

Ouvert le mardi de 6h30 à 1h ; du mercredi au samedi de 6h30 à 2h. Formule du midi : 14,50 €.

Au cœur du centre-ville, à côté des halles, vous trouverez le Café de l'Industrie ! N'hésitez pas à vous arrêter pour boire un verre après avoir fait vos emplettes. Quelques plats brasserie sont proposés à la carte comme le camembert frit, un tartare ou encore les œufs en meurette. Pour accompagner tout cela, la carte vous propose de nombreuses références de bière et de vin. Ambiance simple et branchée pour un bon moment à partager entre amis. Vous pouvez compléter votre dégustation le soir avec des planches copieuses. Un lieu très couru dans la ville !

L'INSTANT RESTAURANT SAVEURS €

7, rue de Cracovie

✆ 03 80 78 95 66

Ouvert le midi du lundi au samedi de 11h30 à 15h. Deux Formules au choix à 16,90 € ou 19,90 €.

Si vous venez faire vos courses, prenez le temps d'une pause déjeuner au restaurant l'Instant. Sa décoration moderne et élégante est signée du très talentueux architecte Pierrick Hemon de l'agence Darchitectura. Deux formules du midi s'offrent à vous, avec au menu des plats de saison comme le velouté de butternut ou encore la cuisse de poulet basquaise sur fondue aux poireaux et pommes de terre grenailles. Les coupes glacées et desserts maison sont exquis.

AMERICAN WAY €

44, avenue Françoise-Giroud

✆ 03 80 70 11 37 - www.american-way-dijon.fr

Ouvert le lundi midi de 11h30 à 14h30 ; du mardi au samedi de 11h30 à 14h30 et de 18h30 à 23h.

Rendez-vous à American Way, dans un décor sixties où l'on prendrait volontiers la route 66 direction le Missouri, en dégustant un hot-dog. Au programme, burgers, tex-mex, wraps salades et bien sûr, de croustillants nuggets. American Way est aussi l'endroit idéal pour déguster un bon chili con carne suivi d'un brownie maison, le tout accompagné de la Furious, une bière artisanale. Romuald a franchisé son concept que l'on peut retrouver aussi à Marsannay, Chalon-sur-Saône et Besançon. Ambiance vintage à souhait, en famille ou entre amis, on s'y rend avec plaisir !

AU JARDIN DES HALLES €

20, rue Quentin

✆ 03 80 30 68 69

Tous les jours de 11h45 à 14h et de 18h45 à 22h sauf le dimanche soir. Plat du jour : 10 €.

Situé place du Marché, le restaurant Au Jardin des Halles porte un nom évocateur dans lequel la terrasse est disponible toute l'année grâce aux claustras et aux chauffages. Les plats sont inspirés de la cuisine traditionnelle française et certains d'entre eux vous font découvrir les spécialités régionales avec par exemple un jambon persillé maison en entrée, une compotée de joue de bœuf purée de pommes de terre et une tarte crème de marron. Le menu du marché change très régulièrement et ne déçoit pas. La qualité est au rendez-vous.

MARCO POLO €

4, rue Monge

✆ 03 80 50 13 04

www.marcopolodijon.com

Ouvert du mardi au samedi midi et soir. Réservation recommandée. Terrasse. Pizzas à emporter.

Le Marco Polo a profité de la fin d'année 2020 pour refaire sa déco. Un restaurant qui sait se réinventer, depuis 10 ans de service, et qui propose des plats, pizzas, salades et spécialités fromagères à un bon rapport qualité-prix. Optez pour le menu du Parvis à midi, en clin d'œil au théâtre du Parvis Saint-Jean qui se trouve juste en face. En été, profitez de cette grande terrasse pour déguster une pizza au feu de bois ou un plat de pâtes. Salades géantes aux beaux jours ou spécialités savoyardes l'hiver, la carte se renouvelle au gré des saisons.

LES MIJOTEUSES €

29, rue de Chenôve
✆ 03 71 19 20 14

Ouvert du lundi au vendredi de 9h à 16h. Formule du midi à 12 € (entrée/plat ou plat/dessert). Menu tartines à 9,50 €.

Aux commandes et en cuisine, Lucie Tardieu et Melody Bourdier concoctent des plats sains et généreux, avec un axe fort autour des plantes aromatiques. Les produits sont issus en grande partie de l'agriculture biologique et locale, et nous rabibochent avec les légumes de la terre, à l'exemple de la très goûteuse salade de betteraves aux graines de sésame. Des combinaisons astucieuses qui associent fleurs et herbes, dont les originaux falafels persil/ortie ou les soufflés bourrache/calendula. Sur place, un centre d'activités dédiées au bien-être.

LE BISTROT DES HALLES €€

10, rue Bannelier ✆ 03 80 35 45 07
www.lebistrotdeshalles.fr

Ouvert 7 jours sur 7, midi et soir, sur place et à emporter. Brunch le samedi et dimanche à emporter. Terrasse.

Le Bistrot des Halles est l'adresse parfaite pour une pause gourmande autour du marché. Installez-vous confortablement en intérieur ou en terrasse, pour déguster une cuisine de qualité. Les quatre gérants et associés – Nicolas Isnard, David Le Comte, Eric Carrière et Jean-Benoît Magdelaine – vous proposent une cuisine généreuse, dont des plats préparés maison par le chef Mohamed Veroo : traditionnels œufs en meurette et tartare charolais, ou d'ailleurs tels le pluma ibérique ou encore le mezzé libanais. Tous les plats à la carte peuvent être commandés à emporter.

LE 17.45 €€

48, rue Monge
✆ 03 45 42 80 58
www.le17-45.fr

Ouvert du lundi au samedi de 17h45 à 1h. Planches à composer soi-même.

17h45, le moment de prendre l'apéritif est venu ! Un concept ludique déjà présent à Paris et Bordeaux impulsé par Clément Derepas. Dans un esprit délicieusement « franchouillard » décoration bistro, le ton est donné ! Les tapas et les planches de charcuterie sont à composer soi-même avec quelques suggestions telles que « la Planche des amis », « la Gourmet » ou même « la Veggie ». Des produits issus du terroir français et de la région de préférence. Une carte des vins vient arroser ces agapes de la meilleure des manières. Charmante terrasse en intérieur.

LES BISTROTTINES €€

170, avenue Victor-Hugo
✆ 03 80 57 15 19
www.restaurant-lesbistrottines.fr

Ouvert du dimanche au mardi, le jeudi et le vendredi midi ; du jeudi au lundi soir. Menu dès 28 €. Plat du jour 14,90 €.

Une décoration moderne qui nous plonge dans une atmosphère détendue et familiale. Le vrai talent de la cheffe est indéniable, avec de jolies assiettes. Les propositions sont originales et se marient à la perfection pour atteindre le semi-gastronomique. On pourra choisir l'œuf bio poché sur déclinaison de courgettes, éclats de morilles, en plat les noix de Saint-Jacques poêlées, crème de chou, muscade et thym, jus de veau à l'ail noir et, pour terminer sur une note sucrée, le chou craquelin au beurre de Biskélia, mousse chocolat blanc et éclats de caramel.

LE BISTROT DE L'AMIRAL €€

40, rue de l'Amiral-Roussin
✆ 03 80 30 37 09
www.bistrotdelamiral.fr

Ouvert le lundi, le mardi et du jeudi au samedi de 12h à 14h30 et de 18h30 à 22h30. Menu unique à 31 €. Terrasse.

Au Bistrot de l'Amiral, Catherine, Antonin et David vous attendent pour vous faire goûter à de bons plats authentiques 100 % maison. Les produits frais sont de mise et la carte change au fil des saisons. Quoi qu'il en soit, vous pourrez goûter à de bons plats comme le traditionnel bœuf bourguignon ou encore à l'andouillette 5A... Le bon plan ? Le menu qui vous permet pour une trentaine d'euros de choisir une entrée, un plat et un dessert parmi la carte ! De quoi faire un bon repas à un prix raisonnable ! Une super adresse à ne pas manquer !

LE BOUCHON DU PALAIS €€

4, rue Bouhier
✆ 03 80 30 19 98
www.bouchondupalais.fr

Du lundi soir au samedi midi. Réservation recommandée. Menus de 23 € à 29 €. Formule du midi : 17€ à 19,5€.

Le Bouchon du Palais, c'est une petite salle d'à peine une dizaine de tables nappées de vichy, en cœur de ville. Une décoration délicieusement champêtre qui lui confère une vraie convivialité. Une cuisine savoureuse faite de spécialités bourguignonnes et lyonnaises nous donne déjà l'eau à la bouche. Entre les deux régions son cœur balance, ainsi le chef propose des escargots, des œufs en meurette, du poulet façon Gaston Gérard, du coq au vin à l'ancienne... Des plats généreux, simples, efficaces, bien réalisés, un très bon accueil... Que demander de plus ?

BRASSERIE DES BEAUX-ARTS €€

1, rue Rameau ✆ 03 80 66 45 36

www.brasserie-beaux-arts.com

Du lundi au samedi de 8h30 à 19h et dimanche de 9h à 19h. Restauration le midi uniquement. Lieu privatisable en soirée.

La Brasserie des Beaux-Arts est très appréciée pour son cadre : on aime l'ambiance feutrée et chic de l'intérieur, avec ses grandes baies vitrées, le temps d'un thé l'après-midi et surtout sa cuisine, fine et authentique, à l'heure du déjeuner. La carte se décline au fil des saisons : si le risotto semble être le meilleur de Dijon, en ce jour estival c'est le magret de canard aux mirabelles et aubergines qui reçoit les faveurs des gourmets. Pêche de vigne à la verveine ou tarte aux fraises et bergamote pour la touche sucrée, sans oublier une belle carte des vins.

BRASSERIE LE PETIT CENTRAL €€

3, place Grangier ✆ 03 80 30 44 00

www.hotel-ibiscentral-dijon.fr/brasserie

Lundi-samedi : 11h-23h. Service continu. Plat du jour : 12,50 € (15,50 € ou formule complète 18,50 €).

Décoration moderne et cosy pour la brasserie le Petit Central où le personnel vous accueille avec le sourire. Une table qui propose les classiques et une excellente cuisine bourguignonne. Ralf Mestre le chef fait honneur aux standards en la matière avec notamment le filet de poulet façon Gaston Gérard, une spécialité typiquement dijonnaise. A l'heure du thé, on peut se caler entre les coussins pour un moment de calme, comme on peut aussi savourer en fin de journée un spritz du cru.

AU BUFFON €€

28, rue Buffon

✆ 03 80 65 39 91

https://au-buffon-restaurant.metro.bar

Ouvert du lundi au samedi midi et soir. Plat du jour 10 €, entrée/plat ou plat/dessert 14 €, formule complète 17 €.

Alexis Faussot a repris les rênes du restaurant Au Buffon, il y a un peu plus d'un an. Située dans les rues calmes du centre-ville, l'adresse plaira aux amateurs de cuisine bistronomique. Ambiance cosy à l'intérieur et petite terrasse l'été, pensez à réserver car la capacité n'est pas grande et laissez-vous séduire par l'ardoise du jour. Gravelax de truite mariné aux herbes, foie gras de canard des Landes à la crème de cassis, ou encore saumon au chorizo ibérique, le choix limité garantit la fraîcheur des produits. Une adresse où il fait bon revenir !

CARTE BLANCHE €€

1, boulevard de Champagne

✆ 03 80 28 97 58

www.carteblanche-dijon.com

Ouvert le lundi midi et du mardi au samedi midi et soir. Menus de 29,50 € à 39 €. Formule du midi à 18 € et 21 €.

Carte Blanche, c'est le restaurant tendance de Dijon situé tout près de l'Auditorium ! On aime cette salle contemporaine, où les fauteuils ne sont pas sans rappeler l'esprit Starck. Salle qu'il est possible de privatiser pour des réceptions. Le chef aussi audacieux que talentueux propose une cuisine aussi belle que bonne qui invite au voyage. Un savant mélange entre tradition et désir d'exotisme. Amateur de tartare, on chuchote qu'ici c'est le meilleur de Dijon, servi avec des frites de polenta parfumées à l'estragon c'est un régal. A ne pas manquer !

LE CHAT QUI PENSE €€

18, rue Monge

✆ 06 80 84 79 62

Ouvert du lundi au vendredi de 12h à 14h. Réservation impérative. Menus à 24 et 28 €.

La famille Sonnet et leur chat Marcel vous accueillent dans leur magnifique restaurant situé rue Monge. Auparavant installé à Norges-la-Ville, le couple vous reçoit désormais dans sa superbe maison de ville, comme si vous étiez leurs invités. Ce jour-là, leur fille a préparé purée de potimarrons et carottes aux crevettes en amuse-bouche. Isabelle que l'on peut voir en cuisine propose des plats inventifs, pendant que Gilles se charge du service. Fleuriste à Fontaine-lès-Dijon, il sait rendre le lieu encore plus charmant, avec quelques bouquets disposés ici et là.

LE COMPTOIR €€

15-17, avenue Foch

✆ 03 80 43 40 01

www.campanile-dijon-centre.com

Formule express du midi à 11,90 €. Vin au verre. Accueil des groupes.

L'hôtel Campanile Centre-Gare, dirigé par Philippe Gaillard, se trouve juste en face de la gare. Son restaurant Le Comptoir vous invite à passer un bon moment en repas d'affaires ou en famille. A la carte, plat ou pizza du jour, mais aussi burgers, bourguignon ou classique, ou encore dos de cabillaud et son risotto. De quoi vous faire envie pour reprendre des forces ! Des plats variés, on aime aussi la carte des vins AOC, dont les premiers crus Givry en rouge et Montagny en blanc. Le chef pense également aux végétariens avec un excellent crumble de légumes bio.

LE DOUBLE V €€

5, route de Troyes
DAIX ✆ 03 80 36 44 09
www.ledoublev.com
Ouvert le lundi soir ; du mardi au samedi le midi et le soir. Réservation recommandée. Menu à 23 €.

C'est dans une salle lumineuse faisant à une grande terrasse que Chloé Winkleman nous reçoit gracieusement. Un service rondement mené et une carte esprit bistrot, qui conviendra d'ailleurs aux plus pressés. Parmi les propositions au choix de la formule du jour, notre appétit se tournera sur un feuilleté de champignon suivi d'un onglet de veau frites et salade et d'une tarte au citron. Une assiette généreusement fournie, une viande délicieusement tendre, des frites croquantes, c'est véritablement un sans-faute ! La petite carte des vins offre du choix.

HÔTEL-RESTAURANT LA MUSARDE €€

7, rue des Riottes - **HAUTEVILLE-LÈS-DIJON**
✆ 03 80 56 22 82
www.lamusarde.fr
Ouvert du mardi au samedi le midi et le soir. Réservation recommandée. Menus du midi à 18 et 22 €.

La Musarde est un très bel établissement situé à quelques encablures de Dijon, qui regroupe un hôtel-restaurant et un service traiteur. SI la partie hôtel est fermée cette année pour travaux, l'espace restaurant offre la capacité de deux belles salles à manger. Derrière les baies vitrées, on apprécie la décoration moderne et chaleureuse pour se restaurer. A La Musarde les producteurs locaux sont à l'honneur des propositions du chef. Pensez aussi au service traiteur.

L'ESSENTIEL €€

12, rue Audra
✆ 03 80 30 14 52
www.lessentiel-dijon.com
Ouvert du mardi au samedi de 12h à 14h30 et de 19h à 22h. Menu du jour 23 € ou 27 €.

Le restaurant L'Essentiel a des arguments de poids : une carte courte, le midi un menu du jour renouvelé quotidiennement, et dans l'assiette tant de travail et de goût. Le travail autour des produits frais est renversant, comme en témoigne ce menu digne des plus grands : en entrée lait de fenouil, rillettes de lieu noir au citron et écume aux herbes, en plat un suprême de poulet fermier, émulsion de céleri, gnocchis à l'estragon et jus au thym et en dessert une pêche pochée, pain de Gênes, ganache montée ivoire et sorbet abricot.

CHEZ LÉON €€

20, rue des Godrans
✆ 03 80 50 01 07
www.restochezleon.fr
Formule du midi 16,90 €, complète 20, 90 € du mardi au vendredi. Vin au verre. Terrasse.

Voilà un restaurant installé depuis de nombreuses années, qui ne déçoit jamais sa clientèle ! Installé au cœur de la ville, dans l'une de ses rues animées : la rue des Godrans. Chez Léon propose une cuisine traditionnelle française et faite maison. En terrasse, vous pouvez vous restaurer avec vue sur le jardin de la Banque de France. Au menu cette semaine, goûtez le saumon bio mariné à l'aneth, ou la terrine maison en entrée, puis le sauté de joue de cochon au curry en plat, accompagné d'une poêlée de carottes au cumin. Difficile de venir sans réserver !

HÔTEL-RESTAURANT LA FLAMBÉE €€

2, route de Chevigny - **SENNECEY-LÈS-DIJON**
✆ 03 80 47 35 35
www.laflambee.fr
Ouvert du lundi au vendredi le midi et le soir ; le samedi soir ; le dimanche midi. Menus de 29,90 € à 35,90 €.

La grande salle rustique du restaurant nous annonce la couleur : ici on mange bourguignon ! L'appétit aiguisé à la lecture de la carte créée par le chef dijonnais Sébastien Petite, les convives auront le plaisir de découvrir les classiques de la région. Les fumets qui s'échappent fleurent bon la tradition autant que la viande grillée au feu de bois. Car oui, la cheminée n'est pas que décorative, puisqu'elle permet de saisir les viandes d'exception à l'image de la côte de bœuf de 1 kg.

LUXXMY RESTAURANT DU FAUVERNEY LODGE €€

3, rue de Chassagne - **FAUVERNEY**
✆ 03 80 55 60 62 - www.luxxmy.fr
Ouvert tous les jours le midi et le soir. Traiteur, Plats à emporter et à livrer, Soirées à thème, Bar à cocktails

LUXXMY est un restaurant aux influences sri-lankaises et indiennes que Chantal Jacquard et sa brigade de chefs sri-lankais et indiens ont créé dans sa ferme, Le Fauverney Lodge. La cuisine bourguignonne n'est pas oubliée, mais c'est bien pour cette cuisine du monde, voire végétarienne et même végane qu'il faut venir. On savoure des plats raffinés qui nous transportent dans un voyage gustatif bienfaisant dont les subtils mariages d'épices assaisonnent les plats aux vertus ayurvédiques.

MASAMI €€

79, rue Jeannin ✆ 03 80 65 21 80
www.restaurantmasami.com

Du lundi au samedi midi et soir. Menus de 22 € à 48 € (menu végétarien 26 €). Formule du midi : 14,50 €. À emporter.

Masami est LE restaurant japonais de Dijon ! Son chef, Masami Akaogi propose des plats variés préparés à partir de produits minutieusement choisis. A la carte, faites votre choix avec, servi uniquement au déjeuner, le menu Unadon et sa belle entrée en matière : anguille caramélisée. Le menu découverte se compose quant à lui de l'original chawanmushis (flan aux œufs) aux noix de pétoncle et joue de lotte. Le menu Masami est l'alliance du Japon et de la Bourgogne avec la spécialité du chef : le filet de bœuf charolais au foie gras et sa sauce œuf mollet. Un délice !

LA PETITE FLAMANDE €€

9, rue des Bons-Enfants
✆ 03 80 67 16 56

Du lundi au vendredi le midi et le soir ; le samedi midi. Ouvert samedi soir, dimanche et jours fériés, sur réservation.

Situé près de la place de la Libération et de la place du théâtre, le restaurant malgré son nom à tout de la bonne table bourguignonne. Simplicité et convivialité sont au rendez-vous dans un cadre soigné. La cuisine est généreuse avec des propositions régionales dont le menu bourguignon en deux, trois ou quatre plats. Jambon persillé ou chèvre rôti sur pain d'épice, bœuf bourguignon ou coq au vin et enfin sorbet cassis. Un restaurant à recommander sans hésitation où l'accueil est très sympathique, et l'ambiance décontractée.

LA MENUISERIE €€

28, rue des Godrans
✆ 03 80 30 46 07
www.lamenuiseriedijon.fr

Ouvert du mardi au samedi de 9h à 23h. Menu du jour le midi à 17 €. Terrasse.

Antoine et son équipe, composée de Nicolas, nouveau chef cuisinier, et d'Elodie au service, vous accueillent dans une ambiance bon enfant, pour déguster une cuisine « simple, savoureuse et engagée ». Goûtez aux charcuteries faites maison et aux bons petits plats accompagnés d'une bière locale, sans oublier un large choix végétarien. Ici la majorité des produits provient du marché. Si le midi vous pouvez profiter du menu du jour, le soir place aux tapas et apéritifs en tout genre. Le restaurant est par ailleurs labellisé Agriculture biologique.

LE PRÉ AUX CLERCS €€

13, place de la Libération
✆ 03 80 38 05 05
www.lepreauxclercs.fr

Tous les jours le midi et le soir. Service continu. Menu à 29 €. Formules du midi : de 19 à 26 €.

Le Pré aux Clercs s'inscrit dans le continuum de l'œuvre du chef étoilé Georges Blanc. A l'intérieur, de jolis mots d'esprit décorent les murs et font l'éloge de la gastronomie. La cuisine du chef Jean Bruno Gosse offre des variations culinaires originales, tout en rendant hommage à la région. Découvrez le menu « Clin d'œil Bourguignon » avec œufs pochés, paleron de bœuf au pinot noir et flamusse aux pommes en dessert, un délicieux sorbet au marc de Bourgogne. Les amateurs de poisson et les végétariens auront aussi de jolis choix à la carte.

L'OMBRELLE €€

29, rue du Château
MAGNY-SUR-TILLE
✆ 06 85 63 93 49

Ouvert tous les jours de 11h à 23h de juin à fin août. Réservation les vendredis soir de concert.

Le lac de la Tille, déjà idéal pour une journée les pieds dans l'eau, fait dorénavant dans la guinguette au bord de l'eau. On peut s'attabler à toute heure pour déguster une glace artisanale, une crêpe, une portion de frites maison, une planche de charcuteries accompagnée d'une bière artisanale bio. Esprit vacances à 100 % et le vendredi soir quand il y a concert le lieu devient festif et dansant dans une ambiance ultra conviviale. Merci à Delphine et Roberto d'avoir créé ce lieu unique à Magny-sur-Tille tout près de Dijon, sur le site familial du lac de la Tille.

LE REFUGE DES PIRATES €€

10, rue Marguerite Yourcenar
✆ 03 80 56 55 08 - www.refugedespirates.fr

Du mardi au samedi 11h30-15h et 18h30-23h ; dimanche et lundi uniquement le midi. De 10 à 20 €. Menu enfant : 9 €.

Le Refuge des Pirates, situé près de la Toison d'Or, est le seul restaurant de Bourgogne à avoir cette thématique Pirate des Caraïbes. Pour passer un bon moment, c'est le repère tout indiqué, avec de nombreuses animations (canons tirés, vent, éclairs) et, pour la première fois cette année, des cascadeurs et des combats d'épée. On y savoure des plats exotiques comme le tartare de saumon à la mangue, une nouvelle recette du propriétaire Romuald Ferrant qui tient à ce que tout soit préparé maison, jusqu'au pesto fait avec du basilic cultivé en terrasse du restaurant.

LE RELAIS DE LA SANS FOND €€

33, route de Dijon - **FENAY** ✆ 03 80 36 61 35
www.lerelais-delasansfond.com
Ouvert du lundi au samedi de 12h à 14h et de 19h à 21h ; le dimanche de 12h à 14h. Prix à l'ardoise entre 8 et 19,90 €.

Le chef Éric Chauve, secondé de son fils chef pâtissier Quentin, vous accueille dans ce bel établissement. Au menu, une cuisine préparée maison, par touches bourguignonnes. De très bonnes volailles sont à déguster dans des assiettes joliment préparées. Le tatin de foie gras poêlé est une belle découverte. Aux beaux jours, installez-vous à sa terrasse fleurie. Une adresse à tester lors de votre promenade le long de la Sansfond, la petite rivière, dont l'établissement tient son nom.

RESTAURANT LA CLOSERIE €€

18, rue Sainte-Anne ✆ 03 80 30 73 52
www.maisonphilippelebon.com
Du lundi au vendredi de 12h à 13h30 et 19h à 21h30 ; le samedi de 12h à 13h30 et 19h à 22h. Formule midi 24 €. Terrasse.

Pierre et Estelle Molin sont les nouveaux propriétaires de la Maison Philippe le Bon. Son restaurant, La Closerie, s'impose comme une adresse bistronomique incontournable. Le chef cuisinier Anthony Denis vous propose une carte créative et savoureuse dont on apprécie particulièrement le choix de produits locaux et bio. Le ris de veau pané aux aubergines est succulent (encore meilleur accompagné des vins de la Maison Camille Giroud), et le flan déstructuré fraise, rhubarbe et vanille est une réussite. Aux beaux jours, la terrasse ombragée est le lieu rêvé.

RESTAURANT LE CENTRAL €€

3, place Grangier ✆ 03 80 30 44 00
www.hotel-ibiscentral-dijon.fr/restaurant
Ouvert du lundi au samedi de 12h à 14h et de 19h à 23h. Ouvert jusqu'à minuit sur réservation. Menus de 24 € à 29 €.

Le restaurant Le Central vous accueille, à mi-chemin entre une ambiance bistro rétro et le restaurant gastronomique. Concoctées par le chef Ralf Mestre et sa brigade, les assiettes sont à la hauteur de nos attentes et respectent l'esprit bistronomique. Ris de veau poêlés aux châtaignes et noisettes, sole meunière, ou encore selle d'agneau rôtie nous rappellent la chaleur des repas dominicaux. Le traditionnel «chariot des desserts» sonne comme un rituel immanquable, tandis qu'il est difficile de résister au folklore de la crêpe Suzette flambée devant nous.

RESTAURANT LE KLUB - IBIS HOTEL DIJON GARE €€

15a, avenue Albert-Ier
✆ 03 80 43 01 12
www.hotel-ibisgare-dijon.fr/restaurant
Ouvert tous les jours de 12h à 14h et de 19h à 22h. Formule du jour à partir de 15 €. Terrasse.

L'hôtel Ibis Gare est dirigé par Anthony Jacquier et son restaurant Le Klub mérite d'y faire une escale ! Le chef Stéphane Fouillot vous propose de déguster plusieurs incontournables de la gastronomie bourguignonne, mais aussi des propositions qui varient en fonction des saisons. Goûtez le tartare de bœuf classique, ou plus singulier et moins attendu, au cognac ou au parmesan. Accompagnez le tout d'un saint-romain, un grand plaisir ! Les douceurs à la carte poussent à la gourmandise.

L'UN DES SENS €€

3, rue Jeannin
✆ 03 80 65 75 58
www.lundessens-dijon.fr
Ouvert du mardi au samedi 12h15-13h30 et 19h30-21h. Menu du midi de 23 € à 26 €. Menu à 63 € ou carte (le soir).

Le restaurant se place aisément parmi les références gastronomiques du centre dijonnais. Un accueil agréable grâce au sourire de Vanina. Le « fait maison » est le credo du chef Sébastien Mortet et les paroles se joignent aux gestes dont on peut admirer la précision depuis la salle. Betteraves de notre jardin en texture, œuf mollet frit, thon rouge fumé. Filet de veau, crème de champignon de paris, shiitaké, pomme Anna et jus corsé et pour le dessert, cerises en texture. Profitez de la terrasse en cour intérieure pour un repas à l'abri des regards.

VILLA VAUBAN €€

15, rue Vauban
✆ 03 45 83 07 76
www.restaurant-villavauban.com
Ouvert du mardi au samedi midi et soir. Menus de 17 à 39 €. Terrasse.

Dans un lieu original et design, au décor baroque, l'équipe de la Villa Vauban vous accueille. Le chef Xavier Pernot vous propose une cuisine maison, avec des produits ultra sélectionnés. Découvrez la formule bourguignonne avec des spécialités comme la nonnette cassis-époisses en entrée, la joue de porc confite et le parfait glacé au pain d'épices en dessert. Côté menus, il y en a pour toutes les faims et tous les prix. La maison propose aussi la privatisation du caveau pour vos événements professionnels ou privés. Un cadre chaleureux à souhait.

L'ASPÉRULE €€€

43, rue Jean-Jacques Rousseau
✆ 03 80 19 12 84
www.restaurant-asperule.fr
Du mardi au samedi. Menu déjeuner de 38 € à 80 € ; menu dégustation de 80 € à 120 € (servi uniquement au dîner).

L'aspérule, c'est le nom d'une plante parfumée, à l'image de la cuisine talentueuse servie à cette belle table. Attendez-vous à du grand art, entre tradition et innovation, avec un zeste asiatique. Précisons que ce chef japonais a été formé par de grands noms de la cuisine tels que Marc Veyrat et Joël Robuchon. Dans ce décor épuré, faites votre choix parmi des menus qui varient de 5 à 7 services. Si le talent de ce chef vous fait rêver, sachez que vous pouvez le temps d'un repas vous réserver ses services avec la formule chef à domicile.

CIBO €€€

24, rue Jeannin
✆ 03 80 28 80 76
Du lundi au vendredi 12h-14h et 19h30-22h. Midi 3 plats 28 € ou 4 plats 38 €. Soir, formule dégustation : 7 plats 68 €.

Passer la porte de ce restaurant étoilé, c'est être saisi par la beauté des lieux. A table, la cuisine ouverte laisse entrevoir la beauté du geste. Dans l'assiette, des produits simples, mais cuisinés avec raffinement dans le respect de leurs saveurs originelles. La carte change tous les jours et propose un menu unique fait de produits locaux et rigoureusement sélectionnés. Le porc fermier et son jus réduit est incroyable et le silure de Saône fondant. Enfin, la carte des vins inspire et fait la part belle aux jeunes domaines et vins nature.

LA TABLE DU ROCHER €€

85, route de Beaune
MARSANNAY-LA-CÔTE ✆ 03 80 52 20 75
www.latabledurocher.fr
Mar.-sam. le midi et 1er dimanche du mois ; ven.-sam. le soir. Menu du jour de 14,90 € à 18,90 €. Menu de 31 € à 40 €.

© ALEXANDRE NIQUET

Avec sa belle façade, le restaurant ne passe pas inaperçu. Fondée au début du XIXe siècle, la Table du Rocher est le troisième plus vieux café-restaurant de France. Depuis 2011, deux passionnés de cuisine et de vin lui rendent hommage, dont Christophe Dumay qui s'affaire en cuisine pour proposer des recettes traditionnelles, récompensées notamment en 2020 par le Gault & Millau, et Michel Philippon, gérant et sommelier. Une formule incluant un menu à l'ardoise et un service presto permet de se restaurer vite et bien ! Achetez également les vins à prix caviste.

LA DAME D'AQUITAINE €€€

23, place Bossuet
✆ 03 80 30 45 65
www.ladamedaquitaine.fr
Ouvert du lundi au mercredi le soir ; du jeudi au samedi le midi et le soir. Forfait d'accueil 31 € + choix à la carte.

C'est dans une crypte du XIIIe siècle, que le visiteur est invité à descendre pour rejoindre la salle de restaurant de La Dame d'Aquitaine. Grâce au talent et à l'exigence de Sabine Perriguey, les égards et le service sont de hauts vols dans ce beau restaurant gastronomique. Le chef Laurent Perriguey propose une carte gourmande, qui mêle produits du terroir et de saison. Du côté des vins, une formule permet de vous faire découvrir une sélection de grands crus. Venir à La Dame d'Aquitaine, c'est s'assurer de passer un moment délicieux.

HOSTELLERIE DU CHAPEAU ROUGE €€€

5, rue Michelet ✆ 03 80 50 88 88
www.chapeau-rouge.fr
Ouvert du mardi au samedi de 12h/13h30 et 19h30/21h30. Réservation. Menus de 59 € à 165 €.

Le nouvel univers du restaurant de William Frachot est en totale harmonie avec sa cuisine qui tutoie l'excellence. Préambule aux plaisirs gustatifs, on se laisse charmer par la douceur de l'ambiance délicatement colorée. Le «Restaurant Bourguignon 2.0» comme il aime le dire. Nouveaux plats aussi dans les menus Emotions et Esprit dans lesquels il réinvente la cuisine bourguignonne, innovant dans les mariages de produits locaux. L'expérience William Frachot est unique et mémorable.

LES JARDINS BY LA CLOCHE €€€

14, place Darcy ✆ 03 80 30 12 32
www.hotel-lacloche.fr
Tous les jours 12h-14h et 19h-21h30 ; vendredi et samedi jusqu'à 22h. Menus de 29 € à 50 €. Brunch le dimanche : 42 €.

Au restaurant Les Jardins by la Cloche, Aurélien Mauny vous propose différents menus pour le déjeuner et le dîner. Dans un cadre au design contemporain, tout ici est ravissement, pour les yeux comme pour les papilles. De spécialités régionales en propositions gastronomiques, les plats en finesse comblent les fins gourmets. Les produits raffinés se marient en effet aux mets les plus simples, avec la soupe à l'oignon à la truffe, la truite des Monts de Joux confite à la crème de vin jaune ou encore des desserts fondants. N'oublions pas le brunch du dimanche matin.

LOISEAU DES DUCS €€€

3, rue Vauban
✆ 03 80 30 28 09
www.bernard-loiseau.com
Ouvert du mardi au samedi le midi et le soir. Menus de 49 € à 105 €. 1 étoile Michelin

Loiseau des Ducs est l'un des 4 restaurants du Groupe Bernard Loiseau en Bourgogne et la première adresse dijonnaise installée en 2013. Vous déjeunez ou dînez dans l»ambiance cosy de la salle voûtée d'un hôtel particulier du XVIe siècle. Le chef Louis-Philippe Vigilant qui s'est distingué par l'obtention d'une étoile Michelin, dès l'ouverture du restaurant en 2014, propose des plats ancrés dans la tradition Bernard Loiseau. Menus de rêve en 3, 4, 5 voire 7 services pour ravir nos attentes. La cheffe pâtissière Lucile Darosey est tout aussi talentueuse.

ORIGINE PAR TOMOFUMI UCHIMURA €€€

10, place Wilson ✆ 03 80 67 74 64
www.restaurantstephanederbord.fr
Ouvert mardi soir, du mercredi au samedi de 12h à 13h30 et de 19h30 à 21h30 et dimanche midi. Menus de 45 à 120 €.

Le chef japonais Tomofumi Uchimura et son épouse vous accueillent dans leur restaurant Origine pour une expérience culinaire raffinée. Le menu "Nature Gourmande" propose 4 plats : homard bleu cuisiné de trois façons, produits de la mer selon arrivage, ris de veau et canard Burgaud. La carte se métamorphose au fil des saisons avec un menu végétarien délicat entre son sorbet de concombre, une déclinaison de cèpes crus et cuits et le soufflé Arlequin à la vanille et au cassis.

POURQUOI PAS ? €€€

13, rue Monge
✆ 03 80 50 11 77
www.pourquoipas-dijon.com/
Du mardi au vendredi 19h15-21h30 ; le samedi 12h-13h30 et 19h15-21h30. Réservation impérative. Menus de 29 € à 49 €.

Muriel, Julien et leur équipe vous accueillent dans ce restaurant où la gastronomie est cultivée avec art. Situé près de la place Zola, c'est là qu'il faut inviter votre moitié : les prix sont accessibles, la cuisine de qualité, et le cadre distingué. Vous aurez le choix entre différents menus : le "Gourmand", celui du chef, ou l'"Ardoise", avec brick de Saint-Marcellin et chorizo doux en entrée, puis paleron de veau confit en plat, ou encore en dessert, un combo fromage blanc, avec une douceur au choix et une nonnette de Dijon. Pensez bien à réserver !

RESTAURANT LE CHÂTEAU BOURGOGNE €€€

22, boulevard de la Marne
✆ 03 80 72 31 13
www.hotel-mercure-dijon.fr/chateau-bourgogne
Ouvert tous les jours midi et soir (fermé le samedi midi). Formule déjeuner de 24 € à 29 € ; dîner de 31 € à 36 €.

À quelques pas du palais des Congrès, le Château Bourgogne, dirigé par Alexander Krips, offre des plats signés Gonzalo Pineiro, chef exigeant qui ne jure que par le frais, le local et le fait maison. Croustillant de volaille fermière au comté, sauce au vin jaune, gnocchis de betterave. Poisson, viande ou proposition végé pour satisfaire le plus grand nombre. La cave fait de l'œil aux amateurs de bons crus. Un excellent rapport qualité-prix pour une vie de château !

LE 19

19, rue Berbisey ✆ 03 80 30 53 55
www.maisonphilippelebon.com/fr/restaurant-dijon
Ouvert du lundi au mercredi de 11h à 23h ; le jeudi de 11h à 1h ; le vendredi et le samedi de 11h à 2h. Terrasse.

Le 19 est un bar à cocktails qui a la cote. De nouveaux projets ont été imaginés dont la rénovation totale du bar, orchestrée par Estelle et Pierre Molin, propriétaires de ce boutique-hôtel de caractère. La nouvelle décoration est signée Karine Martin, associée de l'Atelier d'Architecture GplusK. Un rendu qui promet de beaux apéritifs ! L'alliance naturelle du bois et du cannage donne au bar un cachet manifeste. Rendez-vous est pris pour découvrir les lieux, savourer un délicieux cocktail signature ou craquer pour la carte salée du chef Anthony Denis.

L'ABSINTHERIE

68, rue Jean Jacques Rousseau
✆ 03 80 19 95 45
www.labsintherie.com

Ouvert le mardi et le mercredi de 17h à 1h ; du jeudi au samedi de 17h à 2h.

L'Absintherie est le seul bar à absinthe de Dijon. Il vous invite à découvrir et déguster pas moins d'une soixantaine de références françaises et suisses. Pour les propriétaires passionnés Nicolas, Angèle et Pascale, le choix a été fait de privilégier des variétés de qualité, du terroir et issues de producteurs locaux. Un bar original pour venir passer un bon moment entre amis et découvrir ce qu'est vraiment la « fée verte » (et ses arômes anisés). Vous avez aussi un choix de bières, de vins et autres alcools, de jus de fruits et de limonades à la carte.

CAFÉ DE L'INDUSTRIE

15, rue des Godrans
✆ 03 80 30 20 81

Terrasse. Restauration. Concerts.

En terrasse côté Godrans ou côté Bannelier, vous trouverez à l'Industrie tout ce qu'il faut pour passer un bon moment dans une bonne ambiance ! Quel que soit le moment de la journée, vous serez satisfait de l'offre de bière à la pression ou en bouteille... Même chose en ce qui concerne la carte des vins. Le midi, n'hésitez pas à déjeuner avec le menu du marché alors que le soir vous pourrez goûter à la terrine du chef ou à des planches. En plus, le personnel est très sympa et accueillant ! Le tout dans des tarifs raisonnables. Un vrai coup de cœur !

LE BAR BY LA CLOCHE

14, place Darcy ✆ 03 80 30 12 32
www.hotel-lacloche.fr/bar-by-cloche

Ouvert tous les jours de 10h à 0h. Planches de fromages à 12 €, de charcuterie à 23 €. Cocktails de 11 € à 16 €.

Ambiance feutrée, chic et lounge au bar de l'hôtel La Cloche, avec ses canapés en cuir bleu électrique, où l'on aime venir à l'heure du thé, en afterwork ou en fin de semaine, dans une ambiance musicale lounge, plus animée. Testez les cocktails comme le Sweat Dream à base de Chambord, de champagne et de liqueur de mûre. Pour les petites faims, sachez qu'un petit fooding est servi à toute heure et permet de se restaurer. Aux beaux jours, le jardin est un lieu plein de sérénité en pleine ville alors que les amateurs de cigare pourront profiter de l'élégant fumoir.

LA CAUSERIE DES MONDES

16, rue Vauban
✆ 03 80 49 96 59

Restauration le midi. Terrasse.

Située tout près de la place de la Libération, La Causerie des Mondes est un salon de thé à la fois vintage et d'inspiration contemporaine. Entre les vieilles cartes postales, les jouets en bois et une collection de théières, goûtez à de bons produits. Que vous soyez thé, café, chocolat ou jus de fruits (faits maison), vous trouverez de quoi passer un bon moment entre amis ! Si vous passez pour le déjeuner, n'hésitez pas à vous y arrêter. Tenue par Vanessa Laraque, c'est la même maison que le restaurant de cuisine végétarienne le Nids. Un endroit à découvrir !

BOULANGERIE PÂTISSERIE FRÉMONT

23, rue Verrerie
✆ 03 80 50 19 80

Ouvert du lundi au samedi de 7h à 19h30 ; le dimanche de 7h à 19h.

Cette boutique regorge de gourmandises. Vous souhaitez découvrir les escargots de Bourgogne autrement ? Testez le pain farci de cette spécialité régionale persillée. Vous trouvez ici tout pour satisfaire votre appétit : pains croustillants, comme celui à la farine de châtaigne, viennoiseries au beurre et muffins délicieux, tartes chaudes, Préfou pesto, chorizo, olives, pâtés lorrains, pâtés en croûte. Ajoutez un accueil fabuleux et vous obtenez une boulangerie vivement recommandée.

DUFOUX CHOCOLATS

15, rue des Forges ✆ 03 80 35 55 86
www.chocolatsdufoux.com

Ouvert le lundi de 14h à 19h ; du mardi au samedi de 9h30 à 19h. Commandes possibles en ligne.

Les chocolats Dufoux, c'est une longue histoire qui a commencé en Saône-et-Loire et qui se poursuit à Dijon avec une sixième boutique dans la rue des Forges. Vous ne pourrez pas la manquer grâce à sa façade couleur chocolat. À l'intérieur, les tons de violet rappellent le cassis de Bourgogne ! Un produit que Dufoux sait mettre en valeur grâce à des créations. En boutique, vous trouverez de nombreux bonbons chocolatés, les petites folies, les incontournables, les tablettes et les grignotages... Des créations fines, savoureuses, idéales pour offrir ou pour se régaler.

FABRICE GILLOTTE

21, rue du Bourg
✆ 03 80 30 38 88
https://fabricegillotte.com

Du mardi au vendredi de 9h15 à 18h ; le samedi de 9h à 18h. Vente en ligne.

A la recherche d'excellents chocolats ? Direction la boutique de ce maître chocolatier et Meilleur Ouvrier de France ! Douceur et raffinement pour les papilles, les dualités sont tout simplement à tomber, présentées par 9, logées dans d'élégants coffrets. La pâte à tartiner maison est très addictive ! Parmi les classiques, laissez-vous tenter aussi par les macarons à la fois légers et craquants, ou bien les pralinés et chocolats aux saveurs fruitées. Une note de poésie à tout cela avec les « Nuages », des cupcakes en guimauve, création originale du Maître.

LE JACQUEMART

6, rue Musette
✆ 03 80 30 34 40

Du mardi au samedi de 8h à 2h et le dimanche de 9h30 à 2h. Restauration. Planches de charcuteries ou de fromages.

Que ce soit après le marché, après le boulot ou tout simplement lors d'un week-end pour prendre du bon temps, le Jacquemart, rue Musette est tout indiqué ! On aime sa terrasse pour boire un verre dans une ambiance conviviale ! Vrai café à l'ancienne, vous croiserez ses habitués, des jeunes et des moins jeunes, qui discutent ou lisent le journal... Le rapport qualité prix y est imbattable. Le Jacquemart propose aussi de la restauration avec des planches ou des assiettes de frites qui accompagnent l'apéro. Le vendredi, c'est Fish and chips et il est super bon !

LA FLEUR QUI POUSSE À L'INTÉRIEUR

5, place des Cordeliers
✆ 03 80 47 94 71

Du mardi au samedi 10h-13h et 14h30-19h. Boutique. Librairie enfants et adultes. Salon de thé. Terrasse en été.

Clémence et Julien vous accueillent et vous conseillent dans leur librairie indépendante située sur la très jolie place des Cordeliers. Qu'il s'agisse de littérature française ou mondiale, de littérature classique ou contemporaine, de bandes dessinées pour enfants ou adultes ou de littérature jeunesse, vous trouverez ici tous les livres que vous souhaitez. La librairie fait aussi salon de thé, un endroit confortable pour commencer un livre et oublier le temps qui passe en terrasse.

MADELEINE CAFÉ

8-12, rue Verrerie
✆ 03 80 69 24 91
www.madeleinecafe.fr

Du mardi au samedi de 9h30 à 18h30. Plat : 13 € (+ dessert : 16 €). Brunch samedi sur place ; dimanche à emporter.

A deux pas du square des Ducs, le Madeleine Café est une petite bulle de fraîcheur l'été pour déguster un nectar de fruits sous les arcades, et un refuge confortable quand l'hiver s'installe. Anaïs vous accueille avec le sourire et des boissons gourmandes et viennoiseries au petit déjeuner, puis pour midi le chef Julien propose trois plats et trois desserts au choix. Une de ses spécialités : le dôme betterave et chocolat blanc. Café et restaurant, c'est aussi un lieu de vie très apprécié pour ses ateliers : cosmétique naturelle, poterie, tricot, photographie...

FRANCK POURRIER

26, rue Musette ✆ 03 80 48 37 70
www.franck-pourrier.com

Du mardi au jeudi de 9h à 12h30 et de 13h30 à 19h ; le vendredi et le samedi de 8h30 à 19h ; le dimanche de 9h à 12h30.

Installée rue Musette, tout près des halles centrales de Dijon, la boutique Franck Pourrier est bien connue des Dijonnais pour la qualité de ses pâtisseries. Citons par exemple le « Hokus Pokus », mousse caramel fruitée à l'orange, avec biscuit aux épices ou encore le « Maïka », mousse au chocolat noir avec compotée de mangue et biscuit coco. Julie et Franck proposent aussi un grand choix de macarons, chocolats, confiseries et sorbets maison. Une mention spéciale est attribuée à la galette des Rois à la frangipane ou au cassis, l'une des meilleures de Dijon !

MAISON MILLIÈRE

10, 12, 14, rue de la Chouette
✆ 03 80 30 99 99
www.maison-milliere.fr

Ouvert du mercredi au dimanche de 10h à 19h.

A deux pas de la célèbre chouette et au cœur du vieux Dijon se niche la Maison Millière. Un bâtiment classé qui a aussi servi de décor au célèbre film *Cyrano de Bergerac*. Le rez-de-chaussée est partagé entre une boutique avec des produits régionaux et un salon de thé, tandis que le restaurant occupe l'étage. 40 références de thés accompagnent les gourmandises sucrées proposées. On vient se réchauffer à renfort de crêpes, de gaufres et du traditionnel pain d'épices en hiver, et aux beaux jours on apprécie une glace dans le superbe jardin intérieur.

MULOT & PETITJEAN

13, place Bossuet
✆ 03 80 30 22 45
www.mulotpetitjean.com
Ouvert du mardi au samedi de 10h à 12h et de 14h à 17h30.

Il y a des enseignes qui sont des patrimoines vivants, Mulot & Petitjean est de celle-ci, fondée en 1796. Place Bossuet, vous êtes dans la boutique historique. Le pain d'épices se décline en différents formats : pavé, à la coupe, nature, aux fruits confits, ou encore fourré à la confiture, dans des emballages vintage à souhait. Découvrez la nouvelle gamme de pains d'épices à tartiner en apéritif, avec du fromage, à l'aneth, aux graines de son de moutarde, à la figue ou encore aux noix. Et puis il y a les nonnettes, typiques de Dijon, et les nouveautés salées.

LA PART DES ANGES

5, rue Vauban ✆ 03 80 49 89 56
www.bernard-loiseau.com/fr/maisons/la-part-des-anges/la-part-des-anges.html
Ouvert le mardi de 17h à 22h ; du mercredi au vendredi de 15h à 22h ; le samedi de 12h à 22h. Caveau XVIè

Le bar à vin la Part des Anges est un établissement du Groupe Bernard Loiseau. On peut s'y arrêter l'après-midi pour prendre une tasse de thé ou en soirée pour un apéritif convivial. Tout se passe dans le caveau du XVIe siècle à l'ambiance chic et décontractée. La sélection des vins est attrayante et les tarifs sont tout à fait abordables. Les gourmets seront comblés : verrines, planches et assiettes froides permettent, là encore avec des tarifs défiant toute concurrence, d'improviser un repas dont les plats sont préparés dans les cuisines de Loiseau des Ducs.

PÂTISSERIE-CHOCOLATERIE VANNIER

12, rue de la Liberté
✆ 03 80 30 47 25
Ouvert du mardi au samedi de 8h à 19h30 ; le dimanche de 8h à 18h.

La pâtisserie-chocolaterie Vannier se transmet de père en fils depuis 1963. Côté pâtisserie, Vannier honore aussi bien les commandes de gros gâteaux traditionnels que les petits qui accompagnent les goûters des familles : pavlova, paris-brest, cassissine... Vous trouverez également les classiques : macarons, cannelés, croissants et autres gourmandises. Le plus : la notification des allergènes contenus dans les pâtisseries. Du côté des douceurs chocolatées, les amateurs auront le choix.

PÉNICHE CANCALE

Port du Canal
✆ 03 80 43 15 72
www.penichecancale.com
Avril-septembre : mercredi-samedi à partir de 18h. Octobre-mars : jeudi-samedi à partir de 19h. Concerts gratuits l'été.

Montez à bord de la Péniche Cancale, située au port du canal, tout près du centre-ville. Un lieu des plus festifs, qui propose une programmation éclectique de concerts, soirées DJ (tout style) et animations culinaires. Quand il fait beau, on vient pour prendre un verre sur le pont entre amis ou bien pour savourer la cuisine d'Aurore et Simon. Si la météo fait grise mine, on se met bien à l'abri pour danser dans la cale. La maison privilégie le circuit court et les produits bios avec des producteurs de jus de fruits, vignerons et brasseurs locaux, à la carte.

PUB LE BRIGHTON

33, rue Auguste-Comte
✆ 03 80 48 62 86
Ouvert lundi, mardi et mercredi de 10h à 1h ; jeudi et vendredi de 10h à 2h et samedi de 17h15 à 2h.

Dans le quartier des Antiquaires, le Brighton est le plus ancien pub de Dijon et le plus authentique avec sa déco si typique des pubs d'Outre-Manche ! La bonne ambiance y est toujours au rendez-vous. On aime se retrouver dans son ambiance feutrée ou complètement survoltée, lors des soirées sportives notamment. En ce qui concerne les boissons, vous aurez le choix entre bières artisanales et régionales, bières du monde, vins, champagnes, whiskies rares et même quelques cognacs. Entre les concerts et les matchs, le Brighton est un pub anglais incontournable !

LA RHUMERIE JAMAÏQUE

14, place de la République ✆ 03 80 73 52 19
www.lecerclejamaique.com
Ouvert mardi 15h-2h ; mercredi et jeudi 15h-4h ; vendredi 15h-5h ; samedi 17h-5h. Privatisation possible.

Depuis 1985, la Rhumerie Jamaïque est fréquentée par toutes les tranches d'âge. Dirigé par Gilles Jarant, le club propose trois ambiances différentes. Du rez-de-chaussée au sous-sol, changez de cadre pour danser ou prendre un verre à l'écart de la piste. Un espace est plutôt dédié aux concerts live, de qualité et de tout horizon, l'autre est une boîte de nuit. L'ambiance est chaleureuse et extrêmement sécurisée. Le bar à vins permet quand à lui de se détendre autour d'un verre, dans un décor baroque contemporain. Possibilité de réserver pour une soirée privée !

BIENVENUE À LA FERME

1, rue des Coulots
BRETENIÈRE
✆ 03 80 68 66 50
www.bienvenue-a-la-ferme.com

Bienvenue à la Ferme est une marque nationale portée par les Chambres d'Agriculture et créée pour consommer local. Un réseau de 8 000 fermes en France, qui vendent en direct leur production. 80 producteurs de Côte-d'Or portent les couleurs de la marque avec passion et professionnalisme. Si 2020 fut un succès, 2021 le verra perdurer pour ces fermiers qui sont avant tout fiers de remplir vos assiettes de produits sains et cultivés dans le respect de l'environnement. Découvrez également les activités de découverte et les lieux d'hébergement du réseau.

BOUCHERIE-CHARCUTERIE ALVISET

✆ 03 80 30 26 54
www.boucherielalviset.ollca.com

Ouvert le mardi et du jeudi au samedi de 6h à 13h.

Dans cette boucherie située sous les halles centrales, Serge Alviset et son équipe vous accueillent et vendent des produits de qualité, dont une sélection de produits bouchers (Charolais, Black Angus, Wagyu), des viandes de gibiers en saison, de la charcuterie Maison, mais aussi de produits traiteurs comme sa choucroute ou son boudin. On se damne pour une bonne pièce de bœuf des environs de Saulieu, un morceau de veau (Périgord) ou encore un gigot d'agneau. Offre traiteur variée.

BOUTIQUE DE LA TRUFFE - L'OR DES VALOIS

5, rue Chaudronnerie
✆ 03 80 37 23 70
www.truffedebourgogne.fr

Ouvert du mardi au samedi de 10h à 19h. Boutique en ligne.

La Boutique de la Truffe est un lieu unique en Bourgogne, dédié au fameux champignon, que Thierry Bezeux a baptisé L'Or des Valois. Notre *Tuber uncinatum* se caractérise par sa couleur gris foncé et son parfum marqué. Récoltant et négociant, L'Or des Valois permet de trouver des truffes fraîches toute l'année. Ici, la truffe se décline en beurre, alcool, moutarde, saucisson, liqueur… Vous pouvez aussi vous rendre à la Maison aux Mille Truffes by L'Or des Valois à Nuits-Saint-Georges.

BOUTIQUE MAILLE

32, rue de la Liberté ✆ 03 80 30 41 02
www.maille.com

Ouvert du lundi au samedi de 10h à 19h ; les jours fériés de 10h à 19h. Livraison possible. American Express.

La moutarde Maille est dans la lignée de ces grandes maisons connues du monde entier pour le symbole de la gastronomie qu'elles représentent. L'incontournable boutique trône depuis 1845 et vous invite à un voyage de gourmet avec une sélection de moutarde en pots : à la truffe, au chablis, au cassis ou à l'italienne avec parmesan et truffe blanche. On choisira un pot en verre ou en grès que l'on pourra même venir remplir une fois vide grâce au système de moutardes à la pompe. De nombreux produits se déclinent à travers des huiles, vinaigres et cornichons.

BRASSERIE DES TROIS FONTAINES

17, rue de la Plucharde - **BRETENIÈRE**
✆ 03 80 79 20 12
www.brass3fontaines.fr

Du mercredi au vendredi 14h-18h. Visite de la brasserie sur rdv, formule simple dégustation 6 €, 30 personnes maximum.

Virgile et Peggy Berthiot vous accueillent dans leur brasserie des Trois Fontaines créée il y a 20 ans. La Mandubienne et la Téméraire, bières artisanales et 100 % naturelles, sont connues et reconnues dans toute la Bourgogne. Rendez-vous à Bretenière pour découvrir le processus de fabrication et la goûter. Un arôme authentique au malt d'orge provenant de Brazey-en-Plaine. La maison commercialisera aussi prochainement de la glace pilée et des glaçons alimentaires.

LA BURGONDE

6, place des Ducs-de-Bourgogne
✆ 03 80 27 40 36
www.la-burgonde.com

Ouvert le lundi de 14h à 19h ; du mardi au jeudi de 10h à 12h et de 14h à 19h ; le vendredi et le samedi de 10h à 19h.

Si vous cherchez un souvenir de Bourgogne ou une idée cadeau 100 % originale, rendez-vous place des Ducs, au cœur du centre historique et touristique de Dijon. La Burgonde est une marque créée par Nathalie Jacquey qui matérialise son amour pour la région avec des produits inédits, marqués d'un slogan fort et tendance, et de fabrication régionale. Les tout-petits ont aussi droit à leur objet, un doudou *made in* Dijon, Smailoo l'escargoo, tout doux. Ici vous pouvez également faire réaliser une série de tee-shirts ou de plaques à l'effigie de votre enseigne ou marque.

BAR BRASSERIE
DU MARCHE DE L'AGRO

La p'tite ferme

DRIVE FERMIER 21

3, rue Léon Delessard
✆ 07 85 76 13 52
drivefermier21.fr

Du bio en partie, du local à 100 % ! Le Drive fermier 21 vous propose de nombreux produits fermiers 100 % Côte-d'Or : pain, fruits et légumes, viandes, charcuterie, volailles et œufs, fromages et produits laitiers, glaces, poissons, escargots, aromates et condiments, produits de la ruche, confitures et produits sucrés, épicerie, boissons sans et avec alcool, vins et spiritueux, bières fermières et maltes... Rendez-vous sur le site pour passer tranquillement votre commande. Faites votre panier avant le mercredi à minuit et venez chercher votre commande le vendredi.

CITRON ROSE

85, avenue Victor Hugo
✆ 06 49 33 19 36
www.citron-rose.fr

Le lundi 15h-19h30 ; du mardi au vendredi et le dimanche 9h-13h et 15h-19h30 ; le samedi 9h-13h et 15h-20h.

Faites votre marché gourmand au Citron Rose, commerce de proximité situé dans le quartier Victor Hugo qui soutient les producteurs locaux. Sophie et Paul Aegerter sélectionnent pour vous des produits frais et de saison avec paniers de fruits et légumes issus de la ferme le Breuil à Fénay, plateaux apéritifs de charcuteries et de fromages, caissettes de viandes limousine bio et poulets fermiers. Le Citron Rose offre en plus un service de livraison gratuit et vous ouvre ses portes 7 jours sur 7. Ne manquez pas les excellents desserts préparés par Chez mes sœurs.

CENTRE COMMERCIAL TOISON D'OR

Route de Langres
✆ 03 80 74 18 88
www.latoisondor.com

Ouvert du lundi au vendredi 10h-20h ; samedi 9h-20h. Carrefour : lundi-mercredi 9h-21h et jeudi-samedi jusqu'à 21h30.

Dirigée par Gauthier Derache, La Toison d'Or est un centre commercial doté du label 4 étoiles. Accessible en tram ou en voiture, à proximité de la rocade, l'accès est aussi facilité par ses deux parkings gratuits. Sur place plus de 130 boutiques et 23 restaurants et cafés. Un confort maximal est offert aux clients avec un espace bébé ou encore le lavage auto. Avec la carte de fidélité disponible à la réception ou sur l'application mobile, bénéficiez d'offres promotionnelles.

CLEMARA

23, rue de Velars
PLOMBIÈRES-LÈS-DIJON
✆ 07 82 57 35 79
http://cave-clemara.simplesite.com

A Plombières-lès-Dijon, Clémara est un bar à vins bien sympathique. Venez y goûter des nectars tournés sur la région Bourgogne-Franche-Comté. Vins tranquilles ou effervescents, de garde ou à consommer maintenant, remplissent les rayons pour des prix raisonnables. Des vins de Bourgogne, de la France entière, mais aussi d'ailleurs comme d'Arménie ou de Géorgie, et une belle sélection de spiritueux. La Franche-Comté est représentée avec un excellent Savagnin du Jura. N'hésitez pas à venir vous attabler au caveau pour tester leurs planches chaudes ou froides l'été !

CHRIS BIKE

13, impasse de Reggio
✆ 09 86 36 82 16
www.chrisbike.com

Ouvert du lundi au samedi de 9h à 19h.

Chris Bike Dijon, spécialiste du vélo sportif et extrême à Dijon, propose un parc de plus de 25 VTT, VAE de route, de descente ou même de piste en location. On repart avec un vélo dernière génération, vérifié, réglé et bien équipé, avec éventuellement un système de portage lui aussi proposé à la location. Si vous cherchez à découvrir de nouveaux horizons, CBD organise une fois par mois un voyage en France ou à l'étranger pour des groupes de 25 personnes. Tout est compris dans des formules à partir de 500 €. La garantie de pratiquer sur des spots exceptionnels.

AU COCHON QUI FUME

✆ 06 87 60 97 60
www.monsieursaumon.fr

Ouvert le mardi et du jeudi au samedi de 7h à 13h30. Ouvert les jours de marché.

L'un des grands classiques du marché, vous trouverez sur le stand d'Eric Léger une belle gamme de pâtés en croûte, de l'andouille des Vosges, du jambon à l'os qu'il découpe en tranche devant vous, du jambon blanc rôti aux herbes ou encore, du jambon cru du Morvan. Quant aux saucissons, il y en a pour tous les goûts : pur porc des monts du Lyonnais, au beaufort, aux noix ou au sanglier... L'accueil réservé à la clientèle est des plus agréables. Vous repérerez facilement son stand, surplombé par une pancarte à l'ancienne sur laquelle est représenté un cochon.

CÔTÉ COLOMBO

1, rue Bannelier
www.cotecolombo.fr
Ouvert le mardi et du jeudi au samedi de 7h30 à 13h.

Le chef cuisinier Florent Colombo est heureux de vous accueillir dans son nouveau corner des Halles de Dijon. On connaissait déjà son restaurant Colombo à Ahuy et, pour plus de proximité avec les Dijonnais, il a ouvert à l'automne 2020 un service de plats à emporter situé sous les halles centrales. Une gamme traiteur de produits locaux, bourguignons, cuisinés, frais et maison entre le pot-au-feu de paleron de veau, le coq au vin, les salades et bien sûr ses célèbres sauces pour les œufs en meurette. Un stand très classe, sans oublier la fine sélection de vins.

FROMAGERIE PORCHERET

18, rue Bannelier
✆ 03 80 27 04 35
Le lundi, le mercredi et le jeudi 8h-19h30 ; le mardi, le vendredi et le samedi 7h-19h30 ; le dimanche 9h-13h.

Rue bannelier, tout près des halles de Dijon, découvrez la très belle fromagerie de Yann Lavigne. Une crémerie authentique, fondée en 1930 par les parents de Yann. Passionné, il sélectionne pour vous les meilleurs produits. Issus de la région ou d'ailleurs, les fromages sont affinés sur place, dans des caves voûtées, situées sous la fromagerie et visibles depuis la boutique. Autant dire que le choix est grand ! Fromages de chèvre, comté à la coupe ou encore yaourt fermier de la région, mais aussi produits d'épicerie fine complètent agréablement les étals.

BIÈRES DES TERROIRS

28, rue Crébillon ✆ 03 71 19 90 97
www.bieresdesterroirs.fr
bieresdesterroirs@gmail.com
Ouvert du lundi au jeudi 15h-20h30 ; du vendredi au samedi 15h-20h. le dimanche 14h-20h. En été fermeture à 23h.

Située en plein cœur du centre-ville, Bières des Terroirs valorise le travail artisanal. Une initiative originale et presque courageuse, dans une région où les caves à vin ont pignon sur rue. Les propositions sont nombreuses et c'est Fabrice derrière la tireuse qui vous fait découvrir d'excellentes bières artisanales. Bières des Terroirs propose des idées originales de coffrets, comme le « kit apéro d'urgence » composé d'une bouteille fraîche, d'une terrine ou d'un saucisson, ou encore le « kit brasseur » pour se lancer dans la technique de la brasserie.

DOMAINE DE LA CRAS

PLOMBIÈRES-LÈS-DIJON ✆ 06 71 68 07 63
www.domainedelacras.marcsoyard.fr
Visite et dégustation sur rendez-vous du lundi au dimanche. Fermé les jours fériés et pendant les vendanges.

Exploité par le viticulteur passionné Marc Soyard, le domaine de la Cras appartient au Grand Dijon depuis 2013. Sur 160 ha, il est situé sur le plateau entre Dijon, Plombières et Corcelles-Les-Monts. Le domaine compte 8 ha de vignes plantées en Pinot Noir et en Chardonnay. Le Grand Dijon obtient chaque année pas moins de 2 000 bouteilles issues du domaine. Le but, sur le long terme, est d'obtenir l'appellation Côte de Dijon. Ouvert aux visites sur rendez-vous, vous serez chaleureusement accueilli dans un environnement naturel avec une vue imprenable.

LA FERME DE BRAY-JÉRÔME CORNEMILLOT

Chemin de la Mongeotte
✆ 06 13 29 57 49
Ouvert le mercredi de 16h à 18h30 ; le samedi de 9h30 à 12h15.

© FERME DE BRAY

La Ferme de Bray située à Dijon est gérée par Marine et Jérôme, spécialisés dans l'élevage de vaches charolaises et la production de céréales. Associés avec Nicolas, de la Ferme de Poissy, leurs produits sont en vente directe, proposant un large choix de morceaux disponibles au détail : steaks hachés, côtes de bœuf, rosbif, bavette... Testez le veau de lait Colis de viande de 5 kg ou le Colis barbecue. Vous y trouverez aussi lentilles et céréales.

BISCUITS MISTRAL

52, rue des Godrans
✆ 03 80 49 13 77
www.biscuits-mistral.fr
Ouvert du mardi au samedi de 9h30 à 13h et de 14h30 à 19h.

Dans cette jolie boutique située au centre ville on vient faire le plein pour le goûter. On trouve ici les produits de la marque Mistral dont la fabrique est basée à Semur-en-Auxois. Le choix est grand et les références sont de qualité. Madeleines pur beurre, toute une gamme de Chocobeurs (caramel, orange, coco) moelleux fourrés et tout nouveau dans la gamme bio, les cookies végans ou le Chocopecan, des biscuits salés ou sucrés, chocolats et confiseries, en sommes un lieu plein de gourmandises. Beurre doux, farine française et œufs entiers sont gages de qualité.

UN SINGE EN HIVER

3, rue François Robert
Ouvert le lundi, le mercredi et le jeudi de 17h à 23h ; le vendredi et le samedi de 17h à 2h ; le dimanche de 14h à 21h.

Dans cette ancienne minoterie, les bières sont brassées maison, un concept de microbrasserie artisanale créé par les frères Pierre-Elie et Quentin, brasseurs depuis 10 ans. Face de la Cité de la Gastronomie, découvrez ce grand espace avec bar, cuves apparentes et de grandes tables dans un décor végétalisé, au style industriel. Vins, jus de fruits et planches sont aussi à la carte. En plus d'être un bar convivial, Un Singe en Hiver mêle plaisir et culture, avec un espace d'exposition de 150 m² à l'étage dédié aux arts numériques et aux musiques actuelles.

L'HÉRITIER-GUYOT

2, place Notre-Dame
✆ 03 80 43 41 65
www.lheritier-guyot.com
Ouvert le mardi et du jeudi au samedi de 10h à 13h et de 15h à 19h.

Place Notre-Dame, retrouvez les produits de cette marque bien connue. L'offre s'étend également à d'autres produits comme les cassissines, le pain d'épices et quelques objets de décoration de table. L'accueil chaleureux et professionnel nous aide dans nos choix. Leader incontesté de la crème de fruits depuis 1845, l'Héritier-Guyot a su se moderniser et renouveler son offre, tout en pérennisant la tradition. Goûtez la célèbre crème de cassis et d'autres, plus tendance, de pêche, mûre, pamplemousse ou même mangue et violette, parfaites pour vos cocktails.

TRAITEUR LE CHÂTEAU BOURGOGNE

22, boulevard de la Marne
✆ 03 80 72 31 13
www.hotel-mercure-dijon.fr/traiteur
De 5 à 5 000 convives. Devis sur demande. Menus de 25 à 45 €. Buffets, cocktails, repas séminaire, plateaux repas.

Le Château Bourgogne réunit le savoir-faire d'un chef et le professionnalisme d'une équipe au service des professionnels et des particuliers, une référence parmi les traiteurs locaux. Pour une occasion intime ou une réception accueillant jusqu'à 5 000 personnes, ils vous accompagnent. En cuisine, le chef Gonzalo Pineiro et ses pâtissiers régalent vos invités, avec une cuisine qui allie tradition et modernité, de quoi réussir vos buffets. La maison livre aussi des plateaux-repas.

LA MOUTARDERIE FALLOT

16, rue de la Chouette
✆ 09 54 04 12 62
www.fallot.com
Ouvert le lundi de 14h à 19h, du mardi au samedi de 10h à 19h, le dimanche de 10h à 13h30.

Direction rue de la chouette pour visiter la boutique de la Moutarderie Fallot. La maison beaunoise propose de découvrir comment est fabriquée la moutarde, selon un procédé artisanal : les graines de sénevé sont broyées à la meule de pierre. Deux fois par mois, la meule exposée est opérationnelle pour préparer une authentique moutarde de Dijon sous vos yeux. Attardez-vous au bar à moutardes qui permet de découvrir les plus en vogue. Un espace surprenant, interactif qui mêle tradition et modernité. Si vous en avez le temps, faites un tour à la maison mère à Beaune.

VÉDRENNE

1, rue Bossuet
✆ 03 80 49 98 52
www.vedrenne.fr
Du mardi au samedi de 10h à 12h30 et de 14h à 19h.

La boutique Védrenne de la rue Bossuet est une jolie vitrine du groupe du même nom installé à Nuits-Saint-Georges. Créée en 1923, la maison Védrenne est une véritable institution. Parmi les productions de la distillerie, on peut parler de la crème de cassis « Supercassis » à 20 degrés qui est un pur délice, ou, très tendance, le curaçao triple sec. Les crèmes de fruits se déclinent à la châtaigne, myrtille, pêche de vigne et les liqueurs permettent de réaliser des cocktails étonnants, comme celle à la fleur de sureau. Les références en boutique sont nombreuses.

VENDEZ VOS VINS

29, rue Chabot Charny
✆ 03 79 36 39 42
www.vendezvosvins.fr
Ouvert le lundi de 14h30 à 18h ; du mardi au vendredi de 10h à 12h et de 14h30 à 18h.

Vous souhaitez faire estimer vos vins et les vendre ? Voici l'adresse tout indiquée : la boutique Vendez vos Vins réalise une estimation gratuite de vos bouteilles et les rachète. Elle intervient auprès des particuliers et professionnels désireux de les faire estimer aux meilleures conditions du marché. Une solution souvent plus rapide que les délais fixés en salle des ventes et sans commissions. Faites votre demande d'estimation sur le site vendezvosvins.fr et bénéficiez d'un service efficace. L'agence peut aussi prendre en charge le transport des bouteilles.

CLIMB'UP

14, Impasse Boirac
✆ 03 55 33 38 66
https://dijon.climb-up.fr
Du lundi au vendredi 9h-23h et le week-end 9h-21h. Adulte : 13 € ; réduit : 12 € ; moins de 12 ans : 9 €.

Entièrement dédié à l'escalade, Climb'Up est adapté à tous, enfants comme adultes, initiés comme débutants. Au total, l'espace compte 750 m² de surface de grimpe dont 520 m² de zones de blocs et de pans de mur où vous pouvez vous amuser sans contrainte. Pas besoin de corde ou de baudrier puisque d'épais tapis tapissent le sol. Lorsque vous vous sentez lâcher prise, laissez-vous simplement tomber vers le sol ! Simple, amusant et à la portée de tous ! Si vous souhaitez pousser un peu la pratique de l'escalade, orientez-vous vers le mur à cordes.

CHRIS BIKE

13, impasse de Reggio
✆ 09 86 36 82 16
www.chrisbike.com
Ouvert du lundi au samedi de 9h à 19h. Pistes d'essai. Stages à la carte

Chris Bike Dijon est présent sur 2 adresses dijonnaises, celle rue de Tivoli se spécialise sur le vélo urbain, celle impasse de Réggio prend une dimension XXL, un passage obligé pour répondre au succès de CBD et à la tendance du marché. La nouvelle boutique s'étend sur 1 000 m². Vous disposez de pistes d'essai *indoor* et *outdoor*. Chris va jusqu'à proposer des séjours sportifs où tout est compris : demi-pension, prêt de matériel et d'équipement, transport, gîte… Vous profitez au moins de 3 à 4 jours de roulage en montagne avec des descentes dans des lieux magiques.

BFC PARACHUTISME

717, rue de l'Aviation
OUGES
✆ 06 62 63 25 47
www.bfcparachutisme.com
Lundi 9h-18h, mardi-vendredi 8h-18h, le week-end 8h-20h. Saut en tandem de 239 à 275 €. Saut d'initiation 450 €. Bar.

Codirigé par trois « fous volants » J.-C. Huchette, Pascal Grisot et Jean Pierre Guerrero, le BFC parachutisme est la base d'où se lance les amateurs de chutes libres. Ces professionnels ont à leurs actifs un palmarès impressionnant de sauts et de prix obtenus en compétitions. Cette large expérience, ils la mettent aux services des personnes qui souhaitent à leurs tours se lancer, et ce n'est pas un vain mot. Ici, on vous permet de sauter en tandem à 4 000 m ou 6 000 m d'altitude. De là, bien accroché à votre moniteur tandem, vous laissez monter l'adrénaline, vous faites un pas dans le vide et vous voilà en chute libre à 200 km/h durant environ 1 minute. A quelque 1 500 m du sol, le parachute s'ouvre pour plus de 5 minutes de magie pure et de lâcher prise. Sensations garanties, vidéo à l'appui, pour revivre l'intensité du moment. Si l'aventure vous a séduit, vous avez la possibilité de revenir en groupe pour un événement entre amis. Si vous êtes vraiment partant pour l'aventure vous pouvez aussi opter pour la formation SIPAC qui se déroule en plusieurs jours et vous permet de pratiquer des sauts d'initiations pour à l'arrivée sauter seul. BFC parachutisme, c'est aussi un espace pour se détendre, prendre un verre ou déjeuner à l'ombre de la tonnelle. Une belle idée de cadeau à offrir, avec le bon de chute libre en tandem, ou pour le saut à 6 000 mètres, un samedi par mois. Pour celui-ci il est recommandé d'avoir déjà fait celui à 4 000 mètres. Ces bons cadeaux sont personnalisables, plus de détails sur le site Internet.

COMITÉ DEPARTEMENTAL DU TOURISME ÉQUESTRE DE COTE-D'OR

http://cdte21.wixsite.com/cdte21

Si monter est votre loisir, retrouvez ici les infos indispensables pour des randonnées à cheval d'un ou plusieurs jours avec hébergement dans des gîtes prévus. Si vous êtes tenté par les rallyes équestres organisés sur des thèmes culturels, gastronomiques ou géographiques, sachez qu'un programme annuel est aussi à votre disposition. De plus, retrouvez des bonnes adresses pour effectuer des stages de cheval dans le département pour vos enfants. Les itinéraires balisés ne manquent pas !

CÔTE D'OR TOURISME

19, rue Ferdiand de Lesseps
✆ 03 80 63 69 49
Ouvert toute l'année. Tous les jours de 9h à 18h.

100 % Côte-d'Or, est là pour vivre la Bourgogne intensément ! Bouger nature en Bourgogne est le site officiel de référence pour les idées de loisirs grandeur nature, à faire sur le territoire. Géré par l'agence Côte-d'Or Tourisme en partenariat avec le Conseil départemental, il invite les visiteurs à parcourir et à découvrir cette belle partie de la Bourgogne. Un site très complet, qui présente la multitude d'activités possibles : A voir, à faire, à savoir, à pied, à vélo ou par les eaux, et à ne pas manquer. Avec l'arrivée fin 2019 du 11e parc national des forêts et les nombreux circuits qui parcourent le secteur, que vous soyez sportif confirmé, marcheur, explorateur ou simple flâneur, l'offre d'activités est abondante et pleines de surprises. C'est aussi à la rubrique « S'organiser » que vous pourrez préparer votre séjour et choisir un hôtel ou une auberge de charme le long d'un cours d'eau. L' application en version française ou anglaise « balades en Bourgogne » est téléchargeable sur smartphone et peut être utilisée en complément d'information. Ludique et interactive, elle est la compagne de route de tous les curieux, avec des cartographies téléchargeables pour s'orienter. Près de120 balades sont accessibles en quelques clics, avec entre autres la balade dans Dijon, la balade de l'Ours, les balades autour de Saulieu, et la visite de la Karrière. Un outil à utiliser sans modération pour découvrir aussi des lieux de visites moins connus comme au Lac de Pont par exemple ou à la Maison de la Forêt à Leuglay.

LE LAC KIR

Avenue du Ier-Consul

Créé dans les années 60 par le Chanoine Kir, Maire de Dijon de l'époque, le Lac Kir et la promenade de l'Ouche sont labellisés Écojardin, une distinction qui récompense la gestion écologique des parcs et jardins. Le lac Kir est prisé des Dijonnais, avec 37 ha d'eau et 30 ha d'espaces verts. L'endroit idéal pour venir marcher sur 3,6 km ou pour faire du sport. La rénovation de la base nautique fait partie des chantiers à venir de la ville de Dijon. Sur place, des jeux pour enfants, mais aussi de quoi se muscler, se baigner en été, jouer au tennis ou au mini-golf.

ÉCHAPPÉE NATURE

4, voie Creuse - SAINT-JULIEN
✆ 07 86 24 94 17
www.echappee-nature.fr
Sur réservation. Échappée Terroir à partir de 50 €. Échappée Circuit à partir de 80 €. Échappée Oxygène 40 € la séance.

Echappée Nature est une jeune entreprise de sport et loisir à vélo de randonnée à assistance électrique née conjointement avec le Parc national de forêts créé entre Champagne et Bourgogne. Les formules sont multiples de la balade de 2h à la randonnée itinérante de 4 étapes d'environ 50 km. Les vélos Moustache à assistance électrique permettent à tous de rouler. Les premiers parcours vous mènent surtout sur le nord de Dijon et le Parc. D'ici 2021 d'autres horizons s'ouvriront sur des destinations qui changent de l'œnotourisme.

MINI-GOLF DU LAC KIR

7, avenue du 1er Consul ✆ 03 80 43 09 03
Basse saison : tous les jours 11h-18h. Haute saison : du lundi au samedi 10h30-22h ; le dimanche 10h-20h. Entrée : 5 €.

Aux portes de Dijon, le minigolf du Lac Kir (9 ou 18 trous) accueille les débutants et les initiés. L'occasion de pratiquer une activité ludique entre amis ou en famille et de se restaurer à la brasserie le Mandarin. Complétez votre activité par une balade autour du lac (très facile, un peu moins de 4 km), du ping-pong, une partie de pétanque, du beach-volley (volley dans le sable), du tennis sur terre battue, des activités sur l'eau comme la planche à voile ou le canoë-kayak… La promesse d'une belle journée en perspective et à petit prix !

SPORTS ET LOISIRS À CHEVIGNY SAINT SAUVEUR

parc de la Saussaie - CHEVIGNY-SAINT-SAUVEUR
✆ 03 80 48 15 15
www.chevigny-saint-sauveur.fr
4 € par adulte et 2 € par enfant. recettes reversées au Téléthon.

Le 29 mai 2021 Chevigny-Saint-Sauveur a lancé son 1er Chevigny Tour, un circuit d'une dizaine de km pour découvrir toutes les facettes de la commune. La balade a permis aux 500 participants de passer une journée festive et populaire. Les cyclistes ont traversé certains lieux remarquables, parcourus de nombreux sentiers entre ville et forêt. Une première pour la mobilité douce favorisée par la création des pistes cyclables qui permettent de rejoindre Dijon ou Quetigny en toute sécurité.

PISCINE OLYMPIQUE DE DIJON MÉTROPOLE

12, rue Alain Bombard ✆ 03 80 27 04 60
www.piscineolympique-dijon.fr
Lundi et jeudi 10h-20h ; mardi et vendredi 10h-21h ; mercredi 9h-20h ; samedi 10h-19h ; dimanche 9h-19h. Entrée : 3,90€.

La piscine olympique de Dijon Métropole propose aux visiteurs des équipements sportifs à la pointe, avec quatre espaces accessibles : aquatique, plongée, forme et bien-être. Le complexe compte trois bassins : un de 50 m, un de 25 et un « ludique ». Vous pouvez nager ou pratiquer l'une des nombreuses activités proposées : aquacycle, aquagym, aqua punch, bébés nageurs, cours de natation pour tous les âges, et même des cours pour apprivoiser sa peur de l'eau. C'est encore ici que l'on peut faire de la plongée, dans ces deux fosses, uniques en Bourgogne, de 6 et 20 m de profondeur. Au programme : baptême et cours (niveaux 1 et 2), stage d'apnée… C'est la première fosse de France à avoir obtenu le label Eco-Sub. Ce « titre » vient souligner le fait que les contraintes et les responsabilités écologiques du lieu sont entièrement respectées. De plus, la fosse est accessible à un tarif très réduit et entièrement sécurisé. Sur place, on vous prête le matériel nécessaire (combinaison, bouteille, détenteur, masque, palme, gilet). Enfin si vous n'êtes pas un grand adepte de l'eau, peut-être trouverez-vous votre bonheur avec les cours de *fitness* : aérobic, step, CAF, stretching, body sculpt, Pilates et Zumba. On affectionne particulièrement l'espace Bien-être où vous attendent hammam et sauna. Le choix est vaste, il y a forcément une activité qui vous conviendra ! Sachez aussi que la piscine organise régulièrement compétitions et événements, dont la fête de la Plongée.

LAC DE LA TILLE

29, rue du Château
MAGNY-SUR-TILLE
✆ 03 80 31 56 39
Plage ouverte du 29 mai au 31 août tous les jours 10h30-19h30. Plage surveillée, toboggans aquatiques, snack.

© GÉRARD CHAUVIN

Le lac de la Tille est un lieu de baignade aménagé dans une sablière. Son eau est très propre et sa température varie entre 20 et 30 °C. La baignade est surveillée par deux maîtres-nageurs. Gérard Chauvin, propriétaire du lieu, lui-même maître-nageur, est très exigeant sur les consignes. Le lac propose des activités pour les plus petits avec un mini-parc avec des structures gonflables, un circuit auto-moto, des trampolines… Pour vous rafraîchir ou un encas, il y a la buvette et la guinguette L'Ombrelle qui sert frites et planches maison jusqu'à 23h.

221B BAKER STREET ESCAPE GAME DIJON

20, rue Monge ✆ 06 19 68 92 37
https://221b-dijon.com
Escape : du mardi à dimanche 10h-0h. Bar : du jeudi à samedi 18h-2h ; dimanche 18h-0h. Happy Hour 18h-20h.

Amateurs d'énigmes et âmes de détectives, venez jouer les Sherlock Holmes. Votre mission : réussir à trouver un moyen de sortir en moins d'une heure et résoudre l'enquête : les crimes de Jack l'éventreur, la Malédiction du Pharaon, l'Alchimiste de l'Orient-Express, ou encore le Braquage de Moriarty, sans oublier l'escape game enfant. A découvrir aussi, l'escape game virtuel pour jouer dans des endroits inconnus comme l'espace ou l'océan. Profitez ensuite de l'happy hour au bar !

ARCANIUM

52, avenue de Stalingrad
✆ 03 80 23 57 31
www.arcanium-dijon.fr
Ouvert du mardi au dimanche.

Avec le confinement, l'équipe d'Arcanium en a profité pour donner un petit coup de frais à l'accueil. Retrouvez le plaisir d'un jeu d'évasion réel qui, chez Arcanium, prend la forme d'une machine à explorer le temps mise sur pied par le professeur Kairos. Saurez-vous résoudre les grandes énigmes de l'histoire ? De 3 à 5 personnes par salle et par équipe, vous voyagez dans le passé, le présent ou le futur. Parmi les enquêtes : La chasse aux sorcières, Mission spatiale ou encore Les Chevaliers de la Toison d'Or. À découvrir bientôt : un projet autour du blind test.

LE SPA BY LA CLOCHE

14, place Darcy
✆ 03 80 44 92 48
www.hotel-lacloche.fr/spa
Du lundi au samedi de 10h à 20h, le dimanche de 10h à 14h sur réservation.

Le Spa by la Cloche est le palais du bien-être. Sur 200 m², sous d'anciennes voûtes, vous avez accès à un espace à la décoration épurée, chic et contemporaine qui invite à la détente. D'un côté, l'espace relaxation avec ses fauteuils, ses tisanes, ses eaux parfumées, des fruits secs, de l'autre, l'espace sensoriel. Là, votre corps vous remercie pour les moments bénéfiques passés au Hammam, au Sauna et dans la piscine qui offre plusieurs possibilités avec jets massants et frictionnants ou la nage à contre-courant. Vous pouvez aussi profiter des bienfaits de la douche à expérience qui mêle sons, lumières, eaux et offre différentes sensations : pluie tropicale, brume froide, cascade et tempête tropicale. Enfin, le Spa by La Cloche est aussi l'endroit idéal pour se faire chouchouter dans les trois cabines de massages qui s'offrent à vous, dont deux pour un instant de détente en duo. Plusieurs soins à la carte : des pieds, du corps, des mains, du visage… Le soin « peau de satin », par exemple, est idéal pour une peau de rêve et se sentir légère. Durant une heure, vous bénéficiez d'un gommage et d'un massage de tout le corps. Au préalable, fixez avec la personne qui s'occupe de vous l'intensité du massage et les zones de votre corps sensibles ou à éviter. L'établissement est partenaire des marques Carita et Vinésime, laquelle met la vigne de Bourgogne au service de votre beauté. Enfin, le personnel en plus d'être compétent est très sympathique. On recommande plus que jamais cette adresse régénérante !

CINÉMA DARCY

8, place Darcy ✆ 03 80 30 25 13
www.cines-dijon.com/le-darcy
Tous les jours de 13h30 à 0h. Entrée : 8 €. Ciné duo le lundi de 16h à 20h : 9,90 € les deux places. -14 ans : 4 €.

Par son architecture, avec son grand œil-de-bœuf ornementé de vitraux colorés, et son histoire, car il est plus que centenaire, le Cinéma Darcy est un vrai monument. Plusieurs générations se sont donné rendez-vous ici, dans ses murs qui proposent une programmation éclectique. À l'affiche, des films grand public, des succès du box-office et des productions plus confidentielles. Un forfait pour venir à deux est proposé et permet de se divertir avec un tarif préférentiel. Ses salles confortables et son emplacement en font en plus un cinéma Darcy incontournable.

CHENÔVE

La ville de Chenôve est située au sud de la Métropole dijonnaise. Avec un centre dynamisé par sa diversité culturelle et un grand pôle économique, ses 14 000 habitants bénéficient d'activités portées par de nombreuses associations et une programmation culturelle foisonnante. Elue ville la plus sportive de Bourgogne-Franche-Comté, elle est labellisée « terre de jeux 2024 ». Si le vieux Chenôve et ses Pressoirs des ducs de Bourgogne du XVe siècle possèdent un charme indéniable, la ville est également à la pointe de la modernité et respectueuse de l'environnement. Son plateau de 240 ha offre de magnifiques paysages et une qualité environnementale prisée.

LE CÈDRE

9, esplanade de la République
✆ 03 80 51 56 25
Du lundi au vendredi 13h30/18h et 1h avant les représentations. Accueil téléphonique en dehors des horaires.

Le Cèdre est un véritable arbre des possibles et s'inscrit dans le plan de culture globale de la ville de Chenôve : l'émancipation en est le maître mot. La « Culture pour tous », c'est possible grâce aux nombreuses associations de proximité et aux multiples partenaires qui participent au dispositif « Nos voisins sont formidables ». Très accessible, situé au terminus T2 du tramway, au centre de Chenôve, le Cèdre est un établissement culturel qui offre un espace modulable de 211 m², confortable et spacieux, à la fois pour accueillir les artistes, avec ses 5 loges et sa cuisine, et le public, avec une salle de spectacle de 692 à 1300 places et un bar ouvert lors des événements et représentations. La programmation est éclectique et foisonnante, mêlant danse, théâtre, musique et humour. Les tarifs sont attractifs, adaptés et accessibles à tous et varient en fonction des spectacles ou encore de l'abonnement auquel vous avez souscrit. Sachez que le fait d'être abonné vous permet par ailleurs d'obtenir des réductions dans d'autres structures culturelles de l'agglomération. Les entreprises pourront également trouver sur place, plusieurs espaces mis à leur disposition pour des réunions ou des séminaires qu'ils souhaitent organiser. Le Cèdre abrite également le conservatoire à rayonnement communal et l'association Figure2Style, une école de danse et de culture hip-hop. Un véritable espace d'échanges où se rencontrent toutes les générations, tous les genres et tous les publics, que l'on est impatients de pouvoir fréquenter à nouveau !

ÉGLISE SAINT-NAZAIRE

Rue Jules Blaizet
✆ 03 80 52 56 54
https://paroissechenove.wixsite.com/stsn
Ouvert sur rdv au 03 80 52 56 54. L'église est ouverte le samedi soir au moment de la messe à 18h et pour des concerts.

Cette église romane fut bâtie aux XIIIe et XVe siècles, à l'emplacement d'une chapelle mérovingienne fondée vers l'an 700. Elle abrite une Vierge à l'Enfant et des bénitiers du XVe siècle. Son mobilier et les retables du chœur (XVIIe siècle) ont été rénovés, tout comme les décors intérieurs qui ont retrouvé leurs couleurs d'origine. Les cloches de bronze datent de 1662 et de 1738. À noter : certaines inscriptions gravées dans les murs. Des concerts pour l'ouverture de la Fête de la Pressée ou lors de la Saint-Vincent y sont donnés chaque année.

PARC URBAIN DU MAIL

Gratuit. Animations.

Lieu de vie et de promenades né d'un projet initié en 2015, ce parc a su réconcilier nature et urbanisme. Un petit coin de verdure très apprécié aux beaux jours. Au fil des ans, sous la houlette de l'association Pirouette cacahuète, animations et ateliers ont pu ici voir le jour, rendant le site encore plus attractif. Des chantiers participatifs ont permis de créer des jeux pédagogiques sur le thème du jardin. Les enfants peuvent profiter des aires de jeux et les grands, jouer à la pétanque et se détendre, à proximité des jets d'eau.

FERME A L'ECOLE

5, rue Paul-Bert
✆ 03 80 59 96 27
Basse saison tous les jours 9h à 17h. Haute saison ouvert tous les jours de 9h à 19h. Gratuit.

C'est aussi le jardin du Clos du Roy, un grand jardin public aménagé situé au cœur des vignes. Il comprend plus d'une centaine d'animaux, poneys, cochons, coqs, oies, lapins, pintades, moutons, ânes, des vignes, un verger, des fleurs, un labyrinthe où il faut suivre les petites traces de pas à la recherche d'un animal, une mare aux grenouilles. En saison, des stages de pêche enfants sont organisés à la journée ou à la semaine. Découverte des plantes aromatiques réparties dans de grands bacs à hauteur d'enfant. Aire de repos avec des jeux et aire de pique-nique.

LA PLACE ANNE-LAPRÉVÔTÉ

Si la commune de Chenôve s'est considérablement urbanisée, à l'origine elle était un village vigneron typique avec ses maisons médiévales à colombages, ses pressoirs et... la place Anne Laprévôté, qui porte le nom d'une bienfaitrice de la ville. Située au cœur du vieux village, cette place témoigne d'un passé marqué du labeur quotidien des hommes, qui venaient trouver là un peu de repos et d'ombre. Cette jolie place, avec sa fontaine, est bordée de façades classées. Et pour la petite histoire, les natifs de Chenôve s'appellent en patois les Bombis !

JARDIN PUBLIC DU CLOS DU ROY

5, rue Paul-Bert
✆ 03 80 59 96 27
En été, tous les jours 9h-19h ; en octobre 9h-18h ; en hiver 9h-17h ; de mars à fin mai 9h-18h. Gratuit.

Ce jardin public est aménagé avec soin au pied du fameux plateau et au cœur des vignes. L'endroit idéal pour des sorties familiales, le temps d'un pique-nique ou d'une pause goûter avec les enfants, pour profiter de la sérénité ambiante et verdoyante. Le jardin comprend un parc animalier avec « les animaux de la ferme » : 25 espèces différentes pour environ 140 animaux. Il comporte aussi des vignes, un verger, un espace pique-nique, des jeux, une mare, ainsi qu'un jardin éducatif.

LE PLATEAU DE CHENÔVE

Ouvert toute l'année.

Sur 240 ha, le plateau de Chenôve est le poumon vert de l'agglomération dijonnaise. Il présente une diversité impressionnante de milieux et de paysages : fraîcheur et pentes escarpées dans les combes calcaires, lavières et pelouses sèches, landes, fruticées et bosquets, forêts de feuillus et résineux. Les passionnés de nature peuvent y observer une faune et une flore très riches. Il appartient en grande partie au réseau Natura 2000. A découvrir, le sentier Bonbis qui propose une marche d'une petite demi-journée et les parcours de VTT très réputés !

LES PRESSOIRS DES DUCS DE BOURGOGNE ET LE VIGNOBLE

rue roger salengro
www.ville-chenove.fr/les-pressoirs-des-ducs-de-bourgogne

Les Pressoirs des Ducs de Bourgognes témoignent à eux seuls, par leurs tailles impressionnantes, de la grandeur du vignoble, qui s'étend aujourd'hui sur 65 ha. Ils sont, avec ceux du Clos Vougeot, les plus grands et les plus anciens de la région. Construits autour de 1400, sous le règne de Jean Sans Peur, ils sont depuis 1934 inscrits à l'inventaire supplémentaire des Monuments historiques. Ils se visitent sur rendez-vous et sont ouverts pendant la période estivale.

LE CLOS DU ROY TRAITEUR €€€

35, avenue du 14 juillet ✆ 03 80 51 33 66
https://leclosduroy.com

Sur réservation uniquement, pour des réunions privées et réceptions à partir de 8 pers. Service traiteur.

Le chef Philippe Poillot est bien connu pour son talent et son inventivité, nous le suivons (voir son FB) cette année pour ses plats à emporter car son foodtruck est très prisé et stationne dans quelques villages et marchés. L'équipe du Clos du Roy vous accueille aussi pour vos futures cérémonies, mariages, baptêmes... Dans son restaurant, la capacité d'accueil de 120 personnes est possible dans l'une des trois salles. Philippe propose plusieurs menus et différentes propositions. C'est du sur-mesure, il suffit de l'appeler et Philippe saura répondre à vos envies !

HÔTEL L'ESCARGOTIÈRE €€

120, avenue Roland-Carraz ✆ 03 80 54 04 04
www.hotel-escargotiere.fr

Accueil 24h/24. 41 chambres : double de 87 à 91 €. Demi-pension : 74 €. Petit déjeuner buffet : 9,50 €.

On ne peut faire plus bourguignon ! Comme son nom l'indique, l'hôtel l'Escargotière, situé sur la route des vins, vous réserve une escale traditionnelle digne de la région. Les 3 étoiles et le label Qualité tourisme de l'établissement sont l'assurance d'un séjour confortable, avec ses 41 chambres récemment rénovées, dont 3 suites et deux chambres adaptées aux PMR. Un équipement complet avec TV câblée, connectivité libre et climatisation. Découvrez le meilleur du terroir au restaurant La Véranda et, pour un temps professionnel, la salle de séminaires de 120 m².

LE CLOS DU ROY TRAITEUR

35, avenue du 14 juillet
✆ 03 80 51 33 66
https://leclosduroy.com

Livraison. Devis sur demande. Commande 48h à l'avance. Menus de 54 à 77 €. Plats à emporter.

Philippe Poillot est un chef incontournable en Côte d'Or. Passé par de grands établissements, il cuisine avec inventivité. Pour savourer ce repas, vous aurez le choix entre la salle qui peut accueillir plus de 100 couverts, ou le salon intimiste, d'une vingtaine de couverts. Un service traiteur de haut vol, avec parmi les menus proposés, le « Grand Cru » ou « La Montagne » composés de plats représentatifs d'une cuisine régionale, qui côtoie les mets les plus raffinés. Pour accompagner ce délicieux repas, des forfaits apéritifs vous sont également proposés.

AUBERGE DU VIEUX PRESSOIR €€

2, place Anne Laprévoté
✆ 03 80 27 17 39
www.aubergeduvieuxpressoir.com

Ouvert du lundi au samedi de 12h à 14h ; le vendredi et le samedi de 19h à 22h. Menus de 17 € à 33 €.

A quelques pas de la ville et sur la route des vins, l'Auberge du Vieux Pressoir est idéale pour déguster une cuisine de terroir. Le couple Simon, épaulé par leur fille au service, vous accueille. La cuisine française est ici à l'honneur. Une formule du jour permet un déjeuner rapide et copieux, très appréciée des gens de passage, tandis que les autres menus invitent à s'attabler plus longuement. La proximité de Marsannay-la-Côte se fait sentir dans la carte des vins.

MARCHÉ DOMINICAL DE CHENÔVE

Boulevard Henri Bazin
✆ 03 80 51 56 40

Ouvert le dimanche de 8h à 13h15. Marché bio le troisième dimanche de chaque mois.

C'est l'un des marchés les plus fréquentés de l'agglomération dijonnaise avec plus de 120 commerçants. Les visiteurs qui s'y rendent chaque dimanche en repartent les bras chargés de victuailles et pour des prix très doux. Vous aimerez les odeurs de poulets grillés aux herbes qui mettent l'eau à la bouche, de même que les étals d'épices. Ce marché se tient tous les dimanches matin et le troisième dimanche de chaque mois, place au marché biologique qui s'installe.

EN CÔTE-D'OR, L'HISTOIRE EST DANS NOTRE NATURE

LA Côte-d'Or J'ADORE

Côte d'Or LE DÉPARTEMENT

Côte d'Or TOURISME

www.cotedor-tourisme.com
#lacotedorjadore

SAVOIR-FAIRE
100% CÔTE-D'OR
LE DÉPARTEMENT

TALANT

Aux portes de Dijon, offrant un panorama sur le lac Kir, la ville de Talant compte 11 655 habitants, perchée sur un éperon rocheux de 353 m d'altitude. C'est de loin le meilleur endroit pour venir admirer le feu d'artifice du 14 juillet. Le cœur de ville offre un cadre de vie agréable, avec un patrimoine important dont l'église Notre-Dame et le cellier de l'ancien château, classés monuments historiques. Pour se promener, prenez le circuit enchanteur « En Chamont » qui mène à la combe aux Fées, un espace d'importance régionale, ou encore le circuit des « Trois Fontaines » pour faire le tour du vieux Talant, quartier qui remonte au XIIIe siècle.

ÉGLISE NOTRE-DAME DE TALANT ★

34-36, rue Longe l'Eglise
✆ 03 80 58 23 39
www.paroissedetalant.fr
Renseignements à la mairie de Talant pour les visites : 03 80 44 60 00.

Installée sur la butte de Talant, elle offre une vue imprenable sur la ville de Dijon et le lac Kir. De forme basilicale, c'est l'une des premières églises entièrement gothique du duché de Bourgogne. Prenez le temps d'admirer ses arcades, sa nef et ses statues ainsi qu'une belle Mise au tombeau. A voir aussi, les vitraux modernes réalisés par l'artiste Gérard Garouste, rendant hommage aux femmes de la Bible, et l'orgue de Taizé, réalisé en 1958 et acheté en 1974 par la ville de Talant.

VIEUX BOURG DE TALANT

✆ 03 80 44 60 59

En face de la butte occupée par le vieux Fontaine-lès-Dijon, s'élève jusqu'à 350 mètres d'altitude le «mons de Talanz» autrement dit le vieux bourg historique de Talant. Les ducs de Bourgogne y construisent une forteresse au début du XIIIe siècle afin de conserver les richesses et les archives de la cour. Un village prend forme autour du bâtiment, les habitants se voient octroyer un titre communal par Eudes III en 1216, ainsi qu'un blason. Mais la forteresse ne résiste pas aux guerres de religion et est détruite en 1598. Vous apprécierez le beau panorama sur Dijon et le lac Kir.

HÔTEL LA BONBONNIÈRE €€

24, rue des Orfèvres
✆ 03 80 57 31 95
www.labonbonnierehotel.fr
Qualité Tourisme. 23 chambres (dont 6 avec terrasse). Chambre double à partir de 80 €. Petit déjeuner buffet : 12 €.

Ce charmant établissement hôtelier est perché sur les hauteurs du vieux Talant. Une Bonbonnière agréable surplombant le lac Kir et la ville de Dijon tenue par Christophe Richard. Décorées avec élégance, les chambres sont des plus confortables, de la simple à la familiale. Attablez-vous à la grande terrasse panoramique. Insolite : un jeu de dames à taille humaine permet aux petits comme aux grands de s'amuser. Une salle de fitness pour garder la forme et un petit déjeuner copieux, y compris pour les végans. Une adresse à retenir !

L'ECRIN

Rond-Point de l'Europe
✆ 03 80 44 60 93
https://lecrin.talant.fr
Parking gratuit.

En un peu plus d'un an d'existence, L'Ecrin a déjà accueilli 22 000 visiteurs. Situé à Talant, ce complexe culturel comprend une salle de spectacle de 432 places et une salle dédiée à l'événementiel de 560 m². Dirigé par Hortense Bourguignon et parrainé par la réalisatrice Coline Serreau, il offre une grande qualité acoustique aux spectateurs, leur offrant une proximité avec la scène et les artistes. Une programmation pluridisciplinaire rythmera cette année avec concerts, théâtre, danse, cirque et spectacles d'humour. Bonne soirée garantie !

LONGVIC

La ville de Longvic, située au sud-est de l'agglomération dijonnaise, compte environ 8 900 habitants. Bien que très industrialisée, Longvic est également très engagée pour l'environnement, associée au programme des Nations unies "Agenda 2030". Ses nombreux espaces verts, dont le Clos des Carmélites, son verger conservatoire et l'arboretum, offrent douceur et qualité de vie à ses habitants. Son centre-ville, avec son château qui date du XIXe siècle, s'ouvre sur la nouvelle place piétonne Nelson Mandela. De surcroît, la commune est traversée par le Canal de Bourgogne. Sa voie verte permet différentes activités autour de la marche, du vélo et autres...

VILLE DE LONGVIC

1, allée de la Mairie
✆ 03 80 68 44 00
www.ville-longvic.fr
Ouvert du lundi au jeudi de 9h à 12h et de 14h à 18h ; le vendredi de 9h à 12h et de 13h30 à 17h.

Située au sud de Dijon, la ville de Longvic offre un cadre dynamique et agréable à ses habitants. Découvrez son arboretum pour apprendre à connaître les différentes variétés d'arbres. Culturellement, ça bouge aussi du côté de l'espace Jean Bouhey qui abrite deux salles de spectacles. Les installations sportives ne manquent pas non plus pour se dépenser au gymnase Pecqueux-Rolland ou encore au stade Jean Bouhey. Avec plus de 9 000 habitants, une cinquantaine de commerces et une importante zone industrielle, l'activité de la ville bat son plein !

HÔTEL-RESTAURANT KYRIAD DIJON - LONGVIC €€

7, rue de Beauregard
✆ 03 80 67 22 22
www.kyriad-dijon-longvic.fr
Accueil 24h/24. 56 chambres. Chambre simple à partir de 49 €. Petit déjeuner : 9,90 €.

Situé au sud de Dijon, cet hôtel-restaurant dispose de tout le confort nécessaire pour un séjour relaxant et reposant. Les 56 chambres sont modernes et très fonctionnelles. Ici, vous vous sentirez comme chez vous. En effet, cet hôtel trois étoiles est installé au cœur d'un parc d'1 ha. Pour les séjours professionnels, une salle lumineuse, accueillante et climatisée de 48 m² vous attend et peut accueillir jusqu'à 45 personnes. Pour les affaires ou pour du tourisme, le lieu est idéal.

PATROUILLE APACHE AVIATION

1705, rue de l'Aviation
✆ 03 80 35 63 10
www.apache-aviation.fr
Baptême de l'air acrobatique vol en formation dans la peau d'un élève pilote. 990€ avec un Epsilon et 2940€ avec un L39.

Apache Aviation est une équipe de pilotes et de mécaniciens passionnés qui vous propose un baptême de l'air hors du commun. Imaginez un vol en formation acrobatique, de 3 à 5 avions, à basse altitude, au-dessus du vignoble... Prêt pour l'expérience ? Alors enfilez votre combinaison pour faire un briefing de mise en condition et de prise d'assurance, avant le vol d'une durée de 30 minutes, dont au moins 20 de voltige. Un moment unique que vous ne regretterez pas !

QUETIGNY

A l'est de l'agglomération dijonnaise, Quetigny est particulièrement bien desservie par de grands axes routiers (rocade) ainsi que par les transports en commun (tram et bus). Quetigny attache beaucoup d'importance à la qualité de son environnement. Le jury national des villes fleuries lui a d'ailleurs décerné les « 4 fleurs » et cela depuis 2009 ! La municipalité a souhaité soutenir le Golf Public (50 ha sur 120 ha d'espaces verts que comporte la commune), le parc tertiaire du Cap Vert et notamment le multiplexe « Ciné Cap Vert ». Cette zone d'activités qui rassemble des enseignes phares compte d'ailleurs parmi les plus importantes de France.

HOTEL BEST WESTERN DIJON QUETIGNY €€

1, rue du Cap Vert
✆ 03 74 95 12 03
www.bestwestern.fr
Accueil 24h/24. Chambre standard à partir de 79 € et familiale 110 €. Parking. Petit déjeuner 12€.

L'hôtel 3-étoiles Best Western Dijon Quetigny dirigé par Clémence Berthier propose aux voyageurs d'affaires et de tourisme des prestations adaptées à tous les types de séjours. A la fois très facile d'accès en voiture (parking privé), directement accessible par le tram depuis la gare et depuis l'aéroport Dijon-Longvic, l'hôtel est au cœur de la zone commerciale du Cap Vert. Inauguré en 2019, il propose de jolies chambres modernes et contemporaines avec un petit déjeuner copieux.

BRASSERIE L'ESCALE €€

Centre Commercial Carrefour
✆ 03 80 46 16 75
Ouvert du lundi au samedi de 9h à 20h. Plats entre 9,70 et 14,50 €. Formule à emporter à 5 €. Plat du jour à 9,70 €.

Pour déjeuner avant ou après un après-midi shopping, rendez-vous à l'Escale Café, situé au Centre Commercial Grand Quétigny où l'on est très bien accueilli par Cyrille, le gérant, et toute son équipe. Une brasserie avec un étage, qui permet de recevoir une clientèle plus nombreuse et sa partie sandwicherie, pour les plus pressés. A la carte, le choix est très large avec des burgers sauce époisses ou à l'américaine et des plats plus traditionnels. La carte des desserts laisse rêveur : mousse au chocolat, flan pâtissier, cookies...

FRANTALIA €€

10, allée Gutenberg ✆ 03 80 36 04 53

Ouvert du lundi au samedi le midi ; le jeudi et le vendredi le soir. Formules à partir de 12 €.

Frantalia est le petit frère du Caffè Vergnano et le dernier bébé de la famille Novelli. Une salle spacieuse et moderne pour accueillir les amoureux de cuisine italienne. Une carte qui varie au gré des envies du chef et qui vous permet de goûter cette cuisine qui sent bon le soleil et le basilic. Que l'on s'oriente vers la formule pizza ou la formule croque les formules à petits prix permettent de se restaurer copieusement sans se ruiner. Des salades repas sont aussi à la carte. C'est bon, c'est frais et c'est généreux, on adore !

CAFFÈ VERGNANO 1882

10, allée Gutenberg

✆ 03 80 33 22 73

www.caffevergnano.com

Ouvert du lundi au mercredi 11h45-14h30 ; le jeudi et vendredi 11h45-14h30/ de 19h à 22h et le samedi de 11h45- 14h30

Direction Quetigny, dans le beau Caffé Vergnano 1882 et sa terrasse. Un style contemporain pour une salle spacieuse. Découvrez le panel de produits italiens en rayon et un espace pour s'attabler et consommer sur place. Derrière le bar, la cafetière chromée nous transporte dans l'univers des baristas. Tout ici invite au voyage, au travers de la tradition du café, entre ses différents grains et goûts, qu'il soit corsé, doux ou fruité. L'équipe jeune et dynamique vous reçoit avec un sourire franc et vous embarque avec enthousiasme dans l'Italie qu'elle aime.

GOLF BLUE GREEN QUETIGNY GRAND DIJON

Rue du Golf

✆ 03 80 48 95 20

www.bluegreen.fr/quetigny

Tous les jours de 8h30 à 12h et de 12h30 à 17h. Parcours 18 trous à partir de 35 €.

Le golf Blue Green de Quetigny est situé à 10 min du centre-ville de Dijon. Créé en 1990 par l'architecte Chris Pittman, ce golf possède une belle zone d'entraînement avec 90 postes de practice. Le parcours 18 trous est verdoyant, traversé par la rivière Mirande. Un golf apprécié par tous les profils de joueurs. Profitez de réductions pour les moins de 26 ans et de cours dispensés par un professionnel pour débutants. Le golf dispose d'un espace shopping pour acquérir tenue ou matériel.

CHEVIGNY-SAINT-SAUVEUR

Chevigny-Saint-Sauveur est une des communes les plus importantes de la Métropole Dijonnaise où elle occupe la 4ème place, elle est classée 5e commune du département avec plus de 11 800 habitants début 2020. Chevigny-Saint-Sauveur, qui affiche un dynamisme sur les plans démographique et économique, a été récompensée en 2017 pour ses actions en faveur de la biodiversité par l'obtention du label «Ville nature», matérialisé par une libellule. Le développement de la nouvelle zone d'activité « les Terres rousses » doit permettre de créer plus de 300 nouveaux emplois dans les commerces et entreprises de services et de loisirs en cours d'installation. Le signe le plus visible de ce dynamisme est l'éclosion des nouveaux quartiers procurant un habitat de qualité. Le cœur ancien de la ville est conservé et renferme quelques petits trésors, à commencer par l'église de la Trinité, le Château avec son parc et ses allées, son lavoir, la maison Froussard exhibant fièrement la statue du Christ portant sa croix et, bien entendu, de nombreux petits coins de verdure dont une forêt de 400 ha. Chevigny-Saint-Sauveur est aussi une ville de loisirs, sa forêt est un lieu propice à l'évasion dans la nature, le parc d'aventures Acro'mania permet d'y pratiquer l'accrobranche alors que plusieurs sentiers de randonnées sont aménagés. La médiathèque Lucien Brenot facilite l'accès à la culture dans un espace dernier cri et accessible à tous. Les fêtes se multiplient et s'installent durablement, celle de l'Escargot en février connait un franc succès avec plus de 20 000 participants.

PROMENADE DU BOIS DE CHAMBOTTE

Chemin des Grands Pâquiers

✆ 03 80 48 15 15

La forêt communale de Chevigny-Saint-Sauveur fait tout pour attirer les amoureux de la nature. Le Bois de Chambotte est le site d'Acro'mania pour des parcours dans les arbres et la découverte de la forêt en karts à pédales. Le site de l'hôtel à chauve-souris de la commune est le départ de 3 sentiers balisés dans cette forêt de feuillus. La Fédération française de Randonnée pédestre balise 3 sentiers, de 1 à 2,9 km, 3 circuits pour découvrir la forêt à deux pas de la ville.

SPORTS ET LOISIRS À CHEVIGNY SAINT SAUVEUR

parc de la Saussaie
✆ 03 80 48 15 15
www.chevigny-saint-sauveur.fr
4 € par adulte et 2 € par enfant. recettes reversées au Téléthon.

© VILLE DE CHEVIGNY-SAINT-SAUVEUR

Le 29 mai 2021 Chevigny-Saint-Sauveur a lancé son 1er Chevigny Tour, un circuit d'une dizaine de km pour découvrir toutes les facettes de la commune. La balade a permis aux 500 participants de passer une journée festive et populaire. Les cyclistes ont traversé certains lieux remarquables, parcourus de nombreux sentiers entre ville et forêt. Une première pour la mobilité douce favorisée par la création des pistes cyclables qui permettent de rejoindre Dijon ou Quetigny en toute sécurité.

RESTAURANT LES BASTIDES €€

43, avenue de la République
✆ 03 80 65 01 11
http://restaurantlesbastides.fr
Ouvert du lundi au jeudi de 11h45 à 13h45 ; le vendredi de 11h45 à 13h45 et de 18h45 à 21h30. Formule du jour à 15,50 €.

Ouvert en août 2020 par Julie et Vincent Muller, découvrez le restaurant Les Bastides à Chevigny-Saint-Sauveur. On y savoure une cuisine traditionnelle dans un cadre spacieux. A chaque jour son menu, avec un ou deux plats au choix suivis du dessert. En automne, réchauffez-vous avec un velouté de courgettes, des tagliatelles au canard sauce olive et pour finir une mousse au chocolat consistante au menu du jour. A la carte, excellente côte de veau rôtie avec son écrasée de pommes de terre maison. Cadre accueillant et service rapide. Excellente adresse !

M'BEER

2, rue Jean-Baptiste-Say
✆ 09 80 36 28 86
Ouvert du lundi au jeudi de 11h à 23h ; le vendredi et le samedi de 11h à 1h. Terrasse. Animations. Concerts.

M Beer est LE bar à bière XXL de la métropole dijonnaise. Situé à l'entrée de Chevigny Saint-Sauveur, il permet de se garer facilement. Les groupes d'amis sont les bienvenus puisque la salle fait plus de 200 m², le bar est interminable alors que près de 300 variétés de bières sont conservées à la fraîcheur idéale. Des concerts sont souvent offerts pour animer votre soirée. On peut même y organiser un moment festif entre amis avec une collation traiteur. Le tutoiement est recommandé, c'est le choix de Xavier et Catherine Leitner, les aimables gérants !

BOURGOGNE ESCARGOTS

1, rue Jean-Monnet
✆ 03 80 71 06 66
www.bourgogne-escargots.fr
Ouvert du lundi au jeudi 8h-12h et 14h-18h ; le vendredi 8h-12h et 14h-17h. Ouvert samedi matin en décembre.

Bourgogne Escargots commercialise la variété d'escargots Helix Pomatia, nom du véritable escargot de Bourgogne. Cette espèce est ramassée à l'état sauvage dans toute l'Europe, son élevage n'étant pas maîtrisé. Bourgogne Escargots prépare des conserves, des surgelés et des escargots frais avec une conservation de 21 jours. La volonté de produire un escargot de qualité a conduit l'entreprise à assurer elle-même la maîtrise de l'ensemble du procédé de fabrication, de la cuisson au conditionnement en passant par le calibrage, l'encoquillage et le beurrage.

LA FERME DU CHÂTEAU

4, rue du Château
✆ 06 95 11 88 83
www.fermeduchateau21.fr
Ouvert le lundi 9h-12h ; mercredi 9h-12h et 17h-18h30 ; vendredi 17h-18h30 ; le samedi 9h-12h. Libre-service.

La Ferme du Château est devenu un lieu prisé pour faire ses achats de légumes et fruits de saison. Une formule en «circuit court» auprès d'Olivier Père qui a développé son activité de maraichage en ouvrant sa boutique en libre-service voire en lieu de cueillette directe selon les saisons. Un partenariat avec la ferme du Moulin à vent permet de commander en conditionnement sous vide de la viande de bœuf, génisse, veau et porc. La Ferme du Château permet aux citadins d'acheter leurs produits au plus près des agriculteurs. Bon pour la conscience !

MARCHÉ DE CHEVIGNY SAINT SAUVEUR

Rue Sacha Distel

Ouvert le dimanche de 7h à 13h. 30 commerçants. Café et toilettes à l'Ogive.

Tous les dimanches, le marché de Chevigny St Sauveur se déroule de 7h à 13h sur le parking de l'Ogive. L'ambiance est bon enfant et l'atmosphère très agréable. Vous retrouverez des stands de fromages locaux, de légumes, de fruits mais aussi de viandes et même de poulet rôti ! Sans oublier la buvette qui est tenue, chaque dimanche, par une association chevignoise différente qui se charge de rendre l'ambiance festive et joyeuse. Un rendez-vous qui a conquis sa clientèle.

LE PETIT BISTROT

30, avenue de Tavaux

✆ 03 80 48 23 61

https://le-petit-bistrot.eatbu.com

Traiteur sur devis, à emporter, livré ou avec staff service. Brasserie, soirées à thème avec animations, concerts.

Il n'est pas si Petit ce Bistrot, car il peut accueillir 110 personnes, tandis qu'une terrasse d'été couverte ou abritée l'agrandit aux beaux jours. Aux commandes, Maryline et son équipe bien rodée pour le service, et en cuisine, Nicolas qui nous concocte la nouvelle carte typée brasserie, planches apéritives, produits en circuit court et végans, tartare et grillades de choix et un menu du jour. Tout est préparé maison, les formules sont disponibles midi et soir, sans compter les pizzas. La décoration évolue dans une signature de brasserie chaleureuse.

PISCINE DE CHEVIGNY SAINT SAUVEUR

Place Pierre-de-Coubertin ✆ 03 80 43 60 41

www.chevigny-saint-sauveur.fr/piscine-municipale

BS périodes scolaires - HS juillet et août. Pendant les vacances hors été du lundi au vendredi 14h-19h dimanche 9h-12h.

La piscine de Chevigny-Saint-Sauveur est un lieu de baignade unique dans l'agglomération dijonnaise. Son architecture moderne et ses équipements dernier cri procurent de nombreux plaisirs, le must est son bassin extérieur de 25 m. La piscine dispose de grands espaces engazonnés pour la bronzette avec un terrain de volley-ball. De nombreuses animations sont proposées au cours de l'année, soirées carnaval, zumba, jeux pour les enfants sur ou hors d'eau...

LE PETIT BISTROT €

30, avenue de Tavaux

✆ 03 80 48 23 61

https://le-petit-bistrot.eatbu.com

Ouvert du lundi au samedi midi ; vendredi et samedi soir. Formules rapides. Menu du jour. Soirées à thème. traiteur

Il n'est pas si Petit ce Bistrot, car il peut accueillir 110 personnes, tandis qu'une terrasse d'été couverte ou abritée l'agrandit aux beaux jours. Aux commandes, Maryline et son équipe bien rodée pour le service, et, en cuisine, Nicolas qui nous concocte la nouvelle carte typée brasserie, planches apéritives, produits en circuit court et végans, tartare et grillades de choix et un menu du jour. Tout est préparé maison, les formules sont disponibles midi et soir, sans compter les pizzas. La décoration évolue dans une signature de brasserie chaleureuse.

© LE PETIT BISTROT

© LE PETIT BISTROT

ACRO'MANIA

Chemin des Grands-Pâquiers
✆ 06 30 29 92 80
www.acromania.fr

Ouvert d'avril à novembre. Le mercredi, le samedi et le dimanche après midi et vacances. Snack, crêpes, boissons

Le parc Acro'Mania est un lieu de loisir immergé au cœur des arbres centenaires de la forêt de Chevigny-Saint-Sauveur. Marie et Nicolas y développent depuis plus de dix ans un parc aux nombreuses activités en pleine nature. Leur renommée s'est construite avec leur Parcours Aventure en Hauteur. Une douzaine de parcours sont proposés, ils s'adressent à tous, à partir de 3 ans jusqu'aux plus intrépides et sans limites d'âge ! Et il y a de superbes et longues tyroliennes. La plupart des parcours sont équipés d'une ligne de vie continue car tout est organisé pour assurer une parfaite sécurité. Acro'Mania attire un public très large, des groupes scolaires et des amateurs en quête de nouvelles sensations. On peut y organiser un anniversaire en invitant un groupe d'amis. Pour ceux qui ne veulent pas prendre de la hauteur, il y a des jeux de piste au sol, des jeux d'énigme et un parcours pédagogique pour découvrir tout simplement la vie de la forêt. L'Escape Game Le Portail Magique se déroule en extérieur avec réalité augmentée sur une tablette pour des groupes de 3 à 6 personnes. Une attraction amusante est la location de karts à pédales : chacun son véhicule et la possibilité de parcourir plusieurs sentiers, de 2 à 5 km, en mode activité physique ce qui, au final, est bénéfique et très amusant. Bienvenue dans ce village d'activités forestières qui n'en finit pas de s'agrandir et dont plusieurs activités sont gratuites. Buvette et snack sur place pour piqueniquer aux chants des oiseaux dans un endroit ressourçant pour chacun.

SAINT-APOLLINAIRE

Nichée au cœur d'un plateau très légèrement ondulé, Saint-Apollinaire se situe à environ 5 km au nord-est de Dijon. Cette commune de la première couronne de l'agglomération dijonnaise offre une réelle qualité de vie à ses habitants. Elle possède un joli patrimoine comme en attestent l'ancien château, l'église des XIe et XIIe siècles ou encore le parc du Clos Saint-François. Aujourd'hui, Saint-Apollinaire connaît une croissance démographique bien réelle, grâce notamment aux créations d'emplois suscités par le parc d'activités Capnord. Parmi les points forts de la ville : le sport, comme le montre le dynamisme des clubs et la qualité des équipements.

HOLIDAY INN EXPRESS €€

Rue de la Glacière ✆ 03 80 46 70 30
www.ihg.com/holidayinnexpress/hotels/fr/fr/saint-apollinaire/dijex/hoteldetail

84 chambres à partir de 76 €. Petit déjeuner buffet (offert). Hôtel non fumeur. Piscine. Salle de travail. Parking.

L'hôtel Holiday Inn Express dispose de 84 chambres modernes, bien décorées dont certaines aménagées pour les personnes à mobilité réduite. Pour les familles, choisissez les chambres communicantes ! Côté services, à noter notamment le petit déjeuner copieux offert, la superbe piscine extérieure et le parking gratuit. Salle de séminaire pouvant accueillir jusqu'à 30 personnes. Enfin, ce trois-étoiles très confortable dirigé par Christophe Delbecque propose des tarifs vraiment attractifs. Une adresse idéalement située à retenir et pour nous une de nos préférées !

Marsannay-la-Côte.

MARSANNAY-LA-CÔTE

D'abord nommé « Marceniacum in Monte », puis Marcenay-en-Montagne, le bourg prit le nom de Marsannay-la-Côte en 1783. Charlemagne se serait reposé auprès d'un arbre du village où fut organisé le tournoi de chevalerie le plus important de l'histoire du duché de Bourgogne, en 1443. Avec 522 ha de forêts, cette commune de 5 330 habitants permet de nombreuses balades. La vigne présente depuis le VIIe siècle s'étend aujourd'hui sur 186 ha AOC. Qualifiée de « Porte d'Or de la Côte de Nuits », l'appellation produit les trois couleurs de vin : rouge, blanc, rosé. Elle a inspiré les récentes fresques d'art urbain de la rue Dardelain et de la rue des Plantes.

CHÂTEAU DE MARSANNAY

2, rue des Vignes
✆ 03 80 51 71 11
www.chateau-marsannay.com
Tous les jours. Basse saison 10h-12h et 14h-18h. Haute saison 10h-18h30. Visites, dégustations de 19 à 69 €.

Avant de déguster ses vins, visitez le Château de Marsannay dont la construction remonte à 1990. Ses caves sont de style cistercien sur le même modèle de celles du Château de Meursault qui appartient au même propriétaire. Elles abritent plus de 350 fûts en cours d'élevage, des milliers de bouteilles y vieillissent sur pile. Après la visite riche en enseignements sur l'histoire des vins de la Côte de Nuits, vous terminez votre parcours dans la vaste salle de vente des vins qui offre une superbe vue sur les vignes du Clos de Jeu du pied du Château.

B&B HÔTEL DIJON SUD 2 €

190, allée Olivier-de-la-Marche
✆ 08 92 70 75 25
www.hotelbb.com
Chambre double de 49 € à 65 €. Petit déjeuner buffet : 6,85 €. Animaux acceptés (4 €/nuit). Wifi gratuit.

Situé à Marsannay-la-Côte, à 10 min de Dijon, vous trouvez autour de cet hôtel de nombreux établissements de restaurations et de divertissements. Un établissement qui convient à tous : familles, couples ou voyageurs d'affaires. Un couchage confortable pour dormir comme sur un nuage et une connectivité gratuite. Les chambres sont climatisées avec télévision. Le petit déjeuner est généreux et les enfants, jusqu'à 10 ans, bénéficient même d'un tarif réduit. Un hôtel agréable et efficace pour faire une étape reposante sur la route des grands crus.

LE PATARA €€

69 rue de Mazy
✆ 03 80 43 67 99
lepatara.eatbu.com
Ouvert du lundi au vendredi le midi ; du jeudi au samedi le soir. Formule déjeuner de 14 € à 16,50 €. Pizza dès 9 €.

Le Patara, à Marsannay-là-Côte, est un établissement où il fait bon se retrouver entre amis. Une chaleur que Linda la propriétaire cultive avec sympathie. La formule déjeuner change quotidiennement, et les pizzas se consomment sur place ou à emporter. Les prix sont très raisonnables, généreux et permettent de venir en famille. Découvrez des plats traditionnels : escargots, œufs en meurette, poulet Gaston-Gérard et plats à l'époisses pour les amateurs... Certains soirs, l'établissement propose également des ambiances musicales en terrasse.

© PATARA

© PATARA

DIJONNAIS

LE CAVEAU DES VIGNERONS

41, rue de Marzy

Ce caveau réunit une vingtaine de producteurs issus du village viticole, lequel compte 186 hectares de vignes. Il est aussi ouvert aux viticulteurs exploitants d'autres communes de Dijon Métropole. L'appellation Marsannay, du vignoble de la Côte de Nuits en Côte-d'Or, est de plus en plus reconnue et consommée, qu'il s'agisse de ses vins rouges et rosés, du cépage pinot noir, du chardonnay pour le vin blanc ou du pinot blanc. Considérée comme la « Porte d'Or de la Côte de Nuits », l'AOC Marsannay s'étend sur les communes de Chenôve, Marsannay-la-Côte et Couchey.

© VILLE DE MARSANNAY

© MAIRIE MARSANNAY

HÔTEL AUTHENTIC BY BALLADINS DIJON / MARSANNAY €€

49, rue du Rocher © 03 80 51 10 00

www.burg-hotel-dijon.com

Accueil jusqu'à 21h (fermé le week-end). Chambres de 72 € à 79 € ; triple à partir de 96 €. Tarifs variables.

L'hôtel trois étoiles Authentic by Balladins possède plusieurs atouts : une vue sur les vignes, son restaurant et une piscine chauffée. Dirigé par Florence Courtalin, il compte 47 chambres climatisées avec parquet pour la plupart et literie de qualité. Quel que soit votre choix, double, triple ou quadruple, un plateau de courtoisie vous accueille. Le restaurant rend hommage au patrimoine bourguignon et l'établissement accueille également réunions et séminaires, dans un espace dédié.

NOVOTEL DIJON ROUTE DES GRANDS CRUS €€€

11, route de Beaune © 03 80 51 59 00

https://all.accor.com

Chambre double à partir de 90 €. Petit déjeuner 16,50 €.Parking inclus.salles de réunions. animaux acceptés

C'est en plein cœur d'une région de vignobles réputés que l'on découvre l'établissement hôtelier de M. Alain Coqueau, dans un cadre superbe et à proximité des grands axes routiers. Les chambres répondent aux normes imposées par la gamme Novotel de cette catégorie, que le propriétaire a su en même temps personnaliser à la sauce bourguignonne. Gamme de produits régionaux disponibles en boutique, salle de fitness, bar à vin et restaurant Les Climats. Brunch que l'on dit exceptionnel !

LA TABLE DU ROCHER €€

85, route de Beaune

© 03 80 52 20 75

www.latabledurocher.fr

Mar.-sam. le midi et 1er dimanche du mois ; ven.-sam. le soir. Menu du jour de 14,90 € à 18,90 €. Menu de 31 € à 40 €.

Avec sa belle façade, le restaurant ne passe pas inaperçu. Fondée au début du XIXe siècle, la Table du Rocher est le troisième plus vieux café-restaurant de France. Depuis 2011, deux passionnés de cuisine et de vin lui rendent hommage, dont Christophe Dumay qui s'affaire en cuisine pour proposer des recettes traditionnelles, récompensées notamment en 2020 par le Gault & Millau, et Michel Philippon, gérant et sommelier. Une formule incluant un menu à l'ardoise et un service presto permet de se restaurer vite et bien ! Achetez également les vins à prix caviste.

DIJONNAIS

CHÂTEAU DE MARSANNAY

2, rue des Vignes ✆ 03 80 51 71 11
www.chateau-marsannay.com
Ouvert tous les jours sauf le dimanche de décembre à mars et en janvier. Visites et dégustations.

Le château de Marsannay est une des 3 propriétés de la famille Halley avec le Marché aux Vins et le Château de Meursault. 40 ha de vignes, dont 28 ha, se situent sur la commune de Marsannay produisent 200 000 bouteilles par an. En Côte de Nuits, le château possède des vignes sur les appellations les plus réputées. Les 4 Grands Crus Clos de Vougeot, Ruchottes-Chambertin, Chambertin, Echezeaux et les Premiers Crus Vosne-Romanée, Gevrey-Chambertin Bel-Air, Gevrey-Chambertin Champeaux forment les joyaux de son vignoble. Partez pour une visite de ses caves voûtées.

DOMAINE DU VIEUX COLLÈGE

4, rue du Vieux Collège
✆ 03 80 52 12 43
www.domaineduvieuxcollege.com/
Visites sur rendez-vous. Journées portes ouvertes pour le week-end de la Pentecôte.

Le Domaine du Vieux Collège s'étend sur 25 ha entre Marsannay, Fixin et Gevrey-Chambertin. Existant depuis 7 générations, Eric Guyard le fait perdurer depuis 2006, passionné par le végétal et les terroirs. Il travaille le Marsannay rosé, le Pinot noir pour les vins rouges, le Chardonnay pour les blancs, et l'Aligoté pour le Bourgogne Aligoté. Dans le respect de l'environnement, il vinifie le raisin à maturité. Les traitements à base d'engrais et de produits chimiques sont ici exclus, pour des vins 100 % bio ! Deux portes ouvertes sont organisées 2 fois/an.Futé !

DOMAINE FOUGERAY DE BEAUCLAIR

44, rue de Mazy ✆ 03 80 52 21 12
fougeraydebeauclair.com
Du lundi au vendredi de 9h à 12h et de 14h à 17h. Week-end ouvert sur rdv. Dégustation privée possible sur rdv.

Fougeray de Beauclair a été créé par Jean-Louis Fougeray en 1978. C'est un beau domaine de plus de 18 hectares qui vous allez découvrir. Ici de magnifiques vins comme des Bonnes Mares en Grand Cru, Monopole comme les Fixins blanc ou rouge Clos Marion et de nombreuses références de Marsannay en blanc, en rouge et en rosé ainsi que les vins nature. Venez faire un tour au domaine, des dégustations sont proposées.

DOMAINE CHARLES AUDOIN

7, rue de la Boulotte
✆ 03 80 52 34 24

Vignerons de pères en fils, Marie-Françoise et Charles Audoin ont toujours excellé dans ce domaine. Depuis, Cyril leur fils a intégré le domaine familial. Le domaine de 14 ha produit une belle sélection de vins, certification HVE. Les vendanges sont faites manuellement, traditionnelles dans le respect de la vigne. Découvrez leurs vins : Bourgogne Aligoté et Marsannay Blanc (3 terroirs différents), Marsannay Rosé, Marsannay Rouge (9 terroirs différents), Fixin, Gevrey Chambertin et Pommard (En Mareau) pour les vins rouges. Visites et dégustations sur rdv.

© DOMAINE C.AUDOIN

© DOMAINE C.AUDOIN

DIJONNAIS

DOMAINE HUGUENOT

5, rue de Carrières
✆ 03 80 52 11 56
Visites et dégustations sur rendez-vous.

© DOMAINE HUGUENOT

Vignerons en agriculture biologique, venez visiter ce charmant domaine familial à Marsannay-la-Côte, qui existe depuis 10 générations. Valérie et Philippe travaillent dans le respect de la biodiversité et du terroir, toujours en quête de qualité. Dans leurs nouveaux locaux, venez déguster leur vaste gamme de vins blancs et rouges, appellations « Régionales » ou « Villages », avec notamment leur « Fixin Blanc », cuvée d'exception, et leur Marsannay « Champs-Perdrix » rouge plein de finesse. Profitez également de leurs rares 1er Cru et Grand Cru. Accueil chaleureux.

FESTINS DE BOURGOGNE

23, route de Beaune ✆ 03 80 54 39 39
www.festins.fr
Ouvert du mardi au samedi de 9h à 19h. Plateaux-repas. Réceptions. Cocktails. Buffets. Boutique. Épicerie fine.

Séverine Langlois, directrice et Grégory André chef cuisinier, vous accueillent à la boutique Festins de Bourgogne de Marsannay-la-Côte. Cette marque créée il y a presque 30 ans par Evelyne et Didier Chapuis est aussi une référence traiteur à Auxerre et Paris. Des entrées aux desserts avec de nombreuses propositions de mignardises, d'amuse-bouches et de mini-club sandwichs, c'est bien d'un festin dont il s'agit ! Entreprises, organisateurs de séminaires, mariages, n'hésitez pas à vous tourner vers Festins de Bourgogne. Pensez aussi aux plateaux repas ultra frais !

COUCHEY

Couchey est un petit village viticole situé sur la route des Grands Crus, à 8 km au Sud-Ouest de Dijon. Ses habitants furent surnommés les loups, car d'après la légende, lors d'une famine, ils attaquèrent un convoi de nourriture. Admirez le clocher de son église Saint-Germain, qui se pare de tuiles vernissées. Si le village est réputé pour ses vins, qui portent l'appellation de Marsannay, il l'est aussi pour ses eaux purgatives. On y apprécie la promenade de l'allée des tilleuls, lesquels sont plusieurs fois centenaires. Dans le parc du château dit de Bauffremont se niche un colombier joliment restauré. Notez encore, le style Napoléon III de la mairie.

DOMAINE JEAN FOURNIER

29, rue du Château ✆ 03 80 52 24 38
www.grandsbourgognes.com/fr/les-domaines/bourgogne/domaine-jean-fournier-222
100 % bio. Accueil sur rdv, de 8h à 12h et de 14h à 18h30 du lundi au samedi, sauf d'octobre à février (lundi-vendredi).

Depuis 2008, les vins du domaine bénéficient du label bio. Vigneron de père en fils, le domaine fondé au 17e siècle dans le charmant village de Marsannay la Côte. Ce sont plus de 16 hectares, dont 13 hectares de pinot noir qui sont travaillés ici, dans cette région où le rouge est roi. Jean Fournier possède aussi 1,5 hectare d'aligoté dédié à produire du blanc. Pour découvrir ses crus, il faut prendre rendez-vous. Les Marsannay les Longeroies, Marsannay Clos du Roy et Marsannay « Cuvée Saint-Urbain » blancs sont à découvrir sans plus attendre !

WINE AND TOURS

10, rue Gaston Roupnel
✆ 03 80 59 88 19
www.wine-and-tours.com

Située en Côte-d'Or, Wine And Tours (dirigée par Dimitri Bourgeois), tournée vers l'œnotourisme, vous propose de visiter la Bourgogne-Franche-Comté. Les clients seront amenés à découvrir les vignobles de ces deux régions. Des circuits sur mesure pendant lesquels Dimitri s'occupera de tout, de votre arrivée à l'aéroport pour les touristes internationaux à vos transferts. Du Beaujolais jusqu'à Chablis, de Marsannay à Beaune (mais aussi dans le Jura), visites, dégustations, rencontres, haltes gourmandes ou découvertes par les airs sont ainsi proposées...

DOMAINE PHILIPPE ROBERT

26, rue Pasteur ✆ 06 74 39 38 72
https://www.domainerobert.com/fr/
Cave ouverte sur rendez-vous du lundi au dimanche de 9h à 19h.

© PHILIPPE ROBERT

Le domaine Philippe Robert s'étend sur 8 hectares. Une culture du vignoble qui se transmet depuis 4 générations. Vinifiant au départ l'appellation Bourgogne, l'entreprise familiale s'est diversifiée proposant des pinots noirs issus des vignes de Marsannay, Fixin, Gevrey-Chambertin et Chardonnay. Il y a plus de 25 ans Philippe succéda à ses parents et c'est depuis avec Johann, son fils aîné, que ce domaine perdure. Des vins comme les Marsannay «Les Genelières» ou «Champs perdrix» ainsi que des Fixin «Entre Deux velles» sont à découvrir en cave. Prenez rendez-vous !

DOMAINE FRANCOIS BRUGERE

7-9, rue Jean-Jaurès
✆ 03 80 52 13 05

François Brugère produit les trois couleurs de vins en appellation Marsannay. Les rosés sont charnus, et les blancs ont l'honneur de vieillir en fûts de chêne. Des cuvées de 2016 à 2018 vous sont proposées, entre Bourgogne Aligoté, Chardonnay, Pinot noir et Vieux Marc de Bourgogne. La petite exploitation pratique les méthodes traditionnelles et privilégie toujours la qualité au rendement sur ses 2 ha. Excellent rapport qualité-prix. La maison offre aussi l'hospitalité avec 3 chambres d'hôtes, la "Rosé", la "Chardonnay" et la "Kir".

PRENOIS

La commune de Prenois est intimement liée à Dijon par la présence du Circuit de Dijon–Prenois créé en 1972, dans un de ses vallons. Les épreuves de sports mécanique qui s'y déroule attirent chaque année plus de 250 000 visiteurs. La bourgade a cependant conservé son charme de village de Côte-d'Or mariant maisons contemporaines aux bâtisses de pierres sèches qui ont fait son histoire. On y vient aussi pour son restaurant gastronomique l'Auberge de la Charme. C'est aussi le point de départ ou de passage de sentiers de balades pédestres en direction du Val Suzon offrant le charme de paysages variés entre plateaux herbeux, valons, falaises et forêts.

DOMAINE DEREY

1, rue Jules Ferry
✆ 03 80 52 15 04
Du lundi au vendredi de 10h à 12h et de 14h à 18h. Le week-end et pour les groupes de plus de 10 pers. sur rendez-vous.

Sur pas moins de 20 hectares répartis entre les communes de Dijon (l'une des rares vignes vraiment dijonnaises), Marsannay-la-Côte, Fixin, Couchey et Gevrey-Chambertin, la Brother's Team vinifie en famille ! Depuis 1950, 70 ans de viticulture, que l'on ressent en visitant les caves du domaine et surtout en goûtant les vins de ce vignoble. La diversité des climats de Bourgogne offre par ailleurs une palette de grands vins très différents comme le Clos des Marcs d'Or, le Fixin premier cru les Hervelets, le Marsannay, le Montre Cul ou l'Aligoté.

AUBERGE DE LA CHARME €€€

12, rue de la Charme ✆ 03 80 35 32 84
www.aubergedelacharme.com
1 étoile au guide Michelin. Ouvert du mercredi au samedi midi et soir ; le dimanche midi. A emporter.

Dans cette auberge étoilée Michelin, la gastronomie s'exprime avec brio. Une belle réputation née du talent et de l'audace, venant s'ajouter à une cuisine divine orchestrée par des passionnés. L'équipe de chefs talentueux ne pouvait que produire des merveilles, formée de Nicolas Isnard, David Le Comte, Cécile Sagory et du chef Anthony Lamome. Côté pâtisserie c'est un vrai voyage sensoriel. A noter : le restaurant propose des plats à emporter, la formule s'applique aussi pour un brunch le dimanche matin et leur food truck est à fréquenter d'urgence.

DIJONNAIS

RESTAURANT DU CIRCUIT DIJON-PRENOIS® €€

Circuit Automobile
✆ 03 80 35 32 22
https://www.circuit-dijon-prenois.com/le-restaurant/

Ouvert 7j/7 à midi, réservation la veille. Soir sur réservation groupes 5 à 7 jours à l'avance. Fermé du 15/11 au 01/03.

A l'occasion de la reconstruction des structures d'accueil le Circuit Dijon-Prenois® s'est doté d'un restaurant dont la salle peut accueillir jusqu'à 150 couverts en version self et de lodges avec tables nappées pour des repas gastronomiques. C'est Thierry Favier le chef de cuisine dont le restaurant est accessible à tous, il faut juste réserver au préalable pour disposer des codes d'accès au circuit dont l'entrée est strictement sécurisée. Unique pour sa vue panoramique sur la piste !

© THIERRY FAVIER

© THIERRY FAVIER

CIRCUIT DIJON-PRENOIS®

Circuit automobile
✆ 03 80 35 32 22
www.circuit-dijon-prenois.com

Calendrier des événements et les horaires d'ouverture sur www.circuit-dijon-prenois.com

Au cœur de la région Bourgogne Franche-Comté, à mi-chemin entre Paris et Lyon et non loin de la Suisse, Dijon-Prenois® est un circuit de légende et un véritable acteur économique de la région dijonnaise. Créé en 1972, il n'a cessé de se moderniser autant pour s'adapter aux exigences du sport automobile par une mise en sécurité optimum que pour l'accueil du public. 2021 marque l'aboutissement d'un ambitieux plan de rénovation. Reconnu par les pilotes comme étant l'un des plus beaux d'Europe avec un tracé comportant du relief, sa piste de 3,8 km permet l'organisation de tous types d'événements avec un niveau de sécurité optimum sous contrôle vidéo à 100 %. Il accueille chaque année près de 300 000 visiteurs dans le cadre de manifestations qui font partie de l'histoire du sport automobile, des courses de GT, de voitures ou motos historiques, de voitures modernes et mythiques. Tout au long de l'année il est aussi loué par des clubs auto, moto, français et européens qui viennent profiter de sa piste et ses infrastructures. L'ensemble de ces dernières a été rénové, apportant tout le confort et la modernité aux équipes de pilotes et mécaniciens dans les stands et paddocks. Le restaurant du circuit est lui aussi terminé avec ses cuisines et salles modulables transformables en salon ou self et une splendide terrasse donnant sur la ligne de départ. Des formules d'ouverture hors évènements sont mises en place. Le site Internet permet de consulter l'agenda des manifestations publiques mais aussi de réserver la piste de vitesse.

STAGES DE PILOTAGE - LRS FORMULA - DIJON-PRENOIS®

Circuit Automobile
✆ 03 86 58 54 54
www.lrs-formula.com

Sur réservation. Stages à partir de 1 615 € et baptêmes à partir de 324 €.

Réalisez votre rêve et pilotez une voiture de sport sur le circuit de votre choix avec LRS Formula, leader mondial des stages de conduite de Formule 1 et GT d'exception. Les stages ont lieu sur des circuits mythiques. Dijon-Prenois®, Château Gaillard et Magny-Cours en France, Navarra et Barcelona-Catalunya en Espagne, Hungaroring en Hongrie. Les baptêmes se font sur Formule 1 triplace, Formule Renault, Porsche Cayman, Nissan GTR, Ferrari 458, McLaren LP4, Lamborghini Gallardo...

© ALEXANDRE NIQUET

© ALEXANDRE NIQUET

KARTING DIJON-PRENOIS®

Circuit automobile ✆ 03 80 35 36 50
www.circuit-dijon-prenois.com

Vérifier la disponibilité de la piste sur le site Internet. Sessions de 10 min. Formules enfants et adultes.

A seulement quelques kilomètres de Dijon, le Karting Dijon-Prenois vous offre l'opportunité de piloter de véritables bolides sur 1 100 mètres de piste, avec une sécurité optimale. Doté d'une piste ultra-moderne, débutants (dès 7 ans) et initiés peuvent y pratiquer les plaisirs du pilotage et de la vitesse. Après un court briefing, vous enfilez votre combinaison, votre casque, vous êtes alors paré pour les sensations fortes ! La piste est aussi accessible aux personnes à mobilité réduite : deux karts sont équipés d'un accélérateur et d'un frein au volant.

© ALEXANDRE NIQUET

© ALEXANDRE NIQUET

© ALEXANDRE NIQUET

ARC-SUR-TILLE

Poumon vert de l'est de Dijon, la commune d'Arc-sur-Tille est implantée à l'endroit d'un ancien marais, la Tille, appartenant aux basses vallées de la Tille et de l'Ouche, qui forment une vaste étendue de sols alluvionnaires et anciennement marécageux, comme en témoignent les gravières transformées en plans d'eau. La commune est très fréquentée l'été par les Dijonnais en quête de fraîcheur qui viennent profiter de sa base de loisir. Celle-ci est composée d'étangs de pêche, d'un lac pour se baigner et d'un stade nautique, où l'on peut notamment prendre des cours de voile. Découvrez son église Saint-Martin et la fontaine Tarnier située à la sortie du village.

MESSIGNY-ET-VANTOUX

Aux portes de la réserve naturelle du Val Suzon, Messigny-et-Vantoux est un joli village, situé à quelques kilomètres au nord de Dijon. Entourée de forêts, de prairies et bordée par les eaux vives du Suzon, la commune est le point de départ de nombreuses balades. Chaque année, diverses manifestations sont organisées : marchés, expositions et récemment la première édition de la Journée des Arts dans la Rue, qui met en valeur les talents cachés des habitants. Le village s'est également doté d'un nouveau complexe sportif et festif, dont le nom sera choisi par les habitants dans une démarche participative. Messigny-et-Vantoux a donc tout pour plaire !

FORÊT DOMANIALE DU VAL SUZON - FORÊT D'EXCEPTION

Parc de Jouvence

Ouvert toute l'année. Gratuit. Parking gratuit.

Après avoir été classée réserve naturelle régionale en 2011, la forêt du Val Suzon fut labellisée, Forêt d'exception® en 2016. Elle est la 5e forêt de France ayant reçu ce label sur un total de 19 forêts engagées dans la démarche, dont 14 en tout qui sont labellisées par l'Office national des forêts. Cette forêt domaniale de 2 100 ha est située au nord-ouest de Dijon. « Le label Forêt d'Exception® distingue un projet territorial rassemblant des acteurs locaux engagés dans une démarche d'excellence autour d'un patrimoine aux valeurs particulièrement affirmées », un patrimoine historique, une richesse de paysages, une politique remarquable de préservation de la biodiversité et des bois de grande valeur. Elle abrite de nombreuses essences notamment des chênes, des hêtres, des tilleuls, des pins ou encore des épicéas. Le site du Val Suzon et sa fontaine de jouvence, d'où jaillit une eau filtrée par un massif calcaire, fut le point de captage des eaux historiques destinées à l'alimentation en eau potable de la ville de Dijon. L'acheminement fut permis par les travaux d'Henry Darcy en 1840. La forêt du Val Suzon est un lieu de loisir privilégié par les Dijonnais pour les balades à pied, à vélo ou à cheval. Forêt d'exception, pas question que le site devienne trop touristique, celui-ci doit rester préservé. Une forêt du Val Suzon comparable aux forêts de Fontainebleau, de Verdun, de la Grande Chartreuse, et d'Orléans. À découvrir et redécouvrir !

PAYS DE GEVREY-CHAMBERTIN NUITS-SAINT-GEORGES

16 communes viticoles occupent les pentes de la Côte de Nuits, sur 37 kilomètres. Parmi elles, des villages de charme sont à découvrir, dont Chambolle-Musigny avec son église Sainte-Barbe, classée Monument historique. De nombreuses anecdotes historiques vous seront contées en chemin et au fil des découvertes œnologiques. Car vous êtes ici sur le parcours des amateurs de grands vins. Une étape incontournable, Gevrey-Chambertin, pour déguster quelques-uns des grands crus les plus renommés du monde, parmi 84 appellations. Côté patrimoine, il y a de quoi faire, à Morey-Saint-Denis remarquez la très belle bâtisse vigneronne du XVIIe siècle, du Castel de Très Girard, à Fixin, l'église de Fixey à Fixin, ou à Gevrey-Chambertin, le superbe château médiéval du XIe siècle. Faites un crochet par le joli village de Reulle-Vergy, qui met à l'honneur les artisans. Une route que l'on peut aussi faire à vélo pour découvrir le vignoble.

Pays de Gevrey-Chambertin
Ma
Réserve Naturelle de la Combe Lavaux - Jean Roland
D35 F
D104
D116
D31
D35
D104 B
TERNANT
CURLEY
MOREY-SAIN
D122 H
REULLE-VERGY
CHAMBO
VO
D109 A
CURTIL-VERGY
D109
D109
FLAGEY-ECHÉ
D109 B
VOSN
D25
VILLARS-FONTAINE
D10
ARCENANT
D25
Meuilley
NUITS-SAI
D115
CHAUX
D974
MAREY-LÈS-FUSSEY
PREMEAUX-PRISSEY
VILLERS-LA-FAYE
D109 G
COMBLANCHIEN
D18
Magny-lès-Villers
D20 F
D115 C
CORGOLOIN
Pernand-Vergelesses
Ladoix-Serrigny
D2
D20 F
D18
Savigny-lès-Beaune
D115 D
D20 A
A36

Perrigny-lès-Dijon
Crimolois
A39
EY
Domois
Ouges
A311
D968
Fauverney
D109
D931
E17
Bretenière
D996
Rouvres-en-Plaine
Fénay
MBERTIN
SAULON-LA-RUE
D31
D31
SAULON-LA-CHAPELLE
Thorey-en-Plaine
109 D
SAINT-PHILIBERT
D968
Longecourt-en-Plaine
A31
D109 D
NOIRON-SOUS-GEVREY
D109 D
D25
Corcelles-lès-Cîteaux
Y-LÈS-CÎTEAUX
Izeure
Aiserey
D25
D116 E
D116
D116 B
Bessey-lès-Cîteaux
Forêt Domaniale d'Izeure
BONCOURT-LE-BOIS
RT
D109 C
D8
D996
D8
SAINT-NICOLAS-LÈS-CÎTEAUX
D35
D12 A
D34
Forêt Domaniale de Citeaux
D20
C7
Réserve Biologique Intégrale de Citeaux
ARGILLY
3 KM

PAGES

Vignoble de Vosne-Romanée.

GEVREY-CHAMBERTIN ★

Situées, sur la Route des Grands Crus, Gevrey-Chambertin et Nuits-Saint-Georges sont deux communes viticoles voisines. Gevrey-Chambertin est connue mondialement des amateurs de vin éclairés et pour ses 9 grands crus (sur les 33 grands crus bourguignons) et ses 27 premiers crus. Citons les : Ruchottes-Chambertin, Mazis-Chambertin, Chambertin Clos-de-Bèze, Chapelle-Chambertin, Chambertin, Charmes-Chambertin, Griotte-Chambertin, Latricières-Chambertin et Mazoyères-Chambertin. Ce sont des vins de longue garde, réputés pour être puissants et colorés. Les offices de tourisme des deux communes sont dorénavant unis par la communauté de communes Gevrey-Chambertin et Nuits Saint Georges qui propose une offre touristique incroyable en matière de gastronomie, d'activités de plein air, de patrimoine, d'histoire et de culture. Au programme vous seront proposées des visites gourmandes au Cassissium avec son musée interactif, ou encore non loin d'ici, à la Maison aux 1 000 truffes, pour découvrir le cavage de l'Or des Valois. Au détour des rues, on pourra également découvrir plusieurs édifices remarquables, notamment l'église Saint-Aignan, édifiée au XIIe siècle, mais aussi le château, datant, lui, du Moyen Âge. La ville accueille également une combe. Il s'agit d'une dépression de 487 hectares, qui s'ouvre sur le vignoble. Haut lieu gastronomique également, comptant de très belles tables étoilées. Les grands espaces ne manquent pas non plus aux alentours avec de nombreux sentiers de randonnées à découvrir. Les passionnés de nature seront ravis : on y trouve de rares espèces végétales et animales.

Château de Gevrey Chambertin.

HALLE CHAMBERTIN

1, rue Gaston Roupnel
✆ 03 80 34 38 40
www.gevreynuitstourisme.com
Ouvert du mardi au samedi 9h30-12h30 et 13h30-17h30. Dimanche matin en haute saison. Dégustations de 10 à 25 €/personne.

Pour vous rendre à la Halle Chambertin, rien n'est plus simple, elle se trouve au centre du village, dans l'ancienne mairie de la commune. Aménagée par la Communauté de communes Gevrey-Chambertin Nuits-Saint-Georges, elle forme un pôle central en matière d'oenotourisme, abritant notamment l'Office Gevrey-Chambertin Nuits-Saint-Georges Tourisme. C'est encore et surtout le centre d'interprétation des Climats et de l'histoire de la commune, axé sur trois thèmes : vin, tourisme et nature. Trois maîtres mots clefs, pour connaître ce territoire viticole qui regroupe 9 des Grands Crus, parmi les 24 de la Côte de Nuits et les 33 de la Bourgogne. Dans ces anciennes halles construites en 1830, les arômes du « Vin des rois, roi des Vins » se dévoilent au cours d'une dégustation commentée d'appellations de domaines locaux. 16 vins, abrités dans des enomatics, sont ainsi proposés à la dégustation au verre. La Halle forme également une vitrine sur la Combe Lavaux Jean-Roland, une réserve naturelle protégée située sur les hauteurs des communes de Brochon et de Gevrey-Chambertin, qui s'étend sur 487 ha. La présentation de son histoire géologique et de sa biodiversité est ici mise en scène de façon très ludique. Profitez par ailleurs de Radio Chambertin et de ses postes d'écoute, afin de découvrir les témoignages d'expériences et les compétences de la commune. Enfin la Galerie des Pépites présente figures et trésors historiques de Gevrey-Chambertin, dont la couronne du Roi Chambertin et des objets représentatifs des traditions gibriaçoises.

PARCOURS DE VILLE DE GEVREY-CHAMBERTIN

Balade d'environ 2h, 2.50 € le livret avec plan + 1 version enfants gratuite.

Découvrez les richesses de ce village connu dans le monde entier pour ses prestigieuses appellations de vin. Le parcours permet de passer un moment ludique en famille au départ de la Halle Chambertin, ponctué ensuite de 14 points d'intérêt dont le Clos des Meixvelle, le château, l'église Saint-Aignan, le Clos des Issarts et sa villa, les Grands Crus de Bourgogne et la Saint Vincent tournante. Les enfants apprécieront le parcours avec ses jeux et ses énigmes.

RÉSERVE NATURELLE - COMBE LAVAUX - JEAN ROLAND

Combe Lavaux
✆ 03 80 51 04 51
www.ot-gevreychambertin.fr

Au sein du réseau Natura 2000 qui s'étend sur 2100 ha, la Côte dijonnaise recèle une diversité écologique exceptionnelle. Cette réserve s'étend des communes de Brochon à Gevrey-Chambertin, sur 487 ha. Jean Roland fut le naturaliste qui en 2004 a permis à la combe Lavaux d'obtenir le statut de réserve naturelle de France. Il s'agit d'une ancienne vallée asséchée, véritable livre ouvert sur l'histoire géologique, témoignant de la présence de la mer au jurassique. Paradis des promeneurs et propice au développement d'une faune diversifiée, chouettes, hiboux, grenouilles, chevreuils et faucons pèlerins peuplent ses deux versants. Ces derniers présentent une végétation très variée : méridionale au sud, alpine et continentale au nord. Il fait en moyenne 5 °C de moins sur le versant nord, plus ombragé et humide. Une zone marécageuse abrite des espèces originales : valériane tubéreuse, cresson rude, ail-ciboulette, et véronique en épi. Ne manquez pas le sentier Bernard Quarteaux, pour une randonnée de plus de 6 km, des paysages magnifiques se dévoilent sur les falaises abruptes et la plaine viticole. L'escalade est interdite entre la mi-février et la mi-juin, car c'est la période de nidification du faucon pèlerin. Pour découvrir tout cela, téléchargez l'application La Côte Dijonnaise qui propose différents parcours de découverte entre Dijon et Vougeot. Des topoguides pour les balades pédestres et pour les grimpeurs sont disponibles à l'office de tourisme de Gevrey-Chambertin.

OFFICE DE TOURISME GEVREY-CHAMBERTIN-NUITS-SAINT-GEORGES

1, rue Gaston Roupnel ✆ 03 80 34 38 40
www.gevreynuitstourisme.com

7j/7 de 9h30 à 12h30 et de 13h30 à 18h. Fermé les jours fériés. Location de vélos à assistance électrique. Boutique.

L'office de tourisme est installé à la Halle Chambertin aménagée au centre de Gevrey-Chambertin, un espace de plus de 100 m², centre d'interprétation des climats de la commune qui regroupe 9 des Grands Crus de Bourgogne. Côté gastronomie, de belles tables vous seront recommandées, tout comme de nombreuses idées d'excursions. Découvrez la réserve naturelle de la combe Lavaux Jean Roland et bien d'autres activités, entre nautisme et cyclotourisme sur la voie des vignes.

Ô ROUGE €€

Rue de Lavaux
✆ 03 80 34 34 15

Hôtel trois étoiles. Labels : Vignobles et Découvertes + Qualité Tourisme. 24 chambres à 140 €. Séminaires. Terrasse.

Racheté par Didier Petitcolas, propriétaire du Castel de Très Girard, l'hôtel 3 étoiles Les Grands Crus est rebaptisé Ô Rouge. Ouvert depuis mai, il bénéficie d'un emplacement de premier choix face à un vignoble de rêve entre Gevrey-Chambertin Premiers Crus, Les Cazetiers ou La Combe aux Moines. Il a été totalement rénové et modernisé, de la salle du petit-déjeuner au mobilier des chambres et leurs salles de bain. Pas de restaurant mais la proximité avec le Castel à Morey-Saint-Denis permet l'accès à une restauration premium. Un splendide Spa ouvrira en 2022.

HÔTEL LA RÔTISSERIE DU CHAMBERTIN €€€

6, rue du Chambertin ✆ 03 80 34 33 20
www.rotisserie-chambertin.com

Accueil jusqu'à 21h. 9 chambres. Chambre double de 150 € à 270 € ; suite de 360 € à 480 €. Petit déjeuner : 18 €.

Dans la lignée des belles maisons bourgeoises qui jalonnent les routes de la région, il ne faut surtout pas manquer l'hôtel La Rôtisserie du Chambertin. Une authentique maison du XVIIIe siècle, avec chambres et suites qui reprennent les noms des parcelles viticoles. La suite Balcon Les Monts luisants dispose d'une terrasse offrant une vue imprenable sur le vignoble. Vous allez adorer le petit déjeuner maison. Les deux restaurants, récompensés au guide Michelin, méritent le détour !

LA FABRIQUE GOURMANDE €€

6, rue des Tilleuls - **NOIRON-SOUS-GEVREY**
✆ 03 80 28 01 01 - https://la-fabrique-gourmande-noiron-sous-gevrey.eatbu.com

Ouvert du mardi au samedi 11h45-14h et 18h-21h30 ; dimanche 18h-21h30. Burgers, wraps, tacos, salades. Terrasse.

Gennaro et Gaelle Tafuri qui ont créé la Fabrique Gourmande en 2015, sont passés du food-truck au restaurant idéalement placé dans la zone commerciale de Noiron-sous-Gevrey. Si la carte conserve l'anglicisme des plats, nous sommes bien dans un fast-food à la française avec des plats préparés à base de produits frais. Grande salle et terrasse, accès et parking faciles. Pizzas, salades et gril sont aussi de la partie. La côte de bœuf est un must avec les sauces maison. Plats à emporter, voire livrés à moins de 10 km pendant les contraintes de couvre-feu.

© CHÂTEAU DE SAULON

© CHÂTEAU DE SAULON

© GASPARD HERMARCH

CHÂTEAU DE SAULON €€€

67, rue de Dijon - **SAULON-LA-RUE**
✆ 03 80 79 25 25
www.chateau-saulon.com

Vignobles & Découvertes. Les Collectionneurs. 42 chambres à partir de 110 €. Réceptions. Restaurant. Piscine.

Immergé dans un écrin de verdure de 27 hectares, le château de Saulon a su conserver l'authenticité de sa construction du XVIIe siècle tout en procurant charme et confort à l'ensemble de ses chambres rénovées sous l'œil avisé d'un architecte. La piscine s'enrichit d'un bar lounge pour profiter encore mieux de son cadre enchanteur. Au restaurant Deux Rivières, la convivialité est également de mise, la formule devient plus bistronomique et le brunch sera dorénavant hebdomadaire le dimanche. Le tout à proximité de la Route des Grands Crus !

© CHÂTEAU DE SAULON

© GASPARD HERMARCH

LE CLOS LENOIR 1623 €€

61, route de Beaune
✆ 03 80 27 37 14

Du mardi au samedi de 9h30 à 14h, le dimanche de 12h à 14h. Ouvert le soir sur réservation. Plat du jour 14,90 €.

Le Clos Lenoir 1623 est situé à l'entrée sud de Gevrey-Chambertin, une superbe bâtisse en pierre rénovée qui abritait en 1623 un poulailler et une meule à grain dont il reste les vestiges. L'ambiance y est chaleureuse, typiquement bourguignonne avec cheminée et poutres. En été, on réserve sa table en terrasse, face aux vignobles. Bienvenue chez Sandrine et Charlotte qui, avec leur cheffe Virginie, assurent l'animation du lieu ! On vient au clos se restaurer d'un menu unique qui change quotidiennement. Le velouté est la marque de fabrique de l'adresse.

DEUX RIVIÈRES €€

67, route de Dijon - **SAULON-LA-RUE**
✆ 03 80 79 25 25
www.chateau-saulon.com

Ouvert tous les jours midi et soir. Menu Bistrot à 35 €, suggestions du jour. Brunch le dimanche.

Le restaurant du château de Saulon, baptisé Deux Rivières, se réinvente et ce n'est pas pour nous déplaire. L'offre se veut abordable, histoire d'y prendre ses habitudes. Pourquoi pas celle de bruncher le dimanche dans un lieu ou un autre ? Car le château dispose de plein d'options : un parc de 27 ha, des salons de rêve, voire les bords de la piscine. La salle voûtée à l'ambiance feutrée est une alternative à la terrasse. La cuisine 100 % maison aux produits frais est de règle pour allier le bien manger au confort. A proximité de Dijon et des Grands Crus.

CHEZ GUY AND FAMILY €€

3, place de la Mairie ✆ 03 80 58 51 51
www.chez-guy.fr

Ouvert du mardi au samedi, midi et le soir. Menu du terroir 32 €. Formule du midi 18 €. Terrasse. A emporter.

Chez Guy and Familly est une institution familiale depuis 1999. Secondé par Sandrine et Natacha, le chef Yves Rebsamen propose une cuisine savoureuse, composée de produits frais. Les premières asperges sont à l'honneur au printemps, comme les fruits rouges des Hautes-Côtes et à l'automne gibier et truffes. On s'installe confortablement près de la cheminée pour déguster poissons et crustacés. En bon vivant, Yves vous donne rendez-vous fin janvier pour fêter la Saint Vincent tournante. La carte des vins se distingue chaque année pour son rapport qualité-prix.

LA PLAGE €€

Route de Saulon
✆ 03 80 51 83 48

Menu du soir 28 €. Formule du midi 14 € (2 plats, 17 € 3 plats). Vendredi et samedi soir : soirée DJ ou concert.

Le restaurant de la Plage du lac de Sathenay est situé à proximité de Dijon. Créé en juin 2020, sa terrasse à l'esprit méditerranéen est tournée vers le lac, sa bande-son ultra lounge, comme le mobilier où le turquoise domine. Pierre-Olivier Cadoz, chef de cuisine, connaît bien sa partie, entre plats traditionnels, risottos et planches à tapas préparés maison. La Plage est idéale pour un afterwork ou un apéritif prolongé. La Plage, c'est aussi un deuxième site équipé d'un chapiteau et d'une immense terrasse les pieds dans l'eau. Un lieu tendance à découvrir !

LA TABLE DE PIERRE BOURÉE €€

40, route de Beaune ✆ 03 80 34 13 97
www.pierre-bouree-fils.com

Sur réservation à midi en semaine. Menus de 35 € à 80 € (avec de 4 à 8 vins, menu sans vin à 21 €, vins au verre)

Chaque printemps, la Table de dégustation du Domaine Pierre Bourée Fils rouvre le week-end de la vente des Hospices de Nuits jusqu'à celui de la vente des Hospices de Beaune. La dégustation des vins prend ici tout son sens lorsqu'on les apprécie en accord avec de bons plats et en présence des propriétaires, Jean-Christophe et son fils Vincent Vallet. Suite à ce merveilleux moment, vous pouvez descendre à la cave afin de confirmer vos coups de cœur par un achat de bouteilles.

LE BISTROT LUCIEN - LA RÔTISSERIE DU CHAMBERTIN €€€

6, rue du Chambertin ✆ 03 80 34 33 20
www.rotisserie-chambertin.com

Ouvert du jeudi au lundi le midi et le soir. Accueil des groupes. Terrasse.

La Rôtisserie Chambertin, tenue par Lucie et Thomas Collomb, est un complexe hôtelier qui réunit un restaurant gastronomique, une table d'hôtes étoilée Michelin, neuf chambres et le fameux bistrot Lucien. La cuisine orchestrée par Thomas et son équipe est authentique, préparée à partir de produits régionaux majoritairement bio. Tout est cuisiné sur place, comme l'excellent jambon persillé servi ce jour. A boire, on profite d'une collection de Gevrey Premier Cru les Corbeaux.

LA TABLE D' HÔTES DE LA RÔTISSERIE DU CHAMBERTIN €€€

6, rue du Chambertin ✆ 03 80 34 33 20
www.rotisserie-chambertin.com

Ouvert du mardi au samedi le midi et le soir. Réservation impérative. Menus de 68 € à 90 € (menus du soir).

Etoilée du guide Michelin, la Rôtisserie Chambertin vous accueille pour un repas unique. Lucie et Thomas Collomb vous proposent le Menu « Feuille unique », inoubliable, avec foie gras rôti, noisette, figue et porto, ou encore le Menu « Fruit unique », avec maquereau, betterave, vol-au-vent, œuf de caille fumé, rémoulades, filet de carrelet, épinard, pulpe de citron raifort. Enfin, et pour passer une douce nuit, les chambres proposées sont cosy et magnifiquement décorées par Lucie.

GAEC DU PONTOT

Route de Saulon ✆ 06 80 41 58 75
www.gaec-du-pontot.com

Ouvert tous les jours. 24/24. Espèce et CB. Chèques non acceptés.

Philippe et Gérard Plançon propriétaires de la Gaec du Pontôt ont définitivement choisi la vente directe des œufs plein air de leur exploitation qui compte 16 000 poules rousses. Une partie des 12 500 œufs journaliers est consommée par les meilleurs restaurants de Beaune à Dijon. On les trouve dans de nombreuses épiceries, le must est de faire un détour par Gevrey-Chambertin pour accéder au distributeur en libre-service de leurs œufs. Le succès est tel qu'un distributeur des fruits et légumes de la Ferme du Breuil de Samuel et Fanny Goguely est aussi opérationnel.

LA JEANNETTE €

1, rue du Gaizot
✆ 03 80 33 41 95

De 10h à 19h sauf le mercredi. Réservation recommandée. Espace bar, terrasse, boutique déco et produits régionaux.

C'est au centre de Gevrey-Chambertin que l'on peut découvrir ce restaurant insolite tenu par Carine Veyset. Ici les bons petits plats se mêlent à l'ambiance vintage du magasin de décoration : meubles en formica, affiches de cinéma, images de pin-up et tourne-disque. Au menu, jambon persillé, escargots coquilles, velouté de saison, bœuf bourguignon et cancoillotte chaude. Carine prépare ses desserts avec amour : crêpes, pain d'épices ou crumble maison. Certains week-ends le lieu est animé par des DJ venus mixer, petits déj' et même des cours de zumba au programme !

© LA JEANNETTE

© CCGCNSG

LE TUE CHIEN

7, rue Richebourg

Ouvert du mardi au samedi de 8h à 21h. Ouverture dimanche selon saisons. Sélections vins, bières, planches apéritives.

Cela vient d'une expression pratiquée quand on veut du vin, c'est aussi le nom de la Paulée de Gevrey-Chambertin. D'ailleurs les portraits des 6 chiens de vignerons personnifiés et habillés sont rassurants et même collectors ! Le nouveau bar à vin de Gevrey fait tout bien, déco industrie bois et acier, sélection de vins des plus sérieuses, de la commune, de la Côte de Nuits et d'ailleurs, des bières, des planches gourmandes, des produits en circuits courts. Un bar à vin post Saint-Vincent 2020 créé et animé par des Gibriaçois qui ont le sens de la fête.

LA CAVE DE VÉNUS

31, rue de Richebourg

✆ 03 80 48 39 15

Tous les jours de 10h30 à 19h. Restauration en continu à partir de 11h30. Plats de 5 à 20 €. Possibilité de dégustation.

La Cave de Vénus est tenue par Amandine et Nadège. Réapprovisionnez votre cave des meilleurs crus de la Côte de Nuits et de la Côte de Beaune, jusqu'à Chablis. Goûtez notamment le Gevrey-Chambertin Vieilles Vignes 2009, du Domaine Serafin. Un salon dédié à la dégustation de vins et de produits régionaux est également aménagé et depuis un an, un service de restauration vous est proposé, pour déguster uniquement en terrasse gaspacho andalou, œufs à l'époisse, ou encore l'assiette du bourguignon gourmand. Des produits d'épicerie fine sont également vendus sur place.

CLOS DE BOURGOGNE

4, rue de Richebourg ✆ 06 64 90 20 32

www.closdebourgogne.com

Ouvert de mardi à dimanche de 10h à 12h30 et de 15h à 18h30. Fermé le dimanche après-midi. Ateliers œnologiques.

En plus de leur activité de vente de vins, Sandrine et André Lanaud proposent ateliers et stages œnologiques, sur rendez-vous, par sessions d'une demi-journée ou d'une journée, afin d'apprendre à déguster le vin comme il se doit. Au programme, visites et balades au cœur du vignoble. Egalement cavistes, leur sélection de producteurs met en avant environ 150 domaines, avec près de 300 références disponibles. Il y en a pour tous les goûts, à partir de 10 € la bouteille, en passant par les vins bios, biodynamiques, les Grands Crus et les nectars d'autres régions.

DOMAINE PIERRE BOURÉE FILS

11-13, route de Beaune

✆ 03 80 34 30 25

www.pierre-bouree-fils.com

Accueil sur rendez-vous. Dégustation à la Table de Pierre Bourrée ou à la cuverie. Les prix vont de 10 € à environ 100 €

Le Domaine Pierre Bourée Fils, propriétaire de 7 ha de vignes et négociant, propose un catalogue de plus de 40 appellations. Il doit son succès à son attachement aux traditions et à son savoir-faire exercé dans sa nouvelle cuverie de 400 m². Le Domaine Pierre Bourée Fils possède sa table de dégustation, La Table de Pierre Bourée, un lieu où l'on peut tranquillement découvrir les vins au cours d'un repas de midi avec des formules de 4 et 8 vins en présence du vigneron.

DOMAINE QUIVY

7, rue Gaston-Roupnel ✆ 03 80 34 31 02

www.gerardquivy.Org.fr

Ouvert tous les jours. Inscrit au titre des monuments historiques. Visites et dégustations gratuites.

Le Domaine Quivy est un hôtel particulier du XVIIIe à la végétation luxuriante dont les bâtiments viticoles représentent un patrimoine historique et artistique remarquablement conservé, inscrit aux Monuments historiques. Votre dégustation se déroule dans un authentique salon style bourguignon qui a l'originalité de disposer d'une large dalle de verre surplombant la cave. La production du domaine est à l'image du lieu, raffinée, précise et constante. Les 7 ha de vignes cultivés en lutte raisonnée vous permettent d'accéder à de prestigieux 1ers et Grands Crus.

LA JEANNETTE

1, rue du Gaizot

✆ 03 80 33 41 95

Fermé le mercredi.

La Jeannette, est à la fois une boutique, un petit restaurant et un bar-salon de thé. Insolite, il fait partie des adresses précieuses. Dans un esprit vintage sixties créé par Carine Veysset, voici un cabinet de curiosités où chiner une idée cadeau, une inspiration déco, un produit du terroir. Les escargots de Bourgogne voisinent avec les bières et autres limonades locales. Plus insolite : vous pouvez même acheter des plants de Pinot Noir ou de Chardonnay, cépages précieux pouvant donner naissance à de grands jus et de grands crus.

PHILIPPE LECLERC

Rue des Halles ✆ 03 80 34 30 72
www.philippe-leclerc.com

Ouvert tous les jours de 9h30 à 19h. Sans réservation sauf pour groupes de plus de 15 personnes. Dégustations gratuites

Propriétaire de 7,5 ha de vieilles vignes en appellations Bourgogne, Chambolle-Musigny et Gevrey-Chambertin, Philippe Leclerc vous fait découvrir ses grands vins dont 4 Gevrey-Chambertin 1ers Crus, Les Champeaux, Les Cazetiers, La Combe aux Moines et Les Champonnets. Respect de la terre et des traditions, culture raisonnée et absence d'insecticides caractérisent des vins aux Climats à la typicité marquée. On découvre un personnage perfectionniste et hospitalier qui vit sa passion pour l'histoire des métiers d'antan en transformant ses caves en véritable musée.

BROCHON

Ce village jouit d'une réputation mondiale de prestige grâce à ses vins de Bourgogne avec sur son territoire l'une des plus célèbres parcelles de Gevrey-Chambertin, Les Evocelles qui doivent leur nom à un terrain broussailleux appelé "Les Brosselles". Il s'agit du climat le plus remarquable de Brochon, idéalement situé, au débouché de la combe et en haut de coteau. Le vignoble s'étend sur une superficie de 110 ha. Ses vins dont le Bourgogne, le Gevrey-Chambertin et le Côte-de-Nuits se marient à plaisir avec un fromage local de renommée internationale comme l'Ami du Chambertin. Le château du village fut construit à la toute fin du XIXe siècle, bâti sur le modèle d'Azay-le-Rideau. Réhabilité en lycée, il fut le dernier château de style Renaissance construit en France. C'est Stephen Liégard, écrivain et homme politique, qui le fit édifier. Il est notamment connu pour être à l'origine de l'appellation « Côte d'Azur », appelée jusqu'alors « Riviera ». Il a aussi inspiré Alphonse Daudet, son contemporain, pour le personnage du « sous-préfet aux champs », dans *Les Lettres de mon Moulin*... Le château se trouve sur un domaine ayant appartenu aux Chartreux de Dijon. A voir aussi, l'éolienne de Brochon qui fut commandée à la fin du XIXème siècle par Stéphen Liégeard pour permettre l'alimentation en eau courante du château. Celle-ci est inscrite à l'inventaire des Monuments historiques depuis 1984 et surmonte un réservoir construit en pierres de taille dans lequel plongeurs sauveteurs et pompiers s'entraînent.

LA TABLE D'EOLE €€

9, place Jolyot de Crébillon ✆ 03 45 83 56 10
www.latabledeole.com
Ouvert du mardi au samedi le midi ; le vendredi et le samedi le soir. Formule à 16,50 €. Click and collect.

Blandine Velut est cheffe et gérante de cette belle adresse du cœur de Brochon. La carte de ce restaurant bistronomique est séduisante, évoluant selon les inspirations. Tout est fait maison et on peut apercevoir Blandine en cuisine depuis le bar. Difficile de faire un choix entre les suggestions de l'ardoise, les formules ou le menu bourguignon. En dessert, le Paris-Brest façon Eole, glace vanille-macadamia, est incontournable ! Le nom du restaurant rend hommage à l'éolienne de Brochon qui, il y a longtemps, acheminait l'eau courante au château Stéphen Liégeard.

DOMAINE LE CLOS DES MAZIÈRES

3, rue de la Mazière ✆ 06 36 66 73 88
https://leclosdesmazieres.wixsite.com/georges-laurent
Du lundi au samedi de 8h à 19h ; le dimanche de 8h à 12h. Visites et dégustations. Groupes jusqu'à 10 personnes.

Dans ce petit domaine de Brochon qui exploite 2 ha de vignes AOC régionales, Côte-de-Nuits-Villages, Fixin et Gevrey-Chambertin, venez dégustez les vins de Georges Laurent. Bienveillant, il vous accueille sur place avec grand plaisir pour vous faire visiter ses caves. Vous avez affaire à un passionné qui partage volontiers avec les visiteurs les secrets du terroir. Une visite de 120 minutes à la découverte de la vigne, suivie d'une dégustation des vins du domaine, vous est proposée.

FROMAGERIE GAUGRY

74, Route Nationale
✆ 03 80 34 00 07
www.gaugryfromager.com
Ouvert du mardi au samedi de 9h à 12h30 et de 14h à 18h30. Visites libres ou guidées de 9h à 11h45 et de 14h à 17h30.

La maison Gaugry est une adresse très connue des épicuriens, fondée en 1946 avec sa spécialité l'Ami du Chambertin, un délicieux fromage à pâte molle qui s'associe à merveille avec les vins de Chambertin. La fromagerie propose aujourd'hui sept fromages, dont deux en production bio. Des petites merveilles que l'on apprécie tant en fin de repas que sur une planche le temps d'un mâchon. Venir jusqu'ici, c'est l'assurance de trouver un fromage AOP, mais c'est aussi le plaisir de découvrir où et comment il est fabriqué. Une belle adresse pour les amateurs de fromage !

GRANDS BOURGOGNES

ZA Le Saule
✆ 03 80 79 29 90
www.grandsbourgognes.com

Les frères Lionel et Didier Petitcolas ont créé Grands Bourgognes en 1999. Dans leur boutique à Brochon, un grand choix de vins est proposé, comme sur le site de vente en ligne. Les meilleurs domaines de Bourgogne, Champagne, Vallée du Rhône, Loire et d'autres grands vignobles peuvent vous être livrés directement chez vous. Découvrez une très large sélection en vins de Bourgogne bio et biodynamiques, les sélections Robert Parker et les Grands Crus. La cave compte près de 250 domaines et 2 500 appellations, de 7 à 7 000 € la bouteille. Une magnifique vitrine !

BURGUNDY BIKE

12, rue de la Maladière ✆ 06 38 16 50 33
www.burgundybike.com
7j/7 de 9h à 19h. Demi-journée 30 € ; journée 40 € ; week-end 70 €. Monopousseur pour personne handicapée 40 €.

250 km, c'est la distance qui sépare le début et la fin des vignobles bourguignons, du nord de Chablis au sud du Mâconnais. Découvrez les vins de Bourgogne à travers 5 régions de production viticole différentes, avec Burgundy Bike. Cette entreprise de location de vélos à assistance électrique est gérée par Olivier Gaugry, ex-directeur de la Fromagerie Gaugry. Un service de proximité réactif et innovant qui vous permet de parcourir vignobles et petits villages à bicyclette : louez à la journée, à la semaine ou même au mois pour une escapade au cœur de la vigne !

VILLARS-FONTAINE

Le village de Villars-Fontaine se définit comme la porte des hautes côtes, en venant de Nuits-Saint-Georges à 5 km de là. Les anciennes carrières qui ne sont plus exploitées constituent désormais un atout incroyable pour la commune qui a su y développer de nombreuses animations à ciel ouvert, dont le festival Street Art on the Rock en août. Villars-Fontaine s'attache à associer l'art avec le vin et la gastronomie qui font la renommée de la région, sur ce lieu emblématique nommé La Karrière. Villars-Fontaine, c'est aussi son château, domaine viticole de 30 ha sur de la marne blanche qui rappelle celle des meilleurs vins blancs de la montagne de Corton.

CHAMBOLLE-MUSIGNY

Chambolle-Musigny est un village viticole situé sur la Route des Grands Crus, qui est bien connu internationalement pour ses vins, qualifiés par Gaston Roupnel de « Vins de soie et de dentelle ». Parmi eux, deux grands crus : le Musigny et le Bonnes-Mares. Ils font partie des incontournables de la Côte de Nuits pour qui souhaite découvrir la Bourgogne par le prisme de la gastronomie. Sans oublier ses 24 premiers crus comme les Amoureuses... Cependant, il y a plus à découvrir dans cette charmante commune parcourue par les vignes et la roche. Chambolle vient du latin *campus ebulliens* (« le champ bouillant »), qui fait référence à la rivière qui traverse le village lorsque l'orage gronde. Le nom Musigny a été rajouté à la fin du XIXe siècle. L'église Sainte-Barbe, située au cœur du village, fut construite entre 1500 et 1506 et compte plusieurs œuvres classées au patrimoine culturel national. Édifiée à la demande de Jean Moisson, un ancêtre de la famille du comte de Vogüé, elle possède un clocher en dôme à l'impériale qui rappelle ceux de la Franche-Comté. Des peintures murales décorent son chœur classé aux monuments historiques. À voir également, un superbe cadran solaire. Face à l'église, le tilleul de Sully d'une circonférence de 5 mètres force le respect, mais ce ne sont pas les infusions que l'on peut faire avec ses fleurs qui font la réputation de Chambolle-Musigny. Autre petit trésor, d'architecture cette fois, la jolie fontaine qui présente un fronton triangulaire, au centre du village face à la rue Sainte-Barbe.

LA KARRIÈRE

RD 35
✆ 06 30 25 42 90
http://villart.fr/actu/
Du 22 mai au 31 octobre. Mai, juin et oct. we + fériés. Juillet, août, sept. du mercredi au dimanche + fériés. 3 €.

La Karrière est un lieu de création artistique contemporaine qui anime le territoire des Hautes Côtes de Nuit. Situé sur le site d'une ancienne carrière d'exploitation de pierre de Comblanchien, découvrez ce théâtre en plein air, avec ses fresques monumentales réalisées sur les fronts de taille de plus de 12 mètres de hauteur. Spectacles et concerts y sont régulièrement organisés, dont Bakus, sur les thématiques de l'art et du vin du 16 au 18 juillet et son festival du 16 au 22 août. Le site peut être visité en journée et vous accueille au bar ou à la boutique.

LE MILLÉSIME €€

1, rue Traversière
✆ 03 80 62 80 37
www.restaurant-le-millesime.com
Ouvert du mardi au samedi le midi et le soir. Réservation recommandée. Menus de 33 € à 70 €. Formule du midi : 19,90 €.

Il est beau ce Millésime avec sa salle lumineuse et ses tables élégamment dressées. Dynamique et créative, la carte de Mathieu Mazoyer propose une cuisine de saison sans cesse renouvelée. Tous les plats sont préparés minute et mis en valeur par une présentation moderne et colorée. Pour accompagner au mieux vos mets, 500 références de vins sont à la carte, dont de nombreux témoins sont conservés à la juste température dans la cave vitrine située derrière le bar. Nous, on craque tout simplement pour ce Millésime qui nous séduit à tous les coups.

LE CAVEAU DES MUSIGNYS

1, rue Traversière ✆ 03 80 62 84 01
www.restaurant-le-millesime.com
Ouvert du mercredi au lundi de 10h à 18h. Accueil des groupes sur réservation. Dégustation sans achat 8 €.

Le Caveau des Musignys n'est autre que la cave du restaurant Le Millésime. Un caveau qui a totalement changé de dimension durant l'été 2020. Installé sous les cuisines du restaurant, il bénéficie d'une entrée terrasse et d'un nouvel agencement façon cale de bateau. Les sélections rigoureuses du chef Matthieu Mazoyer et d'Annie Guette permettent d'acheter les vins de la carte du restaurant, environ 120 vins de propriétaires récoltants bourguignons. On peut les déguster en haute saison autour de planches et préparations gastronomiques, voire de formules bistrot.

MOREY-SAINT-DENIS

Morey-Saint-Denis est situé entre deux noms prestigieux qui ont souvent porté ombrage à ses vins : Chambolle-Musigny et Gevrey-Chambertin. Son territoire occupe une petite superficie et ses productions sont moins volumineuses que celles de ses voisines. Il compte néanmoins six Grands Crus d'exception : les Bonnes-Mares, les Quatre-Clos, le Clos-Saint-Denis, le Clos-de-la-Roche, le Clos-de-Tart et le Clos-des-Lambrays. Le village est charmant et on y trouve quelques belles bâtisses : une maison des Templiers, un ancien four banal devenu une boulangerie, une intéressante maison à tourelle du XVIe siècle. Alors que l'église actuelle date du début du XVIIIe. En 1925, le village reçoit un invité de marque : le sultan du Maroc, arrière-grand-père du roi actuel, est accueilli chez le consul Guiot, dont la maison est aujourd'hui le cellier de Dionysos. Morey est aussi le village natal de Riepp, le facteur de l'orgue de la cathédrale Saint- Bénigne de Dijon. Chaque année en mars (depuis presque 25 ans !) s'y déroule le week-end du goût. C'est l'occasion de déguster une multitude de produits régionaux. L'événement est organisé au Cellier de Dionysos où une trentaine d'artisans qui vous proposent de déguster leurs productions. Pains, vins et fromages sont à l'honneur !

CASTEL DE TRÈS GIRARD €€€

7, rue de Très-Girard
✆ 03 80 34 33 09
www.castel-tres-girard.com
Les Collectionneurs. 8 chambres. Carte + menus de 30 à 50 €. Bar, terrasse et piscine.

Le Castel de Très-Girard, c'est un restaurant de qualité dans un hôtel de charme. La magnifique bâtisse du XVIIe siècle, qui est un ancien pressoir, est parée d'une décoration chic et contemporaine. Les chambres sont équipées de coffre-fort, machine à expresso et minibar. Pour l'apéritif, rendez-vous au bar dont la carte propose planches, terrines, jambon persillé et... plus de 1 500 vins ! Après un après-midi en terrasse, au bord de la piscine, ou en balade, régalez-vous au restaurant de l'hôtel où le chef Olivier Perreaut concocte une cuisine bistronomique.

CASTEL DE TRÈS GIRARD €€

7, rue de Très-Girard
✆ 03 80 34 33 09
www.castel-tres-girard.com
Ouvert tous les jours midi et soir. Menus de 30 à 50 €. Formule du midi : 24 € (2 plats), 28 € (3 plats). Terrasse.

La maison vigneronne du Castel de Très-Girard s'est refait une beauté offrant à son ancien pressoir du XVIIe siècle, typiquement bourguignon, une agréable touche contemporaine. Installez-vous sur la terrasse en espaliers qui donne sur les vignes et la piscine de l'hôtel. Inspiré et talentueux, le chef de cuisine Olivier Perreaut propose une carte riche en plats préparés minute avec des produits frais, pour certains issus du potager et du poulailler. La carte des vins offre un choix de 1500 crus de référence sur une tablette, via une appli propre à l'établissement.

CAVEAU DES VIGNERONS

3, place de l'Eglise
✆ 03 80 51 86 79
www.domaine-des-beaumont.com
Lundi de 14h à 18h ; mardi de 14h à 19h ; du mercredi au samedi de 10h à 13h et de 14h à 19h ; dimanche de 10h à 13h.

A tous les amateurs de bons vins, voici une adresse pour vous ! En effet, le Caveau des Vignerons, groupement de 12 viticulteurs, vous permet de découvrir plus de 170 références de vins différentes de la Côte de Nuits. A découvrir donc des vins rouges du village bien sûr mais aussi de Chambolle-Musigny, de Gevrey-Chambertin, de Nuits-Saint-Georges... Situé en face de l'église et à côté de la mairie, les dégustations sont gratuites mais essentielles pour pouvoir faire votre choix et repartir avec de très bons vins à des tarifs très attrayants.

DOMAINE DES BEAUMONT

9, rue Ribordot
✆ 03 80 51 87 89
www.domaine-des-beaumont.com
Vins disponibles au Caveau des vignerons.

Le domaine des Beaumont est installé à Morey-Saint-Denis depuis sept générations. Aujourd'hui, ce sont les deux frères Thierry et Vincent Beaumont qui gèrent le domaine de 5,5 hectares. Le domaine des Beaumont vous propose des appellations village, des premiers crus avec par exemple du gevrey-chambertin Aux Combottes et des grands crus comme les Charmes-Chambertin et Mazoyères-Chambertin vendues en grande partie à l'export. Découvrez aussi leurs vins en vente dans le village, au Caveau des Vignerons, ouvert depuis 11 ans et proposant des dégustations gratuites.

FIXIN ★

De belles demeures massives, avec tours anciennes et cours intérieures, sont regroupées, bercées par le chant des oiseaux et le passage des cyclistes. C'est à peine si le vrombissement des voitures sur la route nationale, située en contrebas, vient perturber l'endroit. A l'horizon, Dijon semble vous dire au revoir : le visiteur entre de plain-pied dans la mythique côte des vins. Les vignes s'étirent, nonchalantes, bordées par les bois. Sur les hauteurs de la commune, vous pouvez apprécier le musée dédié à Napoléon, juste à côté, au cœur d'un parc boisé, demeure la fameuse statue, Le Réveil de Napoléon, sculptée par François Rude pour l'officier Noisot.

Vue sur Fixin.

MUSÉE NOISOT

Rue de la Perrière
✆ 03 80 52 45 62
www.mairiedefixin.fr/musee-noisot
Ouvert de mai à mi-septembre. Ouvert le week-end de 14h30 à 18h30. Gratuit jusqu'à 12 ans. Adulte 2,50 €.

Musée dédié à Napoléon Ier créé par Claude Noisot, fidèle et fervent admirateur de l'empereur. Il a d'ailleurs fait partie de ceux qui l'ont accompagné sur l'île d'Elbe. Le musée de l'ancien capitaine de la Garde Impériale de Napoléon présente les souvenirs des campagnes impériales. A savoir : Claude Noisot voulait être enterré debout, face à la statue de l'empereur pour pouvoir la regarder éternellement mais la roche était trop dure... Le buste en bronze qui orne sa tombe est du sculpteur Paul Cabet. Pour visiter hors saison prendre rendez-vous à la mairie.

LE PARC NOISOT

Rue de la Perrière
✆ 03 80 52 45 52
Parc gratuit et ouvert toute l'année. Musée : de mi-mai à mi-septembre le samedi et le dimanche de 14h30 à 18h30.

Fixin est connu pour ses vignes et son vin mais peut-être un peu moins pour ses promenades. Découvrez le Parc Noisot sur les hauteurs du village entouré de falaises qui fut celui de Claude Charles Noisot (1787-1861), officier de la garde impériale de Napoléon Ier. À sa retraite, Claude Noisot s'offrit les cinq hectares dans lesquels il fit planter des pins Laricio de Corse en hommage à Bonaparte. Trois sentiers de randonnée sont accessibles. L'un d'eux fait 3,5 km, avec peu de dénivelé (50 m positif). Pour compléter votre sortie, visitez le musée à l'entrée.

CHEZ JEANNETTE €€

7, rue Noisot ✆ 03 80 52 45 49
www.chez-jeannette.fr
Logis. 8 chambres. Chambre double 69 €. Soirée étape 77 €. Petit déjeuner 10,50 €. Restaurant gastronomique.

Chez Jeannette, qui est avant tout un excellent restaurant, est également un petit hôtel qui réunit tout ce qu'il faut pour une étape confortable, calme mais aussi économique. Depuis la reprise de l'établissement en 2017 par Fabrice Bigolet, chef de cuisine, et son épouse Alexandra, les huit chambres ont été peaufinées, leur literie a été renouvelée pour passer en lits de 160 cm. Chez Jeannette est un hôtel aux allures de bonne auberge qui propose des prestations classiques dans un confort moderne ! Son emplacement est idéal entre Nuits-Saint-Georges et Dijon.

AU CLOS NAPOLÉON €€

4, rue de la Perrière ✆ 03 80 52 45 63
www.clos-napoleon.com
Vignobles & Découvertes. Ouvert tous les jours le midi et le soir. Réservation recommandée. Menu de la semaine 17,90 €.

Déjà douze ans que José Gonzalez et Gérald Ulmann font qu'une sortie Au Clos est un moment privilégié pour s'offrir ce cocktail tant recherché de convivialité, de bonne cuisine et de vins remarquables, le tout dans un cadre au charme unique. Décoration rustique chic aux tables siglées et aux chaises Louis XVI noir et or sur fond de pierres et poutres. La cave à vin façon bibliothèque permet de proposer 30 vins au verre, la carte recèle les pépites bourguignonnes et des menus du jour au top. En été choisissez la terrasse pour vous immerger dans un paysage exquis.

CHEZ JEANNETTE €€

7, rue Noisot
✆ 03 80 52 45 49
www.chez-jeannette.fr
Logis. Ouvert le midi du vendredi au dimanche. Le soir du mardi au samedi. Menus de 19 à 37 €. Terrasse.

Chez Jeannette, le restaurant de Fabrice et Alexandra Bigolet, tient sa réputation d'excellente adresse. Les plats créatifs de Fabrice sont inspirés de la cuisine bourguignonne. Ils sont résolument gastronomiques sans tomber dans les travers de menus exorbitants. Déclinaisons d'escargots, cromesquis, veloutés, crémeux et mariages subtils de saveurs, tout y est. Le style bourguignon et feutré de la salle aux poutres apparentes est relevé de tables nappées de blanc et le service est à la cloche ! La carte des vins est 100 % Bourgogne tout en restant accessible.

LA CAVE DU CLOS

6, rue de La Perrière
✆ 03 80 52 45 63
www.lacaveduclos.com
Ouvert tous les jours de 10h à 18h30. Dégustations, apéritifs dînatoires. Carte Wine Lover.

La Cave du Clos n'est autre que la cave du restaurant Au Clos Napoléon. Une cave qui vous propose d'acquérir les vins que vous aurez choisis au restaurant ou lors d'une dégustation. Près de 300 appellations sont proposées, des vins essentiellement issus du terroir bourguignon mais qui vous font voyager jusqu'au Jura, en Alsace et en Champagne. Au Clos Napoléon, le vin est roi, alors pour honorer cela, vous pouvez devenir membre du club Wine Lover, dont le prix de la carte peut être amorti dès le premier repas mais dont les avantages sont vite compris.

NUITS-SAINT-GEORGES ★★

Nuits-Saint-Georges est la capitale des vins de la Côte de Nuits. Située à 21 km au sud de Dijon, accessible par l'autoroute, par la RN74 ou par la route des Grands Crus, c'est une étape oenotouristique indispensable. On raconte que la compagnie de chemins de fer Paris-Lyon-Marseille aurait souhaité faire rebaptiser la petite ville Nuits-sous-Beaune. Il va sans dire que la population rejeta en bloc cette proposition et préféra, en 1892, adjoindre à Nuits le terme « Saint-Georges », nom du cru le plus réputé des environs. Cette renommée, Nuits la doit aussi à un certain monsieur Fagon, médecin de Louis XIV, qui imposa le fameux vin à la table royale. Toute la cour se mit alors à boire les vins du cru... Car ici la Côte de Nuits et les Hautes Côtes produisent surtout des vins rouges à la renommée mondiale, 24 Grands Crus, dont un blanc et 10 Appellations Villages, certains en Premiers. La proximité avec Gevrey-Chambertin est célébrée par le mariage des offices de tourisme des deux communes. C'est parce que ces deux territoires sont tous deux synonymes de Grands Crus connus mondialement et parce qu'ils proposent une offre touristique très riche en matière de gastronomie, d'activités de plein air, de patrimoine, d'histoire et de culture, qu'est née la marque Gevrey-Chambertin, Nuits Saint Georges, Tourisme. Une destination à part entière destinée « aux gourmets, aux curieux contemplatifs et aux sportifs ». Nuits-Saint-Georges a aussi ses Hospices, où est organisée une vente de charité annuelle de ses vins qui marque le début de la saison touristique le 2e week-end de mars.

L'IMAGINARIUM ★

Avenue du Jura
✆ 03 80 62 61 40
www.imaginarium-bourgogne.com

Le lundi de 14h à 19h ; du mardi au dimanche de 10h à 19h. Visite environ 1h30. Adulte : à partir de 10 €. Enfant : 7 €.

L'Imaginarium est un très beau site œnotouristique qui permet aux petits comme aux grands de découvrir le monde de la vigne et l'élaboration du vin. La visite en trois étapes démarre par un spectacle son et lumière de 40 minutes idéal pour percer le mystère du vin et de la vigne. Le parcours se poursuit vers un espace ludique qui vous propose des activités pour découvrir l'élaboration des Crémants de Bourgogne et vins effervescents (mur des arômes, maquettes, vidéos, livre interactif). Ensuite, place à la dégustation de 5 vins de Bourgogne !

ABBAYE DE CÎTEAUX ✝ ★★★

D 996 - SAINT-NICOLAS-LÈS-CÎTEAUX
✆ 03 80 61 34 28
www.citeaux-abbaye.com

Visites guidées sur réservation. Accueil enfants (livret pédagogique). Boutique. Produits des abbayes de France.

L'abbaye de Cîteaux fut fondée en 1098 par un groupe de moines arrivant de l'abbaye de Molesmes, sous la conduite de Saint Robert avec un désir de chercher Dieu dans une plus grande solitude et pauvreté. Au début du XIIIe siècle, l'abbaye de Cîteaux était à la tête d'un ordre qui comptait près de 500 maisons. En 1789, elle possédait 20 000 ha de terres agricoles dont les vignes célèbres de la côte. Aujourd'hui, l'abbaye reste le lieu source de l'ensemble de la famille cistercienne, soit environ 300 monastères sur les 5 continents. Chaque abbaye vit de son travail. À Cîteaux, l'exploitation agricole possède 75 vaches laitières montbéliardes dont le lait est transformé en fromage de Cîteaux constitué d'une pâte onctueuse, à l'arôme typique assez proche d'un reblochon. Depuis une vingtaine d'années, l'abbaye est ouverte à la visite, ce qui est un grand privilège. Elle reçoit chaque année 60 000 visiteurs pour une visite guidée ou un moment de recueillement selon des plages horaires fixes. L'abbaye de Cîteaux accueille également des retraites de 2 à 8 jours. Avec ou sans visite, un passage à la boutique permet d'acheter le fromage des moines qui a obtenu en 2020 la médaille d'argent au Concours international de Lyon, mais aussi les bonbons ou le miel des ruches de l'abbaye. D'autres produits du monastère sont également proposés à la vente, comme les objets liés à la spiritualité (chapelets en bois, crèches, livres de Noël, crucifix, encens) ou encore des objets d'artisanat (paniers, faïences, poteries, statuettes, bijoux).

PARCOURS DE VILLE NUITS-SAINT-GEORGES

Balade d'environ 2h. Livret + plan à 2,50 €. Parcours pour enfants disponible gratuitement.

Ce parcours propose de découvrir 27 points d'intérêt. Son fléchage représente François Thurot, corsaire nuiton, fils d'un maître de poste aux chevaux, devenu au XVIIIe siècle commandant d'escadre à bord de la frégate *Maréchal de Belle-Isle*. Un livret en vente à l'office de tourisme revient sur les anecdotes liées au caveau nuiton, à la maison Louis Bouillot, à la place du Cratère, aux églises Saint-Denis et Saint-Symphorien, à la Cuverie des Ursulines ou encore à la place des Climats.

LE CASSISSIUM ★

8, passage Montgolfier
✆ 03 80 62 49 70
www.cassissium.com

Visites guidées ; espace boutique ; ateliers cocktails sur réservation chaque 1er vendredi du mois. Entrée 9,50 €.

En mars dernier, le Cassissium fêtait ses 20 ans. Nombreux sont les visiteurs qui ont découvert le large éventail de ses curiosités. Une adresse incontournable parce que le cassis est célébrissime dans le secteur et à tel point célèbre que la maison Védrenne lui a dédié ce musée exclusif. Crèmes et liqueurs, confiseries, en coulis, en sorbet, l'excellente baie noire est déclinée à travers de nombreuses recettes et ses secrets d'utilisation se découvrent au fil de la visite. Créé en 2001 à Nuits-Saint-Georges, le Cassissium dirigé par Jean-Michel Tissot permet à tous de découvrir le cassis de manière ludique et interactive. Au programme du musée : expositions, écrans tactiles, manipulations d'objets, tiroirs à ouvrir, et même un film qui nous explique d'où vient le nom de kir. Visite guidée de la liquoristerie avec la découverte de l'usine de production et de son authentique savoir-faire. Pour bien finir ce parcours découverte, on pourra partager un moment de convivialité autour d'une dégustation offerte. Vous voulez apprendre l'art du cocktail ? Ne manquez pas les ateliers bartender proposés chaque premier vendredi du mois. Avec Cassissium, vous tenez une idée de sortie culturelle originale et vraiment conviviale, à faire en famille ou entre amis. Et avant de partir, rendez-vous à l'espace boutique au Coin produits qui propose les crèmes, liqueurs de fruits et sirops de la maison Védrenne. Créé en 1923 au cœur des vergers de Nuits, le Supercassis est la crème de cassis la plus médaillée au monde.

MUSÉE DE NUITS-SAINT-GEORGES

12, rue Camille-Rodier
✆ 03 80 62 01 37
www.gevreynuitstourisme.com

Ouvert du 2 mai au 31 octobre. Gratuit. Visites de groupes toute l'année, sur rendez-vous.

Situé dans une ancienne maison de vins qui se nomme la maison Rodier, le musée de Nuits-Saint-Georges présente quelques beaux vestiges gallo-romains trouvés sur le site des Bolards. De nombreux objets furent découverts sur ce site archéologique permettant d'appréhender la vie quotidienne de nos ancêtres. Un voyage dans le temps qui vous permet de découvrir le talent des artisans mérovingiens. La vie quotidienne est évoquée notamment au travers d'une fibule en or, trouvée à Argilly. Les rites funéraires sont représentés par des urnes et des stèles dans une mise en scène historiée. Un troisième thème aborde la question des croyances religieuses, avec une reconstitution en modèle réduit du grand temple, ainsi que des dédicaces et des sculptures qui représentent différentes divinités. Une salle mérovingienne laisse encore une large place aux tombes reconstituées, qui contiennent armes et bijoux travaillés avec une grande finesse. Chaque année une exposition temporaire vient éclairer un aspect particulier du patrimoine local. Ces expositions mettent en avant des aspects choisis du patrimoine local ou régional comme l'exposition « Instant'Années de Nuits, Nuits-Saint-Georges de l'entre-deux-guerres ». Ce parcours aborde l'urbanisme de la ville, ses activités économiques et touristiques, ainsi que quelques aspects des modes de vie de l'époque. Cette visite d'environ une heure et instructive, vous permettra de mieux appréhender la ville d'aujourd'hui.

OFFICE DE TOURISME GEVREY-CHAMBERTIN-NUITS-SAINT-GEORGES

1, rue Gaston Roupnel ✆ 03 80 62 11 17
www.gevreynuitstourisme.com

Vignobles et Découvertes. Boutique. Locations de VAE. Visites guidées. Pass touristique. Séjours clé en main

L'office de tourisme du Pays de Nuits-Saint-Georges vous donne rendez-vous pour trouver les informations nécessaires sur les adresses à tester, dont quelques excellentes tables étoilées. Un patrimoine local lui aussi d'exception, sublimé par les châteaux et les abbayes cisterciennes. Plusieurs événements rythmeront la saison estivale, dont Gevrey Wine Food and Music et la 2e édition de "Promenons-nous dans les crus". A visiter, le Cassissium et l'Imaginarium !

MAISON AUX MILLE TRUFFES BY L'OR DES VALOIS ★

La Chaume - **MAREY-LÈS-FUSSEY**
✆ 03 80 30 08 91 - www.truffedebourgogne.fr

Du jeudi au lundi 10h-17h. Formule cavage + dégustation 28 € par personne à 11h et 15h30. Visite guidée, animations.

La Maison aux Mille Truffes by L'Or des Valois est le lieu idéal pour une balade découverte en famille. Située au cœur des hautes côtes de Nuits, ce lieu unique dédié aux amoureux de nature et de gastronomie met en vedette *Tuber uncinatum* dans son écosystème. Si la saison de la truffe de Bourgogne s'étend du 15 septembre au 15 janvier, toute l'année les secrets de ce champignon se dévoilent à vous dans un petit musée et un parc boisé d'1,5 ha où ont lieu des démonstrations de cavage.

LOCATION DE VELOS À ASSISTANCE ÉLECTRIQUE À L'OFFICE DE TOURISME

3, rue Sonoys ✆ 03 80 62 11 17
www.gevreynuitstourisme.com/accueil
Location à l'heure ou à la journée de 15 à 60 € tous les jours sauf le dimanche.

L'office de tourisme Gevrey-Chambertin-Nuits-Saint-Georges vous propose de découvrir le secteur en toute légèreté et sans effort, avec ses vélos à assistance électrique disponibles à la location. Ils seront parfaits pour arpenter le vignoble avec une autonomie de 60 à 120 km, laissant la possibilité de faire une belle escapade. Les 8 vélos sont disponibles au bureau de Nuits-Saint-Georges uniquement. On peut les louer à l'heure, la demi-journée, la journée ou le week-end.

LA SOLEXERIE

17, rue des Blés
✆ 07 88 76 58 97
Ouvert du mardi au samedi de 10h à 18h. De juin à septembre 7/7j de 10h à 18h.

Tout récemment ouverte et accolée à la gare de Nuits-Saint-Georges, la Solexerie est l'endroit où venir en cas de panne de vélo électrique, si vous déraillez avec votre vieux Lapierre ou tout simplement pour venir croquer un bout et boire un verre, en dégustant sur place d'excellentes crêpes salées. Une adresse pratique, avec également son espace de vente où Jérémy Rizet vous réserve un très bon accueil. Ce jeune entrepreneur vous propose dans un premier temps Solex 3800, 5000 et vélo à assistance électrique en location. Un bon plan !

LE DOMAINE DU MOULIN DU COQ €€

21, rue du Moulin
ARGILLY ✆ 06 77 92 82 94
www.lemoulinducoq.fr
Gîtes de France. De 1 920 à 2 300 € pour week-end 3 jours/2 nuits. Petit-déjeuner : 10 €.

C'est dans une ancienne bâtisse cistercienne que vous êtes accueillis en gîtes. Ils disposent tous d'une piscine intérieure chauffée. Unique ! Les chambres sont vastes et de bon goût. Une salle de ping-pong, de baby-foot, un terrain de pétanque, un terrain de volley, des balançoires pour les enfants, nos hôtes ont pensé à tout ! En outre, des services sont proposés : petit-déjeuner, panier garni, pique-nique, brunch, un chef de cuisine vous concocte des spécialités bourguignonnes.

I BRAVI RAGAZZI €€

34, Grande Rue
✆ 03 45 83 01 44
Ouvert du mardi au samedi le soir ; du mercredi au samedi le midi. Pizzas salades et pâtes. Terrasse.

I Bravi Ragazzi, comprenez ces bons jeunes, colle à merveille à Eva et Francesco originaires du lac Majeur et formés au métier dans le berceau de la pizza à Naples. Ajoutez à cela l'expérience, une exigence d'authenticité dans leurs préparations et un amour des belles choses jusque dans la déco pour vous garantir un pur moment de bonheur à déguster leurs pizzas. Elles sont traditionnelles napolitaines, simples dans leurs garnitures, mais réalisées avec les meilleurs produits, farine, produits laitiers comme la mozzarella en arrivage direct et régulier de Calabre.

© ALEXANDRE NIQUET

© ALEXANDRE NIQUET

LA P'TITE BOURGOGNE €

51, rue de Citeaux
✆ 03 80 49 23 37

BS : ouvert du mercredi au dimanche. HS : du mardi au dimanche. Formules à partir de 12,50 €. Terrasse. Bar musical.

© LA P'TITE BOURGOGNE

Nathalie Daniel vous accueille dans son restaurant d'Agencourt La P'tite Bourgogne. Un concept original, de bar à musique et restauration rapide aux nombreuses formules de pizzas, burgers et salades. Ici les vinyles sont aussi bien aux murs qu'en dessous des plats. On vient volontiers s'offrir un bon petit repas avec en cette saison un menu proposant quiche à l'époisses, souris d'agneau fondante au thym, purée de patates douces et asperges vertes. Un univers insolite offrant une terrasse couverte. Le plus de la P'tite Bourgogne : ses soirées.

HOTEL LE CLOS BADAN €€

49 B, rue de Cîteaux
✆ 03 80 62 03 90
www.le-clos-badan.fr

16 chambres ; à partir de 79 €, petit déjeuner : 9,90 € ; boutique et petite restauration ; piscine.

Repris par Monique Joly début 2021, Le Clos Badan est passé de 2 à 3 étoiles, offrant tranquillité et confort dans un univers totalement rénové entre 2019 et 2020. Toutes les chambres sont de plain-pied avec terrasse privative, ouverte sur un superbe jardin. Avec 9 chambres familiales, 6 chambres doubles dont 2 studios, une chambre accessible aux personnes à mobilité réduite et une suite-appartement, l'hôtel met à votre disposition son patio, sa piscine, et un parking privé. Un service de petite restauration vous est proposé ainsi qu'une sélection de vins locaux.

LA GENTILHOMMIÈRE €€€

13, vallée de la Serrée
✆ 03 80 61 12 06
www.lagentilhommiere.fr

31 chambres (dont 10 suites junior et 1 suite). Chambre double à partir de 89 €. Petit déjeuner buffet : 15 €.

La Gentilhommière est un hôtel 3 étoiles réputé de la côte nuitonne, avec un bel espace de 13 ha en pleine nature et une piscine. Séjournez dans l'une de ses 31 chambres d'ambiance cosy, dont 11 suites de plain-pied. Celles-ci donnent sur de jolies terrasses privatives et ont toutes une salle de bains avec baignoire et douche vénitienne. La Gentilhommière vous accueille également dans son restaurant traditionnel et ses terrasses. Offrez-vous le petit-déjeuner en chambre et poursuivez avec une escapade œnotourisme. Borne rechargeable à disposition des clients.

LA GENTILHOMMIÈRE €€

13, vallée de la Serrée
✆ 03 80 61 12 06
www.lagentilhommiere.fr

Dimanche, lundi, du mercredi au vendredi de 12h à 13h30 et de 19h à 21h ; mardi midi ; samedi soir. Menus de 37 à 59 €.

C'est dans une très belle demeure blottie en fond de vallée longée par une rivière que le restaurant le Chef Coq et l'hôtel La Gentilhommière vous accueillent. Côté cuisine, la brigade du chef s'active pour composer des menus qui fleurent bon le terroir. Dans le menu Grand Cru, les propositions s'intitulent : « Maki » de Magret de Canard fumé, Dorade Rouge grillée sur Peau, Gratin de Sot-l'y-laisse, Hérisson Chocolat Framboise. La carte des vins honore évidemment la région. Venez donc à La Gentilhommière profiter d'une pause gourmande.

HOSTELLERIE SAINT-VINCENT - RESTAURANT L'ALAMBIC €€

23, rue du Général-de-Gaulle
✆ 03 80 61 14 91
www.lalambic.com

Menus de 30 € à 35 €. Vin au verre. Hôtel de 23 chambres. Terrasse. Boutique.

Tout comme l'Hostellerie Saint-Vincent, le restaurant L'Alambic est une adresse de qualité. Aux fourneaux la cuisine régionale est revisitée, avec des plats comme la cassolette d'escargots et champignons Lutée, le poisson du marché sauce safran ou le carré de porc à la moutarde de Fallot, qui vous seront servis dans un chaleureux caveau ou en terrasse. La carte des vins est riche d'appellations prestigieuses. Réservez une table ou votre chambre sur le site Internet de l'établissement.

AU PETIT BONHEUR €€

6, rue de Beauvois - **CURTIL-VERGY**
✆ 03 80 61 31 03
www.restaurantaupetitbonheur.com
Ouvert du jeudi au dimanche le midi et le soir. Réservation impérative. Menus de 26 à 35 €. Terrasse. Concerts.

Petits moments de bonheur simple mais si précieux. L'établissement arbore une ambiance campagnarde très conviviale avec pierres et poutres apparentes. Néanmoins, la décoration est chic et intimiste, en salle comme en terrasse. Côté cuisine, Olivier travaille des produits locaux et s'applique à servir de belles assiettes. Incontournables, les desserts sont la spécialité du maître des lieux, qui a travaillé en 1996 comme pâtissier au palais de l'Elysée. Une fois par mois, le Petit Bonheur vous plonge dans une ambiance musicale pour accompagner votre dîner. Fabuleux.

CHRISTIAN QUENEL RESTAURANT €€€

12, place de l'Eglise - **FLAGEY-ECHÉZEAUX**
✆ 03 80 62 88 10
www.restaurant-christianquenel.com
Tous les jours sauf mardi et mercredi midi de juin à septembre. Terrasse. Plats à emporter. Traiteur.

A Flagey-Echézeaux découvrez le restaurant gastronomique de Christian Quenel. Le chef respecte la saisonnalité avec une cuisine à la fois innovante et régionale. Une carte souvent renouvelée, tournée sur la tradition bourguignonne avec l'incontournable ris de veau. La carte rend aussi hommage à la région par ses vins foisonnants : plus de 100 références d'exception que les convives pourront découvrir au verre ou en accompagnement de leur menu, composé de 4 à 9 créations.

ABBAYE DE CÎTEAUX

D 996 - **SAINT-NICOLAS-LÈS-CÎTEAUX**
✆ 03 80 61 34 28
www.citeaux-abbaye.com
Du mardi au samedi de 10h à 12h30 et de 14h30 à 18h30 ; le dimanche de 14h à 18h30. De novembre à mars, fermeture à 18h.

Le cîteaux est un fameux fromage de Côte-d'Or qui est produit par les vingt moines de l'abbaye de Cîteaux. Agriculteurs-éleveurs, ils possèdent un cheptel de 75 vaches laitières montbéliarde produisant plus de 60 000 litres de lait. Ce fromage fermier de lait de vache « thermisé à pâte pressée non cuite » onctueuse offre un goût typique assez proche d'un reblochon. On le trouve à Dubaï, à Shanghai et à Tokyo. Les moines de Cîteaux qui appliquent la règle de saint Benoît, « prière et travail », ne s'attendaient pas à un tel succès !

LA CUVERIE DES URSULINES

5, Chemin des Plateaux ✆ 03 80 62 61 61
www.boisset.fr
Boutique ouverte du lundi au vendredi de 9h à 12h et de 14h à 17h. Visites guidées et dégustations sur rendez-vous.

Ancien couvent qui accueillait au XVIIIe siècle des Ursulines. Bienvenue dans ce lieu hors du commun ! 2 000 hl, 1 500 m², 15 m de haut, c'est aujourd'hui la propriété de la maison Boisset. Frédéric Didier, architecte en chef des monuments historiques, par ailleurs en charge du château de Versailles, a mené ce projet architectural monumental unique en Bourgogne. Ses particularités : la cuverie bioclimatique dispose d'un toit végétalisé de 15 m de haut, recouvert de pieds de vigne. Grâce à son toit isolé par la terre, La Cuverie ne nécessite pas de climatisation.

DOMAINE ALAIN MAURICE GAVIGNET

69, rue Félix Tisserand
✆ 03 80 62 11 79
https://www.domaineamgavignet.fr/nos-vins
Ouvert du mardi au samedi de 9h à 18h.

Le domaine Alain Maurice Gavignet existe depuis 4 générations sur une surface d'exploitation d'environ 3 hectares. Découvrez des vins tels que le Hautes-Côtes-de-Nuits « Dames Huguettes » en blanc, le Bourgogne Passe-toutgrain en vin rouge, aux notes de cerise et de framboise, ou encore le délicat Nuits-Saint-Georges 1er Cru « Les Chabœufs ». Le domaine fut médaillé d'or au Concours Général Agricole en 2019, pour son Hautes-Côtes-de-Nuits rouge 2017 « Les Dames Huguettes ». A visiter.

DOMAINE DUFOULEUR GUY ET YVAN

15, rue Thurot ✆ 03 80 61 09 35
www.domaineguyetyvandufouleur.fr
Ouvert du lundi au vendredi de 9h à 12h et de 14h à 18h. Le week-end uniquement sur rendez-vous. Livraison possible.

Le domaine existe depuis 1596 et Gilles Dufouleur en a été le fondateur, comme nombre de familles de vignerons, la transmission de savoir est une évidence. C'est donc en toute logique que Guy et Yvan sont devenus vignerons. 30 hectares de parcelles d'une grande richesse. Un accueil sympathique pour déguster et découvrir les caves. Des vignerons passionnés et qui le transmettent. Une réservation au préalable permettra une plus grande disponibilité pour vous raconter l'histoire des vins.

DOMAINE DUPASQUIER ET FILS

4, route de Nuits-Saint-Georges
© 03 80 61 13 78
www.domainedupasquier.com
Ouvert du lundi au vendredi de 8h à 12h et de 13h30 à 17h30.

Sur cette exploitation de 10 ha, située à Premeaux-Prissey, Vincent Dupasquier et son frère soignent leur domaine qui existe depuis 5 générations. Des vignobles qui s'étendent sur quatre communes dont Nuits-Saint-Georges, Premeaux-Prissey, Aloxe-Corton et Pernand-Vergelesses. Découvrez sur place, ou sur les différents salons auxquels ils participent, une jolie gamme de vins blancs et de rouges, entre bourgogne aligoté (millésime 2018) et pinot noir de 2018, disponible en magnum.

DOMAINE LAURENT JEANNIARD

85, route Nationale
CORGOLOIN
© 03 80 62 72 53

Muriel et Laurent Jeanniard se sont installés à Corgoloin, dans un ancien relais de diligence au milieu de leurs vignes. En passionnés, ils ont créé leur domaine en 2006 et exploitent aujourd'hui près de 7,5 hectares : Bourgogne Hautes Côtes de Nuits en rouge, mais aussi rosé, Bourgogne Pinot Noir, Chardonnay et Aligoté. Ils commercialisent également les vins des domaines familiaux comme le Morey St Denis Village 1er Cru. Accueil et dégustation sur rdv sur place bien sympathique.

FERME FRUIROUGE

40, Grande rue
© 03 80 62 36 25
www.fruirouge.fr
100% Bio. Ouvert du jeudi au lundi et les jours fériés de 9h à 12h et de 14h à 19h.

Isabelle et Sylvain Olivier ont été labellisés « Artisans de qualité » pour leur production bio de petits fruits rouges (framboises, fraises, groseilles, cerises, pêche de vigne, ou encore cassis noir de Bourgogne) qu'ils transforment pour en faire de véritables petites merveilles gourmandes. Les époux Olivier nous concoctent d'appétissantes spécialités maison, telles que condiments, confitures, boissons, crèmes, beurres et pâtes de fruits... ou boisson alcoolisée comme la Vod'K6. Mention spéciale pour le ketchup au cassis. A voir, à faire et à déguster !

L'ŒNOTHÈQUE DE L'IMAGINARIUM

Avenue du Jura
© 03 80 62 30 61
www.imaginarium-bourgogne.com
Ouvert du lundi au samedi de 9h30 à 11h30 et de 14h à 17h30. Dégustations.

L'Imaginarium est ce temple du vin où tout est fait pour que vous connaissiez la vigne et le travail du vigneron, incluant une dégustation sous plusieurs formules. Mais c'est aussi une boutique de vins et spiritueux, la plus grande œnothèque de Bourgogne ! Vous pouvez également vous laisser aller à l'Œnocercle : système unique en Bourgogne, il vous permet de déguster autant de vins que vous voulez parmi 12 Premiers et Grands Crus, grâce à un système de carte magnétique rechargée.

LA MAISON DES VIGNERONS - NUITS-SAINT-GEORGES

4, rue Charles-Arnoult
© 03 80 62 18 77
www.maisondesvignerons.fr
Ouvert du lundi au samedi de 9h à 12h et de 14h à 18h. Livraison possible.

Cette maison des vignerons créée par le syndicat viticole et présidée par Yvan Dufouleur sert de vitrine à environ 40 vignerons de Nuits-Saint-Georges et Premeaux-Prissey. Sa vocation : rassembler un grand nombre de références en un même lieu. Du rouge pour l'essentiel, mais aussi blancs, rosés et crémants également disponibles. Carafes ou verres peuvent faire de jolis cadeaux tandis que certains apprécieront le large choix de textiles à l'effigie de Nuit-Saint-Georges.

LA P'TITE BOURGOGNE

51, rue de Citeaux
© 03 80 49 23 37
Bar musical. Soirées à thème, repas dansant, restaurant, salle de billard et flipper. Terrasse.

La P'tite Bourgogne est un lieu charmant tout en simplicité propice à la convivialité. Nathalie Daniel transforme régulièrement sa grande salle de restaurant en lieu de dance où l'on revient volontiers pour retrouver ces ambiances des bals d'antan. Le DJ est votre écoute, mais il faut le laisser faire pour mettre le feu à la salle... On en profite pour prendre un bon petit repas aux nombreuses formules pizzas, burgers et salades. La cave à vin et à bière est parfaite, la déco vinyles aux murs très sympathique. Comptez sur Nathalie pour vous chouchouter.

PRÉMEAUX-PRISSEY

« Prémeaux » viendrait de « premières eaux »... Un comble dans la région ! Il serait lié aux nombreuses sources découvertes sur le territoire de la commune à l'époque gallo-romaine. Elles participent au dynamisme économique de la commune de 1927 jusqu'en 1970 où l'on embouteille une eau minérale. Pour ce qui est du vin, pas de grands crus, mais dix premiers crus dont huit clos : Clos-de-la-Maréchale, qui tire son nom de l'épouse d'un officier du Second Empire, Clos-des-Argillières... Ne manquez pas les deux églises du XIIIe siècle qui contiennent des tombeaux classés.

TNCO TÉLÉSKI NAUTIQUE CÔTE D'OR

Zone Loisirs Saule Guillaume ✆ 06 86 92 99 59
www.teleskinautiquecotedor.com

Ouvert de fin avril à début septembre. Adultes de 20 € l'heure à 80 € 2 jours. Enfants de 16 € l'heure à 64 € 2 jours.

Le TNCO se situe sur le plan d'eau de Bois-Guillaume (12 ha) pour la pratique du wakeboard (ski nautique) et du kneeboard (la même chose à genou). 4 modules pour le wakepark. Les amateurs de glisse sur l'eau et de vitesse s'éclatent ! Vous pouvez profiter du beau temps et de la vue depuis la grande terrasse aménagée de chaises longues, fauteuils et tables basses. Le site dispose d'un snack-bar. Les accros peuvent s'installer au camping mitoyen, très bien équipé, pour séjourner.

CAMPING LE FIL DE L'EAU €€

Base de loisirs Saule Guillaume ✆ 06 21 98 95 72
www.camping-fildeleau.com

Ouvert d'avril à octobre. Terrain de 4 ha. 31 emplacements. 3 mobil-homes. Aire pour camping-cars. Restauration.

C'est un très joli camping qui ne manque pas d'atouts. Créé en 2017 par les fondateurs du téléski nautique du Saule Guillaume, situé à 13 km de Beaune et à une trentaine de Dijon. Installé près de la Base de Loisirs Saule Guillaume au bord d'un lac de 12 hectares les amateurs d'activités nautiques sont comblés ! De nombreuses activités sont proposées : *wakeboard, kneeboard, paddle*, kayak et ski et la possibilité de louer un vélo électrique. L'équipe de la base de loisirs est composée de professionnels du tourisme qui veille à votre sécurité et vous conseille.

COMBLANCHIEN

La pierre marbrière de Comblanchien est célébrée dans le monde entier. Elle servit, entre autres, à habiller les murs du palais du Louvre ou encore ceux de l'aéroport d'Orly... Preuve que son succès n'a pas été démenti au cours des années ! Les carrières, aux couleurs si caractéristiques, apportent une touche particulière au paysage. Mais ici, en plein cœur de la Côte de Nuits, on produit aussi du vin. La Seconde Guerre mondiale a laissé de bien tristes souvenirs dans le village qui fut brûlé par les troupes allemandes le 21 août 1944. Pour de plus amples informations et pour préparer votre séjour, n'hésitez pas à visiter le site : www.comblanchien.fr.

DOMAINE DUBOIS ET FILS

7, Route de Nuits St Georges
✆ 03 80 62 30 61
www.domaine-dubois.fr

Du lundi au samedi de 9h à 11h30 et de 14h à 17h30. Week-end uniquement sur rdv. Label «Vignobles et découvertes».

Ici, le vin est affaire de famille. A la tête du domaine, frère et sœur : Béatrice, œnologue, s'occupe avec passion de la partie vinification et Raphaël gère la partie viticole et la commercialisation des vins. Chaque année, environ 120 000 bouteilles (70 % en vins rouges, le reste en blanc) quittent le domaine qui exploite 21 hectares entre Côte de Nuits et Côte de Beaune. 21 appellations, régionales et villages, réparties entre Chambolle-Musigny et Volnay, en passant par des Nuits-Saint-Georges premiers crus et le grand cru Clos-de-Vougeot.

ARCENANT

En plus d'être la plus vaste commune des Hautes-Côtes, Arcenant peut se vanter d'avoir une histoire... et quelle histoire ! Des recherches, datées de 1988, ont prouvé que le village avait été occupé par les Romains. Au XIIe siècle, les moines cultivent la vigne et six siècles plus tard la vie des habitants change avec le plant de gamay. D'où la grappe de raisin sur le blason d'Arcenant ! Il y a ensuite eu la culture des fruits rouges qui fait encore la réputation du village avec ses crèmes et ses liqueurs. De nos jours, Arcenant compte 505 habitants, des maisons à l'architecture typique, une charmante église et quelques autres curiosités !

VOSNE-ROMANÉE ★

On raconte qu'à la Révolution, le vin de Vosne-Romanée fut proclamé « le plus excellent de tous les vins de la République française ». Six grands crus remarquables sont cultivés ici : le célébrissime Romanée-Conti, Romanée, Romanée-Saint-Vivant, La Tâche, le Richebourg et la Grande-rue. On compte aussi 14 premiers crus. Roupnel appelait ce joli village et son vignoble « la perle du milieu du collier bourguignon. » S'il n'est pas possible de visiter les deux châteaux, le village possède d'autres belles demeures, comme le pavillon de la Goyotte (pavillon de chasse du XVIIe siècle racheté par le prince de Conti) ou le prieuré Saint-Vivant.

LE VINTAGE - BAR RESTAURANT PAR LE RICHEBOURG €€

Ruelle du Pont ✆ 03 80 61 59 59

www.hotel-lerichebourg.com

Tous les jours midi et soir. Réservation recommandée. Menus de 49 à 75 €. Formule du midi de 21 à 38 €.

Le chef Jérôme Lathuilière met les spécialités bourguignonnes à l'honneur de façon moderne et subtile. Ses propositions sont éloquentes et la carte des vins impressionnante. La salle du restaurant contribue également à rendre le moment des plus agréables avec un cadre élégant, lumineux grâce à de larges baies vitrées qui donnent sur les jardins. À la belle saison, vous pouvez d'ailleurs profiter d'une grande terrasse. En bref, une cuisine raffinée et une ambiance propice au bien-être.

LE RICHEBOURG SPA & HÔTEL €€€

Ruelle du Pont ✆ 03 80 61 59 59

www.hotel-lerichebourg.com

22 chambres et 4 suites. Chambre double de 129 à 309 € ; suite de 199 à 409 €. Petit déjeuner 21 €. Restaurant. Spa.

Le Richebourg est un hôtel 4 étoiles haut de gamme. De construction récente, ses chambres sont contemporaines et ses suites offrent un espace allant jusqu'à 70 m². Votre séjour sera agrémenté de l'accès libre au VineaSpa avec bassin aqualudique, sauna, hammam et douches expériences. Vous pouvez aussi vous offrir toute une gamme de soins. Si vous voulez passer un week-end romantique, choisissez la chambre Cocoon avec terrasse et bain à remous privatif !

DOMAINE FRANÇOIS LAMARCHE

9, rue des Communes

✆ 03 80 61 07 94

www.domaine-lamarche.com

Visite du domaine sur rendez-vous (par téléphone ou formulaire de contact site).

Direction Vosne-Romanée, au Domaine François Lamarche, installé sur ces terres viticoles depuis 1797. Le domaine de 11 hectares est géré depuis 2006 par Nicole Lamarche. Passé à l'agriculture biologique (reconnaissance en 2010), le résultat est là avec des vins prestigieux et élégants comme les Grands Crus « La Grande Rue, Monopole », à côté de la parcelle mondialement connue du Domaine de la Romanée-Conti, mais aussi des Premiers Crus et les appellations Villages et Bourgogne.

Vue de Vosne-Romanée.

VINEASPA PAR LE RICHEBOURG

Ruelle du Pont ✆ 103 80 61 59 55
www.hotel-lerichebourg.com

Soins de 10h à 20h sur rdv. Accès libre pour les clients de l'hôtel. Entrée 35 € (accès libre VinéaSpa 2h sans soins).

Le Richebourg, c'est un superbe hôtel, un restaurant de qualité, mais aussi un univers multi-sensoriel dédié à la beauté du visage et du corps. Bienvenue au vineaSpa ! Véritable havre de paix situé à Vosne-Romanée, il dispose d'un bassin aqualudique, d'un bain à remous, d'un sauna, d'un hammam et de douches sensorielles. L'ambiance chaleureuse de la pierre de Bourgogne et la vue sur les jardins procurent un réel bien-être et vous offrent un moment de relaxation du corps et de l'esprit.

VOUGEOT

Très célèbre notamment grâce à son château du clos de Vougeot, ce petit village est typique de la côte bourguignonne. Avec ses vieilles pierres, ses murets et ses demeures historiques, l'endroit est incontestablement plein de charme. Pour en profiter, déambulez à pied dans les rues, notamment celle du vieux Château, et admirez les vignes qui la longent. Même si elles ne produisent désormais plus de vin, elles sont magnifiques à admirer et témoignent de toute l'histoire de la Bourgogne. Depuis 1940, le château appartient à la Société des amis du Château du Clos de Vougeot et c'est la Confrérie des Chevaliers du Tastevin qui en assure la gestion.

DOMAINE GUILLAUME LEGOU

16, rue des Cerisiers
GILLY-LÈS-CÎTEAUX
✆ 06 12 54 20 39

Dégustations sur rendez-vous. Vins rouges, blancs et Crémants.

© DOMAINE LEGOU

Guillaume et Iris vous font découvrir d'excellents vins, dans leur nouvelle cuverie à Gilly-les-Citeaux. A déguster sans plus attendre : "Les Bas de Vosne" produit à partir d'une parcelle située sur la commune de Vosne-Romanée, un vin tout en légèreté qui est l'assemblage de deux cépages : le pinot noir et le gamay. Goûtez encore "L'Hermitage", Hautes Côtes-de-Nuits 2019, un vin qui se conserve entre 3 et 5 ans, issu de parcelles situées sur les hauteurs de Nuits-Saint-Georges. Les dégustations se font sur rendez-vous au domaine.

HÔTEL DE VOUGEOT €€

18, rue du Vieux-Château
✆ 03 80 62 01 15
www.hotel-vougeot.com

Label Vignobles & Découvertes. Réseau Contact Hôtel. 16 chambres. Chambre double de 69 à 135 €.

Ce petit hôtel de charme, face aux vignes et au château du Clos de Vougeot, se répartit sur plusieurs bâtisses de caractère. Les rénovations régulières des 16 chambres apportent une décoration qui mêle architecture historique et touches contemporaines, avec de la pierre et de beaux planchers. L'une d'elles vous offre une vue panoramique sur le château du Clos de Vougeot depuis votre lit ! Alain Senterre, le propriétaire, accueille ses clients avec beaucoup d'attention et Raoul est très gentil. Croisé labrador-épagneul, il seconde parfaitement son maître.

CHÂTEAU DE GILLY - RESTAURANT LE CLOS PRIEUR €€€

2, place du Château
GILLY-LÈS-CÎTEAUX
✆ 03 80 62 89 98 - www.restaurant-closprieur.fr

«Grandes étapes françaises». Accueil 24h/24. 48 chambres. Chambre double à partir de 123 €. Petit déjeuner : 25 €.

Charme et saveur sur la route des grands crus à mi-chemin entre Dijon et Beaune. Cette ancienne résidence des abbés de Cîteaux au XIVe siècle brille de ses 5 étoiles. Ici les voyageurs découvrent un lieu d'exception pour dormir comme pour déguster une cuisine gastronomique régionale. Les chambres sont tout à la fois confortables et raffinées. De la classique à la suite, toutes bénéficient d'une jolie vue sur les jardins à la française, la rivière ou le village.

LE CHÂTEAU DU CLOS DE VOUGEOT ★★★

La Montagne ✆ 03 80 62 86 09
www.closdevougeot.fr

Ouvert du lundi au samedi de 10h à 17h en BS ; tous les jours de 9h30 à 18h (samedi de 9h à 17h) en HS. Visites guidées.

Pour présenter le château du Clos de Vougeot, on ne sait par où commencer tant le sujet est vaste ! Lieu emblématique et haut lieu de la gastronomie française, il attire chaque année aussi bien les amateurs d'histoire, d'architecture et de vin, que les curieux néophytes. Majestueux, le château du Clos de Vougeot trône au cœur d'un des vignobles les plus réputés au monde, le clos de Vougeot. Le château n'a pas toujours été cette demeure noble. Il fut d'abord un bâtiment d'exploitation pour les moines de Cîteaux au XIIe, puis, complété au XVIe siècle par un corps de logis de style Renaissance. Il est ouvert à la visite toute l'année et accueille des événements tournés vers l'art ou le vin. Découvrez ou redécouvrez notamment l'œnothèque du château, entièrement rénovée et flambant neuve. Classé monument historique, le château est aujourd'hui le quartier général de la confrérie des chevaliers du Tastevin. Ces murs résonnent d'histoire, de chansons et d'anecdotes en tous genres ! Ouvert à la visite toute l'année (libre ou guidée), il regorge de trésors comme un superbe cellier du XIIe siècle conçu pour accueillir des milliers de bouteilles, une cuverie des XIIe et XIIIe siècles qui abrite de très beaux pressoirs, des anciennes cuisines ainsi que les superbes salons Renaissance. Un film de 20 minutes raconté par Pierre Arditi, retraçant l'histoire du Château et de la Confrérie, complète la visite. En résumé, c'est un lieu incontournable de l'histoire bourguignonne, qui mérite le détour et qui ne vous décevra pas.

Bon à savoir ! Le château du Clos de Vougeot vous offre la possibilité de vivre un moment exceptionnel en organisant vos réceptions, cocktails, dîners au cœur des vignes ! Soyez-en sûrs, le chef résident du château Olivier Walch et son équipe vous concoctent un repas magnifique à la hauteur de vos espérances.

Chaque année de nombreux événements se déroulent entre ses murs : le festival Musique et Vin (fin juin), le festival Livre en vigne (le premier week-end d'octobre) ou encore au mois d'octobre les journées mondiales de l'œuf en meurette. N'hésitez pas à vous rendre sur le site du château du Clos de Vougeot pour avoir toutes les dates, les tarifs, les horaires et ne rien manquer de l'actualité.

À découvrir : les trois expériences sensorielles qui proposent la visite guidée du château suivie de la découverte de vins de Bourgogne, allant de trois vins tastevinés et gougères à cinq grand vins en accords mets et vins.

CHÂTEAU DE GILLY - RESTAURANT LE CLOS PRIEUR €€

2, place du Château - **GILLY-LÈS-CÎTEAUX**
✆ 03 80 62 89 98
www.restaurant-closprieur.fr

ouvert 7/7 midi au déjeuner et au dîner. Formule déjeuner de 28 € à 36 €. Menu gastronomique 58 € jeune gourmet 60 €.

Offrez-vous la vie de château le temps d'un repas gastronomique au restaurant Le Clos Prieur. On pourra en semaine profiter d'une formule déjeuner tandis que les gourmets pourront s'offrir le dîner raffiné dont ils rêvent. Fraîche et locale, la cuisine convoque tous les sens et permet de découvrir l'étendue du talent de Jean-Jacques Morette. L'œuf en meurette au pinot noir, véritable star du pays figure à tous les menus. Une très belle adresse à deux pas du célèbre Clos de Vougeot.

AU CREUX DE VOUGEOT €€

6, rue de Cîteaux
✆ 09 52 86 24 81

Ouvert du mercredi au dimanche le midi et le soir. Menus de 22 € à 38 €. Formule du midi : 14,50 € (3 plats). Terrasse.

Situé à l'entrée de Vougeot au bord de la Vouge, profitez d'un déjeuner en terrasse devant un jardin fleuri pendant les beaux jours. En hiver, la grande salle est très lumineuse grâce à ses baies vitrées. Le chef Baptiste Girard, propose une cuisine simple et qualitative. Les différents menus proposés comblent toutes les papilles : gourmand, gastronome, bourguignon... À chacun ses envies et son menu. Les plats authentiques et de terroir de qualité donnent envie de revenir toute l'année et ce, sans retenue. L'ambiance est familiale et décontractée.

LA MAISON VOUGEOT

1, rue du Vieux Château
✆ 03 80 61 06 10
www.lamaisonvougeot.com

Les vendredis et samedis de 10h30 à 13h et de 14h à 19h. Dégustation sur réservation.

La famille Boisset est réputée dans le monde du vin et au-delà de la Bourgogne puisqu'elle possède également des vignes en Angleterre et aux USA, entre autres. À Vougeot, la famille Boisset rend un bel hommage au village dans cet endroit magique, intemporel et voué aux vins. Ces derniers sont magnifiés par la décoration de Jacques Garcia et les œuvres d'Hélène de Saint Lager. C'est un véritable voyage qui vous est proposé à travers l'histoire de la famille et de ses vins que vous découvrez dans les différentes pièces : théâtre, boudoir, bibliothèque...

PAYS BEAUNOIS

Situé au sud de la Côte d'Or, au cœur de la Bourgogne, le Pays Beaunois est un concentré d'excellence. Beaune, capitale des vins de Bourgogne, est la locomotive de ce territoire, avec ses Hospices, joyau mondialement connu, et ses milliers de visiteurs. La beauté de cette ville est sublimée par un périmètre de 20 km, une nature préservée et des villages de charme. Des coteaux bien exposés, un océan de Climats classés au patrimoine mondial de l'Unesco, des cirques de falaises, des points de vue panoramiques, le Pays Beaunois est aussi fait de châteaux, d'abbayes, de ruelles médiévales, de maisons typiques des Côtes et Hautes-Côtes, un livre d'histoire à ciel ouvert. Les hommes et les femmes qui travaillent à rendre ce paysage inoubliable aiment partager leur savoir-faire dans le secret des caves. Ce terroir de gastronomes regorge d'hébergements, d'adresses gourmandes, d'activités, de sites à visiter. Le Pays Beaunois, ça vous gagne !

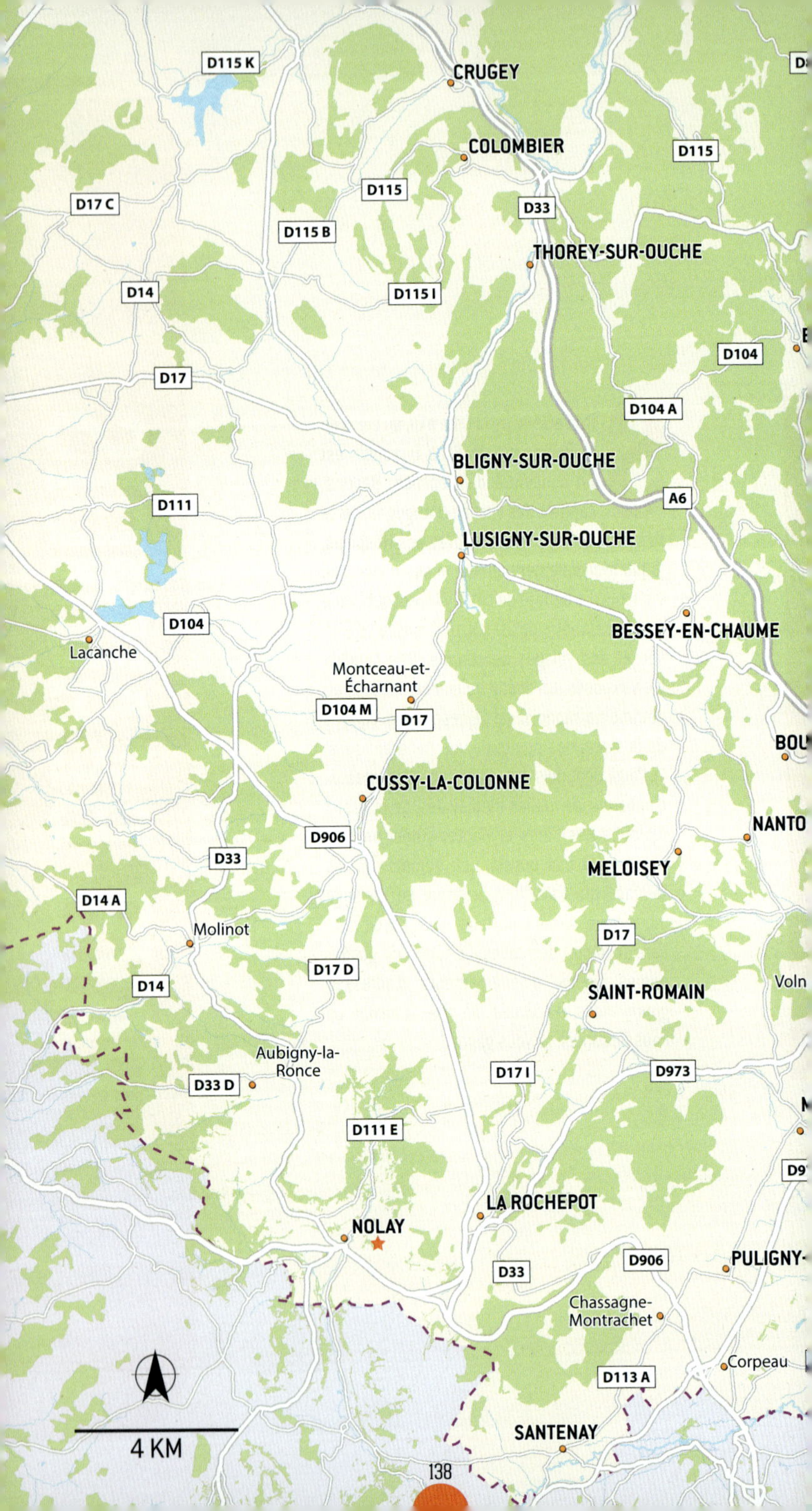

D115 K
CRUGEY
COLOMBIER
D115
D33
D17 C
D115 B
D115
THOREY-SUR-OUCHE
D14
D115 I
D104
D17
D104 A
BLIGNY-SUR-OUCHE
A6
D111
LUSIGNY-SUR-OUCHE
BESSEY-EN-CHAUME
D104
Lacanche
Montceau-et-Écharnant
D104 M
D17
CUSSY-LA-COLONNE
D906
NANTO
D33
MELOISEY
D14 A
Molinot
D17
D17 D
D14
SAINT-ROMAIN
Voln
Aubigny-la-Ronce
D17 I
D973
D33 D
D111 E
LA ROCHEPOT
NOLAY
D906
PULIGNY-
D33
Chassagne-Montrachet
Corpeau
D113 A
SANTENAY
4 KM

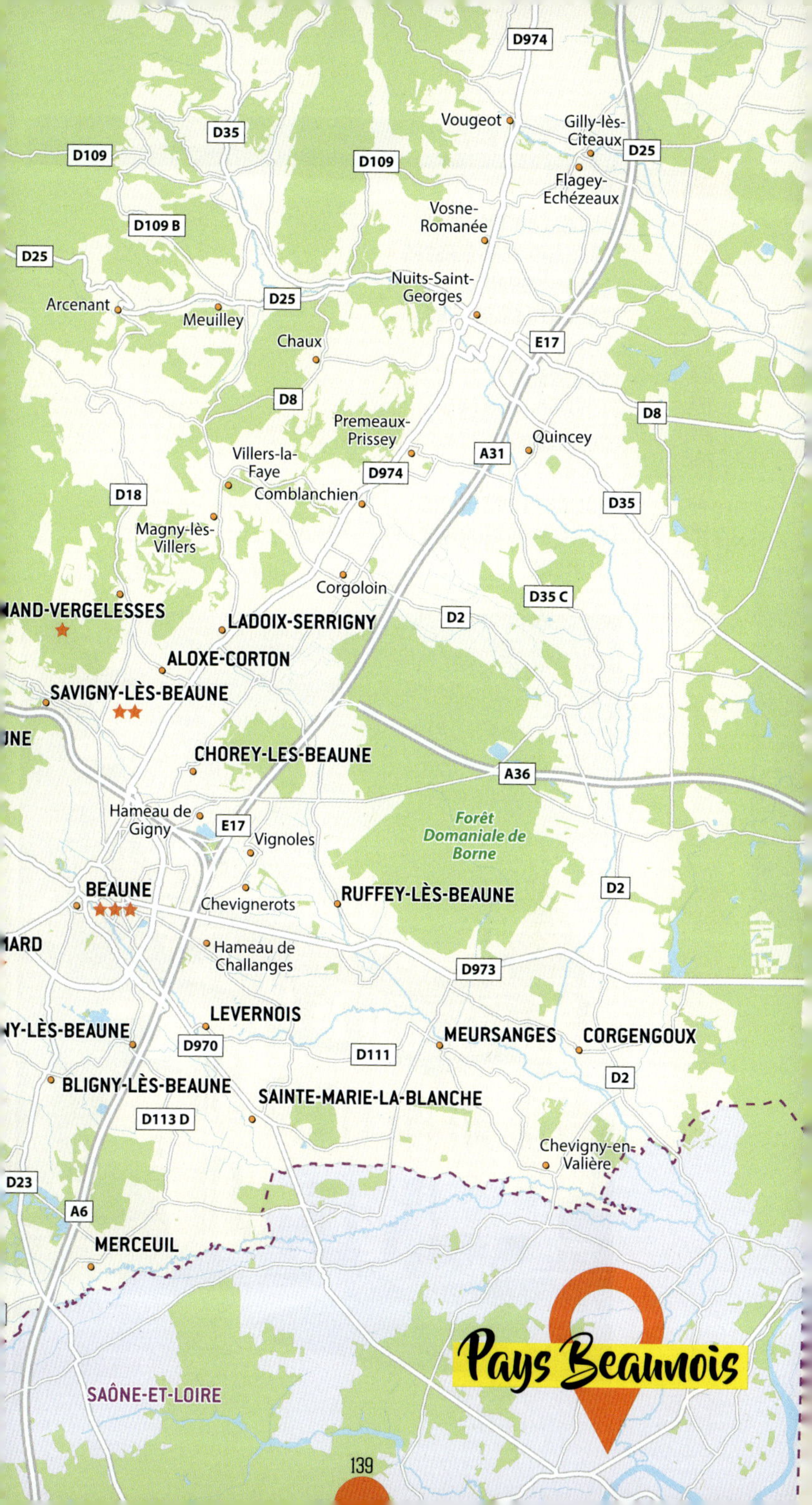
D974
Vougeot
Gilly-lès-Cîteaux
D25
Flagey-Echézeaux
D35
D109
D109
D109 B
Vosne-Romanée
D25
Nuits-Saint-Georges
Arcenant
Meuilley
D25
Chaux
E17
D8
D8
Premeaux-Prissey
Quincey
A31
Villers-la-Faye
D974
Comblanchien
D18
D35
Magny-lès-Villers
Corgoloin
D35 C
D2
LADOIX-SERRIGNY
ALOXE-CORTON
SAVIGNY-LÈS-BEAUNE
CHOREY-LES-BEAUNE
A36
Hameau de Gigny
E17
Vignoles
Forêt Domaniale de Borne
BEAUNE
Chevignerots
RUFFEY-LÈS-BEAUNE
D2
Hameau de Challanges
D973
LEVERNOIS
MEURSANGES
CORGENGOUX
D970
D111
D2
BLIGNY-LÈS-BEAUNE
SAINTE-MARIE-LA-BLANCHE
D113 D
Chevigny-en-Valière
D23
A6
MERCEUIL
SAÔNE-ET-LOIRE
Pays Beaunois

PAGES

●● PAYS BEAUNOIS

Nolay.

BEAUNE ★★★

Beaune, capitale des vins de Bourgogne, attire plus d'un million de visiteurs par an, venus du monde entier, fouler ses rues pavées. Il faut avouer que c'est un joyau bourguignon. De son passé médiéval, elle a conservé un patrimoine unique et une tradition du bien-vivre, grâce à une concentration exceptionnelle de belles tables. Des notables comme les Ducs de Bourgogne, Louis XIV, Anne d'Autriche et Christine de Suède y ont séjourné, les traces de leurs passages sont partout à l'intérieur des remparts. La Tour des Poudres et la Tour des Billes bordent un chemin de ronde créant un circuit intra-muros. Bastions et murailles cachent d'immenses caves qui abritent des milliers de pièces de vins, Beaune est aussi aérienne que souterraine. La ville doit beaucoup au chancelier Rolin, bras droit du duc de Bourgogne Philippe le Hardi. Il a fondé et laissé un trésor inestimable qui reste un très haut lieu touristique, connu partout dans le monde : les Hospices de Beaune, rendus célèbres dans le cultissime film *La Grande Vadrouille* ! Ce monument gothique somptueux est un musée évoquant la vie hospitalière. Chaque troisième dimanche de novembre, l'institution hospitalière perpétue l'une des plus grandes ventes de charité vinicole au monde au domaine des Hospices de Beaune, et des acheteurs passionnés de grands crus s'y pressent avec frénésie. Pas très loin, l'ancienne résidence ducale à pans de bois abrite le Musée du Vin tandis que la basilique-collégiale Notre-Dame veille sur la ville. Vous pouvez aussi choisir de découvrir la ville autrement, en suivant le chemin des lumières l'été à la nuit tombée. Tous les monuments que nous venons de citer s'illuminent et vous racontent une belle histoire grâce à une scénographie haute en couleur. Ville fleurie, Beaune compte de jolis coins de verdure, dont le parc de la Bouzaize avec son plan d'eau où il fait bon canoter, ses animaux, ses espaces de repos est l'un de ces lieux très agréables. C'est aussi le point de départ de nombreux sentiers de randonnée pédestre de niveau familial. Certains vous mènent à la montagne de Beaune, un havre de paix et de fraîcheur dominant les Beaune-Grèves, le climat le plus vaste des Beaune Premiers Crus. Si vous préférez le vélo, la voie des vignes est faite pour vous. De Beaune à Nolay, le nez au vent, vous empruntez des chemins de vignes. Murets en pierres sèches, portes de clos, cabottes, panoramas, villages bucoliques jalonnent votre échappée. Vous avez mille façons et mille raisons de prendre le temps de découvrir Beaune et son territoire!

GALERIE MICHEL PERNÈS

7, rue de l'Hôtel Dieu
✆ 06 80 06 93 77
www.pernes.com

La galerie Michel Pernès, artiste peintre beaunois, est située en face des Hospices. A voir absolument !

Installée dans l'ancienne église des Cordeliers du marché aux vins au cœur de Beaune, la galerie Michel Pernès a trouvé un lieu d'exposition-vente idéal. Ses œuvres sont réalisées sur des toiles de grande dimension, avec une grande finesse, à l'huile et toujours au couteau. Chacune est un instant de vie exprimé avec précision révélant une réalité déconcertante tant par la transparence que le jeu des lumières et des ombres propres à l'artiste. Michel Pernès expose aussi au château hôtel-restaurant de Sainte-Sabine, ses tableaux sont expédiés partout dans le monde.

© MICHEL PERNES

© MICHEL PERNES

PAYS BEAUNOIS

CITÉ DES VINS ET DES CLIMATS DE BOURGOGNE

Rue du Moulin-Noizé
www.cite-vins-bourgogne.fr

La Cité des vins et des Climats de Bourgogne, c'est un projet en réseau de 3 pôles : Beaune, Chablis et Mâcon.

Beaune, capitale des vins de Bourgogne, 1,6 million de visiteurs annuels, va créer un espace muséographique de grande envergure, moderne, ludique et interactif. Ce lieu de vie valorisera l'histoire, la culture, le patrimoine lié à la viticulture ainsi que l'inscription des climats de Bourgogne au patrimoine de l'Unesco le 4 juillet 2015, répondant aux attentes grandissantes de l'œnotourisme. Ce projet en réseau concerne 3 sites d'accueil : Beaune, Chablis, Mâcon. Inauguration en 2022.

LA COLLÉGIALE-BASILIQUE NOTRE-DAME ★

Impasse Notre-Dame
✆ 03 80 26 22 70

Ouvert toute l'année. Tous les jours et les jours fériés de 8h30 à 19h. Gratuit.

Fille de Cluny, cette église des XIIe et XIIIe siècles est un bel exemple d'art roman bourguignon : trois étages, piliers cruciformes avec des ajouts gothiques, un clocher Renaissance et la remarquable chapelle St-Léger. Entrez pour admirer la superbe statue de la Vierge à l'Enfant du XIIe siècle. A faire, la visite guidée organisée par l'office de tourisme pour découvrir une magnifique collection de tapisseries du XVe siècle. En été, la projection son et lumière enflamme son fronton.

LABEL VIGNOBLES & DÉCOUVERTES EN BOURGOGNE

Depuis 2021, le label De Vignes en Caves du BIVB est intégré au label Vignobles & Découvertes en Bourgogne. Lancé en 2009, ce label national vise à promouvoir le tourisme sur le thème du vin et de la vigne. Il est attribué pour une durée de 3 ans par Atout France et le Conseil Supérieur de l'Œnotourisme, à une destination à vocation touristique et viticole proposant une offre de produits touristiques multiples. La marque regroupe donc des produits touristiques qualifiés ayant une valeur œnotouristique (hébergements, activités de loisirs, restaurants, domaines, visites de sites, de châteaux viticoles, agences réceptives, évènement...) avec l'objectif de faciliter au client l'organisation de son séjour.

La fusion des deux labels permet d'ajouter à la liste, des acteurs touristiques de la Côte de Beaune, de Nuits et du Châtillonnais en donnant un nouvel élan à la marque. L'idée est de proposer une offre œnotouristique complète qui privilégie la qualité des prestations. Pour les professionnels, la marque permet l'animation d'un véritable réseau.

Néophytes et amateurs sont invités à découvrir le vignoble de Dijon, Côte de Nuits et Beaune, de Corton en Montrachet, du Châtillonnais destinations labellisées parmi environ 400 prestations labellisées. Dans chaque village de la Route des Grands Crus, passage obligé pour admirer les 1 247 Climats du vignoble de Bourgogne inscrits au Patrimoine mondial de l'Unesco rencontrez les professionnels engagés dans le label.

L'HÔTEL-DIEU DE BEAUNE ★★★★

Rue de l'Hôtel-Dieu ✆ 03 80 24 45 00
hospices-de-beaune.com

Ouvert toute l'année. Gratuit jusqu'à 10 ans. Adulte : 10 €, enfant (de 10 à 18 ans) : 4 €. Boutique et animations.

Monument emblématique de Bourgogne, dès le porche franchi, la cour vous éblouit avec ses toits de tuiles vernissées. Tout commence en 1443 : Nicolas Rolin, chancelier du duc de Bourgogne, et son épouse, Guigone de Salins, créent une fondation pieuse et un hôpital pour les pauvres. Le musée retrace cette histoire palpitante, la salle des Pôvres en est le cœur, elle a accueilli de nombreux malades. A voir également : l'apothicairerie du XVIIIe, l'officine avec une collection de 130 pots en faïence de 1782 et la superbe cuisine telle qu'elle était au début du XIXe.

MAISON CHAMPY

5, rue du Grenier à Sel
✆ 03 80 23 75 21
www.maisonchampy.com

La plus ancienne maison de Bourgogne et une visite quasi privée avec un guide passionné. A vivre absolument !

Dès l'entrée, vos yeux se portent sur la cuverie Eiffel, un des deux illustres, avec Louis Pasteur, ayant participé à la réputation de la maison, fondée en 1720, la plus ancienne de Bourgogne ! Cyrianne Cubadda vous raconte avec passion la saga familiale. Dans la cave reposent des trésors tel ce Gevrey Chambertin 1858. Reconnue internationalement pour ses Grands Crus dont le fameux Corton Charlemagne, intégrée à AdVini en 2016 et toujours en quête d'excellence, une grande partie de ses 21 ha de vignes est cultivée en bio. Le clou final : la dégustation !

LA MAISON DES CLIMATS - PATRIMOINE MONDIAL

6, boulevard Perpreuil ✆ 03 80 26 21 30
www.climats-bourgogne.com

Ouvert tous les jours. Haute saison : du lundi au samedi de 9h30 à 19h ; le dimanche et les jours fériés de 9h30 à 18h

Libre et gratuite, c'est l'exposition de référence pour comprendre les Climats du vignoble de Bourgogne, ces plus de 1200 parcelles de vignes nommées, délimitées depuis des siècles, inscrites au Patrimoine mondial de l'Unesco depuis 2015. Salle d'exposition, film sur grand écran, maquette de 9 mètres de long du vignoble des Côtes de Nuits et de Beaune, tablettes numériques interactives : tout est fait pour comprendre la notion de terroir, la géologie et l'influence de l'histoire.

LA MOUTARDERIE FALLOT

31, faubourg Bretonnière ✆ 03 80 22 10 10
www.fallot.com

Entreprise du Patrimoine Vivant. Vignobles & Découvertes. Adulte 10 €. Espace boutique et dégustation.

Agée de 181 ans, la Moutarderie Fallot (fondée en 1840) n'en reste pas moins moderne ! Producteur de moutarde historique et emblématique de la Bourgogne, indissociable de la gastronomie française, celle qui fait le bonheur des grands chefs et des épicuriens s'est dotée au fil des décennies d'un outil industriel performant mais respectant les traditions des maîtres moutardiers. Fallot perpétue le fameux broyage à la meule de pierre de ce condiment légendaire qu'il est essentiel de mieux connaître ! Acteur clef de la relance de la culture de graines de moutarde en Bourgogne, la Maison Fallot ambitionne, à court terme, de couvrir 100 % de ses besoins en graines avec un approvisionnement local. Découvrez les secrets de ce procédé de fabrication préservé dans un univers mêlant à la fois l'ancien et le moderne au travers de deux parcours.

Le parcours Découvertes, interactif et immersif, passionne aussi les enfants. La visite se déroule dans les anciens bâtiments de style napoléonien qui abritaient la Moutarderie à son origine. La moutarde n'a plus de secrets pour vous ! Fabriquez-la vous-même avant de la déguster accompagnée de quelques mignardises emblématiques de la région.

Le parcours Sensations fortes vous plonge dans le site actuel de production. Une mise en scène sensorielle révolutionnaire qui permet de suivre en direct toutes les étapes de la transformation de la graine de sénevé !

Libre accès à l'espace Enjoy Fallot, une boutique tendance où vous pouvez déguster des moutardes inédites au Bar à Moutardes.

LA MOUTARDERIE FALLOT ★

31, faubourg Bretonnière
✆ 03 80 22 10 10
www.fallot.com

Entreprise du Patrimoine Vivant. Vignobles et Découvertes. Adulte 10 €. Espace boutique et dégustation.

Découvrez les procédés de fabrication qui remontent à l'Antiquité par lesquels les graines de sénevé sont broyées à la meule de pierre. Le parcours Découverte, interactif et immersif grâce à ses vidéos murales, passionne aussi les enfants. La visite se déroule dans les anciens bâtiments de style napoléonien qui abritaient la moutarderie à son origine. Vous découvrez les secrets de fabrication de la moutarde que vous préparez vous-même avant de déguster quelques mignardises à la moutarde. Le parcours Sensations fortes est la visite du site de production.

© MOUTARDERIE FALLOT

© MOUTARDERIE FALLOT

PAYS BEAUNOIS

LA ROUTE DES GRANDS CRUS

www.climats-bourgogne.com

Accessible en voiture, à pied, à cheval, à vélo toute l'année.

La Route des Grands Crus est l'itinéraire de prédilection pour découvrir les Climats, ces parcelles de vignes inscrites au patrimoine de l'Unesco le 4 juillet 2015. Tel un fil d'Ariane, cette ligne de Dijon aux Maranges déroule un paysage exceptionnel et ô combien essentiel à la compréhension et à la lecture des 1 247 climats. Cette route de 60 kilomètres sillonne 37 villages viticoles emblématiques avec chacun son identité unique et son architecture faite de maisons de pierre blotties autour d'un clocher souvent au toit de tuiles vernissées. Quinze panoramas superbes permettent de comprendre cette mosaïque de vignes à ciel ouvert. Des sites patrimoniaux importants comme le Château du Clos de Vougeot sont le témoignage de cette histoire millénaire, le résultat du labeur minutieux des moines du Moyen Age. Des domaines, caveaux et caves voûtées labellisés Vignobles & Découvertes sont ouverts pour une dégustation, tous racontent une histoire particulière et présentent les hommes et les femmes d'aujourd'hui qui continuent de façonner ce paysage.

L'itinéraire peut se faire en voiture, à vélo par la Voie des Vignes, à cheval par le Chemin équestre de la Côte dijonnaise, à pied par le Chemin des Grands Crus que l'on retrouve sur l'application Balades en Bourgogne. Vous pouvez choisir de parcourir l'itinéraire en entier ou par segments, picorer selon votre intérêt ce que vous souhaitez approfondir. On ne peut qu'apprécier les changements de couleur selon les saisons, l'automne sublime les paysages tandis que le petit patrimoine fait de murgers, de clos, de porches, de portails et de cabottes rythme votre échappée.

En 2022 seront fêtés les 85 ans de la première route des vins de France, créée en 1937 par le Conseil Général de la Côte-d'Or. Sa création coïncide avec les premiers congés payés de 1936. En attendant 2022, des festivités comme la Saint Vincent tournante, le Festival du mois des Climats, la Vente des Hospices de Nuits et de Beaune pour n'en citer que quelques-unes traduisent bien l'art de vivre bourguignon. Vous pouvez aussi partager l'esprit des vendanges dans des domaines ou des châteaux ou encore lors de fêtes comme celle du Vin Bourru à Nuits-Saint-Georges ou celle de la Pressée à Chenôve. Pour ne rien manquer, une carte est téléchargeable sur le site www.climats-bourgogne.com. Bernard Pivot, écrivain et président du Comité de Soutien, a résumé ce patrimoine exceptionnel avec magnificence : «En Bourgogne, quand on parle d'un Climat, on ne lève pas les yeux au ciel, on les baisse sur la terre».

OFFICE DE TOURISME BEAUNE ET PAYS BEAUNOIS

6, boulevard Perpreuil ✆ 03 80 26 21 30

www.beaune-tourisme.fr

Ouvert tous les jours. Haute saison : du lundi au samedi de 9h30 à 19h ; le dimanche et les jours fériés de 9h30 à 18h.

Tout est mis en œuvre pour personnaliser et dynamiser votre séjour. L'offre est si vaste en Pays Beaunois que commencer par l'Office de Tourisme est excellent. Des points d'accueil modernes au design contemporain vous accueillent, 2 à Beaune, 1 à Chagny, Meursault, Nolay, Santenay et Savigny-lès-Beaune. Conseils efficaces, bons plans, offres tarifaires, découverte avec un greeter, billetterie en ligne et aux comptoirs, bornes 24/24 apportent une forte valeur ajoutée à vos expériences.

ACTIVE TOURS - BOURGOGNE ÉVASION BEAUNE

Allée du Docteur Bouley ✆ 09 67 03 40 59

www.active-tours.fr

Sur réservation. Location de vélos, VAE, remorques et vélos enfants. Tours vélo guidés avec dégustation de vins.

Active Tours propose des séjours actifs en France en vélo ou à pied pour découvrir le vin. En autonomie ou avec un guide, sur un ou plusieurs jours, Active Tours s'occupe de tout. À Beaune, c'est son agence Bourgogne Évasion qui vous fait découvrir la côte viticole de façon ludique, en vélo. Sous l'impulsion de Florian, Guillaume et leur équipe de guides expérimentés, les coups de pédale vous font traverser les plus beaux paysages de vignes de la côte de Beaune et de la côte de Nuits.

BOUCHARD PÈRE & FILS

15, rue du Château

✆ 03 80 24 80 24

www.bouchard-pereetfils.com

Ouvert du mardi au samedi de 10h à 12h30 et de 14h30 à 17h30 et 18h30 en haute saison. Le dimanche de 10h à 12h30.

Bouchard père et fils, dite « la grande maison », fondée en 1731, est l'une des plus anciennes maisons de vins en Bourgogne. Déjà neuf générations y perpétuent les traditions ! La Cave du Château est un lieu moderne, dédié aux vins, situé au cœur de la forteresse royale de Beaune construite par Louis XI. Acquise en 1820 par Bernard Bouchard, il installe là le caveau du domaine. Quatre tours, des remparts... en font la cave la plus insolite et le lieu idéal pour 2 000 bouteilles du XIXe s. Visites privées, un Maestro quotidien à 14h30 à vivre absolument (sur rdv).

LES CLIMATS DU VIGNOBLE DE BOURGOGNE

6, boulevard Perpreuil ✆ 03 80 20 10 40
www.climats-bourgogne.com
Ouvert tous les jours. Haute saison : du lundi au samedi de 9h30 à 19h ; le dimanche et les jours fériés de 9h30 à 18h.

Le 4 juillet 2015, les Climats du vignoble de Bourgogne ont été inscrits sur la Liste du patrimoine mondial de l'Unesco. La Côte de Nuits et la Côte de Beaune et leurs plus de 1 200 parcelles de vignes appelées « climats » sont reconnues comme uniques au monde par leur diversité, tout comme le patrimoine historique qu'elles représentent. Les villes de Dijon et Beaune, comme les près de 40 villages viticoles, sont de véritables éléments de patrimoine à découvrir. Au fondement de cette reconnaissance : un vignoble de terroir très fin, qui s'est construit sur 2 000 ans d'histoire et qui a donné naissance à un paysage, à un patrimoine, à des savoir-faire et à une culture uniques. L'inscription au Patrimoine mondial de l'Unesco engage tous les acteurs du territoire à préserver et à valoriser ce paysage culturel, ce patrimoine exceptionnel.

L'Association des Climats du vignoble de Bourgogne entreprend de nombreuses actions pour permettre de comprendre cette reconnaissance internationale. Un programme de valorisation des entrées de village et de rénovation des murets (il y en a 220 km sur le périmètre des climats) est lancé. Des sites emblématiques comme la montagne de Corton sont protégés, et d'autres, liés à l'exploitation de la pierre de Bourgogne, comme les terrils ou les carrières, sont aménagés pour mieux se fondre dans le paysage. Un inventaire des caves est aussi engagé.

Pour les visiteurs, une signalétique touristique et patrimoniale dédiée apparaît le long de la côte viticole. Une route des vins appelée la Route des Grands Crus de Bourgogne, longue de 60 kilomètres de Dijon à Santenay, est l'itinéraire de prédilection pour découvrir les Climats. Vous pouvez le faire en voiture, à vélo par la Voie des Vignes ou à pied par le Chemin des Grands Crus.

La création de la Maison des Climats du vignoble de Bourgogne, installée à l'office de tourisme de Beaune, Porte Marie de Bourgogne, permet quant à elle de comprendre comment s'est construite la notion de terroir en Bourgogne et pourquoi les Climats représentent un trésor pour l'humanité. Sur place, un film sur grand écran, une maquette de 9 mètres du vignoble de la Côte de Nuits et de la Côte de Beaune et des tablettes numériques sont des supports pédagogiques utiles et modernes.

Enfin, en juin, le festival du Mois des Climats est un rendez-vous incontournable avec animations, dégustations, ateliers et conférences.

Les Climats sont engagés dans un processus vertueux de mise en valeur très pérenne.

HOTEL LE CEP - CAVEAU DE DEGUSTATION SAINT-FELIX

27, rue Maufoux ✆ 03 80 22 35 48
https://caveau-saint-felix.com
Dégustations commentées sur rdv, privatisation, vente. Nouveau : accédez aux privilèges des Membres du Club Saint-Félix.

Le Cep organise des dégustations commentées dans son Caveau Saint-Félix où Grands Crus et lumières douces se côtoient : cadre enchanteur, banquettes aux tissus chatoyants, commentaires de Sébastien le chef sommelier. Le caveau est un lieu magique avec une gamme exceptionnelle de vins. Privatisable pour une réception VIP, accessible sur réservation aux clients de l'hôtel et aux amateurs de vins d'excellence, aux membres du club Saint-Félix, dont il est le siège. Demandez le programme !

LA MOUTARDERIE FALLOT ★

31, faubourg Bretonnière ✆ 03 80 22 10 10
www.fallot.com
Entreprise du Patrimoine Vivant. Vignobles et Découvertes. Adulte 10 €. Espace boutique et dégustation.

Découvrez les procédés de fabrication qui remontent à l'Antiquité par lesquels les graines de sénevé sont broyées à la meule de pierre. Le parcours Découverte, interactif et immersif grâce à ses vidéos murales, passionne aussi les enfants. La visite se déroule dans les anciens bâtiments de style napoléonien qui abritaient la moutarderie à son origine. Vous découvrez les secrets de fabrication de la moutarde que vous préparez vous-même avant de déguster quelques mignardises à la moutarde. Le parcours Sensations fortes est la visite du site de production.

VISIOTRAIN - PETIT TRAIN TOURISTIQUE DE BEAUNE

✆ 06 08 07 45 68
www.visiotrain.com
Ouvert d'avril à fin octobre. Départ toutes les heures, durée 45 mn. Gratuit jusqu'à 3 ans. Adulte : 8 €

Avec sa ligne moderne et ses grandes fenêtres, le petit train se faufile partout, dans les lieux emblématiques de la vieille ville jusque dans les vignes ! Vous profitez de Beaune, bien assis, joyeusement en famille ou entre amis. La vitesse moyenne du train de 8 km/h laisse le temps d'admirer le paysage. L'escapade d'une quarantaine de minute est rythmée par des commentaires sur l'histoire de Beaune et de sa culture, agrémentés de quelques anecdotes et d'intermèdes musicaux.

PATRIARCHE PÈRE ET FILS

5-7, rue du Collège
✆ 03 80 24 53 78
www.patriarche.com
Ouvert 7j/7 9h30 à 11h15 et 14h à 17h15. Audioguide anglais allemand italien néerlandais espagnol russe chinois japonais

Incontournables et institutionnelles à Beaune, les caves Patriarche, qui ont fêté leurs 240 ans en 2020, sont plus que jamais un lieu privilégié pour la découverte des climats de Bourgogne inscrits au patrimoine mondial de l'Unesco. Vous avez en effet la possibilité de visiter les plus grandes caves de Bourgogne. Construites entre le XIIIe et le XVIIIe siècle, elles abritent 2 millions de bouteilles et vous conduisent au cœur d'un dédale de 5 km de galeries chargées d'histoire aux éclairages magiques jalonnées de bornes interactives et d'étapes de dégustation. Vous découvrez une histoire commencée en 1796 lorsque Jean-Baptiste Patriarche achète l'ancien couvent des Visitandines et y crée son entreprise de négoce. En 1940, André Boisseaux en reprend les rênes, devenant l'un des premiers négociants-éleveurs-propriétaires-récoltants de la région. L'entreprise est rachetée par le Groupe Castel en 2011. Au cœur de ce patrimoine unique, vous accédez à une gamme de plus de 300 références de vins d'exception, appellations régionales, 1ers Crus, Grands Crus, Crémants… Vous terminez votre parcours à la boutique totalement réaménagée où les vins sont valorisés aux côtés de produits du terroir et des arts du vin. Plusieurs formules de visites sont proposées, de la plus simple, libre ou avec un audioguide et jalonnée de bornes vidéo, à celle accompagnée d'un sommelier avec dégustions mémorables de grands vins. Le nouveau site Internet permet de réserver sa visite et de faire ses achats en ligne. Faites le bon choix !

VEUVE AMBAL-CRÉMANT DE BOURGOGNE

Le Pré Neuf
✆ 03 80 25 90 81
www.veuveambal-oenotourisme.com
Ouvert en basse saison du lundi au samedi de 10h à 13h et de 14h à 18h. Haute saison jusqu'à 19h et tous les jours.

Bien connu du territoire bourguignon, Veuve Ambal a acquis une forte notoriété en tant que spécialiste et leader des vins effervescents de Bourgogne avec ses crémants, dont la collection Prestige rosé et ses spécialités comme le bio ou le blanc de blanc. Une fabrication semblable à la méthode champenoise que les visiteurs découvrent tout au long de la visite de l'usine, le temps d'une immersion passionnante d'environ 1h30 pour comprendre le processus commun aux deux régions. Des explications détaillées et traduites grâce à l'audioguide au fur et à mesure de la progression : l'assemblage, le tirage, le dégorgement, des étapes schématisées. Accès possible aux personnes à mobilité réduite et accessible même pour les plus jeunes grâce aux panneaux qui leurs sont destinés. Quelle ingénieuse idée lors de la conception de l'architecture de l'usine en 2005 de prévoir de nous faire vivre cette expérience : les bruits, les odeurs, les robots en pleine activité ! Au cours de la visite, on apprend aussi toute l'épopée de sa fondatrice Marie Ambal dite la veuve Ambal, et de sa descendance toujours à la tête de cet empire. De passage à la boutique, la gamme est présentée traditionnelle ainsi que dans des bouteilles joliment habillées pour les occasions, certaines sont superbes. Une visite que l'on peut compléter par l'exposition de photos issues des collections du Musée Niepce. La Maison Veuve Ambal est aujourd'hui le plus important élaborateur de Crémant de Bourgogne : à visiter !

ROULE EN RÉTRO - LOCATION DE VOITURES ANCIENNES

18, rue Buffon ✆ 06 11 47 78 84
www.roule-en-retro.com
Location d'une voiture de collection à partir 1/2 journée - assurances et assistance cpr - km illimité - résa en ligne.

Roule en Rétro est une plateforme de location de voitures anciennes née de la passion d'Arnaud Le Bihan : le principe est simple, vous choisissez votre véhicule et la date à laquelle vous souhaitez le réserver. Plusieurs possibilités s'offrent à vous, soit vous allez récupérer votre véhicule chez le loueur, soit on vous la livre à votre hôtel, vous pouvez aussi bénéficier du service avec chauffeur. Une balade découverte dans un véhicule vintage sans se soucier de la logistique

HÔTEL PREMIÈRE CLASSE BEAUNE SUD €

D113 - Le Pré Neuf
MONTAGNY-LÈS-BEAUNE
✆ 08 92 23 48 14
76 chambres. Chambre double de 39 à 69 €. Parking fermé. Restauration (restaurant Hôtel Campanile sur le site).

Repris par un groupe hôtelier beaunois dynamique et haut de gamme, cet hôtel économique a été totalement rénové en se mettant aux standards Première Classe. C'est tout beau tout neuf, les petites chambres offrent tout le confort nécessaire, les salles de bains sont pratiques douche à l'italienne. Mini salle de petit déjeuner, grand parking fermé et accès au restaurant de l'Hôtel Campanile voisin. Maxi services pour un prix mini entre ville et autoroute

BEAUNE HÔTEL €€

55, rue Faubourg Bretonnière
✆ 03 80 22 11 01
www.beaunehotel.com

Vignobles & Découvertes. 7j/7. Fermeture de la vente des vins au 1er we des vacances de fév. 20 ch à partir de 82 €

Ne vous fiez pas à l'extérieur ! Son charme caché se révèle, une fois le porche passé. La grande cour intérieure fleurie, les tomettes, boiseries et murets en pierre de vignes surprennent. Les chambres sont calmes, confortables, lumineuses, joliment décorées et parfaitement entretenues. Les plus : un garage couvert sécurisé pour voitures et vélos ; la terrasse, la véranda où vous pouvez prendre le petit-déjeuner (buffet) dans une tranquillité absolue. On lui donnerait volontiers plus que deux étoiles ! Côté pratique, les restaurants de Beaune sont à 5 min à pied.

LE CENTRAL BOUTIQUE HÔTEL BEAUNE €€

2, rue Victor-Millot
✆ 03 80 24 77 24
www.lecentralbeaune.com

Chambre simple à partir de 75 €, chambre double à partir de 89 €.

Cet hôtel situé à quelques pas des Hospices de Beaune a été totalement rénové en 2018 par son propriétaire, Edgar Vaudeville. Cet établissement historique a su garder son âme, mais une touche de charme a été ajoutée par sa nouvelle décoration. Les 23 chambres offrent un style épuré, chic et contemporain. Espace de coworking, salon, le club 1818, lui, est un lieu hybride, modulable à souhait, le bar attenant décoré dans l'esprit vintage est fort agréable. Un hôtel cocon !

LES CHAMBRES DU FOULOT - DOMAINE BAPTISTE GUYOT €€

48, faubourg Saint Martin
✆ 03 80 22 46 55
www.domaine-baptiste-guyot.fr

2 chambres. Chambre double à partir de 100 €. Petit déjeuner inclus.

Aux Chambres du Foulot, vous bénéficiez du charme d'une propriété viticole tout en étant à 10 minutes à pied du centre de Beaune. Baptiste Guyot, viticulteur, vous accueille dans 2 chambres spacieuses au style préservé de la maison. Vous disposez d'une terrasse privative de plain-pied et des communs avec la propriété, dont un parc arboré et une immense cour intérieure fermée, à côté du superbe parc de la Bouzaize. Profitez-en pour découvrir les vins de ce joli domaine.

L'ESCALE DE JULES ET LILY €€

2, rue de l'Eglise - **BLIGNY-LÈS-BEAUNE**
✆ 07 86 36 66 09 - www.jules-lily.fr

4 chambres 99 €. 4 gîtes grand confort 4 personnes de 280 à 470 € la semaine selon période. Dégustation et oenologie.

À 4 km au sud de Beaune, l'Escale de Jules et Lily est un incontournable si vous recherchez le charme, la tranquillité et une ouverture sur l'œnotourisme. Vous êtes dans une maison bourgeoise des années 1920 qui a été restaurée et où les 4 chambres d'hôtes et les 4 gîtes sont tous de haut standing et décorés avec beaucoup de goût. Le parc de 3 000 m² sera un lieu de détente. Bertrand propose des dégustations de vins et vous avez aussi accès à une magnifique piscine chauffée.

GREET HOTEL BEAUNE €€

58, route de Verdun ✆ 03 80 24 15 30
www.accorhotels.com/nl/hotel-B5V7-greet-hotel-beaune/index.shtml

52 chambres à partir de 60 €. Chambre familiales. Parking fermé. Climatisation. Piscine extérieure. Parc. Restauration

Premier de la nouvelle marque Accor, cet hôtel des années 80 a été totalement rénové. Les chambres et le restaurant offrent une réelle originalité dans le design, un style très actuel, des objets de décoration chinés, on se sent comme à la maison. Ni chic ni low cost, c'est étonnant ! Les enfants sont rois : salle de jeu, mur-ardoise, poules dans le parc, piscine, jeux. Coup de cœur pour les chambres familiales jusqu'à 6 personnes, denrée rare ! Le restaurant propose une cuisine du jour de belle qualité et un bar fort agréable. Rapport qualité-prix imbattable.

HOSTELLERIE DE BRETONNIÈRE €€

43, rue du Faubourg-Bretonnière
✆ 03 80 22 15 77
www.hotelbretonniere.com

Logis. Accueil Vélo. 31 chambres à partir de 90 € jusqu'à 145 € pour les suites familiale. Parking fermé inclus.

Maison de campagne à la ville ! Le parking en cour intérieure, les jardins, le calme et le centre-ville à 10 min à pied ravissent. Marc-Antoine Schivardi, propriétaire, soigne la qualité de l'accueil. 31 chambres modernes, tout confort, climatisées, réparties dans les logis de cet ancien relais de poste, offrent des terrasses privatives en rez-de-chaussée. Véranda, jardin ou en chambre pour le petit déjeuner ? Salle de séminaire, formules repas, bar, salon : un hôtel aux petits soins !

HÔTEL DES REMPARTS €€

48, rue Thiers
✆ 03 80 24 94 94
www.hotel-remparts-beaune.com
Chambre double à partir de 125 €, suite à partir de 159 €.

Cet hôtel de charme offre un hébergement de beau standing. Installé dans une magnifique demeure datant du XVIIe s., vous pouvez visiter Beaune sans avoir besoin de voiture. Ici, c'est le charme de l'ancien qui opère, les tomettes au sol, les charpentes de bois. Climatisées et spacieuses, les chambres sont personnalisées avec goût. La famille Epailly et son équipe sont aux petits soins. Savourez votre petit-déjeuner à l'heure de votre choix dans la superbe cour intérieure ! Les plus : la salle de 25 personnes, de très belles caves voûtées avec dégustation possible.

HÔTEL IBIS BEAUNE SUD €€

9, rue Yves-Bertrand-Burgalat ✆ 03 80 22 46 75
www.hotel-ibis-beaune.com
103 chambres (tarifs dynamiques). Parking fermé. Restaurant la Ferme aux Vins. Bornes recharge véhicules électriques.

Situé près du centre-ville et de la sortie de l'A6, établissement du groupe Hôtels Bourgogne Qualité, le niveau de confort et de qualité est optimal. Les chambres rénovées répondent aux derniers standards Ibis. Le charme opère dès l'entrée, les chambres sont douillettes et modernes. Son restaurant, La Ferme aux Vins, est décoré dans un style contemporain, les plaquages de bois en font un lieu chaleureux. La cuisine est régionale avec plus de 200 références de vins. Les plus : la terrasse au bord de la piscine, le bar, le parc fleuri, les salles de séminaires.

KYRIAD PRESTIGE BEAUNE - LE PANORAMA €€

74, route Pommard ✆ 03 80 26 22 17
www.le-panorama.com
65 chambres. Simple à partir de 75 € ; double à partir de 80 € ; triple à partir de 100 €. Restaurant Origin.

Proche de la route des Grands Crus et de l'accès autoroutier, cet hôtel-restaurant totalement rénové est une étape pratique aux portes de Beaune. Les chambres façon lodge sont en accès direct de plain-pied avec votre place de parking. Salle de détente, billard, salon TV bibliothèque et piscine agrémentent le confort. Environnement agréable pour se détendre ou pour un séminaire. Profitez de la vue sur les vignes du restaurant Origin, cuisine bourguignonne revisitée et terrasse de rêve.

ERMITAGE DE CORTON €€€

Route de Dijon - **CHOREY-LES-BEAUNE**
✆ 03 80 22 05 28
www.ermitagecorton.com
Chambres doubles à partir de 132 €, chambres familiales, hôtel avec restaurant, jardin et piscine.

Vous êtes au bon endroit pour un séjour de qualité à 6 minutes de Beaune, sur la route des Grands Crus. Clémence et Nicolas Chambon ont rénové la maison sans la dénaturer et en gardant son authenticité. 12 chambres et suites de 2 à 4 personnes. Toutes les chambres présentent un beau volume (les plus petites font 24 m^2) et sont très bien équipées. Le Parc est tout aussi agréable avec des jeux de plein air pour les enfants et une piscine. L'hôtel propose des excursions dans le vignoble en Combi VW de 1975, des massages en chambre, un restaurant gastronomique.

HOSTELLERIE CÈDRE ET SPA €€€

10-12, boulevard Maréchal-Foch ✆ 03 80 24 01 01
www.cedrebeaune.com
*Chambres à partir de 200 €, l'Hostellerie Cèdre et Spa est un hôtel***** niché dans un jardin verdoyant.*

Bienvenue à l'Hostellerie Cèdre et Spa située à Beaune, cité viticole d'exception sur la route des Grands Crus. Face aux remparts, offrez-vous un séjour d'agrément ou professionnel, dans cet hôtel de luxe, mêlant oenotourisme et détente. Installez vous dans l'une de ses 40 chambres, spacieuses et raffinées, réparties en 5 catégories, dont des Junior Suites et des chambres familiales en duplex. Découvrez également son restaurant gastronomique dans une authentique maison de maître vigneron, pour déguster des plats de caractère.

HOSTELLERIE DE LEVERNOIS €€€

Rue du Golf - **LEVERNOIS** ✆ 03 80 24 73 58
www.levernois.com/restaurant
Chambres doubles à partir de 150 € dans un cadre bucolique, un havre de paix et de beauté.

Dans la superbe propriété de 6 ha, se cache un complexe hôtelier de standing : un restaurant étoilé, un bistrot chic, un hôtel 5 étoiles, un immense jardin. La Maison, bâtiment principal, abrite 6 chambres et suites luxueuses, le bar et la réception. Le pavillon accueille 12 chambres adaptées aux PMR avec terrasses privatives ouvertes sur le jardin. Le Meix des glycines, maison du XVIIIe, mêle matériaux traditionnels, bois et pierres de Bourgogne et décoration contemporaine dans ses 8 chambres et suites. Un havre de paix et de beauté à deux pas du golf de Beaune !

R - Anaïs Giannini - 18 place monge - 21200 BEAUNE

MERCURE BEAUNE CENTRE €€€

7, avenue Charles de Gaulle
✆ 03 80 22 22 00
www.all.accor.com

107 chambres, 13 suites, prix dynamiques/saison. Chambre dble à partir de 109 €, triple 120 €, suite 150 €. Restaurant.

Fidèle aux valeurs de la chaîne, cet hôtel offre le meilleur du confort. Entièrement rénové, l'audace et l'esprit novateur du directeur Médéric Fauchille se ressentent partout, des couleurs pepsy, des meubles contemporains, un design moderne, dès l'entrée une magnifique cave à vin dissimulée derrière une claustra de bois. Les chambres panoramiques grand confort, avec literie king size et ambiance feutrée, évoquant le terroir sont apaisantes. Les plus : suites familiales, 6 salles de réunion, jardin d'hiver, piscine. Le M7 sert midi et soir une cuisine du terroir.

© MERCURE BEAUNE CENTRE

HÔTEL ATHANOR BEAUNE CENTRE €€€

9-11, avenue de la République
✆ 03 80 24 09 20
www.hotel-athanor.com
Chambre double à partir de 119 € face à la Basilique Notre-Dame.

A deux rues des Hospices et des grandes tables, face à la Basilique Notre-Dame, cet hôtel logé dans un cloître du XVIe siècle, classé Monument historique, bénéficie du charme de l'ancien associé au confort de la modernité. Les lieux ont un cachet indéniable : bar luxueux avec son billard et ses fauteuils art déco, escaliers de pierre, superbe cheminée... Les chambres sont spacieuses et soignées. Les plus : suites exceptionnelles, suites familiales avec salon, petit-déjeuner buffet.

HÔTEL LE CEP - CENTRE DE MIEUX-ETRE MARIE DE BOURGOGNE €€€

27, rue Maufoux ✆ 03 80 22 35 48
http://hotel-cep-beaune.com
5 étoiles. 61 chambres, 32 suites, 1 maison de ville. 24/7. Room service. Spa & Centre ayurvédique. Parking.

Au top de la qualité d'accueil et de services, cet hôtel allie luxe et charme dans un cadre unique près des Hospices. Architecture conservée, cours du XVIe siècle classées, ce « Palace des vignes » au personnel prévenant et aux chambres haut de gamme est impeccable. Plafonds à la française, boiseries, tissus signés, équipements high-tech. Le style est romantique et chic dans un équilibre parfait. Centre de mieux-être et spa de 600 m², restaurant, bar ouvert 24h/24, caveau : *what else* ?

LES JARDINS DE LOÏS €€€

8, boulevard Bretonnière
✆ 06 73 85 11 06
www.jardinsdelois.com
Chambre double à partir de 168 € à cinq minutes à pied des Hospices de Beaune.

Vous séjournez dans une authentique propriété viticole, à deux pas du cœur historique de Beaune. Anne-Marie et Philippe Dufouleur, vignerons au domaine Lois Dufouleur attenant et propriétaires des lieux, ont choisi des matériaux nobles tels la pierre de bourgogne, le bois et le fer forgé. Le grand jardin arboré est inattendu, il apporte calme et détente après vos visites, tout comme le hammam. Les prestations luxueuses (lits king size, ascenseur, climatisation...), l'accueil, la quiétude en font un endroit exceptionnel. Le caveau vous attend pour la dégustation !

LES NOMADES €€€

61, route de Pommard
✆ 03 80 22 15 07
www.hotel-beaune-les-nomades.com
46 chambres. Chambre double de 108 € à 200 € ; suite de 165 € à 275 €. Restauration. Spa, piscine int + ext.

L'Hôtel les Nomades à Beaune est entré directement dans le club des 4 étoiles, depuis sa reprise et sa rénovation en 2019, en proposant tous les codes du confort chic. On y vient assurément pour sa décoration tendance et apaisante, mais aussi pour ses nombreux services et aménagements exclusifs comme une grande piscine extérieure, une autre en intérieur avec sauna et bains à remous. Le bar et sa cave à vin procurent toute la convivialité que l'on peut désirer dans cet hôtel aussi facile d'accès et de parking qu'il est proche du centre de la ville.

LE PIQUE-NIQUE DES CHEFS €

Avenue du Parc
www.pique-nique-des-chefs.fr
Du 2 mai au 12 septembre. Le dimanche de 11h30 à 14h30. Réservation impérative sur internet. Menu unique à 25 €.

Laurent Parra, restaurateur et traiteur beaunois, président des Restaurateurs Indépendants du Pays Beaunois, crée avec l'agence Wouaille, le pique-nique des chefs à Beaune. Chaque dimanche, à partir du 2 mai et jusqu'au 12 septembre 2021 de 11h30 à 14h30, un comptoir éphémère s'installe au Parc de la Bouzaize. Les chefs, du bistrot au restaurant étoilé, se relaient pour apporter plaisir et gourmandise aux visiteurs et aux locaux. Chaque dimanche, un menu et un chef différent ! Pour cet événement, producteurs locaux et restaurateurs, se serrent les coudes.

8 CLOS €€

8, rue d'Alsace
✆ 03 80 21 04 19
Ouvert du jeudi au lundi. Menu unique à 29 €. Formule du midi 23 €. Vin au verre. Accueil des groupes. Terrasse.

Installé depuis 2019, il est idéal pour qui cherche une cuisine raffinée dans une ambiance cosy. Son chef expérimenté et ancien étoilé, Stéphane Léger est très inspiré avec, à ses côtés, Vanessa son épouse et Pierre son fils. L'offre du 8 Clos est une alternative entre gastronomie et cuisine de bistrot dans une salle toute en longueur, avec banquettes en skaï noir et pierres apparentes. A l'étage, deux espaces pour des repas plus intimistes. Joue de bœuf braisée, rouget barbet façon bouillabaisse : une carte efficace, créative, aux prix modérés. Adresse top !

LE BACCHUS €€

6, rue du Faubourg-Madeleine
✆ 03 80 24 07 78

Ouvert du mardi au samedi midi et soir. Fermé jeudi soir de novembre à mars. Menus de 23 € à 30 €. Formule midi 16,50 €.

Quelle belle réputation méritée ! La cuisine est recherchée et pleine de saveurs de l'entrée au dessert. Le chef Olivier Baduel œuvre pour le plaisir de nous faire découvrir ses nouvelles créations. Duo de gambas et dorade servi sur un lit de poivrons colorés et fondants, suivi d'un cheesecake vanille caramel... des formules à composer, des suggestions du jour aident à bien choisir. L'accueil et le service sont impeccables. La salle est petite, la qualité est grande, le tout dans un décor chaleureux de bois. La carte des vins du Bacchus est divine, pas étonnant !

LA BEAUNE HEURE €€

21, rue du Faubourg Bretonnière
✆ 03 80 24 00 00
www.la-beaune-heure.eatbu.com

Ouvert du vendredi au mardi midi et soir. Suggestions à l'ardoise, 4 choix par plats. Formules du midi de 15 € à 18 €

La Beaune Heure est le rendez-vous gastronomique que vous donne Julien Pfluger au parcours régional ponctué de restaurants étoilés ou de *Beaune* renommée. Deux jolies salles de pierres et poutres au plafond à la bourguignonne, une ardoise inventive, des plats 100 % faits maison, il n'en faut pas plus pour régaler vos papilles. Risotto d'escargots en persillade, émulsion d'ail doux ou ce dessert très régressif, banane rôtie, sauce chocolat et chantilly... Bref, on adore. On aime la simplicité du lieu, la qualité des plats, les prix raisonnables et le talent.

LE BÉLÉNA €€

1, place Madeleine ✆ 03 80 22 12 25
www.lebelena-beaune.fr

Ouvert tous les jours midi et soir. Réservation recommandée. Menus de 19 € à 31 €. Formule du midi 14,50 €. Terrasses.

Le Béléna est une véritable institution avec une équipe de serveurs dynamiques orchestrée par Dominique Giesteira. En cuisine, le chef Florent Imbault réalise les spécialités régionales avec talent. Malgré deux salles et deux terrasses chauffées, il vaut mieux réserver. Le menu bourguignon reprend les grands classiques et ravit les touristes qui apprécient les traductions de la carte. Entrecôte charolaise à la crème d'Epoisses affinée au Marc de Bourgogne, œufs meurettes en duo, gougère bourguignonne chaire de grenouilles et escargots plaisent aux palais.

BIEN ET BON €€

22, rue Carnot
✆ 03 80 21 78 99

Du lundi au samedi 8h-19h, dimanche 8h30-19h. Restauration rapide sur place ou à emporter. Nouveau : Bubble Waffle.

Son nom seul résume tout. Ce joli petit snack, situé en centre-ville, est sublimé par l'accueil chaleureux de Brigitte. La formule est simple, un plat qui change quotidiennement, mitonné par le jeune chef Antoine, un choix de crêpes, croque-monsieur, salades-repas, soupe, compositions salées, sucrées et même véganes pour se restaurer comme on veut ! Ici, tout est fait maison, à partir de produits frais. Ambiance bistrot avec un mix de tables hautes et basses, l'ouverture non-stop est très appréciée. Vins au verre et un grand choix de thés, cafés, chocolats chauds.

© BIEN ET BON

© BIEN ET BON

PAYS BEAUNOIS

BISTROT DES HALLES LE BALTARD €€

14, place de la Halle
✆ 03 80 24 21 86
www.bistrotdeshalles.com

Ouvert du dimanche au vendredi 7h-23h samedi 6h-23h. Brunch. Menu bourguignon 25.90 €. Formule du midi 14,90 €.

Le Bistrot des Halles est la renaissance du Baltard Café, redécoré de bois scandinave et touches exotiques avec salle chic aux tons sombres à l'étage. La vue se révèle unique sur les Hospices ! Mais le plus, c'est la carte qui vient rivaliser avec les meilleures brasseries beaunoises, proposant des formules brunch en matinée et les essentiels comme persillé, escargots et bourguignon pour les amateurs. La cuisine maison est de mise, l'équipe bien rodée et le service rapide.

BIZ'TRO €€

4, place Madeleine
✆ 03 80 20 06 96

Ouvert du mardi au samedi midi et soir. Menu Bourguignon à 37,00 €. Formule midi 28 €. Terrasse

Le Biz'Tro est situé à côté du BarBizier un des bars à cocktail et vins les plus branchés de Beaune : un même patron, Julian Gouverd. Il a installé Sébastien Henry aux commandes des cuisines. Ce chef, habitué aux places de second de grands restaurants à Beaune ou à Paris allie chic, gourmandise et simplicité. L'originalité est poussée jusqu'au fameux repas bourguignon, des œufs parfaits encore dans leur nid et le bœuf de la Ferme de Clavisy servi en cocotte. Plats réinventés, produits de saison de petits producteurs, carte des vins achalandée, à vivre absolument !

BRASSERIE CARNOT €€

18, rue Carnot
✆ 03 80 22 32 93
www.brasserielecarnot.com

Ouvert tous les jours à partir de 7h à 23h. Menus de 29 € à 34 €. Menu enfant : 10,50 €. Formule midi 17.50€. Terrasse.

Elégante, historique, la Brasserie Carnot, dirigée par Frédéric Laleure, également propriétaire du Galion situé à quelques mètres, est une adresse sympathique dans l'esprit de la bistronomie bourguignonne. La décoration est chic et contemporaine : banquettes et lustres à pampilles de verre se mêlent à l'esprit vintage de la brasserie que les anciens ont connue. L'amplitude horaire est très appréciée. A la carte proposition du jour, menu bourguignon et pizza à prix correct sont appréciés. Aux premiers rayons de soleil, la terrasse fait de l'œil à tous les passants.

BRASSERIE Ô FAUBOURG €€

2, boulevard Bretonnière
✆ 03 80 20 61 25

Ouvert du mercredi au lundi. Ouvre à 9h30, fermé de 15h à 18h. Menus de 24 € à 32 €. Formules de 11,50 € à 14 €.

Née en 2018, située à la porte sud de Beaune et proche des Hospices. Damien Zanotti apporte son expérience de l'univers de la brasserie à son restaurant. La cuisine est franco-italienne, on y déguste des plats bourguignons et méditerranéens. Œufs meurette, cassolette d'escargots ou assiette Caprese, tomates burrata et basilic frais, pizzas. Testez le menu du jour, les assiettes sont jolies, qualitatives et copieuses ! O Faubourg, c'est aussi un bar à vin, avec une cave à vin, qui a été la première cave à vin de Bernard Loiseau à Saulieu, toujours opérationnelle.

LE CAVEAU DES ARCHES €€

10, boulevard de Perpreuil
✆ 03 80 22 10 37
www.caveau-des-arches.com

Ouvert toute l'année. Du mardi au samedi. Réservation recommandée. Menus de 26 à 58 €.

« La gourmandise est l'apanage exclusif de l'Homme », disait Brillat-Savarin et c'est Michel Simon le sémillant propriétaire du Caveau des Arches qui le prône. Quelques marches puis pierres et lumière tamisée nous plongent dans l'univers intimiste et chaleureux d'un caveau du XVe. Marché du chef ou menus, la cuisine est raffinée, des plats parfaitement maîtrisés. Filet de Volaille à l'Epoisses « Berthaut » et un Parfait Glacé à la Prunelle de Bourgogne émoustillent à coup sûr les papilles. Une excellente table que l'on conseille de réserver à l'avance !

CÔTÉ BOURGOGNE €€

11, rue Buffon
✆ 03 80 22 65 69
www.cotebourgogne.fr

Menus à partir de 21 € et produits locaux bio privilégiés.

Nouveau restaurant avec un grand parking, situé dans la zone hôtelière, à proximité de la sortie d'autoroute : appréciable pour faire une simple escale gourmande. La décoration aux crus évocateurs affichés sur les murs fait référence au terroir bourguignon. La carte est courte car 100 % préparée minute, avec une formule du jour et un menu de terroir. Silure fumé, onglet grillé et sa purée de céleri, une viande qui provient d'une ferme voisine. David Cacoujat, le directeur, privilégie les producteurs locaux et le bio, c'est également vrai dans le choix des vins.

LA COMÉDIE DU VIN

LA COMÉDIE DU VIN €€

12 Bis, boulevard Jules Ferry
✆ 03 80 24 88 94
www.lacomedieduvin.com

Ouvert du mardi au samedi midi et soir. Formule Bistro midi. Bar à Vin, Tapas le soir. Formule du midi de 23 à 28 €

En 2005, La Comédie du Vin s'installe dans les murs d'un ancien ciné pour y tenir des spectacles en lien avec un service traiteur, La Comédie des Mets. Une institution culinaire et culturelle naît. Aujourd'hui, Manon Beck-Chapelle, sous le regard bienveillant de son papa Jean-François et la complicité d'Anna-Marina Pagnotta, propose une formule Bistro le midi et Bar à Vin, Tapas, le soir. Tous les midis, le chef napolitain Luca Flaminio compose des plats faits maison. Le soir, La Comédie se mue en bar à vin convivial où mets et vins s'accordent à la musique.

© LA COMÉDIE DU VIN

AU COQ BLEU €€

10, rue Carnot
✆ 03 45 63 58 98

Ouvert le mardi midi ; du mercredi au dimanche le midi et le soir. Bar et salon de thé ouvert de 8h à 22h

Quel lieu attachant pour s'attabler à toute heure du jour ! On se laisse séduire par les propositions de salades, burgers et plats bourguignons, du coq au vin au bœuf bourguignon, le tout fait maison par Jean-Michel ! Ce restaurant, né en 2019, a été créé par Christiane et Claudius Nugue, leur fils David et son mari Jean-Michel. Ambiance familiale et accueil chaleureux garantis. La cuisine est topissime ! On craque pour le Paris-Brest, le Baba de Saint-Malo du chef pâtissier Luc Mobihan. Aux beaux jours la terrasse en pleine rue piétonne est un régal. Réservez !

© AU COQ BLEU

© AU COQ BLEU

LE GALION €€

5, place Ziem
✆ 03 80 22 65 21
www.legalionbeaune.com

Menu à partir de 29 € avec une formule du jour à 18,50 € dans les rues piétonnes de Beaune.

Simple et généreuse, la table du Galion est à l'image de son propriétaire, Frédéric Laleure. Sur la place Ziem, face à l'ancien couvent des Carmélites dont on admire la façade datant du XVIIe siècle depuis la terrasse, ambiance bistrot avec des matériaux nobles. La restauration à toute heure est un atout touristique. Optez pour le menu bourguignon ou le menu du jour : poulpe jus de viande au chorizo, choux de Bruxelles, tartare de bœuf charolais… On n'a qu'une envie, c'est revenir. Lieu idéal pour faire une pause, vin au verre et planche bourguignonne.

LE GORET €€

10, Place Notre Dame
✆ 03 80 22 05 94

Ouvert mardi soir ; mercredi, vendredi et samedi midi et soir. Suggestions à l'ardoise. Formule du midi : 20 €

Quel est le secret de José, personnage chaleureux, pour recevoir autant de compliments sur sa cuisine ? Le Goret ne cède à aucune mode et tient sa promesse depuis 15 ans : servir une cuisine française authentique et sans chichis. L'amateur est ravi : travers de porc, tête de veau à l'ancienne, pieds de porc aux escargots, jambonneau à la crème d'époisses. Les plats sont généreux, le vin est gouleyant. José a choisi de travailler avec Délicave, caviste beaunois, le vin est au prix caviste à emporter, plus cher si consommé sur place. Une dégustation VIP vous tente ?

GREET HOTEL BEAUNE €€

58, route de Verdun ✆ 03 80 24 15 30
www.accorhotels.com/nl/hotel-B5V7-greet-hotel-beaune/index.shtml

Ouvert tous les jours midi et soir. Menus à partager. Formule du midi 12 €. Hôtel de 52 chambres remis à neuf. Terrasse.

Cet hôtel dispose d'une salle de restaurant dont le style et la cuisine sont aussi originaux et innovants que le concept. On craque pour les meubles chinés. L'accueil est chaleureux et la formule du déjeuner invite à s'installer autour d'un repas simple fait de produits frais. Tout est pensé pour les enfants, les parents peuvent se détendre. Au déjeuner, on peut trouver : terrine de campagne, volaille de Bresse sauce moutarde, gâteau de grand-mère… Les soirs, la formule « à Partager » à 2, 3, 4 ou plus est servie en plats pour toute la table, comme à la maison.

CHEZ LOUIS €€

34, rue Carnot
✆ 03 80 20 02 13
Menus à partir de 22 €. Terrasse.

Chez Louis, ou chez Élodie et Michael Curtinot, l'ambiance est conviviale et cosy : tons chauds, pierres apparentes, chaises Tolix. Louis fut le grand-père d'Elodie, il a créé l'hôtel restaurant La Gremelle à Ladoix-Serrigny. Originaire d'Italie, Élodie conserve sur l'enseigne le fameux dicton de Louis « Chi rosso bevé amoré tiné ». Michael en cuisine concocte de bons plats bistrot, des classiques bourguignons, des planches et un superbe fish & chips. Vendredi et samedi soirs : Happy Hour. La carte des vins recèle des pépites, et le steak tartare est goûtu.

M7 RESTAURANT €€

7, avenue Charles-de-Gaulle
✆ 03 80 22 22 00
www.m7-restaurant.com
Ouvert tous les jours midi et soir. Menu déjeuner de 15 € à 21 € ; dîner de 24 € à 32 €. Terrasse en bord de piscine.

L'hôtel Mercure de Beaune possède son restaurant pour le plaisir des clients, mais pas uniquement. La nouvelle entrée ouverte sur le bar et la piscine invite à poursuivre jusqu'à la salle lumineuse du M7. Tonalité en gris et vert canard dans un agencement moderne et minimaliste dont un jardin d'hiver. Des formules bistronomiques aux résonances bourguignonnes sont proposées au déjeuner à travers le menu du jour ou au dîner avec des menus plus élaborés, concoctés par le nouveau chef Philippe Legrand au parcours élogieux dans les cuisines de grands restaurants.

LE MONGE €€

7, place Monge
✆ 03 80 22 30 68
www.brasserie-lemonge.com
Ouvert tous les jours de 8h à 22h. Service à toute heure. Menus de 23,80 € à 38,50 €. Terrasse.

Le Monge est une adresse courue à Beaune : ça bourdonne et ça fourmille, les plats vont et viennent dans la très salle à l'ambiance conviviale de brasserie parisienne. Entre table nappée et décoration Art déco, la verrière, apporte la luminosité qu'il faut à la salle moderne. Dans l'assiette, les œufs pochés à la crème d'époisses et la marmite de noix de Saint-Jacques au jus de bouille maison confirment la réputation du chef Christophe Chartenay. Nous terminons avec une coupe bourguignonne, pour une note parfaitement raisonnable.

LA FERME AUX VINS €€

9, rue Yves-Bertrand-Burgalat
✆ 03 80 22 46 75
www.lafermeauxvins.com
Vignobles et Découvertes. Ouvert tous les jours et les jours fériés le midi et le soir. Menus de 29 € à 40 €.

Cadre agréable, moderne et lumineux pour déjeuner ou dîner. À la belle saison la grande terrasse proche de la piscine offre une alternative très agréable. À midi ou le soir, un buffet froid et chaud vous est proposé avec, chaque jour, de nouvelles saveurs à volonté. À la carte : plats et menus régionaux, fondue bourguignonne... La cave vitrée fait apparaître plus de 200 références. Cuisine faite maison avec des produits bruts de saison, le restaurant, qui fait aussi traiteur, renouvelle souvent sa carte. La gourmandise est satisfaite jusqu'au dessert !

© LA FERME AUX VINS

© LA FERME AUX VINS

PAYS BEAUNOIS

LA PART DES ANGES €€

24 bis, rue d'Alsace
✆ 03 80 22 07 68
Du mardi au samedi, midi et soir, bar à vin 17h-2h. Menu unique à 39 €. Formules du midi de 22 à 27 €.

Incontournable décor chic, ambiance décontractée, patron sympa, on vient volontiers ici boire un café, un verre de vin, déjeuner ou dîner. Julien Nicolas, le chef, a fait ses classes auprès de Mathieu Viannay, 2 étoiles Michelin, au restaurant la Mère Brazier. La carte est toujours nouvelle, les fournisseurs sont sélectionnés pour une cuisine 100 % maison et produits frais. Cuits à basse température, montés en croustillant, rôtis, en tartare, les poissons, les crustacés et les viandes sont mitonnés au gré des inspirations du chef. Il y en a pour toutes les envies.

PIETRO RESTAURANT €€

4, boulevard Jules Ferry
✆ 03 73 64 10 00
www.restaurant-pietro.com
Menu à partir de 19 € et une élégante trattoria.

Cette élégante trattoria est située le long du boulevard. Les lieux repensés par son propriétaire Michel Simon sous la houlette de Anouk, offrent un très beau cadre. En haut, l'espace est adapté aux repas rapides tandis que la salle voutée chaleureuse du sous-sol invite à prendre son temps, lové dans un fauteuil en velours. Pizzas faites par l'*esperto* Vincente venu de son Italie natale ou gastronomie transalpine par Ludivine. Burrata des pouilles à l'huile d'olive et parmesan, orecchiette courgettes et ricotta, panna cotta au cassis : c'est bon, copieux, *perfetto*.

RESTAURANT ORIGIN €€

74, route de Pommard
✆ 03 80 26 22 17
www.le-panorama.com
Ouvert tous les jours midi et soir. Réservation recommandée. Menu unique à 39 €. Formule du midi de 19 € à 24 €.

Origin est le restaurant au style raffiné de l'Hôtel Kyriad Prestige Panorama. La vue qu'il offre sur les vignes est incroyablement ressourçante. Le nouveau chef Raphaël Badie Virot propose une carte de saison avec une formule du jour et un menu aux accents du terroir. Ses plats sont préparés avec talent à base de produits locaux et souvent bio. La salle est une invitation à elle seule, tables nappées et dressées avec élégance et le service est impeccable. Aux beaux jours, demandez une table en terrasse. N'a pas ce Panorama qui veut !

TAST'VIN €€

35, Avenue du 8 Septembre 1944
✆ 03 80 24 10 34
http://hoteldefrance-beaune.com/Restaurant-Tast-vin-a-Beaune
Logis. Ouvert du lundi au vendredi midi ; du lundi au samedi soir. Menus de 24 à 28 € (2 à 3 plats + carte). Terrasse.

Le Tast'Vin, le restaurant de Virginie et Nicolas Di Sério au style néo-rétro, urbain, voire vintage, plaît vraiment. Le bar est toujours aussi majestueux et bien sûr il y a Virginie et Nicolas qui donnent son âme à l'établissement. Le style se prolonge dans la grande salle où le mobilier moderne, les éclairages contemporains et le fond de salle au papier années 1970 distillent un côté chic. La carte s'est simplifiée, mais demeure profondément ancrée dans les saveurs bourguignonnes, créativité et subtilité du chef Stéphane Giboulot en sus.

LE BENATON €€€

25, rue du Faubourg-Bretonnière
✆ 03 80 22 00 26
www.lebenaton.com
1 étoile au guide Michelin. Menus de 92 € à 115 € (+ carte). Suggestion du jour : 34 €. Terrasse.

Keishi Sugimura, qui a la réputation d'être le plus bourguignon des chefs japonais, offre une cuisine inspirée des terroirs français, seules sa salle à l'esprit zen et sa terrasse en jardin japonais rappellent ses origines. Beaux produits, audace des mariages de saveurs, présentations artistiques, les plats sont d'une grande élégance. Le menu du marché à midi est un régal abordable, De bouche à oreille, Terre et Mer vous emmènent très loin dans ses créations. A la carte, le pâté en croûte d'automne (pigeon, cèpes, foie gras, ris de veau) est très raffiné.

LE CHEVAL NOIR €€€

17, boulevard Saint-Jacques ✆ 03 80 22 07 37
www.restaurant-lechevalnoir.fr
Ouvert du jeudi au lundi midi et soir. Menus de 32 € à 65 €. Formule du midi : 24 € (sauf dimanche et jours fériés).

Inscrit en 2019 sur la « Vallée de la gastronomie », ce label de qualité est un plus pour cette adresse montante. Benoît Deval, maître restaurateur signe une cuisine esthétique et précise de la mise en bouche au dessert, garantissant à chaque étape, une expérience gourmande nouvelle. Le menu Tendance Bourguignonne met l'eau à a bouche : les croquilles d'escargots de Bourgogne au beurre d'ail et le biscuit de brochet, sandre et truite snackés, petits légumes beurre blanc au Chardonnay. Le vin est servi au travers d'un aérateur Aveine pour une dégustation optimale.

ERMITAGE DE CORTON €€€

Route de Dijon - **CHOREY-LES-BEAUNE**
✆ 03 80 22 05 28
www.ermitagecorton.com

Sur la Route des Grands Crus, un bel établissement, une cuisine savoureuse, une expérience à vivre.

« En cuisine, on peut innover tout en respectant l'authenticité des produits » confie Vincent Chirat, chef expérimenté. Son plat signature est le pigeon, désossé et farci, cuit en croûte de sel, un régal ! Côté vins, certains Grands Crus sont proposés au verre ! La modernité vous attend dans la salle aux murs laqués, luminaires et fauteuils design et dans l'assiette, avec une cuisine savoureuse, juste et équilibrée. Le must : Visit & Wine Tour vous emmène explorer la colline de Corton en combi VW de 1975, avec 2h de visite en plein terroir et 2 vins dégustés.

HOSTELLERIE CÈDRE ET SPA €€€

10-12, boulevard Maréchal-Foch ✆ 03 80 24 01 01
www.cedrebeaune.com

7j/7 de 19h à 21h30, sam. et dim. midi. Fermé lundi et mardi de nov. à avr. Réservation recommandée. Menus de 50 à 90 €.

Une ancienne maison de maître vigneron et un arbre majestueux. L'une et l'autre sont nés au XIXe siècle au cœur de Beaune dans les murmures d'un parc, à deux pas des Hospices, ô combien symboliques de la Bourgogne, terre de gastronomie. Un restaurant gastronomique où savourer la magie des saveurs puisées aux sources du terroir bourguignon. La belle cuisine d'invention et de passion, en harmonie avec les vins de Bourgogne, trouve délicieusement sa place au gré des saisons. Au coin du feu sous les plafonds moulurés ou en terrasse sous les ombrages.

LOISEAU DES VIGNES €€€

31, rue Maufoux ✆ 03 80 24 12 06
www.bernard-loiseau.com

Ouvert du mardi au samedi de 12h à 14h et de 19h à 22h. Menus de 59 € à 119 € (+ Carte). Formule du midi : 28 €.

C'est l'un des 4 restaurants du Groupe Bernard Loiseau. Située au sein du prestigieux hôtel 5-étoiles Le Cep, la salle chargée d'histoire mêle meubles anciens et design. Son œnothèque qui occupe tout un pan de mur permet d'accéder à 70 références (dont certaines très rares) de vins servis au verre. Le chef, Mourad Haddouche, propose une cuisine à la signature régionale rehaussée de saveurs du Sud, telle la raffinée bouillabaisse d'eau douce, safran et pastis du pays bourguignon. Poussez la porte, le menu du midi est accessible et le sommelier est incollable.

LA TABLE MAGAZZINO €€

ZAC des Maladières
✆ 03 80 22 92 22
http://www.latablemagazzino.fr

Mardi-jeudi 11h45-14h et 18h45-22h ; vendredi et samedi 11h45-14h et 18h45-22h30. Plat du jour : 9,90 €.

Tout près du magasin Leclerc de Beaune, La Table Magazzino créée par Joël et Christine Bertrand vous accueille dans cet espace de 750 m² comprenant au rez-de-chaussée, une épicerie italienne, en son centre un bar-restaurant rapide, ainsi qu'un restaurant à l'étage. On s'installe confortablement et on apprécie le cadre. Le restaurant propose une cuisine maison qui sent bon l'huile d'olive et la Méditerranée. *Pasta fresca*, escalopes milanaises, salade-repas, en dessert l'incontournable tiramisù ou un croustini de panettone, mascarpone citron et fruits de saison.

© MAGAZZINO

© MAGAZZINO

PAYS BEAUNOIS

ALAIN BATT CHOCOLATIER

11, rue Monge
✆ 03 80 24 63 75
www.alainbatt.com

La boutique du célèbre chocolatier-confiseur de Nancy.

Alain Batt est un célèbre chocolatier-confiseur de Nancy qui a ouvert plusieurs boutiques en France. La maison est réputée pour ses spécialités de Lorraine, les macarons, les bergamotes, les bonbons et les babas de Stanislas à l'eau-de-vie de mirabelle. La boutique de Beaune fait la part belle aux chocolats. Avant Pâques, le choix est incroyable : poissons, fritures, œufs, noir, blanc ou au lait, escargots de Bourgogne, florentins, mendiants, gingembrettes. Coffrets, ballotins et créations originales comme Sophie La Girafe en chocolat sont aussi en vente en ligne.

BARBIZIER

2, place Madeleine
✆ 03 80 26 04 19

Ouvert du mardi au samedi de 18h à 2h. Ambiance tamisée, super accueil, soirées sympas.

Julian Gouverd fait un clin d'œil à son histoire, son grand-père créa l'entreprise de produits d'entretien Javel Barbizier à Besançon en 1938. Ambiance tamisée, décoration pastel avec un mur couvert de polaroids des soirées de l'année. La carte façon magazine est étoffée : excellents vins, whiskys, gins, long drinks, cocktails, mojitos. Les Mocktails, intenses et sans alcool sont très tentants. Un amuse-bouche est offert et si l'appétit grandit, planches de charcuteries, tartines et tapas sont proposées. Super sympa ! Au fait, le Biz'tro à côté, c'est lui aussi.

CÔTÉ RHUM

29, rue Carnot
✆ 07 79 98 37 09

Ouvert du mercredi au samedi de 18h à 2h. Terrasse. Restauration. Animations.

Situé dans les rues piétonnes de Beaune, à deux pas de la place Carnot, voici un lieu de la vie nocturne beaunoise pour une fête réussie, se retrouver entre amis. Côté Rhum vous propose une large sélection de rhums arrangés, de rhums du monde et planteurs, mais pas que ! Bières et vins sont aussi de la partie, l'offre Apéro vous permet de découvrir la sélection de vins et un accompagnement de charcuteries. Profitez d'une ambiance tamisée la semaine, festive le week-end et conviviale à chaque instant grâce à une ambiance lumineuse unique et programmable à loisir.

FABIEN BERTEAU PÂTISSIER GLACIER

18, rue Monge
✆ 03 80 21 08 97
www.patisserie-berteau.com

Ouvert le lundi, le mardi et du jeudi au samedi de 9h à 19h. Terrasse. Salon de thé. Offre salée à midi.

À 36 ans, Fabien Berteau s'est fait un nom dans la pâtisserie française. Enfant de Saulieu, il a forgé son expérience et sa renommée chez les meilleurs et les plus exigeants : Philippe Chapon, Guy Savoy, Fauchon, Le Chabichou, Ladurée, Hyatt Vendôme à Paris, en Australie et en Inde. Installé à Beaune, dans une petite boutique chic, il propose des pâtisseries aux saveurs délicates : tarte gianduja, amandine cassis... Sa spécialité, le cheesecake mangue passion ce jour-là. A tester !

FABRICE GILLOTTE

33, rue Carnot
✆ 03 80 80 22 54
www.fabrice-gillotte.com

Ouvert du mardi au samedi de 9h30 à 12h30 et de 13h30 à 19h. Chocolats, macarons, pâtisseries, confiseries.

A Beaune, Dijon, Besançon, les vitrines de Fabrice Gillotte sont toutes somptueusement gourmandes. Ce chocolatier récompensé du titre de Meilleur Ouvrier de France a su se faire apprécier des grands amateurs de délices chocolatés. Dans cette boutique en bleu et blanc, la décoration est chic et minimaliste. Les boîtes sont aussi jolies que les créations sont originales et souvent thématiques. Chocolats en coffrets d'assortiments ou en collection comme le Culture Thé ! Avis à tous les gourmands, on peut commander en ligne et se faire livrer...

MARIE SIMON PATISSERIE

2, rue Marey
✆ 03 80 26 54 52
www.marie-simon.com

Ouvert du jeudi au samedi de 8h30 à 18h30 ; le dimanche de 8h30 à 12h30. Salon de Thé.

Jeune cheffe pâtissière à l'expérience forgée dans des restaurants gastronomiques, sacrée championne du monde des arts sucrés en 2018, Marie Simon a installé sa pâtisserie à Beaune. Ses créations originales sont à tomber et ses classiques revisités : tartes au citron, Paris-Brest, babas au rhum ou St-Honoré, esthétiques et gourmands. Saveurs équilibrées, franches, justes sucrées. Véritable lieu de partage cosy chic, on peut s'installer pour une expérience sucrée servie avec un thé/café d'exception. Une parenthèse gourmande pour les intolérants au gluten aussi !

PÂTISSERIE THOMAS BOUVART

8, rue Carnot
✆ 03 80 22 35 40
Ouvert du mardi au dimanche de 9h à 19h. Accueil en 3 langues étrangères, anglais, espagnol et indien. Salon de thé

Thomas Bouvart est un pâtissier chocolatier normand d'origine et bourguignon par sa formation. Après avoir expérimenté de grandes maisons (Ladurée, Daniel Boulud...), il est revenu en Bourgogne. Aux classiques indémodables s'ajoutent ses créations, tel le divin Pinacolada, un biscuit amande coco, mousse citron vert et ananas confit. En été la petite terrasse ne désemplit pas du petit-déjeuner au repas : tartes salées, menu du jour. Parul, son épouse, apporte la douceur de l'Inde.

PÂTISSERIE WAGNER

11, rue Victor Millot
✆ 09 53 94 70 28
Ouvert du mercredi au lundi de 9h à 19h. Ouvert le dimanche.

Depuis son ouverture en 2019, c'est une adresse pour les gourmands. Formé au château de Gilly, chez Jean Crotet, chez Maximin à Vence ou encore au Pavillon Ledoyen 3-étoiles à Paris, Thomas Wagner souhaite favoriser les circuits courts et le respect de l'environnement. La farine vient d'une ferme à Brochon, le beurre et la crème de la fromagerie de Montagny et les emballages créés par lui sont comestibles ! En vitrine, une superbe gamme de macarons colorés, d'éclairs, de tartes au cassis, de divines pavlovas. Offrez-vous une pause gourmande dans son salon de thé !

ALAIN HESS-FROMAGERIE-ÉPICERIE FINE-CAVE À VINS

7, place Carnot ✆ 03 80 24 73 51
fromageriealainhess.com
Lundi-vendredi (9h-12h15 et 14h30-19h15), samedi (8h30-19h15), dimanche (10h-13h). Basse saison, fermé le dimanche.

Une adresse incontournable à Beaune ! Plus de 200 sortes de fromages vous sont présentées, dont le Délice de Pommard inventé par Alain Hess lui-même. Ce fromage moulé artisanalement au torchon se décline en plusieurs saveurs : pain d'épices de Dijon, son de moutarde de Beaune, truffe noire d'été, bourgeons de cassis noir. Au sous-sol, trois superbes caves voûtées invitent à la dégustation des vins locaux avec une assiette de fromages de son choix, façon «bar à fromages». Inratable !

ALAMBIC BOURGUIGNON

65, route de Seurre
✆ 06 27 13 19 94
www.alambic-bourguignon.com
Visite sur rdv, vente en ligne et cavistes.

Expérimenté dans le domaine des spiritueux, Mathieu Sabbagh a repris la société Pigneret en 2018, un distillateur artisanal et ambulant au service des vignerons. Il a au passage créé SAB's, une gamme de quatre eaux de vie de Bourgogne, un Marc, une Fine, une Poire et un Gin. Pleinement inscrit dans la relance et la défense des spiritueux bourguignons, Mathieu s'exerce à la production parcellaire, à l'optimisation des vieillissements et l'innovation dans les finitions pour vous redonner le goût et l'envie de déguster une fine en apéritif.

L'ATELIER DES BONBONS

37, rue d'Alsace ✆ 06 18 13 10 53
www.latelierdesbonbons.fr
Basse saison : ouvert du mercredi au samedi de 10h à 19h. Haute saison : du mercredi au dimanche de 10h à 19h.

L'Atelier des Bonbons est une création de Benoit Combes et Marion Aoustet qui ont acquis la formule exclusive des cristaux de bonbons, ces confiseries à la texture friande. Leur fabrique permet d'étendre les propositions à toutes sortes de confiseries, sucres d'orge, sucettes, bonbons durs, pâtes de fruits, guimauves, pâtes à tartiner, beurre de cacahouète, nougat brun, graines caramélisées. Des productions artisanales 100 % faites main à partir de produits de qualité pour dégager les meilleures saveurs. Un lieu où l'on redécouvre ce que la gourmandise a de bon !

ATHENAEUM DE LA VIGNE ET DU VIN

5, rue de l'Hôtel-Dieu ✆ 03 80 25 08 30
www.athenaeum.com
Ouvert tous les jours de 10h à 19h. Juillet et août fermeture à 19h30. Ouvert le dimanche. Livraison possible.

Cette librairie spécialisée, face aux Hospices, est une institution, un lieu unique dédié à l'univers de la connaissance du vin. Plus de 10 000 références dont 3 000 que pour les épicuriens, des œuvres littéraires, guides touristiques et livres pour enfants. On y trouve aussi les accessoires du parfait connaisseur en vin et plein d'idées cadeaux. Dégustez quelques vins dans la salle climatisée. Un espace VIP ouvert aux fins connaisseurs propose des crus excellents de la Bourgogne.

BOUTIQUE MAISON CHAMPY

12, place de la Halle ✆ 03 80 23 75 21
www.maisonchampy.com
Espace boutique ; ouvert tous les jours, visites dégustations de 5 vins possibles 1h de 25 € à 55 €.

Champy est la plus ancienne des grandes maisons beaunoises, fondée en 1720, elle se visite rue du Grenier à Sel. La boutique chic et chaleureuse se situe Place des Halles. A l'étage, un espace Lounge avec vue sur les Hospices offre un cadre idéal à une dégustation de premiers et grands Crus de la Côte de Beaune et de la Côte de Nuits. 500 000 bouteilles/an issues pour 1/3 des 25 ha de vignes du domaine. Dimitri Bazas, œnologue, est le garant d'une vinification rigoureuse, artisanale et à 30 % certifiée bio. Les conseils sont concis, la passion communicative !

CAVE SAINTE-MARIE-LA-BLANCHE

15, route de Verdun - **SAINTE-MARIE-LA-BLANCHE**
✆ 03 80 26 60 60
Ouvert du lundi au samedi de 9h à 12h et de 14h à 18h. D'avril à octobre jusqu'à 18h30. Caveau de dégustation.

La Cave Sainte-Marie regroupe les productions de vignerons organisés en coopérative depuis près de 60 ans. L'espace vente propose une grande et belle sélection d'appellations qui illustrent toutes les nuances du terroir bourguignon : Hautes-Côtes de Beaune, Hautes-Côtes de Nuits... Une place de choix est faite aux crémants de Bourgogne. L'accueil est chaleureux, les dégustations gratuites et commentées. Une adresse à partager tant les conseils sont avisés et les prix accessibles !

CAVEAU DÉLICAVE

24 bis, rue des Tonneliers
✆ 03 80 22 45 10
www.delicave.com
Caveau ouvert du lundi au vendredi, de 9h à 12h et de 14h à 18h. Le samedi sur rdv pour les groupes. Ventes en ligne.

Les sélections des vins de Délicave à Beaune sont empruntées à la Conseillerie des Tonneliers, une structure familiale qui depuis 40 ans, repère les meilleurs crus de la Bourgogne et des autres régions de France pour le réseau professionnel et les cavistes. On y trouve de vrais trésors parmi les plus de 1 000 références sélectionnées à prix domaine. Après Claude Siegrist, c'est Yvan son fils et Lætitia sa petite-fille qui développent l'entreprise avec un site de vente en ligne. Repérez les vitraux colorés, descendez dans ce magnifique caveau !

LA COMÉDIE DES METS

12 Bis, boulevard Jules Ferry
✆ 03 80 24 88 94
http://lacomedieduvin.com
Sur réservation.

La Comédie du Vin abrite La Comédie des Mets, un service traiteur et concept évènementiel unique à Beaune. Ce lieu est ouvert aux entreprises et associations, même les particuliers peuvent profiter de la structure. Une belle salle avec scène, matériel d'éclairage et de sonorisation modernes à louer pour toutes les occasions : réception, cocktail, réunion professionnelle, assemblée ou concert et spectacle. L'activité traiteur, grâce au talent de la cheffe Anna-Marina Pagnota, permet de créer un repas sur mesure à La Comédie du Vin ou dans votre espace.

LA COMÉDIE DU VIN

12 Bis, boulevard Jules Ferry
✆ 03 80 24 88 94
www.lacomedieduvin.com
Ouvert du mardi au samedi midi et soir. Formule Bistro midi. Bar à Vin, Tapas le soir. Formule du midi de 23 à 28 €

Si le lieu est dédié à l'organisation d'événements, à la restauration avec formule Bistro le midi et Bar à vin le soir, la maison fait aussi caviste. Il y a en effet un choix de plus de 500 références de vins. La Comédie du Vin sait vous faire voyager à travers une sélection de grands vins de Bourgogne, mais aussi de France, d'Italie, de Hongrie... Le concept est simple, vous avez bu ici un vin qui vous a plu, vous pouvez l'acheter et l'emporter. Vous avez accès aussi au catalogue sans prendre un repas en comptant sur les sélections de Jeff Beck votre spécialiste.

DOMAINE AEGERTER

21, rue Carnot
✆ 03 80 22 62 72
www.aegerter.fr
Haute saison : du lundi au samedi de 10h à 19h30 ; le dimanche de 10h à 18h.

Depuis 30 ans, la famille Aegerter a construit un empire. Jean Luc, le créateur et maintenant Paul, le fils produisent des grands vins de Bourgogne, issus de vignobles somptueux, leurs 10 ha de vignes en Côtes de Nuits, mais aussi des vins de parcelles provenant de l'ensemble de la Bourgogne aux appellations magiques. Dans cette vaste boutique ouverte 7/7 toute l'année, les clients retrouvent l'ensemble des vins produits par le domaine Aegerter et plus encore. Des vins tranquilles, effervescents, des millésimes récents, matures et une large gamme de spiritueux.

DOMAINE BAPTISTE GUYOT

48, faubourg Saint-Martin
✆ 03 80 22 46 55
www.domaine-baptiste-guyot.fr
Accueil sur rdv. Ouvert week-ends et jours fériés entre avril et novembre. Marché artisanal en avril, 31/10 et 01/11

Baptiste Guyot est un jeune vigneron beaunois qui en 2010 a repris le domaine de 5 ha de son grand-père. Depuis il l'a étendu à 9 ha répartis entre Pommard, Monthelie, Volnay, Pernand-Vergelesses et Beaune au Clos du Foulot qui se trouve sur la propriété. Lors de votre visite vous serez étonnés de l'étendue de la propriété, entre le Clos du Foulot de 1 ha, le parc et la cave où les fûts sont rigoureusement alignés. Le domaine propose aussi la location de 2 chambres d'hôtes confortables au cœur d'un lieu privilégié à 10 min à pied du centre de Beaune.

DOMAINE DU LYCÉE VITICOLE

16, avenue Charles-Jaffelin
✆ 03 80 26 35 81
www.lavitibeaune.com/vins
Vignobles et Découvertes. Du lundi au vendredi 9h 12h et 14h 17h, le samedi matin en haute saison. Boutique en ligne

Propriétaire récoltant le plus important de Beaune avec 20,83 ha de vignes, le Domaine du Lycée Viticole est aussi un lieu d'apprentissage dit *la Viti* et un centre d'expérimentation des techniques viticoles et vinicoles, véritable plate-forme de compétence. On peut visiter sa cuverie de plus de 1 500 m², un outil pédagogique idéal pour produire jusqu'à 120 000 bouteilles. Les vignes sont pour la plupart en appellation Beaune dont 40 % sont des 1ers Crus et 2,5 ha sont en culture bio.

DOMAINE LOÏS DUFOULEUR

8, boulevard Bretonnière ✆ 03 80 22 04 62
www.domaineloisdufouleur.com
Ouvert tous les jours. Vente dégustation sur rdv. Chambres d'hôtes et meublé de tourisme de charme, Les Jardins de Lois.

A 5 minutes des Hospices, Anne-Marie et Philippe Dufouleur exploitent 5 ha de vignes à Beaune et à Savigny-les-Beaune. 14 appellations dont 8 en rouge. La cuverie et les caves de leur jolie maison voisinent Les Jardins de Loïs, 5 chambres d'hôtes et un meublé très raffinés. Anne-Marie cultive ses vignes en culture raisonnée, Philippe assure la vinification en respectant la typicité de chaque climat : Beaune 1er Cru rouge, Clos des Perrières, Le Clos du Roi, Les Cent-Vignes... Animés d'un grand sens de l'accueil, ils sont de parfaits ambassadeurs de l'oenotourisme.

DOMAINE SOPHIE JOIGNEAUX

32, rue du Général Muteau - **MEURSANGES**
✆ 06 86 78 39 54
www.domainesophiejoigneaux.sitew.com
Sur rdv - vente en ligne sur www.pourdebon.com/domaine-sophie-joigneaux-s477.

Immergée dans le monde du vigneron depuis son enfance, Sophie Joigneaux, qui enseigna les techniques de vinification pendant 20 ans, a fini par créer son propre domaine en reprenant en fermage 3,5 ha de vignes situées à Beaune, Chorey-lès-Beaune et Sainte-Marie-la-Blanche. Son domaine est installé dans une maison vigneronne réaménagée de la cuverie à la cave en passant par un gîte et bientôt un caveau de dégustation. Ses étiquettes sont auréolées de papillons parés de tuiles vernissées pour les Premiers crus, de rouge, jaune ou blanc pour les Villages et Crémants.

DOMAINE BESANCENOT

78, faubourg Saint-Nicolas
✆ 03 80 22 18 76
www.domaine-besancenot.fr
Du lundi au vendredi de 9h à 12h et de 14h à 17h30 (appeler avant). Week-end sur rdv. Dégustations sur réservation.

© ANTOINE MUZARD

Le Domaine Besancenot produit une gamme complète de vins et Crémants de Bourgogne. Les 10 ha de vignes en propriété ont la particularité d'en occuper 8 en Beaune Premiers Crus, elles sont cultivées dans un respect de la terre et la nature poussé, une culture raisonnée exigeante dont les engrais sont bio et qui respecte la biodiversité des vignes. Thérèse, qui est en charge de la vinification, s'occupe de l'accueil des visiteurs avec qui elle partage sa passion en proposant des formules de dégustation bien calibrées aux prix souvent proposés pour 2 personnes.

ENJOY FALLOT - LA MOUTARDERIE

31, faubourg Bretonnière ✆ 03 80 22 10 10
www.enjoyfallot.com

Vignobles & Découvertes. Entreprise du Patrimoine Vivant. Ouvert du lundi au samedi, dimanche matin en haute saison.

Enjoy est la 1re boutique de La Moutarderie Fallot, la 2nde est à Dijon. Un lieu étonnant, moderne et coloré. Des distributeurs de moutarde en vrac, un bar à moutarde en accès libre permettant de déguster les moutardes les plus en vogue. 100 % des graines de sénevé proviennent de Bourgogne auxquelles sont ajoutées les saveurs de curry, romarin, pinot noir, truffe, piment d'Espelette, pain d'épices, fèves de cacao, miel ou marc. Profitez du moment pour visiter la moutarderie : extra !

L'ÉPICERIE BEAUNOISE

19, rue d'Alsace
✆ 03 80 22 10 12

Ouvert du mardi au samedi de 9h30 à 12h15 et de 14h15 à 19h.

L'épicerie beaunoise est une adresse gourmande nouvellement installée dans les rues piétonnes de Beaune. Cette enseigne dévoile de nombreuses références de produits du terroir alliant gastronomie, saveurs, couleurs et authenticité. Vous y trouvez des produits qui sont un régal, qu'ils soient de Bourgogne ou d'ailleurs comme le caviar de cornichons de la Maison Marc, les Belles Chips Bon Goût à la truffe, la moutarde Fallot... Céramique et créations artisanales, planches en bois apéritives, la boutique s'enrichit d'idées cadeaux à offrir ou à s'offrir ! Vidéos.

LA FRUITIÈRE DU HÉRISSON

24, rue d'Alsace
✆ 03 80 24 22 02
www.fruitiere-comte.com

Ouvert du lundi au samedi de 9h30 à 12h30 et de 15h à 19h ; le dimanche de 9h30 à 12h30.

La gastronomie de la Franche-Comté s'invite dans la cité beaunoise. Coopérative jurassienne regroupant quinze exploitations laitières produisant 12 000 meules par an, ce sont ses produits entre autres que vous retrouvez ici. L'excellent comté, le Petit hérisson, un fromage rond et crémeux au lait cru de vache, le Délice de Chalain, le Morbier, la tomme du Jura, le bleu de Gex... La boutique dispose d'un espace réservé aux produits régionaux avec un grand choix de la terrine, au vin, bières et confitures. Tout ce qu'il faut pour une bonne fondue est ici !

HELICE - ESCARGOTS DE BOURGOGNE

6, boulevard Jules Ferry
✆ 09 83 72 05 49

Ouvert mardi et mercredi de 10h à 12h30 et de 14h à 18h ; jeudi de 15h à 19h ; vendredi et samedi de 10h à 19h.

Hélice est la boutique de Karine Obriot qui a la passion pour les escargots et dont le principal fournisseur est la Maison Billot, spécialiste de l'escargot de Bourgogne depuis 1796. Les *Helix pomatia* sont issus du ramassage, le persillé est préparé avec du beurre de Normandie, de l'ail rose de Lautrec et du sel de Camargue. En coquilles, conserves, frais, surgelés, il y en a pour tous les goûts. Sur place, on peut les déguster au bar à escargots, 13 € la douzaine avec un verre de vin.

L'ODYSSÉE BIO

6, avenue du Bataillon de la Garde
✆ 03 80 22 03 15 - www.lodysseebio.com

Ouvert lundi 14h-19h ; du mardi au vendredi 9h-12h45 et 14h30-19h30 ; samedi 9h-19h. Naturopathie et iridologie.

L'Odyssée Bio est un espace de plus de 400 m² dédié aux produits issus de l'agriculture biologique, un véritable supermarché dédié au consommer sain. Serge Rizzo, créateur de l'enseigne, qui a plus de 30 ans d'expérience dans le bio, sélectionne ses produits avec rigueur : fruits et légumes, produits frais, fromages, charcuteries, viandes et poissons et même surgelés. Pain en provenance de la Meulière de Chalon-sur-Saône ou des Champs du Destin de Sacquenay. L'équipe, très accueillante, est disposée au conseil. Coin caviste avec vins biologiques et bières.

MAGAZZINO

13, rue Gustave Eiffel
✆ 03 80 22 92 23
www.latablemagazzino.fr

Ouvert du lundi au samedi de 9h à 20h. Restauration sur 2 espaces.

Magazzino, c'est ce bâtiment vitré près du magasin Leclerc de Beaune. Un concept novateur créé par Joël et Christine Bertrand. Au rez-de-chaussée, une épicerie italienne de 750 m² avec un bar-restaurant rapide de spécialités italiennes et un vaste restaurant à l'étage. Les rayons regorgent de spécialités transalpines, charcuteries, fromages à la coupe, pizzas, produits secs pour l'apéritif, produits d'épicerie, vins, conserves... le meilleur pour se composer un menu spécial *O sole mio* ! On peut aussi s'installer au bar pour des formules déjeuner sur le pouce.

LA MANUFACTURE BEAUNE

20, rue Carnot
✆ 03 80 24 04 11
www.manufacture-perrin.com
Ouvert le lundi de 14h à 19h ; du mardi au samedi de 9h30 à 12h30 et de 13h30 à 19h.

Cette jolie boutique colorée, créée par la Manufacture de Bonneterie Perrin installée à Montceau-les-Mines, est située en zone piétonne. Elle présente les marques de l'entreprise estampillée « entreprise du patrimoine vivant ». C'est la *french touch* : des produits 100 % fabriqués en France, en Bourgogne mêlant qualité, savoir-faire et tendance. Les chaussettes Perrin 1924 confortables, les caleçons Dagobert, funs et réversibles, les collants délirants Berthe aux Grands Pieds et Chaussettes Françaises, des marques haut de gamme. On aime ce côté décalé, fun, pepsy !

MARCHÉ AUX VINS

7, rue de l'Hôtel-Dieu ✆ 03 80 25 08 20
www.marcheauxvins.com
Vignobles & Découvertes. De décembre à mars tous les jours 10h-19h et d'avril à nov. tous les jours 10h-19h.

Le Marché aux Vins de Beaune est installé dans l'ancienne église des Cordeliers avec une vue impressionnante sur les Hospices de Beaune. Propriété de la famille Halley, tout comme le Château de Meursault et le Château de Marsannay, ce lieu chargé d'histoire est la vitrine des meilleurs Premiers Crus et Grands Crus de ces domaines emblématiques de la région qui sont aussi achetés aux Hospices de Beaune. Vous pouvez les découvrir, jusqu'aux plus grands, grâce aux différentes formules de dégustation proposées avec la visite. La galerie d'Art est en accès libre.

MILLÉSIMES À LA CARTE

1, rue du Moulin-Noize ✆ 03 80 20 68 68
www.millesimesalacarte.com
Du mardi au samedi 10h 12h et 14h30 19h dimanche 10h 12h. Carte à partir de 5 €. Ateliers dégustations. Vente en ligne

Situé à la porte de la future Cité des Vins, ce magasin de 200 m² propose « Le meilleur du meilleur » selon Thierry Prat, créateur de Millésimes à la Carte. Un lieu unique pour acheter des vins. Exclusif, 40 vins sont proposés à la dégustation servis par des œnothèques automatisées. Vous achetez une carte prépayée et dégustez librement les vins. Climats de Bourgogne, Côte-Chalonnaise et Mâconnais, vins prestigieux, nouveaux talents et toujours un vieux millésime que l'on ne boira jamais autrement. Exceptionnel aussi, une gamme de 120 cuvées des Hospices de Beaune.

MULOT ET PETITJEAN

1, place Carnot
✆ 03 80 30 07 10
www.mulotpetitjean.com
Ouvert du lundi au vendredi de 9h à 12h et de 14h à 19h ; le week-end de 9h à 12h30 et de 14h30 à 19h.

Depuis 1796, Mulot et Petitjean fait la réputation de Dijon avec son emblématique pain d'épices à la farine de froment. Depuis 225 ans, la maison est « l'héritière d'une longue et prestigieuse histoire », aujourd'hui labellisée Entreprise du Patrimoine Vivant. La boutique vous propose des produits fabriqués à Dijon : pavés aux fruits confits, glacés minces, croquets, nonnettes fourrées à la framboise, au cassis, au chocolat... La gamme santé Nona sérénité, vitalité, transit est enrichie en oligoéléments, vitamines et fibres. 1, 2, 3 Tous au pain d'épices !

L'ENTREPOT DU VIN

12, rue Gaston Chevrolet
✆ 03 80 22 45 10 - www.la-conseillerie-des-tonneliers.com/lentrepot-du-vin
Ouvert du lundi au vendredi de 11h à 12h et de 16h30 à 19h ; le samedi de 9h45 à 12h30 et de 14h30 à 18h45.

L'Entrepot du Vin à Beaune est la déclinaison XXL de l'intimiste Caveau Délicave dont les sélections rigoureuses sont accessibles dans un vaste showroom. Comptez sur l'expérience de la famille Siegrist pour rendre ce lieu animé par des dégustations et le renouvellement régulier de plus de 300 références de grands vins de Bourgogne et d'autres régions de France, qui en plus d'être qualitatives sont aussi de bonnes affaires. Si par contre vous souhaitez le charme d'un authentique caveau, direction rue des Tonneliers.

NUITON-BEAUNOY - LA CAVE DES HAUTES-CÔTES

93-95, route de Pommard ✆ 03 80 25 01 03

www.nuiton-beaunoy.fr

Tous les jours de 9h30 à 12h30 et de 13h30 à 18h30, fermé les dimanches de Janvier à Mars. Entrée libre. Dégustations.

Avec une vue sur les vignes de Beaune, la seule cave coopérative de la Côte-d'Or est une adresse incontournable. Les 88 vignerons associés sous le blason Nuiton-Beaunoy produisent 22 000 hl de vin par an. Des vins travaillés en culture raisonnée et raisonnable, dans le respect de la terre et de la vigne. Vous trouverez une cinquantaine de climats différents dont de délicieux premiers crus de très grande qualité. Un vin se démarque : le Gevrey-Chambertin 1er cru Clos du Chapitre.

PATRIARCHE PÈRE ET FILS

5-7, rue du Collège

✆ 03 80 24 53 78

www.patriarche.com

Ouvert 7j/7 9h30 à 11h15 et 14h à 17h15. Audioguide anglais allemand italien néerlandais espagnol russe chinois japonais

Les caves Patriarche, construites entre le XIIIe et le XIXe siècle, abritent plus de 2 millions de bouteilles. Leur visite vous conduit au cœur de 5 km de galeries jalonnées d'étapes de dégustation. Entre ses grands vins dont les cuvées Signature Émotion et l'accès à son patrimoine valorisé par La Grande Visite, Patriarche affirme son statut de grande maison de l'œnotourisme en Bourgogne. La boutique vous permet d'accéder à une gamme de plus de 300 références de vins d'exception, appellations Régionales, 1ers Crus, Grands Crus, Crémants…

UPECB - UNION DES PRODUCTEURS ET ÉLABORATEURS DE CRÉMANT DE BOURGOGNE

134, route de Dijon ✆ 03 80 22 32 50

www.cremantbourgogne.fr

L'UPECB réunit plus de 3 000 acteurs de la filière, elle défend les intérêts des producteurs et veille à la qualité grâce au respect du cahier des charges. La Bourgogne est la 2de région productrice de France avec 19 millions de cols vendus chaque année. L'AOC Crémant existe depuis 1975, vendanges manuelles à maturité du raisin, rendement de 150 kg de raisins par hl sont imposés. Eminent et Grand Eminent signent des Crémants d'exception élevés entre 24 et 36 mois en cave.

HÔTEL LE CEP - CENTRE DE MIEUX-ETRE MARIE DE BOURGOGNE

27, rue Maufoux ✆ 03 80 22 35 48

http://hotel-cep-beaune.com

Nouveau : cures, massages et soins ayurvédiques. Yoga et méditation, alimentation ayurvédique. Spa High Tech.

Associé au Spa Marie de Bourgogne, ce nouveau centre ayurvédique est unique en son genre. Le Dr Sibin, originaire du Kérala en Inde, berceau de l'ayurvéda, établit un bilan pour rééquilibrer vos doshas, diagnostique les dysfonctionnements, adapte les soins : massage avec des macérats huileux de plantes, alimentation, conseils, cure, yoga, exercices... L'ayurvéda est une science holistique qui a pour vocation de vous aider à rester en bonne santé.

VEUVE AMBAL-CRÉMANT DE BOURGOGNE

Le Pré Neuf ✆ 03 80 25 90 81

www.veuveambal-oenotourisme.com

BS : lundi au samedi (10h-13h et 14h-18h). HS : tous les jours (10h-13h et 14h-19h). Visite guidée et dégustation.

Cette grande maison familiale née en 1898 est spécialisée dans le crémant de Bourgogne. Ses 250 ha de vignes installées couvrent 6 terroirs différents. La maison produit de nombreux crémants d'appellation Bourgogne ainsi que des crus plus prestigieux : brut blanc de blanc, millésimé, grande cuvée, et même un bio. Dans la boutique, toute une sélection de produits du terroir comme les anis de Flavigny, la moutarde Fallot ainsi que les vins de Prosper Maufoux à Saint-Aubin.

LE VIGNERON

6, rue d'Alsace

✆ 03 80 22 68 21

www.le-vigneron-marcel-louis.fr

Ouvert tous les jours et les jours fériés de 9h à 19h

La boutique de Marie Charlotte Louis, Le Vigneron, recèle 1 000 trésors que chacun aime chiner, les touristes, mais aussi les locaux qui peuvent y dénicher une pépite déco, cadeau à l'âme bourguignonne. C'est bien cela, ici tout est consacré à l'amour de la Bourgogne, de ses représentations et déclinaisons, en tapisseries, statuettes, magnets, tire-bouchon, art de la table, mug… Les sélections sont souvent made in France pleines d'authenticité et de savoir-faire. C'est assez irrésistible et chacun, vraiment chacun peut craquer pour un petit trophée !

INTERVIEW

PRENEZ LE TEMPS DE MIEUX VIVRE

CENTRE DE MIEUX-ETRE MARIE DE BOURGOGNE

Un élégant hôtel 5 étoiles

À 4 minutes des célèbres Hospices, affilié aux « Small Luxury Hotels of the World », l'hôtel est une véritable institution, dévoué à la qualité du séjour de ses clients. 62 chambres à la décoration raffinée où la modernité côtoie le charme des meubles anciens. Les cours du XVIe siècle, le caveau, le jardin, le spa, un personnel prévenant : *what else ?* Un centre ayurvédique !

Échange avec le directeur-propriétaire, Jean-Claude BERNARD

L'hôtel, déjà équipé d'un spa High Tech avec chromothérapie, cryothérapie, ajoute un centre ayurvédique. Jean-Claude B. se décrit comme un hyperactif, ayant toujours beaucoup d'idées. La création de ce centre est partie d'une expérience de l'Ayurvéda lors de ses voyages en Inde avec à la clef de grands bienfaits. Intimement convaincu de son intérêt, de retour en France, Jean-Claude B. s'est dit pourquoi ne pas ouvrir ces bienfaits aux clients de l'hôtel et aux locaux. Ce projet est vite devenu une évidence jalonnée de rencontres opportunes. Aujourd'hui, le spa et le centre ayurvédique fusionnent pour devenir le Centre de Mieux-Être Marie de Bourgogne. L'ayurvéda, médecine traditionnelle alternative reconnue par l'OMS, joue un rôle préventif avec une approche holistique. La vocation de l'ayurvéda est de vous aider à rester en bonne santé, et le souhait de cet hôtelier est de faire du bien aux gens, de les aider à retrouver un mieux-être. Grâce aux décors et mobiliers authentiques, 3 cabines vous transportent en Inde, chacune est équipée d'une salle d'eau et d'un sauna. Le Dr Sibin, diplômé de médecine ayurvédique, originaire du Kérala, berceau de l'Ayurvéda en Inde, propose une consultation sur rendez-vous pour constater les origines des dérèglements dans votre corps et adapter des soins pour retrouver l'équilibre. Il utilise des macérats, des massages, des cures de 3 à 21 jours, une alimentation adaptée, du yoga et de la méditation.

HOTEL LE CEP - CENTRE DE MIEUX-ETRE MARIE DE BOURGOGNE

27, rue Maufoux
✆ 03 80 22 35 48 https://cure-ayurvedique-bourgogne.com/

© HÔTEL LE CEP

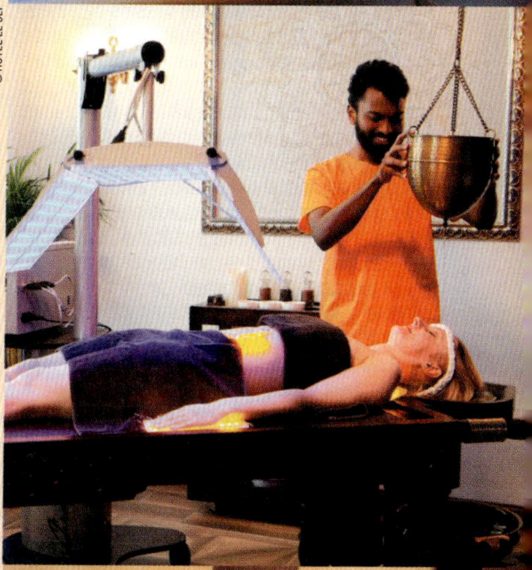
© HÔTEL LE CEP

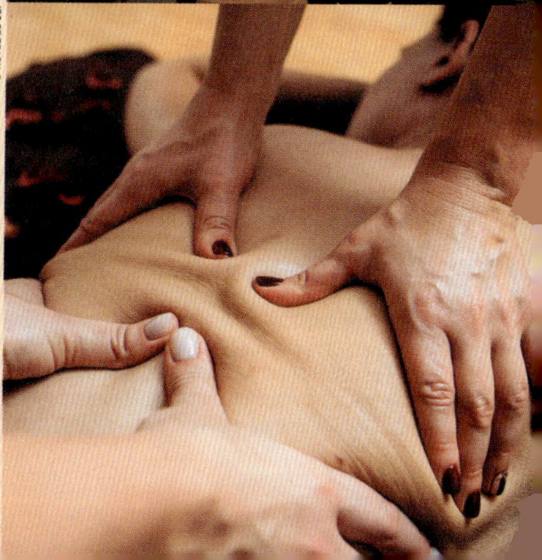
© HÔTEL LE CEP

BEAUNE CÔTÉ PLAGE

Chemin des Tauperies ✆ 03 80 22 92 02

www.beaunecoteplage.com

Baignade ouverte du 1er juin au 1er septembre. Entrée 6 €/pers, familles (2 adultes, 2 enfants) : 16 €.

De nombreuses activités gratuites sont proposées comme des cours d'aquagym, natation, disc golf, beach volley encadrées par les associations locales le dimanche. Consultez le programme sur : www.beaunecoteplage.com.

Vous pouvez louer un aqua bike. Sur place, Côté Resto vous permet dans une ambiance lounge de vous restaurer et de vous détendre en terrasse.

Depuis mai 2014, Beaune Côté Plage est devenu le nouveau lieu de baignade en vogue. C'est sur les bords du lac Montagny-lès-Beaune que la Communauté d'Agglomération Beaune Côte & Sud a choisi d'implanter ce parc de loisirs aquatiques en partenariat avec Suez. Beaune Côté Plage dispose de 3 000 m² de bassins agrémentés d'un mur d'escalade aquatique de 6 m de haut, d'un toboggan, d'une liane et de plusieurs plongeoirs. De bons moments ludiques pour les petits et les grands. L'eau des bassins est traitée par filtration naturelle dans un bassin de régénération constitué notamment de roseaux. L'eau de ces piscines nouvelle génération est donc naturelle, sans traitement chimique ni chlore. L'esprit est très nature : pontons et bâtiments en bois, baignade naturelle. Les immenses plages invitent à y planter son parasol, sortir sa glacière, comme à la mer, et les terrains de jeux sont engazonnés. Un ponton à fleur d'eau permet de se déplacer entre les bassins. Très agréable pour profiter de la vue sur la Côte et du soleil.

Vous avez accès au site depuis le périphérique de Beaune au rond-point au croisement de la rue André-Gagey et de l'avenue André-Boisseaux.

FLAVEURS & CHEFS - ÉCOLE DE PÂTISSERIE

4, rue Thiers ✆ 03 80 20 77 89

www.flaveursetchefs.com

Vignobles & découvertes, 96 €/adulte, 55 €/enfant. 12 pers maxi, durée de 2h min. à une journée max. Vente de matériel.

Superbe lieu pour des cours de pâtisserie pour adultes et enfants ! Dans un hôtel particulier, Bérangère Vuittenez a créé cet atelier avec son père, Jean-Luc Champaud. Les intervenants sont des pâtissiers généreux, passionnés voulant transmettre leurs recettes. Chacun des 12 élèves a son plan de travail, sa table de cuisson, ses ustensiles. Au rayon des propositions : Macarons, Pavlova, Millefeuille ou atelier traiteur salé... Le bonheur de pouvoir dire : « c'est moi qui l'ai fait ! ».

HÔTEL LE CEP - CENTRE DE MIEUX-ETRE MARIE DE BOURGOGNE

27, rue Maufoux ✆ 03 80 22 35 48

http://hotel-cep-beaune.com

Soins corps et visage Vinésime, massages, cryothérapie, chromothérapie. Nouveau : soins, massages et cures ayurvédiques.

Lauréat des «World Luxury Spa Awards», labellisé Spa de France, le spa fusionne avec le nouveau centre ayurvédique pour devenir le Centre de Mieux-Etre Marie de Bourgogne. Unique ! 600 m² avec sauna, hammam, cryothérapie, chromothérapie..., le tout associé à la médecine ancestrale indienne au service de votre mieux-être. Une palette exceptionnelle d'outils et 4 experts : bilan ayurvédique par le Dr Sibin, venu du berceau de l'ayurvéda en Inde, massages, soins, cures, yoga. A méditer !

HOTEL LE CEP - CENTRE DE MIEUX-ETRE MARIE DE BOURGOGNE

27, rue Maufoux ✆ 03 80 22 35 48

https://cure-ayurvedique-bourgogne.com/

Nouveau ! Cures Ayurvédiques, Massages & Soins Ayurvédiques, yoga & méditation, alimentation ayurvédique + SPA High Tech

Associé au Spa Marie de Bourgogne, ce nouveau centre ayurvédique est unique en son genre. Le Dr Sibin, originaire du Kérala en Inde, berceau de l'ayurvéda, établit un bilan ayurvédique pour rééquilibrer vos doshas, diagnostique les dysfonctionnements, adapte les soins : massage avec des macérats huileux de plantes, alimentation, conseils, cure, yoga, exercices... L'ayurvéda est une science holistique qui a pour vocation de vous aider à rester en bonne santé. 4 experts pour votre bien !

LA COMÉDIE DU VIN

12 Bis, boulevard Jules Ferry

✆ 03 80 24 88 94

www.lacomedieduvin.com

Ouvert du mardi au samedi midi et soir. Formule Bistro midi. Bar à Vin, Tapas le soir. Formule du midi de 23 à 28 €

Institution culinaire et culturelle située dans un ancien ciné, La Comédie du Vin revêt ses habits de fête pour le spectacle. Expositions de peinture, concerts, cabarets, troupes de théâtre, musiciens... les évènements se succèdent de Ciné-Rétro, festival du burlesque sur écran géant au Festival Beaune Blues Boogie. Tout est prétexte à se mettre en scène et à passer un moment convivial dans ce lieu historique de partage. Bar à Vin et Tapas s'accordent parfaitement à la musique et au show. Vive le vin, les mets et la commedia dell'arte.

ALOXE-CORTON

Attention à la prononciation ! « Alosse-Corton », village connu pour ses vins, détient également un riche patrimoine architectural, parmi lesquels trois châteaux : celui de Corton-Grancey dont l'habitation remonte au XVIIIe siècle et les parties viticoles (caves et cuverie) aux années 1830, celui de « Corton André » du XIXe siècle et celui dit de « Corton » qui appartenait à la famille Vergnette de la Motte et qui fut transformé à la fin du XIXe. Aloxe-Corton, avec Ladoix-Serrigny et Pernand-Vergelesses, figure parmi les plus pittoresques communes de la région. Charlemagne aurait possédé des vignes sur la colline… d'où le nom de Corton-Charlemagne.

CHATEAU CORTON C

5, rue des Cortons
✆ 03 80 26 28 79
www.corton-andre.com
Basse saison ouvert du lundi au samedi. Haute saison : tous les jours. Dégustation gratuite pour les particuliers.

Majestueux, le château Corton se voit de loin avec ses toits colorés de tuiles vernissées. Situé au pied de la colline de Corton, les conditions sont optimales pour produire des vins prestigieux. Issus du travail de la famille Frey, célèbre dans le monde des vins et implantée en Champagne, dans le bordelais et la vallée du Rhône. C'est Caroline Frey, œnologue, qui exploite le potentiel des 7 ha de vignes en culture bio depuis 2021. La visite libre des caves du XVe siècle et du XXe siècle permet de découvrir de beaux crus dont le Corton Clos du château Monopole…

PERNAND-VERGELESSES ★

Un village tranquille de toute beauté situé au pied de la montagne de Corton. Pour y accéder, vous pouvez traverser la commune d'Aloxe-Corton, prendre un peu de hauteur, longer les murets des clos puis apercevoir le clocher d'une église aux tuiles vernissées et quelques maisons de vignerons regroupées autour d'elle. Un paysage sublime qui incarne à la perfection l'image de la Côte-d'Or ! Le village a la forme d'un amphithéâtre, pas étonnant que Jacques Copeau, fondateur du théâtre du Vieux Colombier à Paris, se fixa ici avec sa troupe en 1925. Depuis l'Oratoire de Frétille, vous avez un magnifique point de vue sur les vignes et la cité beaunoise.

DOMAINE MAURICE CHAPUIS

3, rue Boulmeau ✆ 03 80 26 40 99
www.domainechapuis.com
Visite et dégustations sur rendez-vous du lundi au samedi.

Le Domaine Maurice Chapuis est un domaine familial où le métier de vigneron se transmet depuis six générations. Anne-Marie et Maurice Chapuis passent la main à leurs enfants, Pierre à la production et Claire à la gestion, chacun s'étant formé au commerce et à l'œnotourisme sur fond de transmission de traditions. Ce sont 12 ha de vignes qui sont travaillées en culture raisonnée sur des parcelles concentrées sur Aloxe-Corton et Chorey-lès-Beaune. L'accueil se fait avec une gentillesse hors pair dans des caves du XIVe siècle qui courent sous la maison.

L'ÉCOLE DES TERROIRS

14, rue Jacques Copeau ✆ 06 76 72 11 48
www.bourgogne-school.com
Ouvert le vendredi à partir de 9h. Adulte : 190 € (dégustation et mâchon). Visite guidée. Animations.

Cette expérience unique en français et en anglais se déroule chaque vendredi matin dans une maison vigneronne typique. Le principe est de vivre la Bourgogne et ses terroirs. Découvrir les Climats, les cépages, les terres qui produisent les vins avant de les déguster. Dégustation de 6 appellations, des 1ers et grands crus blancs et rouges suivie d'un mâchon. Sous la pédagogie ludique de Jacky et de Charles Rigaux aidés de Dominique Bruillot, Pierre Olivier Coron et Gareth Skidmore, découvrez la dégustation géo-sensorielle, les pieds dans les vignes de Corton.

LE CHARLEMAGNE €€€

1, route des Vergelesses
✆ 03 80 21 51 45
www.lecharlemagne.fr
ouvert du jeudi au lundi midi et soir. Menus de 68 € à 98 €.

Comment rêver plus bel écrin pour une si bonne table ? L'esprit zen qui se dégage de ce restaurant étoilé Michelin n'est pas simplement le fait de sa décoration, mais aussi de son propriétaire Laurent Peugeot, qui s'est inspiré de ses voyages en Asie. Les influences japonisantes se retrouvent dans l'assiette à travers des présentations épurées aux senteurs exotiques. Les propositions mélangent avec brio les saveurs avec des produits et des vins issus prioritairement de producteurs locaux. Langoustines, kapao, takuan, concombre épineux... Une expérience à vivre.

LADOIX-SERRIGNY

Située pratiquement au pied de la montagne du Corton, devant laquelle s'étendent les fameux vignobles qui donnent naissance au seul Grand Cru rouge de la Côte de Beaune : le Corton, et l'unique Grand Cru blanc : le Corton-Charlemagne, la commune de Ladoix-Serrigny est l'une des plus pittoresques de la région, avec celle d'Aloxe-Corton toute proche. Le village s'appelait Serrigny jusqu'en 1988. Il abrite un château du XVIIe siècle, avec douves, pont dormant, grilles monumentales et parc majestueux. A ne pas manquer : des fermes fortes des XIVe et XVe siècles, un moulin du XVIIe siècle, ainsi qu'une église du XIIe siècle au porche remarquable.

DOMAINE DUBREUIL-FONTAINE - LA MAISON DES BELLES-FILLES

18 rue Rameau-Lamarosse ✆ 03 80 21 55 43
www.dubreuil-fontaine.com
Ouvert du lundi au vendredi de 9h à 12h et de 14h à 18h ; le samedi de 9h à 12h. Possibilité de louer un gîte 6 pers.

Ce domaine pérennise son savoir-faire et la qualité de ses vins depuis 1879. Christine Gruère-Fontaine, qui représente la 5è génération, est la première femme de la famille à être à la tête de l'exploitation. Le domaine exploite 20 ha de vignes qui lui permettent de composer une remarquable palette qui s'étend du Bourgogne aux prestigieux Grands Crus. Pernand-Vergelesses, Savigny-lès-Beaune, Aloxe-Corton, Beaune, Pommard et Volnay, la Côte de Beaune est magnifiquement représentée.

ASSOCIATION PROMOTION LADOIX

✆ 03 80 26 41 94

Cette association rassemble une grande partie des vignerons du village de Ladoix-Serrigny. Elle a pour objectif de promouvoir le village et l'appellation «Ladoix». L'un des événements principaux organisé par l'association est la «Balade Gourmande» qui revient chaque année depuis plus de 20 ans maintenant. Elle fait venir des amateurs français mais aussi d'autres pays, notamment la Suisse, la Belgique et les Etats-Unis. Vous pourrez peut-être même y croiser des personnalités publiques…

Balade gourmande à Ladoix-Serrigny.

COMME À LA MAISON

20, route de Beaune
✆ 06 47 99 27 60
Ouvert du mardi au samedi de 6h30 à 2h ; le dimanche de 8h à 15h. Boutique de produits gourmands et sélection de vins.

Comme à la Maison est un concept original de bar à vin caviste où il fait bon boire, manger et jouer, créé par Damien et son épouse Mélanie Gelot. On peut venir ici pour une pause gourmande à tout moment de la journée, prendre un café, réparer son vélo. La boutique propose une sélection de vins régionaux, les vins des viticulteurs de Ladoix, des bières locales et une oenomatique permet de déguster 8 vins. Comme pour prolonger la pause, Damien prépare des burgers avec les pains frais du boulanger d'ici, des planches, des makis, le tout autour d'un jeu de société.

DOMAINE JEAN PIERRE MALDANT

30, route de Beaune
✆ 03 80 26 44 50
www.domainemaldant.com
Accueil sur rdv. Caveau pouvant accueillir les groupes jusqu'à 20 personnes (sur demande).

Le Domaine Jean-Pierre Maldant s'étend sur 9 hectares de vignes travaillées en micro-cuvées afin de respecter la typicité de chaque climat. La vinification est effectuée dans une nouvelle cuverie construite au pied des vignes du domaine et de la montagne de Corton. Côté gentillesse, on reste au sommet avec Emilie et son frère Pierre-François. La gamme de grands vins de Bourgogne est couronnée pour les blancs par le Corton Charlemagne et deux Grands Crus d'exception en rouge.

DOMAINE PERRIN CELINE

14, avenue de Corton ✆ 03 80 26 40 93
www.domaineperrinladoix.com
Du lundi au vendredi 9h-12h et 14h-17h30 ; le samedi 10h-12h et 14h30-17h30. Dégustation et visite gratuites sur rdv.

Détenteur du label AB depuis 2005 et de Vin Biologique depuis 2012 pour l'ensemble de ses productions, le domaine porte le prénom de Céline, Christian Perrin toujours très actif au domaine laissant sa fille porter l'image de sa 5e génération. L'accueil est très convivial dans une cave typique où sont proposées les dégustations et sont exposés les vestiges archéologiques retrouvés lorsque la cave a été creusée. Les vignes sont idéalement réparties sur des appellations recherchées, Ladoix-Serrigny, Pernand-Vergelesses, Aloxe-Corton et nouvellement Meursault.

DOMAINE PIERRE RAVAUT

2, route de Beaune ✆ 03 80 21 42 32
www.pierre-ravaut.fr
Ouvert du lundi au vendredi de 9h à 12h et de 14h à 18h. Samedi et dimanche matin sur rendez-vous.

Pierre Ravaut, 6e génération du domaine Gaston et Pierre Ravaut, possède dorénavant sa propre maison, un héritage riche et prometteur dans la pure tradition familiale. Le Domaine Pierre Ravaut est situé sur la route principale du village avec des conditions de parking et d'accueil idéales. Vous avez accès un catalogue d'une dizaine de rouges et 4 blancs démarrant des appellations Bourgogne et montant jusqu'aux fleurons des Climats de Bourgogne. La rencontre avec Pierre Ravaut est troublante pour ceux qui connaissent Gaston dont il ne peut renier la filiation !

SAVIGNY-LÈS-BEAUNE ★★

Savigny-lès-Beaune prend soin de sa qualité de vie. Niché dans une vallée le long du Rhoin, entre profondeurs boisées et vignes, ses vins ont été qualifiés par les papes de nourrissants, théologiques et morbifuges, autrement dit excellents pour la santé. Le château et sa collection de voitures de course Abarth, ses plus de 250 motos et son escadrille d'avions de chasse a de quoi intéresser petits et grands. En famille, on peut aussi suivre le parcours Si Savigny m'était conté ou la chasse au trésor pour découvrir coins et recoins de ce village ou encore se dégourdir les jambes et fatiguer les bambins sur l'un des chemins au départ du camping.

OFFICE DE TOURISME BEAUNE ET PAYS BEAUNOIS / ANTENNE DE SAVIGNY-LÈS-BEAUNE

4, place Fournier ✆ 03 80 21 63 70
www.mairie-savignylesbeaune.fr
Basse saison : du mardi au samedi de 9h30 à 12h30. Haute saison : Idem et ouvert aussi de 14h à 18h30. Agence postale.

Facile à trouver face à la jolie fontaine de Savigny... L'espace rénové au design contemporain est certes petit, mais optimisé et convivial. Le numérique est utilisé pour donner aux clients le meilleur des services, le personnel est compétent et connaît bien la région. A l'extérieur, une borne 24/24 permet d'avoir toutes les informations touristiques utiles. Ce bureau sert aussi d'Agence Postale pour le bien-être des habitants. Ne manquez pas le parcours 'Si Savigny m'était conté'.

PAYS BEAUNOIS

CHÂTEAU DE SAVIGNY-LÈS-BEAUNE

Rue du Général-Leclerc
✆ 03 80 21 55 03
www.chateau-savigny.com

Château ouvert à la visite toute l'année sauf les 3 premières semaines de janvier.

Le château de Savigny est un authentique château du Moyen Age construit en 1340 pour le duc Eudes par Jean de Frolois, Maréchal de Bourgogne, mais qui n'a au fil des siècles cessé d'y introduire vie et modernité. En effet, cette imposante propriété comprend le grand château qui abrite plusieurs musées visitables, des salons de réception à l'étage et de magnifiques caves des XIVe et XVIIe siècle. A côté le petit château construit en 1683 qui servait autrefois d'écurie et de communs accueille désormais les visiteurs pour la dégustation et l'achat des vins de la propriété. Le Château a été en effet racheté par un viticulteur exploitant. Celui que l'on nomme le grand château est visitable pour ces musées. Ce ne sont pas moins de 10 collections exceptionnelles constituées avec passion par Michel Pont qui sont ouvertes au public. Découvrez la salle aux 36 Abarths, toutes en état de rouler et de participer à des compétitions. Il y a un espace consacré à 40 tracteurs vignerons, un autre à 25 véhicules de pompier. La collection des 200 motos ravit chacun. Sans compter les outils viticoles et vinaires ainsi que les 4 000 maquettes d'avions, de voitures et de motos. L'exposition consacrée à l'aérospatiale avec de nombreuses maquettes de fusées et la présence d'un satellite connaît un vif succès pour sa thématique très actuelle. A l'étage les trois salons se louent et peuvent accueillir jusqu'à trois cents personnes pour des réceptions privées ou professionnelles. Au rez-de-chaussée un autre grand salon peut être loué également pour des réceptions, dégustations ou même expositions. Le parc de 11 hectares est propice à des réceptions extérieures et présente une spectaculaire exposition de 100 avions.

Le château de Savigny-lès-Beaune comptabilise 40 000 visiteurs chaque année, remarquable, compte tenu du fait que ses collections sont 100 % privées ! Unique et insolite.

C'est aussi un domaine viticole. Un château digne de ce nom ne pourrait être ce qu'il est sans un domaine viticole de grande valeur. Un vignoble de 27 ha et 9 Premiers Crus. Certaines vignes sont situées sur les terres du château avec 4 ha qui produisent la Cuvée du Château Monopole, les appellations du domaine sont également de Beaune, Meursault, Pommard, Monthelie, Auxey-Duresses ou encore Volnay.

De magnifiques caves des XIVe et XVIIe siècles s'étendent sous le château qui propose des dégustations, accessibles librement à la boutique indépendamment de la visite.

L'OUVRÉE €€

54, rue de Bourgogne
✆ 03 80 21 51 52
www.louvree.fr

12 chambres. Chambre double à partir de 85 €, suite jusqu'à 165 €. Parking fermé inclus. Restaurant gastronomique LE 428

L'Ouvrée, situé sur le haut de Savigny, vient tout juste d'être rénové. Sa décoration moderne et minimaliste, associée à de nouvelles salles de bains, offre aux chambres des ambiances plaisantes. Toutes ont une vue sans vis-à-vis et certaines ont accès à la grande terrasse. Le calme qui règne dans cet environnement boisé au pied de parcelles de vignes ajoute une note de charme élevée. On peut véritablement qualifier cet hôtel de havre de paix et même d'écrin. L'accès direct au restaurant permet de découvrir la cuisine gastronomique de Christophe Ledru.

AUX FOURNEAUX €€

5, place Fournier
✆ 03 80 21 50 00
auxfourneaux.fr

Du mardi au samedi de 9h à 14h et de 19h à 21h, dimanche 12h-14h. Menus de 26 à 30 €. 17 € à midi. Terrasse vue château.

David Cacoujat, ancien directeur du Cèdre, hôtel réputé à Beaune, est «Aux Fourneaux» de ce sympathique restaurant situé au cœur de Savigny avec vue sur la fontaine. L'esprit est bistronomique, les produits sont frais et bio, la carte est simple et gourmande. De beaux fauteuils en velours gris invitent à s'attabler dans la salle décorée d'œuvres d'artistes locaux. Le charme de l'ancien côtoie le chic du contemporain. Cuisine régionale teintée de touches exotiques : velouté de butternut, œuf poché au yuzu, escargots de Bourgogne, tataki de bœuf. Prévoyez du temps.

LE 428 €€€

54, rue de Bourgogne
✆ 03 80 21 51 52
www.louvree.fr

Ouvert du jeudi au lundi le midi et le soir. Menus de 33 € à 85 €. Menu du midi : 27 €. Jardin. Terrasse. Hôtel 12 ch

Le 428 est vite devenu un must depuis que Christophe Ledru en a pris les rênes. La grande salle lumineuse à l'esprit Art déco s'ouvre en été sur une terrasse de rêve à l'ombre d'arbres centenaires. Il prépare une cuisine élaborée tout en simplicité au gré des produits de saison, résolument gastronomique, savante et talentueuse mais pas pompeuse, à son image. A moins que vous n'ayez une réserve, choisissez la découverte surprise du menu de votre choix. La carte des vins est magnifique ! Vous allez aimer la situation de l'établissement au pied des vignes.

PAVILLON DES VIGNERONS

13, rue Vauchey-Very

✆ 03 80 22 19 86

Ouvert de 10h à 12h30 et de 14h30 à 19h. Haute saison fermé lundi matin. Basse saison fermé dimanche AM et lundi.

Le Pavillon des Vignerons concentre l'offre de 24 domaines de Savigny-lès-Beaune qui ont chacun des parcelles de vignes réparties en Côte de Beaune et Côte de Nuits. Marie-Hélène et Michel Bize, natifs du village et commerçants dans l'âme ont créé ce Caveau des «Climats» de Savigny pour proposer des vins aux prix de vente domaine, ceux-là même qui ne sont pas toujours ouverts au public. Outre les Savigny, vous trouvez en Villages et Premiers Crus des Beaune, Pernand-Vergelesses, Aloxe-Corton, Meursault, Monthélie, Chassagne Montrachet dont de célèbres Grands Crus.

NOLAY ★

Nolay, capitale des Hautes-Côtes, est une très belle escale viticole de tradition festive. Si les produits du terroir et les vins ont contribué à sa réputation, c'est aussi à ses superbes halles que Nolay doit beaucoup. Ce centre historique est au cœur de toutes les fêtes ! La chapelle Saint-Pierre du XVIe avec son clocheton, l'église Saint-Martin et ses jacquemarts, les maisons à pans de bois font de Nolay un village plein de charme. L'illustre famille Carnot, qui donna à la France un président et de grands scientifiques, est native de la commune. Le nez en l'air, le sentier Alice Poulleau ou Jean-Marc Boivin, le parcours en ville, sont à faire !

LE BOUT DU MONDE

Site accessible toute l'année. Respecter les lieux afin de préserver cet environnement naturel classé Natura 2000

Le Cirque du Bout du Monde est un havre de paix et de verdure. Entouré de falaises, vous profitez d'une nature préservée, le site est classé Natura 2000. Vous pouvez faire une randonnée de 10,5 km, 3h30, niveau moyen, départ du parking aménagé et fléché, balisage jaune n° 19 (Carte disponible à l'Office de Tourisme). Vous pouvez aussi aller jusqu'à la cascade, d'où sort un filet d'eau, un site ressourçant où vous pourrez tremper vos pieds dans la Cozanne et écouter le chant des oiseaux. Lieu idéal pour pique-niquer, emportez une couverture ou profitez des tables.

CHÂTEAU DE LA ROCHEPOT ★

RD111 D - **LA ROCHEPOT**

Visible que de l'extérieur pour le moment.

Le Château de La Rochepot est tout droit sorti des contes de fées. Construit sur un éperon rocheux, il surplombe le village qui a gardé tout son charme et son authenticité. Il apparaît magnifiquement lorsqu'on arrive d'Arnay ou de Nolay. Construit au XIIe siècle et détruit à la Révolution, il a été soigneusement reconstruit par la famille Carnot qui lui a redonné son style originel de forteresse médiévale avec pont-levis et chemin de ronde. Le toit en tuiles vernissées typique de la Bourgogne est remarquable. Il plaît à tous, il n'est visible que de l'extérieur.

GARAGE DE BEL-AIR

D906

LA ROCHEPOT

✆ 06 61 08 44 73

www.vintagebelair.com

Manifestation de voitures anciennes le deuxième samedi de chaque mois.

La Nationale 6 qui reliait Paris à l'Italie via Lyon passe par La Rochepot, située à 300 km de Paris. Ce trajet représentait l'autonomie en essence des voitures des années 1960. Le Garage de Bel-Air fut donc, de 1950 à 1970, l'un des plus gros débiteurs d'essence en Europe. C'est à l'initiative de la Communauté d'Agglomération de Beaune Côte et Sud et de la ville de Saulieu que le Garage a repris vie en 2013. La station-service sert de lieu d'accueil emblématique pour des manifestations de voitures anciennes. Rendez-vous le deuxième samedi de chaque mois !

LA VOIE DES VIGNES

www.beaune-tourisme.fr/que-faire/idees-de-circuits/la-voie-des-vignes-santenay-nolay-615613

Voie des vignes de Nolay à Santenay 14,2 km - pédestre, rollers, cyclotourisme, VTT, 264 mètres de dénivelé. Facile.

Ancienne ligne de chemin de fer Chagny-Autun, transformée en superbe voie verte à réaliser en famille, à pied, à vélo, en trottinette. A visiter lors de votre échappée : la cité médiévale de Nolay et ses halles ; le viaduc de la Roche à Bec, de Cormot avec une vue à 360° sur les falaises d'escalade, le vignoble de Nolay et des Maranges et la Vallée de la Cosanne ; 5 villages viticoles traversés et Santenay, un joli village d'eau et de vin. Vous pouvez aussi relier Beaune et Dijon par la voie des vignes au nord et Chagny et Chalon par la voie verte au sud.

LES HALLES DE NOLAY ★

Place des Halles

Ouvert toute l'année. Marché tous les lundis de 8h à 13h.

Quelle surprise de découvrir cet édifice imposant et superbe ! Ces halles, qui existaient déjà à la fin du XIVe siècle, sont remarquables : taille immense dont 420 m² sans appui au sol et une magnifique charpente. Le toit en laves bourguignonnes pèse entre 600 et 800 kg au m² ! Jusqu'au début du XXe siècle, les foires et marchés réunissaient ici des producteurs qui venaient de toute la région, Plaine de Saône, Auxois et Morvan compris. Le site mérite vraiment un arrêt. Ces halles rappellent le dynamisme de la bourgade à l'époque médiévale où l'on ne comptait pas moins de quinze églises et chapelles dans la cité. Elles abritent aujourd'hui un marché tous les lundis et de nombreuses manifestations tout au long de l'année qui font vibrer le charmant cœur historique de Nolay. Des ruelles étroites où des artisans se sont réapproprié des boutiques, les jacquemarts qui sonnent tous les quarts d'heure... On aime s'attabler sur le parvis de l'église et siroter un verre de hautes-côtes en regardant les halles ! Enfin, Nolay se trouve dans un écrin de verdure, amis sportifs, familles, vous pouvez rejoindre Nolay en empruntant la voie verte qui relie Beaune et Santenay puis suivre le tracé de l'ancienne voie ferrée qui emprunte deux viaducs assurant des vues exceptionnelles sur le village et la vallée de la Cozanne. Pas loin, les roches de Cormot invitent à la varappe, le Cirque du Bout du Monde permet la détente tandis que les nombreux sentiers entre vignes, forêts et collines dévoilent une nature préservée.

OTI BEAUNE & PAYS BEAUNOIS - ANTENNE DE NOLAY

13, rue de la République ✆ 03 80 21 80 73
www.nolay.com

Basse saison du mardi au samedi 9h30-12h30 et 14h-17h30. Haute saison du lundi au samedi 9h30-12h30 et 14h-18h30.

Contemporain, lumineux, il est installé dans une ancienne pharmacie face à une place réaménagée en parking. Une table tactile et des écrans vidéo informent sur les événements, les activités... Quand l'office de tourisme est fermé, une borne accessible 24h/24 vous renseigne. Vous pouvez opter pour une chasse au trésor, une randonnée commentée ou une visite nocturne de la ville. Osez un OeNolay Tour, un moment de partage et de dégustation unique avec un vigneron à vivre absolument.

LES CABOTTES €€

7, rue Collot - **CHANGE** ✆ 03 45 28 09 33
www.lescabottes.com

A partir de 2 nuits Tiny House à Partir de 95 € en basse saison en semaine à 195 € le WE en haute saison. Table d'Hôtes

Installées à flanc de coteau sur les hauteurs du village et faces aux vignes, les *tiny houses* Les Cabottes sortent le grand jeu dans leur conception minimaliste, tout en étant très confortables et super équipées notamment d'un bain nordique. Conçues en peuplier de l'Auxois, toutes disposent d'une immense terrasse à la vue unique. Comptez sur la bienveillance d'Alexane et Félix pour vous procurer les essentiels d'un séjour cocon et original au grand calme, mais cependant à proximité des axes de transport et des meilleurs sites œnotouristiques de la Bourgogne.

DOMAINE CLAUDE NOUVEAU €€

Marcheseuil - **CHANGE** ✆ 03 85 91 13 34
www.claudenouveau.com

Le gîte du château. Pour 6 personnes (150 m², 3 chambres). De 700 € à 850 € la semaine selon saison.

Installé dans une dépendance de la maison vigneronne du Domaine Claude Nouveau, le Gîte du Château dispose d'un accès indépendant, d'une terrasse côté vignes et de tous les équipements pour un séjour confortable. Accès privilégié au caveau du domaine pour une visite du domaine et ses dégustations. Les amateurs de séjours œnologiques seront forcément ravis du lieu. La situation entre Côte-d'Or et Saône-et-Loire permet un accès facile aux principaux sites touristiques de la région. Vue et calme uniques pour un séjour des plus reposants !

AU TIRE BOUCHON €€

73, rue de la République
✆ 03 80 21 74 62

Ouvert du mardi au samedi le midi et le soir. Dimanche midi en haute saison. Carte et formules du midi. Terrasse.

Au Tire-Bouchon est un restaurant convivial à souhait installé dans une superbe salle voûtée. Bernard Dufresne est des plus accueillant pour ne pas vous décevoir. En hiver, Nanar, pour les intimes, propose des spécialités savoyardes. Toute l'année on retrouve les spécialités bourguignonnes. Et il est impossible de faire l'impasse sur l'entrecôte charolaise de 250 grammes ou le tartare à préparer soi-même ! Les frites sont fraîches et maison, les plats sont de type brasserie, de ceux qui réconfortent, surtout quand le rapport qualité-prix est très bon.

DOMAINE CLAUDE NOUVEAU

Marcheseuil
CHANGE ✆ 03 85 91 13 34
www.claudenouveau.com
Visite sur rdv du lundi au samedi et le dimanche matin. Gamme de prix de 8 à 20 €.

Aline Ponsard et son époux Stéphane, 6e génération du domaine Claude Nouveau, offrent à leurs visiteurs un réel dépaysement. Situé à la limite des Hautes Côtes de Beaune au Hameau de Marcheseuil, le domaine surplombe le village de Change et les monts environnants. L'accueil se fait dans une annexe de la maison, dans une grande salle où sont exposés de nombreux outils du vigneron qui sont autant de départs de discussions découverte sur les pratiques du domaine qui évoluent vers le label HVE tout en conservant le meilleur des pratiques traditionnelles.

MEURSAULT ★

Terre sainte pour les amateurs de vins blancs, Meursault reste, tout comme les Hospices de Beaune, l'un des symboles du film de Gérard Oury, *La Grande Vadrouille*, avec Bourvil et Louis de Funès : l'ancien château fort, aujourd'hui hôtel de ville, est le cadre d'une des scènes cultes du film. La place de la mairie est aussi le lieu central de rencontre autour de la fraîche fontaine l'été : elle évoque les quatre saisons du travail dans les vignes avec quatre petits anges vignerons. C'est aussi l'occasion de découvrir des bâtiments historiques comme l'église Saint-Nicolas, l'ancienne léproserie réhabilitée, le château de la Velle et bien d'autres.

© OLIVIER PONCELET - FOTOLIA
Vue générale de Meursault.

OFFICE DE TOURISME INTERCOMMUNAL DE MEURSAULT

9, Place de l'Hôtel-de-Ville ✆ 03 80 21 25 90
www.ot-meursault.fr
Du 01/06 au 30/09 du lundi au samedi 9h30-12h30 et 14h-18h30. Fermé samedi et fermeture à 18h en basse saison.

Etape obligée avant toute visite, vous trouvez toutes les informations utiles sur les monuments de Meursault : l'église Saint-Nicolas, le château de Cîteaux, le château de la Velle, le château de Meursault, la Léproserie, les visites guidées thématiques. Capitale des grands vins blancs de Bourgogne, lieu de tournage de *La Grande Vadrouille*, l'Hôtel de Ville vous rappelle des souvenirs. Le vignoble peut se découvrir à pied en empruntant les sentiers ou à vélo par la Voie des Vignes.

AU FIL DU CLOS €€

1, rue de Mazeray ✆ 03 80 20 40 82
www.aufilduclos.com
3 chambres. Chambre double de 120 à 130 €. Petit déjeuner inclus. Lit supplémentaire 30 €. Parking fermé. Restauration.

La maison qui abrite le restaurant gastronomique Au Fils du Clos possède 3 chambres d'hôtes toutes aussi belles, contemporaines et récentes que le restaurant. Comme elles sont à l'étage, elles procurent une vue splendide sur les vignes de Meursault. Entrée indépendante avec digicode, vaste parking à l'intérieur du clos au pied des vignes, le charme opère. Le petit déjeuner se prend en chambre, par contre nous vous recommandons un déjeuner ou un dîner pour apprécier la cuisine gastronomique de Jean Christophe Moutet. Une salle peut être réservée pour un groupe.

LES HAUTS DE MEURSAULT €€

5, route de Volnay
✆ 03 80 21 23 47
www.hotel-meursault.fr
38 chambres : double 75 €. Petit déjeuner : 9 €. Chambres familiales (4 ou 5 personnes) à partir de 105 €.

Il flotte ici comme un esprit de motel vintage entretenu par Gaspard Faucher son propriétaire. L'hôtel offre une vue imprenable sur les vignes de Meursault. Des objets vous immergent dans les années 60/70. Les chambres coquettes sont de taille moyenne, certaines avec terrasse, idéales pour un séjour économique. L'espace salon cosy, la bibliothèque, le flipper et le babyfoot détendent. La salle de restaurant reçoit les amateurs de cuisine simple et de terroir, une terrasse superbe pour des repas en plein air. Originalité, vue et calme sont les plus de ces lieux.

LA CUEILLETTE - CHATEAU DE CITEAUX - SPA ET RESTAURANT €€€

18, rue de Cîteaux ✆ 03 80 20 62 80
www.lacueillette.com

Ouvert toute l'année. Label Spa de France. 19 chambres. Chambre double à partir de 195 €.

Le Château de Cîteaux, construit sur des caves du XIIe siècle creusées les moines cisterciens est une étape de prestige aux chambres luxueuses et tables raffinées. Le Spa haut de gamme de Fruitithérapie est ouvert aux personnes extérieures. Tapis rouge, 19 chambres 4 étoiles dont 2 suites avec vue sur les vignes, certaines avec terrasse. Salle de restaurant romantique style XIXe et terrasse. Spa avec piscine, hammam, sauna et bains à remous, tisanerie : un espace 100 % détente.

LE BOUCHON €€

1, place de l'Hôtel de Ville ✆ 03 80 21 29 56
www.restaurant-le-bouchon.com

Fermeture annuelle de fin décembre à fin janvier. Ouvert du mardi au samedi. Menus de 27 € à 40 €. Menu du jour 14,50 €.

Le bouchon, c'est une salle contemporaine et une cuisine traditionnelle dans un esprit bouchon lyonnais… mais en Bourgogne ! Les grandes ardoises aux murs en rappellent l'esprit et affichent les délicieuses propositions. Hormis le jambon persillé provenant d'un artisan boucher du village, tout est cuisiné sur place par le chef Jean-Philippe. Comme le Bœuf charolais en bourguignon cuit à basse température ou les œufs pochés sauce meurette au vin blanc et rouge. La carte des vins est superbe et nous rappelle que nous sommes dans un fief de bons nectars.

LE GLOBE €€€

15, rue de Lattre-de-Tassigny
✆ 03 80 21 64 90
www.hotel-globe.fr

14 chambres. Chambre double à partir de 125 €, triple à partir de 145 €, suite à partir de 165 €.

Créé début 2020, sous la direction de Gaspard Faucher, propriétaire des Hauts de Meursault, cet hôtel offre 14 chambres et suites au confort douillet. Velours colorés, belles étoffes, grande literie, salle de bains moderne, objets à la façon d'un cabinet de curiosités, collection de tableaux, livres d'art… L'offre s'agrandit avec une très bonne table, un espace bar et un salon détente à l'ambiance cosy et chaleureuse, un jardin d'hiver et une terrasse. Le nom de l'hôtel fait un clin d'œil au film *La Grande Vadrouille*, qui a été partiellement tourné à Meursault.

LE CHEVREUIL €€

Place de la République ✆ 03 80 21 23 25
www.lechevreuil.fr

Menus de 26 € à 65 € (menu 5 plats). Menu enfant : 13 €. Terrasse côté Château. Hôtel de 10 chambres.

Tiago et Eléonore Araujo tiennent ce lieu avec brio. Le chef brésilien innove avec une cuisine savoureuse, créative et graphique, un mix entre les classiques gastronomiques, les saveurs bourguignonnes et les touches d'Amérique du Sud. Goûtez la fameuse terrine chaude de la mère Daugier servie avec une marinade, spécialité du restaurant depuis 1872 ou préférez la feijoada brésilienne aux haricots noirs « façon Grand-Mère ». Admirez les trophées relookés ! La terrasse côté Château, intimiste, offre un cadre calme, idéal pour déguster un grand vin de Meursault.

LES ARTS €€

4, place de l'Hôtel-de-Ville
✆ 03 80 21 20 28
http://hotel-restaurant-les-arts.fr

Du jeudi au lundi le midi et le soir. Menus de 17 à 25 €. Formule du midi : 14 €. Hôtel chambre à partir de 55 €.

Sur la place qui jouxte la mairie, l'hôtel-restaurant propose une cuisine bien ancrée dans sa région et une carte des vins qui lui rend hommage. Esprit bistronomie avec des plats traditionnels avec les classiques et les créations originales, testez la « tartipoisse », une sorte de tartiflette à l'époisses servie avec une salade verte, c'est une valeur sûre ! Tout est fait maison, un beau caveau du XIVe siècle accueille des dégustations. La terrasse est agréable. A l'hôtel, des chambres rénovées, avec un confort tout à fait correct pour des nuits sereines.

LE GLOBE €€

15, rue de Lattre-de-Tassigny ✆ 03 80 21 64 90
www.hotel-globe.fr

Ouvert du jeudi au lundi le midi et le soir. Menus de 49 € à 79 € (menu végétarien 49 €). Formule du midi : 23 €.

Installé au cœur du village, c'est un bel établissement haut de gamme ouvert depuis 2020. Le cadre somptueux reçoit les clients dans un univers feutré, cosy. Velours, dorures, verreries et beaux objets font la décoration pour un ensemble soigné tendance Art déco. L'élégance se poursuit dans l'assiette avec une cuisine gastronomique et inventive préparée par le chef Nicolas Marchant. Voici une entrée tout en légèreté : Royale de corail de Saint-Jacques mousseline de chou-fleur au lait de coco et roquette. Suivez les conseils de Françoise, l'experte en vins.

LES HAUTS DE MEURSAULT €€

5, route de Volnay
✆ 03 80 21 23 47
www.hotel-meursault.fr

Ouvert tous les jours le midi et le soir. Menus de 18 à 25 €, réservation recommandée. Hôtel de 38 chambres.

Dépaysement garanti : on revient volontiers dans ce restaurant à la salle lumineuse pour sa cuisine du jour, ses petits prix, la vue sur le vignoble et le calme. Plaques émaillées, objets vintage, vélo rouge, boîte aux lettres, babyfoot, la déco est originale. Côté cuisine, le restaurant sert des plats simples, efficaces, bourguignons tel le coq au vin avec des entrées froides et chaudes présentées sous forme de buffet. Côté brasserie : salades copieuses, ardoise de charcuteries pour une petite faim. Un plus pour la carte des vins étoffée, le must reste la vue !

LA CUEILLETTE - CHATEAU DE CITEAUX - SPA ET RESTAURANT €€€

18, rue de Cîteaux ✆ 03 80 20 62 80
www.lacueillette.com

Le Bistrot du Potager les midis à partir de 29 €, La Cueillette les soirs, à partir de 58 €. Créativité et audace.

Un cadre exceptionnel, deux espaces distincts. D'un côté, le restaurant gastronomique pour des dîners raffinés et une ambiance romantique. Le chef Alexandre Dutat élabore des plats esthétiques, savoureux : le pressé de foie gras mi-cuit, la joue de lotte aux senteurs citronnelle. De l'autre, le Bistrot Le Potager installé dans le cadre rustique des anciennes cuisines régale le midi. Cet été, optez pour la nouvelle terrasse, côtes de bœuf et grillades sont cuites au brasero devant vous.

CAVES ROPITEAU FRÈRES

Cour des Hospices
✆ 03 80 21 24 73
www.caves-ropiteau.com

Ouvert tous les jours de 9h30 à 18h30 de Pâques à novembre. Livraison possible. Tarifs sur demande.

Les anciennes caves voûtées de l'Hospice de Meursault des XVe et XVIIe siècles abritent les cuvées de la maison depuis le XIXe siècle, fondée par Jean Ropiteau. Les vins accomplissent leur élevage, des appellations régionales, villages, 1ers Crus et Grands Crus et des vins prestigieux : Corton Charlemagne, Meursault Genevrières, Pommard Chaponnières, Volnay. De Pâques à fin novembre, rendez-vous aux caves pour une visite : découvrez l'élevage des vins de Bourgogne en fûts de chêne, le travail en cave et partagez une dégustation à bonne température !

AU FIL DU CLOS €€€

1, rue de Mazeray
✆ 03 80 20 40 82
www.aufilduclos.com

Ouvert du mardi au samedi. Formule du midi : 30 à 35 €. Menus 40 €, 58 € et 85 €. Menu enfant : 16 €. Vin au verre.

En 2019, après plusieurs mois de travaux, l'ancienne maison familiale est rénovée pour accueillir un restaurant avec des baies vitrées et une vue 180° sur les vignes de Meursault, le clos familial et sa tour cistercienne. Jean Christophe et Maud Moutet vous accueillent dans leur univers fait de bois brut et de chaleur. Le chef fait rimer produits de terroir bio, modernité et générosité : suprême de volaille et ses champignons de saison, écrasé de pomme de terre, crème de maïs acidulé. Une table de très belle qualité qui allie raffinement et générosité.

© AU FIL DU CLOS

© AU FIL DU CLOS

CHÂTEAU DE MEURSAULT

Rue du Moulin Foulot ✆ 03 80 26 22 75
www.chateau-meursault.com
Haute saison : ouvert tous les jours de 10h à 18h30. Visite des caves et dégustation de 25 à 59 €.

Les amateurs d'oenotourisme ne peuvent passer à côté du Château de Meursault sans s'y arrêter... Propriétaire de 65 ha de vignoble dont 27.3 ha en Premiers et Grands Crus, le domaine produit plus de 300 000 bouteilles chaque année ! Des visites guidées données en français ou en anglais. De quoi en apprendre beaucoup sur la vigne et le château et en prendre plein les yeux avec ces milliers de bouteilles et de fûts de chêne qui s'offrent à votre regard. La visite se termine par un pur moment de plaisir : une dégustation des Climats les plus prestigieux du domaine.

CLOS SAINT JOSEPH DISTILLERIE ARTISANALE

14, rue de Mazeray
✆ 06 66 67 77 47
www.clossaintjoseph.org
Ouvert du lundi au samedi. Sur rendez-vous.

Une fois n'est pas coutume, cette maison vigneronne est spécialisée dans les spiritueux de Bourgogne et non le vin. Charles-Guillaume et Blandine Simon ont aménagé leur Clos en distillerie innovante. L'alambic contemporain tout de cuivre étincelant va chauffer des marcs soigneusement sélectionnés dont le distillat est fini et vieilli au caveau selon des recettes originales aux épices et plantes. Marcs, Vieux marcs, Gin, Mirabelle, liqueurs voire un Pastis composent une gamme élégante.

DOMAINE HENRI ET GILLES BUISSON

Impasse du Clou - **SAINT-ROMAIN** ✆ 03 80 21 27 91
www.domaine-buisson.com
Ouvert du lundi au samedi de 9h à 12h et de 14h à 17h. De préférence téléphonez avant de venir. Dégustation et vente.

Une belle histoire de famille : 8 générations depuis 1758 ! Le domaine, certifié bio en 2009, exploite 19,5 ha de vignes avec 2 Premiers Crus et 3 Grands Crus. Gilles a fait ses classes en bio aux côtés de son père Henri dans les années 1970, ses fils Franck et Frédérick ont repris le domaine en 2009. Mention spéciale : Corton Grand Cru Les Renardes, Saint-Romain «Sous la Velle» au bouquet typé fleurs blanches et pain grillé, Saint-Romain Absolu, vin naturel vinifié sans soufre ajouté.

DOMAINE HUBER VERDEREAU

23, RD 974
✆ 03 80 21 64 37
www.huber-verdereau.com
Sur rendez-vous.

Thiebault Huber, qui a créé son domaine en 1994, n'est pas pour autant à la tête d'un jeune domaine, puisque son histoire remonte à 1926. Installé dans de magnifiques locaux à l'entrée nord de Meursault où cuverie, cave et caveau de dégustation sont regroupés dans un bâtiment moderne. Les 9,5 ha de vignes sont en culture biologique depuis 2001, contrôlées et certifiées par Ecocert depuis 2005. Les vins bio sont autant des blancs que des rouges, des appellations allants de Mercurey à Pernand-Vergelesses, en passant par Puligny-Montrachet, Volnay ou Meursault.

DOMAINE PHILIPPE BOUZEREAU-CHÂTEAU DE CÎTEAUX

7, place de la République
✆ 03 80 21 20 32
www.chateau-de-citeaux.com
Ouvert le mercredi et le jeudi de 10h à 18h ; le vendredi et le samedi de 10h à 19h. Et sur rdv.

Le domaine du Château de Cîteaux est l'un des premiers sites de production de vin créés par les moines en 1098. Philippe Bouzereau, qui appartient à la neuvième génération du domaine, pratique la viticulture raisonnée, respectueuse de l'environnement. Labours et vinifications traditionnelles permettent la mise en valeur de 16,5 hectares de vignes réparties en une vingtaine d'appellations dont 80 % de blancs sur Meursault, huit premiers crus et un grand cru : Corton-Bressandes en rouge.

LES PARCELLAIRES DE SAULX

4, rue du Clos-de-Mazeray ✆ 03 80 21 21 83
www.de-saulx.com
Ouvert tous les jours de 9h à 12h et de 13h à 17h. Création d'une nouvelle boutique au printemps 2021.

Les Parcellaires de Saulx est créée sur les fondements d'une ancienne maison de vins de Meursault, couplée au domaine Belleville de Rully et au domaine de la Commaraine à Pommard. Les propriétaires, vignerons, négociants et bientôt hôteliers restaurateurs dans le futur Hôtel de la Commaraine, sont résolument inscrits dans une démarche d'excellence. Un domaine « haute couture », car chaque parcelle vendangée est vinifiée sans assemblage dans le respect de son climat !

AUXEY-DURESSES ★

Ce bourg bénéficie d'une situation géographique particulière, quand vous venez de Beaune, juste après Meursault, la route plonge dans des coteaux vallonnés, la vue est splendide. Ce village appelé Auxey-le-Grand a pris en 1924, le nom de son premier cru : Les Duresses. Il est traversé par le ruisseau des Cloux que l'on peut longer par un chemin arboré et fleuri. La route qui le traverse mène à La Rochepot et Nolay. Un camp gaulois, puis romain, installé en haut du mont Melian, surveillait les allées et venues sur la route de l'étain. L'église St-Martin, inscrite aux MH date du XIVe siècle. Prononcez « aussé », pas de grand cru, mais 7 premiers crus.

LA CRÉMAILLÈRE €€

Route de Beaune

✆ 03 80 21 64 48

Jeudi au mardi le midi, jeudi au lundi le soir. Menus 23 à 29 € (+ carte), enfant 10 €. Formule midi 15 € (3 plats).

Située au cœur du joli village d'Auxey-Duresses, c'est une étape gourmande dans le pur esprit bourguignon. Le chef, Philippe Santailler vient combler toutes vos envies de bœuf charolais : tartare, bavette, entrecôte... en sublimant la qualité du produit par une sauce savoureuse. Le bel omble chevalier est servi avec son beurre blanc. Vous retrouvez toutes les spécialités d'ici et aussi terrine maison, tartare de saumon, foie gras aux figues... La salle est classique, bien tenue et l'ambiance est sereine. Profitez-en pour découvrir les vins aromatiques d'Auxey !

DOMAINE MICHEL PRUNIER ET FILLE

18, route de Beaune ✆ 03 80 21 21 05

www.domainemichelprunieretfille.com

Vignobles et Découvertes. Ouvert du lundi au samedi de 9h à 12h et de 14h à 18h30. De préférence sur rendez-vous.

Le domaine Michel Prunier et Fille est dirigé par Estelle Prunier, cinquième génération de la famille propriétaire et première de la gente féminine. Ses Climats se répartissent sur 12 ha entre Auxey-Duresses, Meursault, Volnay, Pommard, Chorey les Beaune et Beaune. Ce sont 17 crus de caractère à très bon rapport qualité/prix qu'Estelle vous propose de découvrir. Le domaine produit un crémant élaboré avec des cépages Pinot Noir, Chardonnay et Aligoté élaboré et manipulé au domaine.

POMMARD ★

Pommard tient son nom de *Pomona*, la nymphe romaine des fruits. Le village est resté longtemps célèbre pour le dicton : « Je ne suis pas encore à la croix de Pommard » qui signifiait « Je ne suis pas au bout de mes peines ». Pommard était autrefois un passage obligé pour qui allait de Chagny à Beaune et devait alors traverser le gué de l'Avant-Dheune. Le ruisseau inonde parfois encore le petit village. Le gué était le seul moyen de le traverser jusqu'à la construction d'un pont en 1670. Les convois s'y embourbaient fréquemment. Le gué était signalé par une croix dont le socle était percé d'un trou où l'on glissait une pièce en cas de franchissement réussi. Situé au milieu de la côte de Beaune, le vignoble de Pommard produit un vin rouge réputé pour sa puissance qui était servi à la table des rois, de Louis XV notamment. Ronsard, Flaubert et Victor Hugo en ont vanté les vertus. 33 appellations Village, 28 appellations Premier Cru, plus de 300 ha de vignoble... Bienvenue au paradis des vins rouges d'exception ! Ils sont particulièrement recommandés pour être gardés. Attendez donc au minimum cinq ans avant de les ouvrir mais sachez que vous pouvez même patienter plus de vingt ans. N'hésitez pas à flâner dans ses ruelles, à visiter son château ou à pique-niquer à la fontaine de Lulune, ancien camp romain. L'aire est fléchée depuis Beaune et Pommard et, sur place, vous trouvez un lieu ombragé et agréable avec une jolie vue sur le vignoble qui donne envie de déboucher une bonne bouteille et d'en déguster le nectar.

CALABRIA RISTORANTE €

10, place de l'Europe

✆ 03 80 26 22 54

Ouvert du mardi au samedi de 12h à 14h et de 19h à 22h. Pizzas, pâtes, risotto et burgers. Plats à emporter.

Calabria Ristorante est incontournable pour ses saveurs d'Italie mais aussi pour l'accueil d'Aurore et Lucien Gomez. Lucien s'évertue à pousser toujours plus loin la qualité et l'authenticité de ses créations. Ses fournisseurs sont en Italie, à Parme, dans la vallée d'Aoste, à Arnad... Tout est fait maison et à la minute. Pâtes fraîches à la semoule de blé dur aux formes et cuissons parfaitement adaptées à ses accompagnements. Le must demeure les pizzas à la pâte légère et aérée comme un pain de boulanger. Ses burgers sont tout aussi délicieusement croustillants.

CHÂTEAU DE POMMARD

15, rue Marey-Monge ✆ 03 80 22 07 99
www.chateaudepommard.com

Toute l'année, du lundi au dimanche 10h30-18h30. Dégustations de 26 à 94 € en français et en anglais. Sur réservation.

Made by Nature in France. Chaque année, visiteurs et professionnels venus de plus de 90 pays à travers le monde visitent le Château de Pommard. Ils y explorent le monde du vin auprès de conseillers certifiés par le Wine and Spirit Education Trust (WSET) et dégustent les meilleures expressions du Chardonnay et du Pinot Noir, au fil des villages qui façonnent la Route des Grands Crus. De la vigne au verre, curieux et œnophiles découvrent le Clos Marey-Monge, curiosité géologique riche en argile et en calcaire, qui réunit sept parcelles distinctes au sein de l'un des Climats de Bourgogne reconnu au Patrimoine mondial de l'UNESCO. Fondé en 1726, le Château de Pommard allie trois cents ans de savoir-faire et la vision innovante de la Famille Carabello-Baum. Aujourd'hui, critiques et œnophiles saluent la conversion à la biodynamie du Clos Marey-Monge. Plus énergiques, plus franches et vibrantes, les cuvées qui en sont issues révèlent l'expression la plus pure de leur terroir tout en respectant l'environnement.

Parcourez la Route des Grands Crus, l'une des routes des vins les plus connues au monde, l'itinéraire de prédilection pour comprendre les Climats, pour découvrir ce qui fait de la Bourgogne l'envie du monde du vin. Découvrez comment les cépages phares de la Bourgogne, le pinot noir et le chardonnay, s'expriment à travers le riche dédale de villages et de terroirs de Bourgogne, tout en dégustant une sélection des cuvées Famille Carabello-Baum 2018 ou 2019. Venez visiter le Château de Pommard et déguster ses vins.

AUPRÈS DU CLOCHER €€

1, rue de Nackenheim
✆ 03 80 22 21 79
www.aupresduclocher.com

Du jeudi au lundi de 12h à 13h30 et de 19h à 21h15. Menus de 36 à 44 €.

Installé comme son nom l'indique à côté du clocher de l'église de Pommard, le restaurant est tenu par David qui a officié dans quelques maisons connues sur Beaune (Loiseau des Vignes, la Maison de Maurice ou les Caves Madeleine) comme chef ou sommelier. Clara vous accueille dans la salle du premier étage de cette ancienne maison vigneronne qui offre une vue imprenable sur le vignoble et le clocher. Gastronomique, la carte allie tradition et originalité avec des présentations élégantes et colorées, entre turbo au beurre meunière et poitrine de cochon du Jointout.

APPELLATION CHOCOLAT

5, place de l'Europe
✆ 03 45 63 85 89
www.appellation-chocolat.fr

Ouvert du mardi au samedi de 9h30 à 19h. Ouvert certains dimanches de fête.

La boutique de Béatrice et Michel Dessolins offre une vue immédiate sur le laboratoire. Ici, la fraîcheur est garantie : les chocolats ne restent que quelques jours sur les présentoirs. Le choix est vaste, il y en a de toutes les formes (tablettes, palets, rectangulaires, en perles, tonneaux...) et pour tous les goûts ! Les arômes sont fruités (pêche de vigne, cassis ou cerise), pralinés (châtaigne, noir, lait ou rocher) ou liquoreux (mirabelle, griottes ou framboise). Les glaces et sorbets sont extras en été, autant que le chocolat chaud en hiver.

DOMAINE LEJEUNE

1, place de l'Eglise ✆ 03 80 22 90 88
www.domaine-lejeune.fr

Accueil sur rendez-vous. Visite et dégustation 12 €. Vignobles et Découvertes - De Vignes en Caves

Le Domaine Lejeune ancré dans la tradition des vignerons de Pommard n'en est pas moins à la pointe de la viticulture depuis sa certification Bio en 2019. Installé dans le chai de la très ancienne confrérie du Saint-Sacrement et propriété de la Famille Jullien de Pommerol depuis 1810, il possède une partie historique des plus intéressantes. Sa visite est appuyée de nombreuses explications sur le métier qu'Aubert Lefas a plaisir à transmettre avec passion. Vous y trouvez les Pommard 1ers crus Les Poutures, Les Argillières ou Les Rugiens, de parfaits vins de garde.

LES DOMAINES DE POMMARD

6, place de l'Europe ✆ 03 80 24 17 20

Ouvert du lundi au samedi de 9h30 à 12h30 et de 14h à 18h ; le dimanche de 9h30 à 14h. Une semaine de fermeture pendant la saison hivernale.

Les Domaines de Pommard, c'est d'abord une belle histoire commencée en 1989. Là, quinze vignerons du village créent une boutique de vente commune ! Dès lors, un tour aux Domaines de Pommard et vous découvrez dans un même lieu différents terroirs et millésimes, différentes méthodes, différents vins qui ont tous leur âme propre... C'est donc une belle vitrine que cette boutique pour les domaines de la commune, pour les vignerons et même pour tout le village tant on sent que Delphine et son partenaire sont attachés à leur terre et au nectar qu'elle nous offre. N'hésitez pas à venir découvrir les vins, le travail du vigneron et l'âme de Pommard et de ses vins ! En plus ? Les vins sont vendus au même prix que chez les vignerons !

VOLNAY

Le village de Volnay, 300 habitants, jouit d'un emplacement prestigieux adossé à la montagne du Chaignot, orienté plein est pour le soleil du matin, et doté d'un terroir exceptionnel. On compte une soixantaine de domaines viticoles. L'église du XIIIe siècle fait face à la magnifique place centrale ombragée, et qui offre un magnifique balcon avec vue sur les vignes et, par temps clair, sur la chaîne du Mont-Blanc. De là, vous apercevez également la chapelle Notre-Dame-de-Pitié entourée du cimetière, qui fut reconstruite au XVe siècle, et qui a donné son nom à la parcelle de Premier Cru Clos de la Chapelle de l'autre côté de la route.

RESTAURANT L'AGASTACHE €€

1, rue de la Cave
✆ 03 80 21 12 30
www.lagastache-restaurant.com
100 % bio. Ouvert du mardi au samedi le midi et le soir. Menu unique au déjeuner 25 €. Le soir menus de 40 à 46 €.

L'Agastache, c'est le nom charmant du restaurant de Caroline et Nunzio. Lui est un passionné qui compose une cuisine savante à partir de produits bruts, frais, locaux et 100 % bio, «bonne pour le corps et forcément pour l'esprit». Le pain maison est préparé avec une farine bio de blé ancien. Les saveurs sont relevées d'épices de qualité et les desserts minute ne sont sucrés qu'avec du sucre non raffiné. Caroline vous accueille et vous guide dans le choix de votre vin issu d'une très belle carte qui fourmille de millésimes prometteurs et d'appellations brillantes.

DOMAINE PASCAL MURE

2, Grande Rue
✆ 09 75 97 58 86
www.domaine-mure.com
Vente et dégustations sur rendez-vous. Bienvenue à la Ferme.

Au domaine Pascal Mure, vous êtes toujours accueilli avec beaucoup d'attention. Pascal et Violette Mure secondés par leur fils Fabien y entretiennent un sens du partage de la passion de la vigne remarquable. Le domaine Mure s'étend sur près de 9 hectares entre Beaune, Pommard, Volnay et Monthelie. La production est essentiellement rouge en Villages et Premiers Crus. Les vins sont vendus à des prix raisonnables. Un domaine à connaître pour la qualité de son accueil qui ne cesse de grandir, au sens propre d'ailleurs, puisque les bâtiments viennent de s'étendre.

MICHEL & MARC ROSSIGNOL

2, rue de l'Abreuvoir
✆ 03 80 21 62 90
www.domaine-rossignol.com/accueil-2.html
Sur rdv - vente en ligne sur www.pourdebon.com/domaine-michel-marc-rossignol-s607.

Marc Rossignol, dont l'ascendance vigneronne remonte au XVIIe, s'étend jusqu'en Champagne, produit des vins dans l'air du temps, entre tradition et modernité, avec le bio qu'il expérimente sur ses 1ers Crus. Ses 5,5 ha de vignes s'étendent de Volnay à Beaune en passant par Monthélie et Pommard. De bien beaux Climats vinifiés au cœur de Volnay où vous êtes accueillis en cave à l'abri du monde extérieur dans un espace aux bruits feutrés. Le catalogue est riche de 11 cuvées dont un Monthélie 1er Cru, le Côte de Beaune Médaille de Bronze 2020 entre autres pépites.

© MARC ROSSIGNOL

© MARC ROSSIGNOL

PAYS BEAUNOIS

PULIGNY-MONTRACHET

Puligny et Chassagne : les deux communes s'étendent d'un côté et de l'autre du Montrachet (le « mont chauve ») et se partagent le climat qui lui est rattaché. Ici naît l'un des meilleurs vins blancs du monde, Stendhal et Jefferson l'ont affirmé. Dumas conseillait de le déguster « à genoux et tête découverte ». D'où vient le nom de Puligny ? Peut-être du nom d'un vigneron gallo-romain. Il y avait donc déjà des vignes ici, il y a plus de 2 000 ans. Une table d'orientation située à l'entrée du village permet de repérer les parcelles des 18 premiers crus et des 4 grands crus. Les maisons en pierre ramassées autour de l'église sont noyées dans les vignes.

© PHOVOIR

Puligny-Montrachet.

HÔTEL LA CHOUETTE €€€

3 bis, rue des Creux de Chagny ✆ 03 80 21 95 60
www.la-chouette.fr

Jardin/parc. 6 chambres : double de 155 à 165 €, petit-déjeuner inclus. Prix dégressif à partir de 4 nuits.

A Puligny-Montrachet, village typique de vignerons célèbre pour ses grands crus, se niche l'hôtel*** la Chouette. La maîtresse des lieux, Suzanne, vous reçoit dans sa maison de famille comme des amis, avec attention et chaleur. 6 chambres confortables, modernes et raffinées avec vue sur les vignes. Bibliothèque, canapés, terrasse et jardin ouvert sur les vignes aident à la détente. Les clients sont cocoonés : petit déjeuner copieux, pique-nique, quatre-heures, pause thé, café, gâteaux faits maison. Atypique, l'uniformisation et l'impersonnalité sont bien loin.

LA MAISON D'OLIVIER LEFLAIVE €€€

10, place du Monument ✆ 03 80 21 37 65
www.olivier-leflaive.com

17 chambres. Chambres doubles de 150 € à 240 € ; suites de 230 € à 275 €. Visites de vignes, de caves. Bistro d'Olivier.

A Puligny-Montrachet, le vin coule dans les veines d'Olivier Leflaive, viticulteur d'exception. Le bistro d'Olivier offre une cuisine pétillante qui va à l'essentiel du goût et qui accompagne à merveille les vins de la maison. A la tête de l'hôtel 4 étoiles, situé dans une bâtisse du XVIIe siècle et repensé avec modernité, Julie Leflaive, sa fille. 17 chambres confortables à la décoration épurée, chic, des touches Art déco, Art nouveau, Pop ou un brin Rétro. Un charme authentique !

LE MONTRACHET €€€

10, place Pasquier de la Fontaine
✆ 03 80 21 30 06
www.le-montrachet.com

31 chambres (dont 9 suites). De 155 € à 316 €. Demi-pension (de 260 € à 360 €). Petit déjeuner buffet : 21 €.

Ce bel hôtel 4 étoiles est à l'image de la Bourgogne. Au cœur d'un vignoble prestigieux, un hôtel de luxe, doté d'une table exquise, installé dans une auberge du XIXe siècle. Les épicuriens sont ravis ! Charme de l'ancien et confort du modernisme se rejoignent dans les chambres rénovées. Les suites ont soit un balcon soit un cachet incroyable sous la charpente. La villa Christine, logis avec un grand jardin, offre 1 chambre de 30 m² et 2 suites de 60 m². Sans oublier le Wine Bar et le restaurant gastronomique du chef Romain Versino. Une étape incontournable !

L'AUBERGE DU VIEUX VIGNERON €€

Route de Beaune
CORPEAU ✆ 03 80 21 39 00
www.aubergeduvieuxvigneron.com

Maître Restaurateur. Ouvert du mercredi au dimanche midi et soir. Menus de 24 à 33 €. Formule du midi 15 €.

L'Auberge du Vieux Vigneron est une petite institution du sud de la Côte-d'Or. C'est dans une salle aux allures rustiques que vous passez un moment de bonheur autour d'un repas copieux et travaillé. Les plats de la carte, généreux, sont influencés par la cuisine locale qui prend parfois des accents originaux. A ces délices s'ajoute la belle et grande carte de vins que Jean-Charles Fagot, votre hôte, constitue lui-même, vigneron de talent de second métier.

OLIVIER LEFLAIVE - LE RESTAURANT €€

10, place du Monument ✆ 03 80 21 37 65
www.olivier-leflaive.fr

Menus de 65 € à 95 € (formule repas composée de mets mettant en valeur les vins sélectionnés). Carte : 53 € (dîner).

La devise d'Olivier Leflaive est « Faire aimer la Bourgogne, les bourgognes et les Bourguignons ! » Dans une salle superbe aux matériaux nobles, le chef Lionel Freitas concocte des assiettes pétillantes. Le repas dégustation comprend un menu de 3 plats et 6 à 9 vins de la maison. Les accords mets et vins jouent sur les 5 sens, les sommeliers vous expliquent à chaque service, chaque plat. La maison vous propose de visiter ses vignes, sa cave. De belles découvertes à vivre !

LE MONTRACHET €€€

10, place Pasquier de la Fontaine
✆ 03 80 21 30 06
www.le-montrachet.com

Fermé de fin novembre à début janvier. Ouvert tous les jours le midi et le soir. Formule à 34 €. Menus de 34 € à 110 €.

Ce restaurant gastronomique, dirigé par Thierry Gazagnes, vous accueille avec un service impeccable et professionnel, qui vous permet de découvrir la cuisine du jeune et talentueux chef Romain Versino. Parmi les menus, les Jardins de Puligny vous invitent à déguster un dos de cabillaud cuit nacré, une polenta gratinée avec endives braisées au jus, et en dessert, la poire confite avec tuile croustillante. Le Montrachet c'est aussi plus de 1 000 références de vin, dont 200 Grands Crus. Rendez-vous à la boutique pour l'achat de vins.

CAVEAU DE PULIGNY-MONTRACHET

1, rue de Poiseul
✆ 03 80 21 96 78
www.caveau-puligny.com

Basse saison : du mardi au dimanche (10h-12h et 15h-18h). Haute saison : tlj (9h30-12h et 14h-19h). Dégustation.

Julien Wallerand goûte plus de 2 000 vins par an pour vous offrir une sélection rigoureuse de grands vins de Bourgogne et d'ailleurs, provenant de petites ou de grandes maisons. Avec son collègue Emilien Masuyer, il vous accueille sur une belle terrasse ou dans un charmant caveau. Corton, Chassagne-Montrachet, Meursault, premiers et grands crus... Les plus belles appellations de la Bourgogne sont représentées ici. A noter : l'établissement fait aussi bar à vin.

DOMAINE JEAN-LOUIS CHAVY

27, rue des Bois
✆ 03 80 21 38 85

Au domaine familial de Jean-Louis Chavy, le savoir-faire traditionnel viticole se transmet de génération en génération. Ici on récolte le vin manuellement, dans le plus grand respect des terroirs. Des vins qui se bonifient avec le temps, élevés dans des fûts qui sont renouvelés chaque année. Cela permet d'obtenir des vins d'une grande qualité, entre Bourgogne Chardonnay, Puligny Montrachet 2017 et 2018, disponibles pour certains en magnum et des 1ers Crus comme "Les Champs Gains", "Les Perrières", "Les Clavoillons", ou encore "Les Folatières".

CHASSAGNE-MONTRACHET

Si 165 ha sont consacrés au blanc, l'enfant chéri de cette contrée, il existe quand même plus de 140 ha qui produisent un excellent vin rouge. Chassagne abrite 57 Premiers Crus et 3 Grands Crus connus dans le monde entier : Montrachet, Criots-Bâtard-Montrachet et Bâtard-Montrachet. Si vous croisez la route de l'une de ces petites merveilles, sachez que la durée de conservation préconisée est d'au minimum dix ans, voire d'une vingtaine d'années pour les premiers et les grands crus. C'est d'ici, qu'en 1869, un certain Louis Bachelet a émigré pour l'Amérique latine. Il est l'arrière-arrière-grand-père de l'ancienne présidente du Chili, Michelle Bachelet.

LA CABANE PAR ED EM €€

9, rue Charles Paquelin
✆ 03 80 26 66 37
www.restaurant-lacabanechassagne.com

Ouvert du dimanche au mardi et jeudi de 10h30 à 15h ; vendredi et samedi de 10h30 à 21h. Terrasse fermée et chauffée.

La Cabane par ED EM à Chassagne Montrachet est un petit restaurant sans chichi, tout en simplicité, mais aux produits de grande qualité qui sont signés Edouard Mignot, le chef étoilé du restaurant Ed Em. Entre le plat du jour, les pierres de charcuteries ou fromages, on peut facilement trouver son bonheur pour tout de même déguster un verre de Chassagne. Offrez-vous le café gourmand, les mignardises arrivent tout droit du restaurant étoilé. Idem pour les glaces aux parfums inédits. Et tout cela dans des prix forts raisonnables.

PAYS BEAUNOIS

RESTAURANT ED EM €€€

4, impasse des Chenevottes
✆ 03 80 21 94 94
www.restaurant-edem.com
Ouvert du jeudi au lundi le midi et le soir. Réservation recommandée. Menus de 32 à 105 €.

ED EM, le restaurant d'Édouard Mignot et Émilie Rey, est un restaurant gastronomique qui laisse s'exprimer la complémentarité de leurs talents, Émilie étant cheffe pâtissière. Dans le premier menu ou sur les chemins plus nobles des menus raffinés, les énoncés des plats tiennent autant du poème que de la haute gastronomie. L'attention est à son comble au moment du dessert qu'Émilie réalise avec beaucoup d'imagination. La carte des vins fait la part belle aux domaines de Chassagne-Montrachet mais aborde aussi la Côte Chalonnaise pour rester raisonnable en prix.

DOMAINES FAMILLE PICARD

5, chemin du Château
✆ 03 80 21 98 57
www.chateaudechassagnemontrachet.com
Ouvert du lundi au samedi de 10h à 18h. Haute saison dimanche de 10h à 18h. Visite + dégustation 17 €. Table 65 €.

Le Domaine Famille Picard est propriétaire de 135 hectares de vignes (dont une centaine en côte chalonnaise). Ce qui lui permet de produire une soixantaine d'appellations. En côte de Beaune, la famille possède 35 hectares cultivés en biodynamie par Francine Picard et commercialisés sous la marque Au pied du Mont Chauve. Une halte incontournable pour les amateurs de vins, d'art et de gastronomie. Après la visite des magnifiques caves des XIe et XIVe siècles, la dégustation des meilleurs crus s'impose au cœur d'une boutique qui mêle histoire et modernité.

SANTENAY

« La Nice de la Côte-d'Or ». C'est ainsi que le chanoine Kir surnommait Santenay. Il faut dire que cette petite bourgade bourguignonne affiche une exposition plein sud. Elle est connue pour ses vins et ses eaux. Ces dernières sont considérées comme les plus lithinées d'Europe et reconnues depuis l'Antiquité pour leurs bienfaits et soignent les maladies de l'appareil digestif, le diabète... grâce à leur forte teneur en lithium. A la fin du XIXe siècle, on recensait quatre sites principaux : la fontaine Salée, la source Santana, la source Carnot et la source Lithium. En 2021, Santenay redevient ville thermale avec l'ouverture de la station Valvital.

ÉGLISE SAINT-JEAN-DE-NAROSSE ★

Hameau de Narosse
✆ 03 80 20 63 15
www.beaune-tourisme.fr
Visite sur rendez-vous auprès de l'office de tourisme pour les groupes. Adulte : 3 €.

Situé au pied de la falaise des Trois-Croix, l'édifice est dédié à saint Jean-Baptiste. A l'origine en 1220, de style roman, son plan en croix a vu se greffer des ajouts de différentes époques. La nef et les bas-côtés se signalent par la rigueur chère aux cisterciens. Le chœur et les chapelles s'inscrivent dans la tradition gothique. Ces dernières sont dédiées à saint Michel et à la Vierge Marie. La cloche datée du XVe siècle proviendrait d'une commanderie de l'ordre de Malte.

MOULIN DE SORINE

Route de Chassagne
✆ 03 80 20 63 15
www.beaune-tourisme.fr
Visite sur RDV à l'office de tourisme.

8 m. de haut, situé au milieu des vignes et des murs de pierres, il est le seul moulin à vent de la région. Ville d'eau, Santenay a longtemps compté sur les cours d'eau du Terron et de la Dheune pour faire tourner ses moulins. Le manque d'eau a stoppé les roues. Et François Sorine de décider de construire un moulin à vent, ce qui limiterait la dépendance à l'eau. Témoin du passé de la commune, il est rénové en 1995. Le mécanisme a été remis en état et chaque année, le 3e week-end de juin, le moulin reprend du service. Et quel point de vue !

OFFICE DE TOURISME BEAUNE & PAYS BEAUNOIS - ANTENNE DE SANTENAY

Place de la Gare ✆ 03 80 20 63 15
www.beaune-tourisme.fr
Ouvert toute l'année. Location de vélos classiques et électriques.

Installé dans l'ancienne gare de Santenay, l'Office de Tourisme au design contemporain avec écrans tactiles, diaporama des manifestations locales, possède aussi un grand parking. L'équipe, sympathique, vous propose des visites du moulin et de l'église du village toute l'année. Si vous souhaitez faire une escapade à vélo, vous pouvez louer des vélos et accéder à la Voie des Vignes et à la Voie Verte. 10 vélos, dont 3 pour les enfants et 4 électriques. Ce village mérite votre détour !

CAMPING DES SOURCES €€

Avenue des Sources ✆ 03 80 20 66 55
www.aquadis-loisirs.com/camping-des-sources

Accueil vélo. Ouvert du 8 avril au 17 octobre. 150 emplacements. Mobil-homes, Aire pour camping-cars. Piscine municipale

Entouré de vignes, le Camping des Sources du réseau Aquadis Loisirs est juste à proximité d'une rivière et de la piscine. Ici, la détente en famille et le cadre naturel sont privilégiés. Vous pouvez séjourner sur l'un des 150 emplacements ou si la tente et le camping-car ne vous séduisent pas, les résidences mobiles et les nouveaux bungalows toilés vous conviendront. Ces derniers sont particulièrement adaptés aux randonneurs en itinérance à pied ou à vélo et accessibles à la nuitée. Côté randos, c'est le paradis : Voie des Vignes, Voie Verte, Pays beaunois n° 26.

L'ÉTAPE DE SANTENAY €€

10, place du Jet d'Eau
✆ 03 80 26 47 84

14 chambres : doubles de 60 à 75 € selon la saison, chambre familiale pour 4. Restauration.

L'Etape de Santenay est un hôtel installé dans un ancien corps de ferme entièrement rénové. Le bistrot de l'Etape tenu par Kate et Benoit Montgillard capte les clients en quête de convivialité. L'hôtel se situe à l'arrière de la bâtisse dont la belle façade rouge donne sur la place principale de Santenay, la terrasse de l'établissement et le fameux jet d'eau. Il propose 14 chambres : une au rez-de-chaussée pour les personnes à mobilité réduite, les 13 autres à l'étage. Claires et lumineuses, elles offrent tout le confort moderne dans une déco tendance.

LES SARMENTS €€

8, Grande Rue
✆ 06 88 39 65 41
www.gite-les-sarments.fr

Gîte haut de gamme, modulable au centre du village de Santenay.

Les Sarments est un gîte haut de gamme de 8 personnes, modulable. Maison de pierre située au centre du bourg, elle offre 4 chambres raffinées avec salle de bains, cuisine américaine entièrement équipée avec îlot central, coin salon et cellier, espace détente avec billard américain, bar et vins à l'achat. Cave voûtée idéale pour des apéros entre amis, elle donne sur un patio où vous pouvez prendre vos repas. Espace modulable : les Petits Sarments pour un gîte pour 4 personnes et les Sarments à la carte, une location à la chambre sans la partie commune.

STATION THERMALE VALVITAL DE SANTENAY €€

Avenue des Sources
✆ 04 79 35 38 50
www.valvital.fr

49 studios et suites, cuisine équipée, coin repas et salon. Animaux acceptés. Séminaires. Wifi. Accès soins et Spa.

La nouvelle station thermale de Santenay du groupe Valvital a fait les choses en grand dans la construction de son centre en y aménageant une résidence de 49 studios et suites totalement équipés. Une option de séjour grand confort dans un bâtiment totalement neuf situé au pied des vignes et à proximité du Joa Casino de la ville. Accès direct aux activités de loisir et de bien-être de ce nouveau complexe dernier cri et tremplin pour l'œnotourisme en Bourgogne.

STATION THERMALE VALVITAL DE SANTENAY

Avenue des Sources ✆ 04 79 35 38 50
www.valvital.fr

Spécialisée en rhumatologie et affections digestives. Résidence hôtelière. Espace aquadétente et soins bien-être.

Il en a coulé de l'eau sous la ville de Santenay depuis la première station thermale, puisque si l'on en croit les archives de la ville, elle remonte à 1890 ! L'ouverture en 1903 d'un grand hôtel des bains fut un échec et les eaux pourtant très riches, n'avaient plus été véritablement exploitées dans un but thérapeutique depuis. Autant dire combien l'arrivée de ce nouveau complexe est attendu ! La station thermale Valvital ouvre ses portes aux curistes amateurs d'eaux thermales. Ces dernières sont conseillées pour deux indications : le traitement des maladies des voies digestives et métaboliques, et la rhumatologie et séquelles de traumatisme ostéo-articulaires, autant dire beaucoup de monde. Un centre à taille humaine qui propose des cures thermales, des cures santé et tout un ensemble d'équipements et de bassins destinés à la détente, accessible aux touristes et aux familles grâce aux activités récréatives proposées. Une offre d'hébergements vient renforcer l'attractivité du site avec les 49 studios d'une résidence hôtelière de grand confort. Situé à 20 km de Beaune et à proximité des grands axes routiers, Santenay est un village dynamique et déjà très touristique. Son casino, l'œnotourisme et le cyclotourisme en font déjà une destination de choix. Il ne manquait plus que les thermes pour parfaire son visage ! Associant l'eau qui guérit, le vin, le soleil et les jeux, Santenay est vraiment aujourd'hui «le Nice de la Côte-d'Or», comme disait le Chanoine Kir.

CASINO JOA DE SANTENAY €€

9, avenue des Sources ✆ 03 80 26 22 44
www.joa-casino.com
Ouvert tous les jours le midi et le soir. Menus de 22 € à 28 €. Présentation de la carte d'identité obligatoire.

Au sein même du Casino de Santenay se loge le restaurant Le Comptoir Joa. Une belle salle chaleureuse et confortable qui permet de se restaurer tout en profitant d'une vue imprenable sur le vignoble de Santenay le Haut. La carte s'oriente vers une tendance brasserie avec ses grands classiques à des tarifs très raisonnables, ou en formule repas plus jetons. Outre l'ambiance festive dans la salle de jeux voisine, on pourra aussi profiter du programme des soirées qui ponctuent l'année, à deux pas des thermes dont l'ouverture est prévue en mai 2021.

L'OUILLETTE €€

Place du Jet d'Eau ✆ 03 80 20 62 34
www.ouillette.fr
Ouvert du jeudi au lundi de 12h à 13h45 et de 19h à 21h30. Menu carte de 31 € à 45,50 €. Le midi : 19 € ou 22,50 €.

Restaurant à l'atmosphère moderne et cosy de 30 couverts, sans compter la terrasse qui donne sur la place du Jet d'eau. De l'entrée au dessert, tout est fait maison avec des produits frais. Simon, le chef fait preuve d'une grande créativité comme le prouvent ses magnifiques dressages. Œufs en meurette, poulet aux écrevisses, opaline de fruits rouges et sa mousseline vanille, le tout est exquis. La carte des vins est majestueuse avec ses 300 références ; à l'honneur, les Santenay ! L'établissement fait aussi hôtel. Une excellente adresse que l'on vous recommande.

DOMAINE FLEUROT LAROSE - RENÉ FLEUROT ET FILS

7, route de Chassagne ✆ 03 80 20 61 15
www.domainefleurot-larose.com
Ouvert du lundi au vendredi de 8h à 12h et de 13h30 à 17h30. Visite et dégustation le week-end sur rendez-vous.

C'est au château Passe-Temps, en 1872 que le domaine Fleurot-Laroze fonde son entreprise familiale. Spécialiste des grands vins de Bourgogne, il a su transmettre son savoir-faire de génération en génération. Des appellations à retenir, Batard-Montrachet Grand Cru, Chassagne-Montrachet 1er Cru Clos de la Roquemaure... des vins blancs d'exception ! Nicolas et son épouse cultivent la vigne. Visites et dégustations dans les caves à 10 mètres sous terre, un clin d'œil à la confiture de vin.

DOMAINE FRANCE DESSAUGE

7, Place de l'Eglise
CHEILLY-LÈS-MARANGES
✆ 03 85 91 13 73
www.dessauge-bourgogne.fr
Accueil au caveau sur rdv. Vente en ligne.

Bien qu'en Saône-et-Loire, le Domaine France Dessauge est situé en Côte de Beaune et donc bien localisé près de Santenay sur le plan oenotouristique. Sandrine et Jean-Baptiste Dessauge perpétuent les traditions familiales d'un domaine labellisé HVE3 qui s'étend sur 26 ha de vignes. Le caveau de dégustation se blottit entre cuverie et caves du XVIe siècle. Les Maranges et Santenay sont aussi blancs que rouges, les Crémants complètent une gamme aux prix très raisonnables. Un domaine familial comme on les aime, chargé d'histoires, dont celle du patrimoine mondial !

MESTRE PÈRE ET FILS

12, place du Jet d'Eau ✆ 03 80 20 60 11
www.mestre-pere-et-fils.fr
Tous les jours de 10h à 18h en haute saison. Accueil de groupes sur rdv. Ventes en ligne.

Le domaine Mestre, qui cultive autant la qualité de son accueil que de ses vignes, a laissé souffler un vent de fraîcheur sur son organisation ou ses étiquettes. L'exploitation s'entend sur 17 ha de vignes réparties sur cinq villages, de la Côte de Beaune en appellations Santenay, Aloxe-Corton, Ladoix, Maranges et Chassagne-Montrachet. Le Domaine laisse s'exprimer toute la typicité de ses climats dans un processus bien rodé de respect de l'équilibre naturel des sols, de vendanges manuelles, de tri des raisins en cuverie et de vinification traditionnelle.

CASINO JOA DE SANTENAY

9, avenue des Sources
✆ 03 80 26 22 44
www.joa-casino.com
Ouvert du dimanche au jeudi et jours fériés de 10h à 2h ; le we de 10h à 4h. Pièce d'identité obligatoire. Restauration

Evadez-vous au Casino Joa de Santenay dans un univers très actuel. Près de 150 machines vous invitent à tenter de gagner le jackpot. Les jeux de table sont nombreux : black jack, roulette anglaise, roulette électronique, poker et le nouveau Ultimate Texas Holdem Poker. La bâtisse, riche demeure bourgeoise rappelle Deauville, avec un intérieur qui allie raffinement et luxe dans une ambiance feutrée. Un espace découverte est dédié aux débutants. Le restaurant, ouvert midi et soir, avec vue sur les vignes, prolonge l'évasion. Dîners-spectacles organisés.

PAYS SEINE ET TILLES EN BOURGOGNE

Au nord de Dijon, le Pays Seine et Tilles est un mix de nature protégée et de patrimoine bâti préservé. C'est aussi la ligne de partage des eaux entre le bassin de la Seine et de la Saône, les sources ne manquent pas. C'est la limite méridionale du plateau calcaire de Langres, des paysages pour cette partie de plateaux entaillés par les vallées de la Tille et de l'Ignon. La protection de la nature et le respect de la faune et de la flore forment l'identité de ce territoire fait de massifs forestiers, de sources et de marais tufeux, de combes et de vallons. Ce terroir authentique vous invite à remonter dans le temps avec les châteaux de Chazeuil, Courtivon, Turcey, Grancey. Les remparts, les maisons fortes, les villages ancrés sur la roche et jamais bien loin de la forêt, les lavoirs, les puits, les fontaines agrémentent votre échappée pédestre ou cycliste. Votre soif de jolies découvertes est forcément rassasiée !

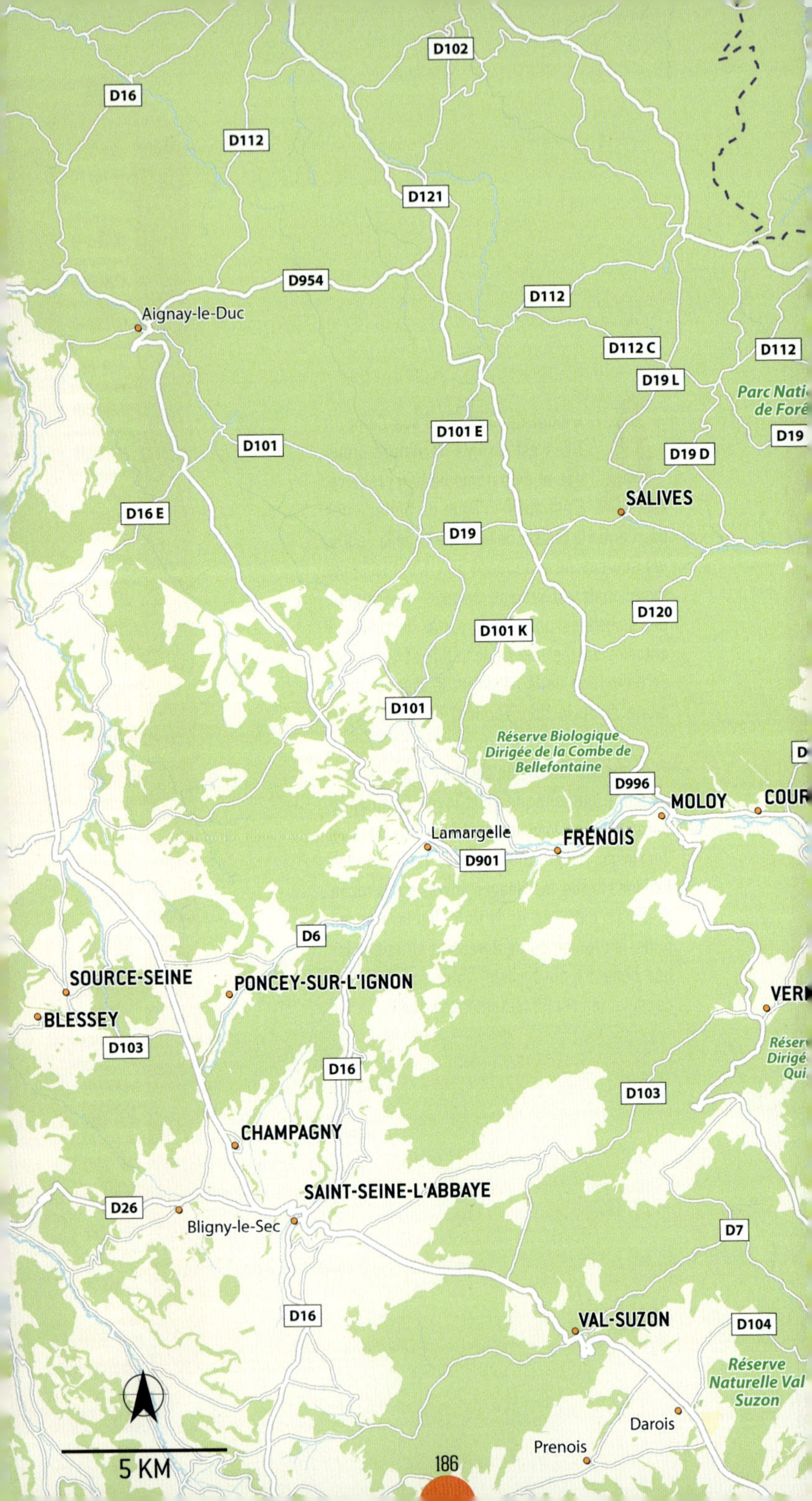
D102
D16
D112
D121
D954
Aignay-le-Duc
D112
D112 C
D112
D19 L
Parc Nati
de Forê
D19
D101 E
D101
D19 D
SALIVES
D16 E
D19
D120
D101 K
D101
Réserve Biologique
Dirigée de la Combe de
Bellefontaine
D996
MOLOY
COUR
Lamargelle
FRÉNOIS
D901
D6
SOURCE-SEINE
PONCEY-SUR-L'IGNON
VER
BLESSEY
D103
Réser
Dirigé
Qui
D16
D103
CHAMPAGNY
SAINT-SEINE-L'ABBAYE
D26
Bligny-le-Sec
D7
D16
VAL-SUZON
D104
Réserve
Naturelle Val
Suzon
Darois
Prenois
5 KM

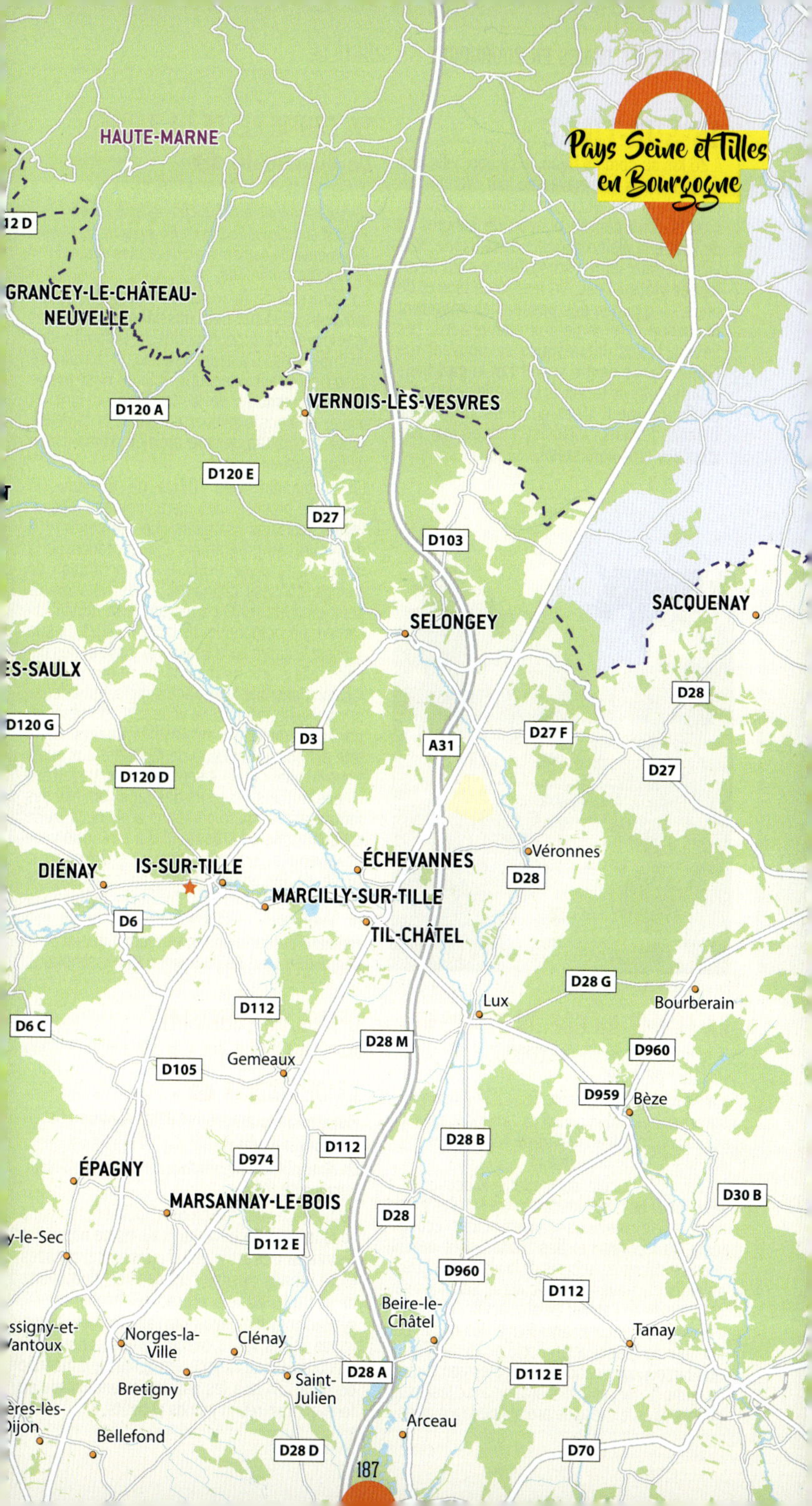

Pays Seine et Tilles en Bourgogne
HAUTE-MARNE
12 D
GRANCEY-LE-CHÂTEAU-NEUVELLE
D120 A
VERNOIS-LÈS-VESVRES
D120 E
D27
D103
SELONGEY
SACQUENAY
ES-SAULX
D28
D120 G
D3
A31
D27 F
D27
D120 D
Véronnes
ÉCHEVANNES
DIÉNAY
IS-SUR-TILLE
D28
MARCILLY-SUR-TILLE
D6
TIL-CHÂTEL
D28 G
Lux
Bourberain
D112
D6 C
D28 M
D960
Gemeaux
D105
D959
Bèze
D28 B
D974
D112
ÉPAGNY
D30 B
MARSANNAY-LE-BOIS
D28
y-le-Sec
D112 E
D960
D112
Beire-le-Châtel
ssigny-et-Vantoux
Norges-la-Ville
Clénay
Tanay
D28 A
D112 E
Saint-Julien
Bretigny
ères-lès-Dijon
Arceau
Bellefond
D28 D
D70

IS-SUR-TILLE ★

À 20 km au nord de Dijon, la célèbre ville des mots croisés est traversée par l'Ignon, affluent de la Tille, et compte environ 4 400 habitants. D'un côté le plateau de Langres et de l'autre la plaine agricole de la Saône, « la ville en deux lettres sur la Tille » s'est développée grâce à l'eau. Un réseau de bras et de biefs, cinq ponts, des passerelles apportent beaucoup de charme aux promenades. Les lieux les plus pittoresques se trouvent rue Gambetta. Le centre vivant fait la part belle aux produits de terroir, la Confrérie de la Truffe de Bourgogne y a ses quartiers. Un festival biennal de mots croisés se tient en mai, clin d'œil aux cruciverbistes !

La ville d'Is-sur-Tille.

LA FERME AU GRÉ DU TEMPS

3, route des Mousseneux - **VERNOT**
✆ 06 27 02 21 32
www.escargot-bourguignon.fr

Ouvert du lundi au vendredi de 18h à 20h en décembre, sur rdv en dehors de ces horaires. Adulte 4 €. 4 € la dégustation

La ferme hélicicole de Frédéric Marcouyoux a aussi pour but de faire connaître au plus grand nombre l'élevage des escargots et tout l'écosystème qu'il engendre. Des visites sont organisées dévoilant les secrets de la vie de ce curieux animal et le travail d'héliciculteur. Selon les saisons, visite de l'atelier de production, des parcs d'élevage ou encore ramassage des escargots. Membre de l'association Ecole en Herbe, Frédéric Marcouyoux valorise sa profession auprès du jeune public, en collaboration avec les enseignants dans le cadre de projets pédagogiques.

LA CONFRÉRIE DE LA TRUFFE DE BOURGOGNE

3, rue Gambetta ✆ 03 80 61 05 31
www.confreriedelatruffedebourgogne.asso.fr

Produit emblématique, la truffe a ses rendez-vous gourmands de septembre à décembre durant la période de maturation.

La Confrérie de la Truffe de Bourgogne a été créée en 1994 par neuf passionnés souhaitant promouvoir ce produit subtil de la famille des champignons. D'ailleurs, êtes-vous certain de savoir ce qu'est une truffe ? Si ce n'est pas le cas, les membres de la Confrérie se font un plaisir de vous expliquer ce qu'est la fameuse Tuber Uncinatum, encore appelée diamant noir de Bourgogne !

En partenariat avec l'Office de tourisme, la Confrérie propose des demi-journées découvertes certains samedis de septembre à décembre. Au programme : présentation de la truffe, visite d'une truffière, démonstration de cavage, conseils culinaires et dégustation de deux produits truffés avec un verre de vin. Un samedi en octobre, le 16 octobre 2021, Is-sur-Tille est le cadre de la Fête de la truffe et des papilles, elle réunit un marché bio et des produits locaux. Dans une ambiance simple, gouailleuse et conviviale, la Confrérie vous sert (sur réservation) une omelette géante truffée, un régal. Cette fête est aussi l'occasion de répondre aux questions du public et de le sensibiliser au travail des chiens truffiers. Au cours des repas ont lieu des intronisations, toute personne amie de la Truffe de Bourgogne peut demander à être intronisée et devenir ainsi Compagnon fin gourmet de la truffe de Bourgogne. Enfin, en novembre se déroule le déjeuner des Confrères de la Truffe de Bourgogne, prétexte pour passer un bon moment autour d'un repas thématique accompagné de truffes de Bourgogne (sur inscription).

OFFICE DE TOURISME DES VALLÉES DE LA TILLE ET DE L'IGNON

Place de la République ✆ 03 80 95 24 03
www.covati-tourisme.fr

Un riche patrimoine historique et naturel à découvrir de mille façons.

Sous l'ancien marché couvert, l'office de tourisme vous invite à découvrir un patrimoine naturel et historique. Des activités ludiques sont proposées toute l'année : visites commentées, découverte de la truffe, ateliers artisanaux, pêche, cheval, géocaching, baptêmes de l'air, vols en hélico, jeu de quilles, rando, circuits famille et nouveaux parcours VTT. Le marché des terroirs le dimanche de 8h à 13h ravit les papilles et une balade en forêt en train réunit grands et petits.

TRAIN TOURISTIQUE DES LAVIÈRES

Rue des Pins
✆ 03 80 95 36 36
www.cfti.e-monsite.com

Joli train touristique animé par des passionnés.

Une locomotive Plymouth datant de 1945 vous emmène pour une balade en forêt. Elle quitte la gare des Lavières toutes les 20 min pour un circuit d'1,4 km dans une forêt de pins. A l'origine de ce projet touristique, des passionnés de train qui ont créé l'association du CFTI (Chemin de Fer Touristique Issois) en 1977. Tous les mois une dizaine de bénévoles prennent un samedi pour entretenir les voies et procéder aux réparations nécessaires. Leur récompense, c'est la satisfaction des près de 3 000 visiteurs qui montent à bord chaque année. Moins cher qu'un tour de manège, c'est le loisir idéal pour passer un bon moment en famille. Les ferrovipathes pourront profiter de l'occasion pour poser toutes leurs questions, les rails d'un écartement de 500 mm sont rares, plus que 3 en France. Parmi les trésors conservés dans le bâtiment : un locotracteur diesel fabriqué en 1931 dans l'usine dijonnaise Pétolat. Classée monument historique, la locomotive Pétolat est la dernière en France à être encore en état de fonctionnement ! Aires de jeux, aire de pique-nique et terrain de pétanque prolongent votre journée. Et si vous êtes passionné de train, rejoignez le CFTI sans plus attendre. Ouverture dès mi-juin jusqu'à mi-septembre, et les animaux sont admis. Si vous êtes là vers la fin août, ne manquez pas la féerie nocturne : plus de 1 000 voyageurs entre 20h et minuit profitent d'un spectacle avec des tunnels de lumière, des animations, des jets d'eau... C'est la fête !

RIVE GAUCHE À MOLOY €€

2, route d'Is sur Tille - **MOLOY** ✆ 03 80 85 58 87
http://gitemoloy.fr/

Maison de charme du XVIe siècle rénovée, parfaite pour des vacances en famille ou des week-ends romantiques.

Une maison de charme du XVIe siècle au bord de l'Ignon où Laurence et Régis Poinsot, amoureux de leur région, ont aménagé dans une aile 5 chambres d'hôtes que l'on peut aussi louer en gîte. Un havre de paix et de bien-être entre parc et rivière, équipé d'un spa et proposant la formule table d'hôtes avec un menu bourguignon. Pour le petit déjeuner, la confiture de «maman» et le pain de «papa», cuit dans le four à bois, mettent de bonne humeur. Les hôtes suggèrent de belles balades autour de Moloy et la visite de la grotte de Bèze, qui a un ADN commun avec Régis.

CABANE ET CUBE DU PONT DE LA ROCHE €€€

Moulin de la Roche
FRÉNOIS ✆ 06 23 02 39 81
www.pont-roche.com

Cabane : 250 € la nuit pour 2 avec séances sauna et spa. Le cube : 480 € les 2 nuits pour 2 (minimum 2 nuits).

Frédéric Dansert propose deux hébergements insolites. En commun : chic, design et confortable. Une cabane sur pilotis, la tête dans les arbres et les pieds dans l'eau. Un cube posé dans la prairie, au bord de l'eau. Vous disposez d'une kitchenette équipée, d'une salle de bain avec une douche à l'italienne. Tout est pensé pour un séjour au top, hors du monde, pour quelques jours. Une formule week-end romantique et gourmande est proposée, avec champagne et produits du terroir.

AUBERGE CÔTÉ RIVIÈRE €€

3, rue des Capucins
✆ 03 80 95 65 40
www.hotel-restaurant-coteriviere.com

Ouvert du mardi au samedi midi et soir, le dimanche midi. Formule du midi : 19 €. Menus à 35 et 49 €. Terrasse.

L'auberge Côté Rivière est l'une des très bonnes tables du Pays des Trois Rivières. Cet ancien corps de ferme niché au cœur d'un hectare de verdure le long de l'Ignon vous offre une agréable halte gourmande, au coin du feu l'hiver ou au bord de l'eau l'été. Le chef François Lagrue privilégie les produits frais, de saison et faits maison. Risotto de petit épeautre, langoustines, truffes d'été... : la carte fait envie. Profitez de la charmante terrasse aux beaux jours. Il est possible de privatiser le restaurant pour des événements.

LE NATURAL €€

11, rue du Moulin - **SELONGEY**
✆ 03 80 95 13 92
www.hotel-restaurant-lenatural.com

Ouvert du mardi au dimanche le midi et du mardi au samedi le soir. Formule du midi : 13,50 €. Accueil de groupes

Le Natural surprend lorsque l'on vient une première fois. Installé au bord de la Venelle dans le cadre forestier d'une ancienne scierie, il conserve une ambiance hors du temps qu'on a plaisir à retrouver. Marie Turlot, chef cuisinière, propose une carte simple qu'elle complète toujours de plats du jour très souvent inventifs et réalisés avec les produits de saison. Ses tables sont toujours joliment dressées. En été, on déjeune en plein air avec la nature toute proche. Au Natural on apprécie l'excellent rapport qualité-prix mais aussi la gentillesse de l'accueil.

LES CHAMPS DU DESTIN

7 B, rue de la Montolle - **SACQUENAY**
✆ 03 80 75 95 60
www.leschampsdudestin.com
Ouvert jeudi et vendredi de 15h30 à 18h30. Marchés, boutiques bio sur 21, 52, 70, 90, 25 + restaurants à Beaune et Dijon

Les Champs du Destin est un fournil 100 % bio créé par Jérôme Bruet. Les farines et céréales insolites sont produites sur les terres du village préservées depuis de très nombreuses années. Boulanger bio depuis 1994, Jérôme regorge de projets, il participe à des programmes de développement avec Agro Sup Dijon. Son laboratoire prépare une palette de 14 chocolats réalisés à base de pâte de cacao sans lécithine enrichis de multiples céréales. Parmi les nouveautés, il y a les bières des Champs du Destin produites à base de céréales originales et bio.

EPICUR'IS

22, rue Dominique Ancemot
✆ 03 80 95 32 25
Cave à vin installée au cœur d'Is-sur-Tille.

Jean-Roland Rousseaux a la passion des vins et des spiritueux et de leur association avec les mets. Il a ouvert cette jolie cave à vin de partage. Il sélectionne les vins de vignerons indépendants rencontrés sur le terrain ou dans des salons. Ses adresses sont soigneusement triées pour proposer à ses clients le meilleur, l'étonnant, l'innovant. Chaque week-end, Jean-Roland fait découvrir de nouveaux vins de terroir, rhums, whiskies, bières et spiritueux, il propose une dégustation originale vers de nouveaux horizons œnologiques. Tout est à portée des sens !

LA FERME AU GRÉ DU TEMPS

3, route des Mousseneux
VERNOT
✆ 06 27 02 21 32
www.escargot-bourguignon.fr
Visite originale d'un élevage d'escargots.

La ferme hélicicole de Frédéric Marcouyoux produit 250 000 *Hélix Aspera* en totale autonomie, de la reproduction à la transformation et la vente à la ferme ou via le Drive Fermier de Dijon. Les arbres fruitiers protégeant les élevages produisent pommes, cerises et autres fruits de la région transformés en sorbets, glaces ou bocaux. Les brebis apportent le lait des glaces, les lapins désherbeurs ou poules nettoyeuses des débris de coquilles sont transformés en pièces à mijoter. Un écosystème, bio, où tout est vraiment bon, les préparations à l'escargot en vedette.

SENTIER PIEDS NUS DE VERNOIS LÈS VESVRES

D27K
VERNOIS-LES-VESVRES
Domaine de la combe Rossignol. Parcours pédestre. Gratuit.

Le petit étang de Vernois les Vesvres est alimenté par le ruisseau des Vernes. Un lieu de loisir unique en Bourgogne, spécialement aménagé pour le parcourir pieds nus. Niché au creux d'un vallon, le site comporte treize stations et quatre agrès, sur une longueur de 840 m. Un chemin polysensoriel pour la voûte plantaire, en fonction de l'aménagement au sol entre pavés, osier, galets, boue, sable, bois et métal. Un moment de détente à ne pas rater.

GRANCEY-LE-CHÂTEAU-NEUVELLE

Situé à la limite du Chatillonais et de la Haute-Marne, sur une plate-forme naturelle, Grancey-le-Château est un village médiéval qui compte environ 300 habitants. La jolie route boisée, qui y mène depuis Dijon, offre une vue imprenable : des maisons médiévales, accrochées à des remparts, entourent un château et une collégiale. De nombreux services et commerces sont présents au sein du village aux airs majestueux et austères : poste, boulangerie, tabac, épicerie, bar, restaurant, et même un salon de coiffure. N'hésitez pas à y passer la journée, à arpenter des rues hors du temps et à vous balader jusqu'à l'église paroissiale Saint-Germain, qui a la particularité d'être située à… 1 km du village. Elle est de style roman, le chœur (la partie la plus ancienne) date du XIIIe siècle. Autre curiosité : La roche qui pleure. La légende raconte qu'un jour d'octobre, l'épouse d'un seigneur de Grancey, parti aux Croisades, est morte au pied de cette roche. Le malheureux mari est rentré le lendemain et a tellement pleuré sa bien-aimée que deux yeux se sont creusés dans le rocher et pleurent encore de temps en temps. Bienvenue sur une terre de légendes et d'Histoire !

SALIVES

Il y a bien des choses à faire dans ce village, véritable petit bijou médiéval niché au creux d'un vallon, où la Tille prend sa source. Le nom de « Salives » signifie d'ailleurs « eaux jaillissantes, source sacrée ». A découvrir absolument : les remparts, le donjon, l'église Saint-Martin, le lavoir où la Tille naît et surtout le puits fortifié : il s'agit d'une tourelle carrée construite au XIVe siècle qui servait à protéger l'alimentation en eau du village en cas de siège. Si vous le pouvez, restez jusqu'à la tombée de la nuit : l'éclairage des remparts vous transporte dans le passé, lorsque seigneurs et paysans vivaient à l'ombre du donjon.

SAINT-SEINE-L'ABBAYE

Ce village de 377 habitants, niché dans un écrin de verdure, se situe près des sources de la Seine, celle qui passe à Paris. Il est établi sur un plateau calcaire autour de l'abbaye fondée au VIe siècle par Sequanus, une des plus puissantes de Bourgogne au Moyen Age. De cette célèbre abbaye bénédictine parée du titre royal sous Louis XIV, vous pouvez apercevoir le parc abbatial privé avec deux ailes du cloître, le palais du XVIIIe siècle, aujourd'hui l'office de tourisme. Il abrite une maquette de l'abbaye, des ex-voto retrouvés aux sources de la Seine, témoignages de ce passé. L'abbatiale avec sa tour unique attire la curiosité des visiteurs.

LE COMPTOIR GOURMAND - LA TABLE DE CLOTILDE €€

3, rue d'Amont

✆ 06 75 66 46 36

BS ouvert lundi au samedi le midi ; jeudi au samedi le soir. HS tous les jours le midi ; jeudi au samedi le soir.

Clotilde Landais, cheffe de cuisine avec un bagage de 20 ans d'activité traiteur, vous accueille dans un lieu plein de charme, côté bar ou dans deux salles intimistes à l'ambiance bourguignonne. La cuisine de Clotilde peut être qualifiée de «traditionnelle revisitée», elle y emploie savamment ses épices préférées. Il y a déjà les classiques de la maison, l'escargotine aux giroles ou la côte de veau avec sa poêlée de champignons accompagnés d'un gratin dauphinois relevé de muscade !

GOLF DE SALIVES

Hameau de Larçon

✆ 03 80 75 66 43

https://golf-salives.jimdofree.com

Tous les jours de 8h30 à 20h. Greenfee tarif adulte : 30 € la journée en semaine. 35 € le week-end et jours fériés.

Le Golf de Salives jouit d'un cadre idéal en pleine nature au cœur de la Bourgogne. Dirigé par Philippe Matthieu, c'est une chance pour la région de voir ce site toujours entretenu et sauvegardé pour vous offrir les meilleures conditions. Le parcours composé de 9 trous est long de 2 800 m, les départs sont différents à l'aller et au retour. Si vous êtes débutant, vous pourrez vous entraîner sur le practice et le putting-green à côté du club-house. Ne manquez pas les compétitions qui sont des rendez-vous conviviaux entre passionnés.

ABBATIALE DE SAINT-SEINE-L'ABBAYE ★

Place de l'Eglise

✆ 03 80 35 00 44

www.cc-forets-seine-suzon.fr

Ouvert toute l'année. Tous les jours de 8h à 18h. Visite libre. Gratuit. Visite guidée.

Fondée au VIe siècle par Sigo, un moine de Moutiers-Saint-Jean, l'abbaye de Saint-Seine est le plus ancien témoignage du gothique bourguignon. Elle a accueilli au VIIIe un célèbre pensionnaire : saint Benoît d'Aniane, le réformateur de l'ordre des Bénédictins. C'est ici qu'il prononça ses vœux. La communauté l'élut ensuite comme abbé, mais il partit pour Aniane, près de Montpellier. Au Moyen Age, l'abbaye est l'une des plus importantes de Bourgogne. L'abbatiale a été érigée au début du XIIIe siècle. Seuls le chœur et le croisillon ont résisté au temps, le reste de l'édifice a brûlé en 1255. Les travaux ne reprennent qu'au tournant des XIVe et XVe siècles. Le porche est décoré par des rameaux de vignes. Observez-les bien : un escargot se cache dans l'un d'eux !

Comme de nombreuses abbayes, celle de Saint-Seine possédait un moulin ainsi qu'un aménagement hydraulique qui subsistent sur les plans et relevés datant du XVIIe siècle. Les stalles sculptées, du XVIIIe siècle, sont l'œuvre de l'artisan luxembourgeois Guillaume Theiss. Les exceptionnelles peintures murales du XVIe siècle illustrent au nord la légende de saint Seine en 22 tableaux (1504) et au sud l'arbre de Jessé, saint Christophe et des litanies de la Vierge dans un style influencé par la Renaissance. Chaque dimanche d'été, une messe y est encore célébrée. Des concerts y sont organisés. L'acoustique du lieu est en effet exceptionnelle. L'église est classée au titre des monuments historiques par la liste de 1862.

LES SOURCES DE LA SEINE

D103
SOURCE-SEINE
www.source-seine.fr
Ouvert toute l'année. Gratuit.

C'est un lieu plein de mystères. Fréquenté depuis au moins l'époque des Gaulois, il a eu longtemps la réputation d'être un endroit magique. Boire l'eau des sources devait soigner et guérir et l'on venait de loin pour s'en désaltérer. Des sanctuaires et des temples y furent construits. Perchées à plus de 400 m d'altitude, ces eaux naissantes bénéficient aujourd'hui d'un cadre aménagé, fréquenté en saison, vierge et serein dès l'automne. La grotte artificielle (construite sous Napoléon III) d'où jaillit la Seine abrite une statue de la déesse Sequana, nymphe des sources du fleuve, vénérée dans la mythologie gauloise puis gallo-romaine. De nombreux vestiges ont été découverts lors de fouilles menées entre 1836 et 1843 puis dans les années 1930 et dans la seconde moitié du XXe siècle. C'est le cas d'un vase contenant des pièces romaines, d'une déesse Sequana en pierre, de représentations de nymphes, d'un trésor en bronze, de stèles figuratives, de bornes ou encore d'une barque… La plupart de ces trouvailles résident désormais au musée archéologique de Dijon, comme aussi les fascinants ex-voto celtes et gallo-romains, très modernes dans leur apparence. Ils ne dépareraient pas à Beaubourg ou au musée Picasso ! Comme ceux qu'on peut voir aujourd'hui dans nos églises, ils témoignent des remerciements des malades qui venaient ici, avec de petits vases, puiser l'eau de la Seine et s'en asperger. On raconte que plus les ablutions étaient abondantes, plus les vœux avaient une chance d'être exaucés ! Tenterez-vous l'expérience ?

OFFICE DE TOURISME FORETS SEINE ET SUZON

Place de l'Eglise
✆ 03 80 35 00 44
ot-forets-seine-suzon.fr
La visite de l'abbatiale, du parc éolien, les expositions et les marchés animent ce joli village.

Situé au pied de l'abbatiale, qui se visite pour les groupes sur réservation, des panneaux vous donnent des indications sur ce sanctuaire gallo-romain. Forêts d'exceptions sentiers de randonnées à pied ou en VTT, sites naturels à découvrir, activités à sensations à pratiquer, le personnel vous oriente et vous propose des séjours thématiques. L'été, des marchés nocturnes, des expositions et des visites guidées se succèdent. Découvrez toute l'histoire de l'abbatiale et du parc éolien !

RELAIS DE LA SOURCE €€

17, rue Carnot
✆ 03 80 35 00 35
15 chambres + 2 gites. Chambre double à partir de 85 €. Petit déjeuner 15 €. Restaurant gastronomique + salle réception.

Le Relais de la Source d'Ehlame Buisard renouvelle l'Hôtel de la Poste du centre de Saint Seine l'Abbaye. Un petit hôtel de village de grand charme, douillet, mariant l'authenticité des demeures au modernisme et au confort dernier cri. Le petit plus est la tranquillité du lieu. Le grand bonus est la qualité de sa restauration qui démarre dans d'excellentes conditions à l'occasion du petit déjeuner dans une salle totalement rénovée ou en terrasse immergée de verdure. L'hôtel dispose de 2 gîtes indépendants pour des séjours plus longs et en famille.

AUBERGE CAMPAGNARDE €€

15, rue Carnot
✆ 03 80 35 01 46
Du lundi au vendredi midi et soir. Samedi dimanche midi, soir uniquement sur résa. Menus de 20 € à 35 €. Midi 14 €.

L'Auberge Campagnarde qui fut ferme-auberge de 1979 à 1995 est devenue un petit hôtel-restaurant en 1985, une adresse tout en simplicité, mais à la qualité d'accueil tout en gentillesse et efficacité. Voici déjà plus de 20 ans que Marie Claude Duthu régale ses hôtes de recettes traditionnelles. L'ambiance rustique colle à l'esprit et aux valeurs de la maison. Tout est cuisiné maison, le persillé, les escargots, le coq au vin ou le bœuf bourguignon et l'on vient de loin juste pour les œufs meurette. Les prix sont vraiment raisonnables jusque sur la carte des vins.

RELAIS DE LA SOURCE €€

17, rue Carnot
✆ 03 80 35 00 35
Ouvert du mercredi au samedi midi et soir ; le dimanche midi. Menus de 3 à 6 services. Formule du midi de 28 € à 34 €.

La reprise de l'été 2021 marque un nouveau départ pour l'Hôtel de la Poste qui devient le Relais de la Source. Une référence à celle de la Seine toute proche et un peu à l'univers gastronomique de la région… Yann Zwysig, votre chef prépare une cuisine gastronomique abordable, écoresponsable privilégiant les circuits courts, les légumes de saison dans l'expression de ses talents développés dans des établissements souvent étoilés, en France, Corse, Bretagne ou Paris. La salle aux belles boiseries rénovée et rajeunie offre dorénavant la vue sur les cuisines.

PAYS DU CHÂTILLONNAIS

Territoire préservé, le Châtillonnais révèle une faune et une flore exceptionnelles, avec le marais de Brosses de Recey-sur-Ource et surtout le parc national français de forêts qui le traverse. Sur 10 000 ha, entre Côte-d'Or et Haute-Marne, il s'étend du Pays Châtillonnais à Arc-en-Barrois. Une forêt qui fut autrefois le terrain de chasse des rois de France, peuplée principalement de hêtres et de chênes. La Maison de la forêt située à Leuglay et installée depuis 1993, sensibilise les visiteurs aux thèmes du patrimoine de l'environnement forestier. Elle gère le centre d'interprétation de la forêt, ouvert en 1998, dans une ancienne ferme située au bord de l'Ource. C'est encore une terre d'histoire et de culture, avec le théâtre Gaston Bernard, le Musée du Pays Châtillonnais Trésor de Vix (étape incontournable sur la route des Celtes), deux cinémas et la fabrique de spectacles Kiki de Montparnasse.

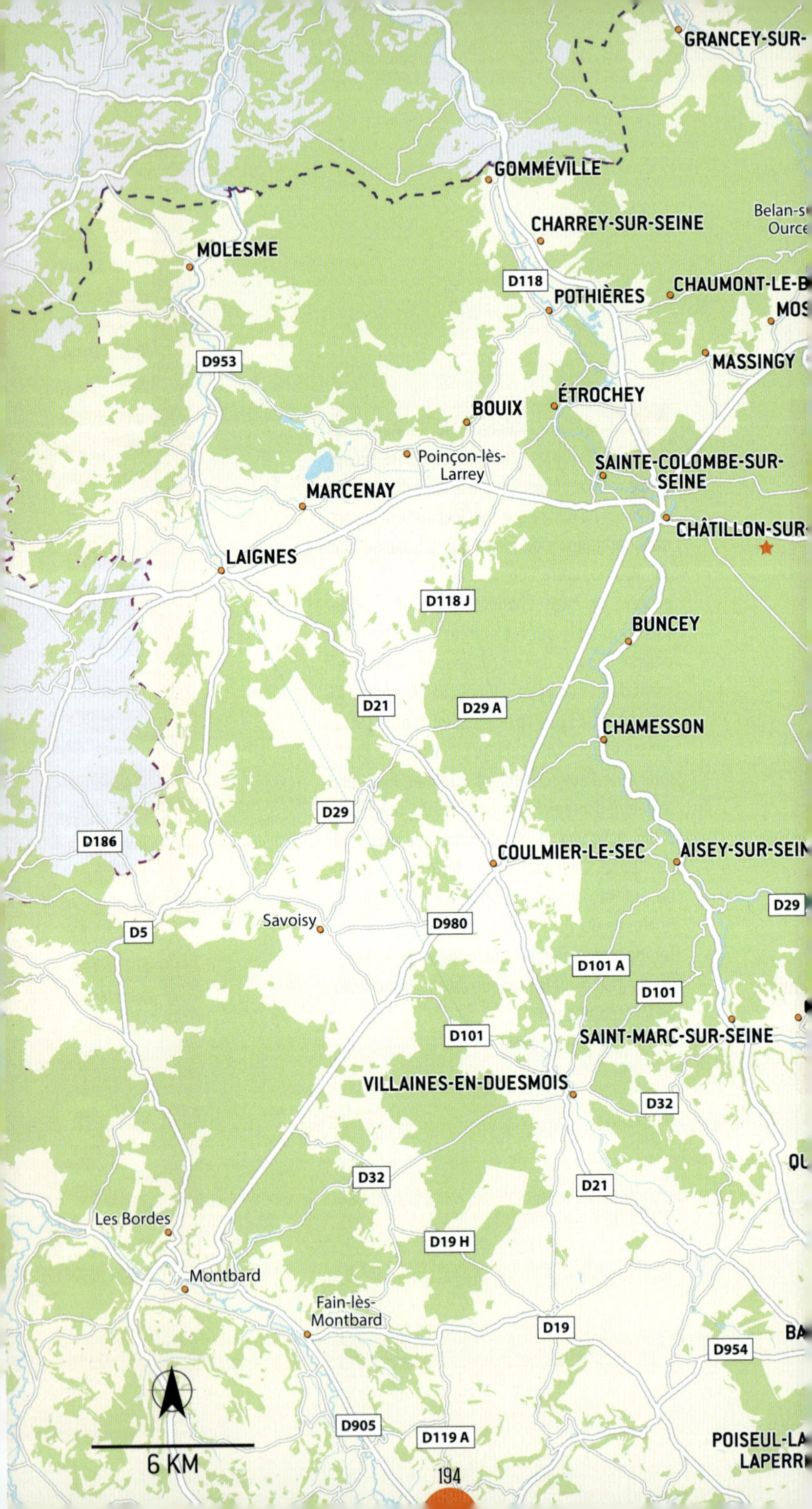
GRANCEY-SUR-
GOMMÉVILLE
CHARREY-SUR-SEINE
Belan-s
Ource
MOLESME
D118
POTHIÈRES
CHAUMONT-LE-B
MOS
D953
MASSINGY
BOUIX
ÉTROCHEY
Poinçon-lès-
Larrey
SAINTE-COLOMBE-SUR-
SEINE
MARCENAY
CHÂTILLON-SUR-
LAIGNES
D118 J
BUNCEY
D21
D29 A
CHAMESSON
D29
D186
COULMIER-LE-SEC
AISEY-SUR-SEIN
D29
D5
Savoisy
D980
D101 A
D101
D101
SAINT-MARC-SUR-SEINE
VILLAINES-EN-DUESMOIS
D32
QU
D32
D21
Les Bordes
D19 H
Montbard
Fain-lès-
Montbard
D19
BA
D954
D905
D119 A
POISEUL-LA
LAPERR
6 KM

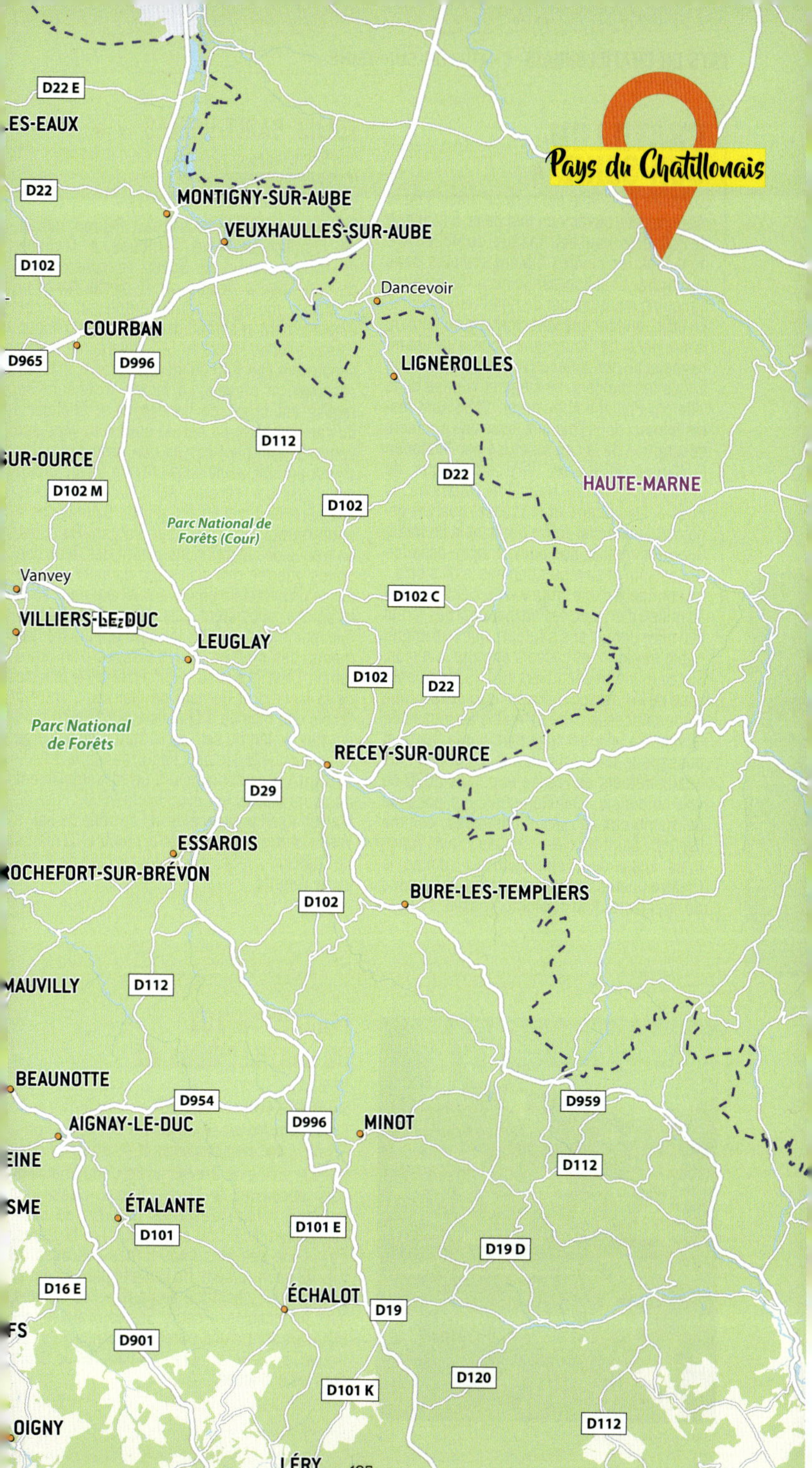
Pays du Chatillonais
D22 E
LES-EAUX
D22
MONTIGNY-SUR-AUBE
VEUXHAULLES-SUR-AUBE
D102
Dancevoir
COURBAN
D965
D996
LIGNEROLLES
D112
SUR-OURCE
D22
D102 M
D102
HAUTE-MARNE
Parc National de Forêts (Cour)
Vanvey
D102 C
VILLIERS-LE-DUC
LEUGLAY
D102
D22
Parc National de Forêts
RECEY-SUR-OURCE
D29
ESSAROIS
ROCHEFORT-SUR-BRÉVON
BURE-LES-TEMPLIERS
D102
MAUVILLY
D112
BEAUNOTTE
D954
D959
AIGNAY-LE-DUC
D996
MINOT
EINE
D112
SME
ÉTALANTE
D101
D101 E
D19 D
D16 E
ÉCHALOT
D19
FS
D901
D120
D101 K
D112
OIGNY
LÉRY

CHÂTILLON-SUR-SEINE ★

L'histoire de la ville est connue grâce à deux manuscrits trouvés non loin de là, à l'abbaye de Pothières, haut lieu spirituel du Moyen Âge dont tous les cloîtres étaient sculptés dans le marbre. Châtillon-sur-Seine a traversé les époques, marquée par de nombreux conflits. En effet, en tant que ville frontière au nord de la province de Bourgogne, face à la Champagne et au domaine royal, elle était exposée à tous les dangers. Le siège et la prise de la ville par Philippe Auguste en 1186 sont restés fameux dans l'histoire, avec une première description de la cité restituée par l'historien Guillaume le Breton. Ville stratégique de négociations entre Napoléon, l'Autriche, la Russie, l'Angleterre et la Prusse, quartier général du maréchal Joffre pendant la Première Guerre mondiale, son nom s'inspire de la forteresse qui fit sa réputation dès le IXe siècle. Au confluent d'une large vallée, c'est une ville au milieu d'un parc, le Parc national des forêts Elle offre depuis ses hauteurs une vue imprenable sur le mont Lassois et toute la région. Sur ce mont fut découvert en 1953 le célèbre vase de Vix, trésor imposant issu de la tombe d'une princesse celte et visible au musée de la ville. La ville est traversée par la Seine et possède le label Ville fleurie, celui des Plus beaux détours de France et depuis 2020 de ville impériale. Châtillon-sur-Seine possède de nombreux attraits touristiques, comme l'église Saint-Nicolas, l'église Saint-Vorles mais aussi des lieux culturels comme le théâtre Gaston Bernard ou encore la fabrique de spectacles Kiki de Montparnasse.

Châtillon-sur-Seine.

ÉGLISE SAINT-VORLES ✝ ★

Rue Saint-Vorles

✆ 03 80 91 50 50

Ouvert de mi-avril à fin septembre.

Saint-Vorles est le plus beau fleuron roman de Châtillon-sur-Seine. Attribuée à l'évêque de Langres, Brun de Roucy, la construction de cette église débute au Xe siècle. Avant le Xe siècle, une église primitive s'élevait sur cet emplacement et abritait depuis 868 les reliques de saint Vorles : mort en 591, il serait né à Marcenay vers l'an 530 où, devenu prêtre, il aurait accompli un miracle. La façade extérieure de l'église est ornée de bandes caractéristiques de l'art lombard. La nef de quatre travées est couverte d'un haut berceau en plein cintre. Du chœur primitif, seule subsiste une travée droite prolongée par l'abside semi-circulaire. Après une série de rénovations, l'église Saint-Vorles a enfin retrouvé sa splendeur d'antan. En outre, on trouve des inscriptions datant des deux dernières guerres mondiales qui donnent à cette église un caractère émouvant. A l'extérieur, sous le porche, subsistent des restes de polychromie, peintures murales laissant apparaître des mains, des jambes et des visages d'un autre temps. C'est ici que se serait accompli le miracle de la lactation : Bernard de Clairvaux, entré à l'école des moines à Châtillon, aurait reçu trois gouttes de lait du sein de la statue de la Vierge devant laquelle il priait. Chaque année, la fête de la Saint Vorles donne lieu à un rassemblement au cours duquel est évoquée la vie du curé de Marcenay en présence de la Confrérie de Saint-Vorles. Autrefois, un certain nombre d'enfants de Châtillon-sur-Seine portaient le nom de Vorles ou de Vorlette.

MARAIS TUFEUX DU CHÂTILLONNAIS

D29

SAINT-GERMAIN-LE-ROCHEUX

L'accès aux Marais se fait par le Moulin de Saint-Germain, une maison d'hôtes ✆ 03 80 93 29 70.

Dans la vallée du Brevon au cœur du Châtillonnais, découvrez le Marais Tufeux, classé par le Conservatoire d'espaces naturels de Bourgogne. Agé de 8 000 ans et sur 124 hectares, c'est l'une des plus importantes cascades de tufs du département. On le visite par un sentier pédagogique constitué de passerelles en bois, avec panneaux explicatifs. Ses eaux aux reflets bleu-vert sont d'une pureté remarquable et on trouve là-bas de nombreuses variétés de fleurs dont les orchidées.

MUSÉE DU PAYS CHÂTILLONNAIS - TRÉSOR DE VIX ★★

14, rue de la Libération
✆ 03 80 91 24 67
www.musee-vix.fr
Ouvert du mercredi au lundi 10h-17h30. Plein tarif 7 €. Fermé du 31 décembre au 1er week-end de février.

Le très beau Musée du pays châtillonnais - Trésor de Vix siège dans l'ancienne abbaye Notre-Dame. Beau pour son emplacement mais encore et surtout pour sa collection représentative des époques celtique et gallo-romaine en France. Il faut dire aussi que le musée dispose d'une pièce extraordinaire : le vase de Vix et son trésor ! Découvert en 1953, au pied du mont Lassois, ce trésor se compose entre autres de deux coupes en céramique attique, d'un torque en or, d'une phiale en argent à ombilic d'or, d'une cruche à vins... et du plus grand vase connu à ce jour. Ses mensurations sont d'ailleurs impressionnantes : 208 kg, 1,64 m de haut, 1,27 m de diamètre et une épaisseur de 1,2 mm. Tout cela compose un magnifique vase qui peut contenir jusqu'à 1 100 litres ! Si ces objets découverts dans la chambre funéraire d'une princesse celte sont à voir pour le plaisir des yeux, ils nous apprennent également de nombreuses choses sur les échanges entre la région de Vix et la Méditerranée alors même que cette sépulture date du début du Ve siècle... Les amateurs des époques celte et gallo-romaine ne peuvent pas passer à côté ; quant aux autres, sachez que le musée dispose d'une collection qui s'étend jusqu'au XIXe siècle avec un très beau cabinet de curiosité dédié à l'ornithologie ! En plus, le musée propose plusieurs fois par ans de belles expositions. Le Musée du pays châtillonnais et des trésors de Vix est une étape incontournable pour quiconque vient en Bourgogne !

SOURCE DE LA DOUIX ★

Rue de la Douix

La Douix est une résurgence qui se jette dans la Seine à Châtillon, située au pied d'un rocher de plus de 30 mètres de haut. Associée à des pratiques magiques et religieuses dès l'Antiquité, elle est une énigme pour les spéléologues en raison de son goulot praticable jusqu'à 180 m, avant que la progression ne soit stoppée par des blocs de pierre. Elle pourrait communiquer avec un réseau souterrain. La source qui a livré de beaux trésors archéologiques (statuettes, poteries et bijoux remontant à plus de 700 ans avant J.-C.) fut un sanctuaire et lieu d'offrandes.

LE CHÂTILLONNAIS ET L'AUXOIS

24, rue du Maréchal-de-Lattre-de-Tassigny
✆ 03 80 91 08 65
www.lechatillonnaisetlauxois.fr
Prix : 1,70 € l'unité. Abonnements papier et numérique.

Le Châtillonnais et l'Auxois est le titre le plus ancien de la presse hebdomadaire régionale, né en mars 1807. C'est LE rendez-vous de l'info chaque jeudi sur le Nord Côte-d'Or ! Du vide-greniers à la visite ministérielle, l'hebdo couvre tous les événements. Véritable média de proximité et partenaire des manifestations populaires, *le Châtillonnais et l'Auxois* est également habilité à publier les annonces légales. Il est aussi présent sur le Web et les réseaux sociaux.

© LE CHATILLONNAIS ET L'AUXOIS

© LE CHATILLONNAIS ET L'AUXOIS

LA ROUTE DU CRÉMANT DU CHATILLONNAIS

1, rue du Bourg
✆ 03 80 91 13 19
www.chatillonnais-tourisme.fr/
Label Vignobles et Découvertes.

La Route du Crémant est une des trois prestigieuses routes des vins qui sillonnent la Bourgogne après la Route des Vignobles de l'Yonne et la Route des Grands Crus. Elle vous permet de partir à la découverte du vignoble châtillonnais, de ses villages, ses cépages et de son histoire singulière. Le crémant est un vin qui se pare de bulles dans un processus qui est identique à celui du champagne et quand on sait que le Châtillonnais est un terroir de cépages à bulles et qu'il est si proche des vignes de l'Aube, on comprend pourquoi le Crémant est bon. L'itinéraire, jalonné de 74 panneaux, parcourt près de 120 km avec des incursions dans les vallées de la Seine, de la Laigne ou de l'Ource. Arrêt obligatoire à l'OenoCentre Ampélopsis ou au Musée du vigneron pour découvrir la star des bulles bourguignonnes, son histoire et ses secrets de fabrication. Autour de Châtillon-sur-Seine, de Laignes et de Montigny-sur-Aube, plusieurs circuits vous permettent de découvrir les richesses du patrimoine de la région et de ses vignerons. Vous êtes au cœur de l'AOC des Crémants de Bourgogne. En mars, ne manquez pas la Fête du Crémant et du Tape-Chaudrons, à Châtillon-sur-Seine où près de 5 000 visiteurs se pressent chaque année. Cette fête est organisée par la Ville de Châtillon-sur-Seine et le Syndicat de défense des intérêts viticoles des coteaux du Châtillonnais en partenariat avec la chambre de l'Agriculture. Infos sont disponibles sur le site www.routeducremant.fr.

VESTIGES DU CHÂTEAU

Rue Saint-Vorles
Ouvert toute l'année. Gratuit. Visite guidée (sur rendez-vous auprès de l'Office de Tourisme).

Construit entre le XIIe et le XIVe siècle par les ducs de Bourgogne comme place forte avancée face au comté de Champagne voisin et au domaine royal, ce château fut détruit en 1598 sur ordre du bon roi Henri IV. Désormais, les restes de la muraille, la tour de Gissey qui offre un superbe panorama sur la ville, et ses créneaux veillent sur le cimetière de la commune. Ce cimetière compte un certain nombre de tombes intéressantes, dont celle du Maréchal Marmont, de Louis Cailletet (physicien-chimiste), ou de membres du clergé : un patrimoine funéraire à découvrir.

OFFICE DE TOURISME DU CHÂTILLONNAIS

1, rue du Bourg
✆ 03 80 91 13 19
www.chatillonnais-tourisme.fr
En juillet et août, du lundi au samedi de 9h à 18h ; dimanche de 10h à 14h.

Installé dans la magnifique Maison Philandier du XVIe siècle, l'office de tourisme vous propose le Pass « Les incontournables du Châtillonnais » avec des réductions pour visiter l'abbaye du Val des Choues et son musée-opéra de la Vénerie, le château de Montigny-sur-Aube, la maison de la Forêt à Leuglay, le musée du Pays châtillonnais, l'œnocentre Ampélopsis ou encore la piscine de Châtillon-sur-Seine. Sans oublier la brochure « Nature » pour découvrir de ce joli coin de la Bourgogne !

HOTEL RESTAURANT DE LA POSTE €

6, rue d'Amont
VILLAINES-EN-DUESMOIS
✆ 03 80 92 36 54
4 chambres 59 €. Petit déjeuner 6,50 €. Soirée étape 80 €. Pas d'accès mobilité réduite dans les chambres. Restauration.

L'Hôtel Restaurant est si petit qu'on se croirait en chambres d'Hôtes. Les chambres de cette maison de village sont relativement modernes, elles ont une décoration colorée, l'une des chambres a les toilettes sur le palier. Le confort est largement à la hauteur de l'attente que l'on peut avoir dans cette étape économique et pleine de charme. Côté restaurant vous serez agréablement surpris par la qualité de la cuisine de Bruno Pothier et de l'ambiance conviviale de cette étape.

CHATEAU DE MAUVILLY €€€

2, chemin du Château - **MAUVILLY**
✆ 06 30 69 60 12
www.chateaudemauvilly.eu
Gîtes de France. 4 chambres dont 1 suite. Chambre double de 90 € à 145 €. Petit-déjeuner inclus.

Le Château de Mauvilly offre un séjour de grand confort dans le cadre dépaysant d'un château construit au XIVe siècle, et dont l'aile du XVIIIe siècle a été aménagée en chambres d'hôtes châtelaines. Très sympa, un golf champêtre s'étend dans le vallon. Etienne et Véronique vous accueillent avec un verre de bienvenue. Pensez à réserver la table d'hôtes qui s'ouvre avec un verre de Crémant du Châtillonnais et se poursuit avec un menu bourguignon. La proximité avec la nature et la disponibilité de grands espaces permet d'organiser de grandes fêtes familiales.

L'ÉTAPE €€

60, rue Maréchal de Lattre de Tassigny
✆ 06 38 24 18 26

Carte burgers, pizzas, grillades. Formule du midi 14,90 € (buffet à volonté, entrées, plats chauds, desserts). Terrasse.

David Innocent renouvelle son bistro à la place de La Montagne, le restaurant est dorénavant baptisé L'Etape. En attendant le renouveau de l'hôtel, le restaurant est réparti sur deux étages, du coup... avec deux terrasses ! Sa recette demeure : de bons produits pour ses burgers et pizzas aux pains et pâtes maison, un buffet le midi, des frites maison et des planches apéritives pour apprécier une déco bistrot-industrielle conviviale qui, nous en sommes certains, va plaire. Immanquable à l'entrée sud de la ville, on aperçoit ses terrasses de loin.

CAROVINS

13, rue de Cramont
✆ 03 80 91 06 41

Ouvert du mardi au samedi de 9h à 12h et de 14h à 19h.

© CAROVINS

C'est toujours un bonheur que de rendre visite à Carole Baudoin dans sa boutique aux mille trésors de caviste. Toujours accueillante, joyeuse et chaleureuse, Carole nous laisse le temps de découvrir son univers, mais nous conseille avec une réelle passion dès que l'hésitation nous gagne. On chine volontiers dans les linéaires de vins sélectionnés, pareil pour le rayon bières, thés, alcools fins qui offrent un vaste choix. La gamme des produits du Comptoir de Mathilde plaît avec des gourmandises comme les babas ou cannelés au rhum... irrésistibles.

HOTEL RESTAURANT DE LA POSTE €€

6, rue d'Amont
VILLAINES-EN-DUESMOIS
✆ 03 80 92 36 54

En HS du lundi au samedi midi et soir. En BS fermé samedi midi, dimanche sur réservation groupes. Formule midi 14,90 €

Le restaurant de Villaines-en-Duemois est incontournable. Son chef Bruno Pothier a plus d'une recette en tête : dos de lieu, filet de dorade sauce vierge, tête de veau confite sauce gribiche (un succès), tapas... et en accompagnement de légumes bio, écrasé de patates douces et banane plantain ou graines de courges. Pour les desserts, Charlotte Pellard travaille aussi dans la finesse. Deux salles et une terrasse permettent de passer d'excellents moments de convivialité.

© CARLOTTE PELLARD

© CARLOTTE PELLARD

L'ÉVIDENCE €€

2, quai de Seine
✆ 03 80 81 50 73
https://restaurantlevidence21.fr/index.php
Ouvert tous les jours sauf le mercredi et le jeudi. pLat du jour 10 €. Formule du midi : 15,50 €, menus de 30 € à 35 €.

Installés à Châtillon-sur-Seine depuis 2018, Anne et Frédéric se sont rencontrés dans le milieu de la restauration et ont décidé d'ouvrir leur propre restaurant. Le rapport qualité-prix est parfait et chaque plat est préparé maison. Le chef renouvelle sa carte au gré des saisons et de ses inspirations : laissez-vous tenter par les excellentes cuisses de grenouilles, la terrine de foie gras et confiture d'oignons, le suprême de volaille aux morilles et le croquant fraises en dessert. Anne assure le service avec beaucoup de gentillesse. Pensez à réserver !

DOMAINE HENRI MUTIN

La Grange aux Clercs - **MASSINGY**
✆ 03 80 91 06 05
www.domaine-mutin.com
Réseau Bienvenue à la Ferme - Labels Vignobles et Découvertes et De Vignes en Caves - Viticulture biologique AB.

Depuis ses débuts en 1995, Henri Mutin, l'un des plus fervents promoteurs du Crémant du Châtillonnais n'a cessé de se développer dans la culture biologique. Sur la dizaine de cuvées qu'il propose, sa Tête de Cuvée 100 % Chardonnay et la cuvée Prestige équilibre du Pinot Noir et du Chardonnay sont des Eminents, la cuvée M est Grand Eminent élevé plus de 36 mois sur lattes. Les dernières récoltes très qualitatives lui permettent plusieurs cuvées bios, dont des vins tranquilles. Nouveau, il propose dorénavant des farines et légumes secs produits sur sa ferme.

GALERIE D'ART ET D'OR

13, rue de la Libération
✆ 03 80 91 10 04
http://galeriedartetdor.com/
Ouvert du lundi au samedi de 9h30 à 12h et de 14h30 à 18h30.

Le propriétaire de cette galerie a un parcours atypique... Animateur radio, DJ, gérant de vidéoclubs, il a décidé depuis 2013 de consacrer son énergie à sa passion : l'art. Il a alors ouvert sa Galerie d'Art et d'Or en plein cœur de Châtillon-sur-Seine et attention il s'agit d'une galerie vivante ! Les expositions se succèdent toutes les six semaines et confrontent bien souvent peintures et sculptures. N'hésitez pas à y faire un tour vous ne serez pas déçus ! En outre, si la galerie est aussi d'or c'est parce que son propriétaire rachète vos métaux précieux.

RUCHERS DE DARBOIS

Petit Darbois
BUNCEY ✆ 06 72 35 90 37
www.ruchersdedarbois.fr
Boutique, marchés, épiceries spécialisées. Miels nature, aromatisés, chutneys. Label Agriculture Biologique.

Benoît et Clotilde Lécuyer ont choisi le métier d'apiculteur pour leur reconversion dans leur Châtillonnais préféré. Les Ruchers de Darbois sont nés en même temps que le Parc national de forêts dont ils ont immédiatement acquis le label Esprit Parc. La miellerie dispose des meilleurs équipements, la filtration se fait à froid, la démarche est 100 % bio et la gamme est riche de miels d'été, de printemps et de variantes aromatisées. Les 350 ruches abritent chacune 70 000 abeilles (faites le compte) qui butinent les fleurs de forêts de tilleuls, chênes ou érables.

ESPACE VTT-FFC DU PAYS CHÂTILLONNAIS

✆ 03 80 91 13 19
www.chatillonnais-tourisme.fr
Circuits praticables de début mars à mi-octobre.

Pour découvrir le Châtillonnais en général et la magnifique forêt domaniale de Châtillon-sur-Seine, devenue Parc national en novembre 2019, choisissez le VTT ! En effet, l'office de tourisme vous permet de découvrir neuf chemins balisés au sein du onzième parc national français, le plus vaste après celui de la Guyane. Le circuit d'initiation de la Belette (12 km) est une promenade au cours de laquelle vous aurez peut-être la chance d'apercevoir un animal sauvage. Le circuit des Charbonniers (27 km) est un mélange de routes caillouteuses et de lignes forestières. Le circuit du Sentier à la Biche (34 km) vous permet de composer votre parcours selon vos envies. Les plus courageux choisiront le circuit La Forêt de Châtillon (75 km) ou encore le circuit du Fayard (89 km) qui concernent les amateurs de longues randonnées en VTT tandis que celui des Combes (25 km) est plus sportif et dispose de nombreux points de vue sur la vallée de l'Ource. Les sportifs peuvent tenter celui du Val des Choues (37 km) qui mêle technicité et diversité. Pour les amateurs de crémant, bullez grâce au circuit La Route du Crémant (68 km)... Enfin, pour découvrir les vestiges d'anciens châteaux et le patrimoine historique de Châtillonnais, choisissez le circuit Les Hauts Plateaux (56 km). Vous trouverez, à l'office de tourisme, dans les antennes locales en saison et en téléchargement sur Internet le circuit qui vous conviendra et qui alliera au mieux votre niveau, vos envies et votre temps !

MONTIGNY-SUR-AUBE

Le territoire de Montigny-sur-Aube, situé entre Bourgogne et Champagne, regroupe 16 communes et plus de 2 000 habitants. Riche d'un grand patrimoine naturel de forêts, au cœur des vallées de l'Ource et de l'Aube, ce canton est aussi l'une des portes du Parc national de forêts, né fin 2019. Ses paysages vallonnés et son sol riche en calcaire argileux favorisent le développement des vignes permettant de produire vin rouge, vin blanc et le fameux Crémant de Bourgogne. De nombreux trésors archéologiques furent découverts ici dont 12 haches en pierre polie, une sépulture hallstattienne à la Fontaine Naudot. D'un point de vue architectural, le territoire est également richement paré, avec la commanderie des Templiers à la ferme d'Epailly, ses églises et ses lavoirs. Rien qu'à Montigny-sur-Aube on trouve 4 lavoirs et 3 ponts classés aux monuments historiques qui permettent de franchir l'Aube. On y trouve également un élégant château de style Renaissance, construit au XVIe siècle, orné de colonnades, avec de beaux jardins à l'anglaise et une magnifique chapelle, le tout classé aux monuments historiques depuis 1961. L'enclume et les marteaux sur le blason du village symbolisent l'activité du bourg : la métallurgie. En effet, la plus ancienne usine de fer de Côte-d'Or était implantée à Montigny-sur-Aube en 1202. De nos jours, la métallurgie a laissé la place aux travaux agricoles. Pour l'anecdote, Harry Truman (président des Etats-Unis en 1945) séjourna plusieurs mois à Montigny-sur-Aube en 1918 !

TERRITOIRE DE MONTIGNY-SUR-AUBE

16, rue Henri-Chambon
✆ 03 80 93 55 89

Le territoire de Montigny-sur-Aube est idéal pour les amoureux de nature aux portes du Parc national de forêts. Les vallées de l'Ource et de l'Aube offrent de nombreuses balades pour découvrir toutes les richesses d'une nature préservée. Les villages, le château de Montigny-sur-Aube, la commanderie d'Epally, les lavoirs les ponts et les églises témoignent d'un patrimoine historique de premier ordre. Si l'on produit ici vin rouge et vin blanc, le Crémant demeure la spécialité locale !

© CANTON DE MONTIGNY SUR AUBE

© CANTON DE MONTIGNY SUR AUBE

LA JACQUINOTTE €

3, rue du bugnon - **RIEL-LES-EAUX**
✆ 03 80 93 71 46
www.gite-rural-a-riel-les-eaux.fr

Pour 6 personnes (120 m², 3 chambres). De 310 à 440 € la semaine selon saison. Week-end : 185 €. Accueil «bébé câlin».

Ancienne maison vigneronne restaurée, le gîte est idéal pour les familles avec enfants avec sa grande cour fermée. Une cour soigneusement aménagée et dans laquelle vous apprécierez passer du temps. Le plan d'eau de Riel-les-Eaux est à proximité (1,2 km) pour la baignade ou la pêche, et de nombreuses balades en nature sont possibles autour du village. Gîte très confortable et agréable, avec le charme des maisons anciennes. Vous y apprécierez notamment la décoration qui sent bon la campagne, un cadre idéal pour des moments complices et chaleureux en famille.

PAYS DU CHÂTILLONNAIS

CHÂTEAU DE MONTIGNY-SUR-AUBE & SES VERGERS

2, rue de l'Eglise
✆ 03 80 93 55 23
www.chateaudemontigny.com
Ouvert de mi avril à fin octobre. Adulte 8 € avec audioguide.

Si cette ancienne forteresse présente aujourd'hui un style renaissance, la « tour rouge », les douves, la chapelle et l'aile méridionale du château d'origine sont les témoins d'un passé de plus de huit siècles d'histoire. La chapelle Renaissance est un vrai joyau, réplique d'une chapelle de la cathédrale de Langres. Devant le château s'étend un vaste parc de la première partie du XIXe, classé au titre des Monuments historiques depuis 1961. Attenant au parc, ce sont les vergers-potagers conservatoires qui font de cet endroit un lieu exceptionnel. Ils regroupent 350 variétés anciennes sur 5 244 m² clos de murs en pierre. Les légumes, dont 70 variétés différentes de tomates, les fruits et les fleurs sont d'Agriculture Biologique. Une partie des potagers est réservée aux enfants du village pour l'apprentissage des méthodes anciennes. La pollinisation des arbres fruitiers taillés comme au XIXe siècle se fait grâce aux ruches. Découvrez le lieu avec un audioguide, qui vous initie au monde des insectes présents dans les jardins, permettant de découvrir l'oisellerie et la figueraie. Avant la visite, réservez votre repas à la Table des Jardiniers où le chef travaille tous ces produits et prépare les assiettes « fraîcheur » servies le midi. Des déjeuners champêtres et des journées découvertes sont régulièrement proposés. La boutique vous fournit en produits certifiés Bio conçus à partir des productions du jardin (miel des ruchers, pain d'épices, tisanes et nougats).

L'ORÉE DU PARC €

9, rue de Potelle ✆ 03 80 93 58 48
www.chambredhote-oreeduparc.com
Vignobles et Découvertes. 2 chambres. Chambre double 75 €. Petit-déjeuner inclus. Dégustations.

Vous allez être charmé par l'accueil que vous réservent Janice et Jim Campbell, deux Écossais qui ont fait le choix de s'installer à Montigny avec deux chambres bien confortables qui offrent une touche de leur pays d'origine côté décoration. Le petit-déjeuner est également l'occasion d'un voyage outre-Manche. Suivant le label « Vignobles et découvertes », ils vous conseillent sur les meilleures adresses de producteurs à visiter sur la route du Crémant. Une belle adresse pour rayonner dans la région. L'accueil en français est excellent.

LES ROULOTTES DU CAMPING DU MARAIS €

Route D 13 - **RIEL-LES-EAUX** ✆ 06 80 10 32 87
www.campingdumarais-riel.com
Ouvert d'avril à novembre pour les emplacements et toute l'année pour les roulottes. Roulotte à partir de 50 € la nuit.

Au sein d'un environnement naturel de choix et à proximité de nombreux attraits touristiques, ce camping bénéficie de la proximité immédiate de deux plans d'eau, l'un pour la baignade (non surveillée), l'autre pour la pêche (carpodrome). En marge des emplacements, vous pouvez loger dans trois roulottes de conception récente. Accueil tout en sympathie du responsable. Aire de jeux pour les enfants. S'ajoute la possibilité de manger à L'Armoise, bon restaurant qui jouxte le camping.

DOMAINE GHEERAERT €€

1, rue Haute - **MOSSON** ✆ 03 80 93 71 67
www.cremant-gheeraert.fr
Gîtes de France. Pour 2 à 3 personnes. 1 chambre de 250 à 295 € la semaine selon saison. Tarif deux nuits : 140 €.

Si vous décidez de faire un séjour sur la route du Crémant, prenez le temps de passer au Domaine Gheeraert. Producteur et manipulateur de Crémant depuis 1991, le domaine vous propose également la location d'un gîte. Ce charmant duplex de 60 m² dispose d'une grande cuisine ouverte et d'une chambre à l'étage. Idéal pour un couple, vous séjournez au cœur du Domaine. En plus du calme, profitez de la proximité des coteaux pour de superbes balades avec vue sur les monts du Châtillonnais. Dès votre arrivée, vous êtes invité à une dégustation des crémants du domaine.

CHÂTEAU DE COURBAN & SPA €€€

7, rue du Lavoir - **COURBAN** ✆ 03 80 93 78 69
chateaudecourban.com
Les Collectionneurs. 25 chambres. Chambre double à partir de 119 € ; suite jusqu'à 450 €. 2 chargeurs Tesla 22kW.

Le Château de Courban est une destination à part entière au cœur des vignes et forêts du Châtillonnais en Bourgogne mais aussi à proximité de la Champagne. Les chambres et les suites de cette bâtisse de caractère ont chacune une décoration soignée, chic et chaleureuse. Le restaurant du Chef Takashi Kinoshita se situe dans l'orangerie du château au cadre enchanteur. Il vous permet de savourer des mets inventifs sur des tables admirablement dressées. Plus de 20 ans après sa naissance, le Château de Courban, 4 étoiles, étoilé Michelin, est un trésor de la Bourgogne.

RESTAURANT L'ARMOISE €€

2, rue de la Grande Fontaine - **RIEL-LES-EAUX**
✆ 03 80 93 72 76
www.restaurant-larmoise.fr
BS ouvert du jeudi au samedi midi et soir ; dimanche midi. HS du jeudi au lundi midi et soir. Menus de 25 € à 40 €.

Au bord du plan d'eau de Riel les Eaux dans la vallée de l'Ource, le Restaurant L'Armoise est parfaitement situé pour savourer un repas gastronomique, dans un cadre bucolique. Cyrille Comte a déjà tenu son propre restaurant en Savoie et en a conservé le nom, qui désigne une plante. Isabelle s'occupe de l'accueil et du service : les couverts sont apportés sur un guéridon et les plats en cocotte. Passionné par les potagers, le chef cuisine ses propres légumes bio. Optez pour le marbré de saumon aux asperges vertes ou le cœur de rumsteck au pinot noir. Des délices !

CHÂTEAU DE COURBAN & SPA €€€

7, rue du Lavoir - **COURBAN** ✆ 03 80 93 78 69
chateaudecourban.com
Tous les jours le soir et dimanche midi. Menus de 69 € à 129 €. Hôtel 4 étoiles de 25 chambres. 2 chargeurs Tesla 22kW.

Les propriétaires du Château de Courban ont offert à Takashi Kinoshita, le chef du restaurant du Château, étoilé au guide Michelin, toutes les conditions pour l'expression de ses talents. Il crée des recettes mettant en valeur le terroir bourguignon (et notamment châtillonnais) en leur apportant des touches japonisantes. Les desserts préparés par la cheffe pâtissière Sae Hasegawa vous invitent à la dégustation de jolies constructions sucrées ! Admirez la qualité de la décoration de la salle ou les beaux jardins italiens si vous mangez en terrasse.

DOMAINE ROLAND VAN HECKE

5, rue de l'Eglise - **GRANCEY-SUR-OURCE**
✆ 03 80 93 79 07 - www.rolandvanhecke.com
Ouvert lundi, mercredi, week-end le matin. Sur rdv les autres jours. Label Vignobles & Découvertes. Vente en ligne.

Les conditions d'accueil chez Roland et Christelle Van Hecke sont parfaites dans leur caveau moderne au pied de la statue de la Vierge de Beauregard. Roland Van Hecke vinifie et manipule lui-même ses Crémants dans une cuverie modernisée en 2018 rendant son exploitation HVE. La surface des vignes s'étend sur 6 ha sur les coteaux de Gommeville. Le domaine assure une production de 30 000 bouteilles et profite de la qualité de son Pinot Noir et son Chardonnay pour produire des vins tranquilles en appellation Bourgogne.

DOMAINE GHEERAERT

1, rue Haute - **MOSSON**
✆ 03 80 93 71 67
www.cremant-gheeraert.fr
Ouvert du lundi au samedi de 10h30 à 18h. Dimanche sur rdv. Caveau dégustation-vente. Labels Vignobles et Découvertes

© CLAUDE GHEERAERT

Le domaine Claude Gheeraert vous accueille avec tous les égards dans une cour tirée à quatre épingles et un petit caveau aménagé pour la découverte des Crémants rafraîchis à point pour une dégustation. C'est souvent Christine Gheeraert qui vous les présente. Les 7 ha de vignes donnent naissance à 4 cuvées régulièrement médaillées, le Brut chardonnay, le Brut pinot. La cuvée Tradition assemblage 70 % pinot noir et chardonnay est classé Grand Éminent car vieilli trente-six mois sur lattes. La cuvée rosée apporte une saveur de fruit rouge bienvenue.

CHÂTEAU DE COURBAN & SPA

7, rue du Lavoir
COURBAN
✆ 03 80 93 78 69
chateaudecourban.com
Ouvert tous les jours de 10h à 20h. Fermeture les 24 et 25 décembre.

Si vous cherchez un endroit où passer un moment hors du temps pour votre bien être, venez profiter du Spa Nuxe au Château de Courban. Le lieu invite à la détente avec ses lumières tamisées et ses senteurs délicates. Abandonnez-vous au savoir-faire des masseurs professionnels pour apaiser vos muscles. Qu'ils soient californiens ou d'inspiration indienne, les massages pratiqués libèrent votre corps de la fatigue. Profitez d'installations haut de gamme avec sauna, hammam, bain à remous, un hydrojet et une tisanerie des plus agréables.

LEUGLAY

Situé à proximité de Voulaines-les-Templiers, de Recey-sur-Ource et de Faverolles-lès-Lucey, le village de Leuglay fait partie de la communauté de communes du Pays châtillonnais. L'Ource y coule, claire et paisible, et fit notamment marcher par le passé la machine à tourner la terre de la tuilerie de Lugny, le moulin de la Courroirie, les usines de Froidvent et le moulin de Leuglay. A voir, la chartreuse de Lugny, qui figure parmi les monastères de l'ordre de saint Bruno. Vous pouvez profiter de votre passage à Leuglay pour jeter un coup d'œil à l'église de la Corroirie ou à l'église Saint-Martin, rebâtie en 1554. La Maison de la Forêt vous propose quant à elle de regarder la nature autrement. Saviez-vous enfin que c'est à Leuglay que s'est préparé le Parc national de forêts ? Inauguré fin 2019, le siège du parc est situé à une trentaine de kilomètres à Arc-en-Barrois, mais conserve cependant une antenne légitime à Leuglay, à la Maison de la forêt. C'est aussi dans cette commune que se trouvent les pépinières Naudet. Frédéric Naudet est le président de l'Association française du sapin de Noël naturel et chaque année l'association se charge de fournir le sapin de Noël du palais de l'Elysée. Non loin, découvrez aussi l'abbaye du Val des Choues ou encore le château de Montigny-sur-Aube.

PARC NATIONAL DE FORÊTS

✆ 03 25 31 62 35 - www.forets-parcnational.fr

Le Centre d'Initiation à la Nature d'Auberive et la Maison du Parc à Leuglay organisent des sorties thématiques.

Il s'agit du premier parc national français de plaine, le plus au nord de l'Hexagone. Situé sur le plateau de Langres, à cheval entre la Haute- Marne et la Côte-d'Or, le territoire du Parc national de forêts est constitué de vallons, de plaines et de forêts humides. Habitat propice à de nombreuses espèces de la faune et de la flore. Ses marais tuffeux sont exceptionnels ! 241 000 ha à découvrir ajoutés à des savoir-faire, des produits du terroir, des hébergements labellisés Esprit parc national de forêts. Le tout en total respect avec ce territoire exceptionnel !

LA HALLE DE MARCHANDISES - FRAC BOURGOGNE

Rue de la Gare

✆ 03 80 81 82 50

Ouvert tous les jours. Gratuit.

La halle de marchandises de l'ancienne gare de Leuglay cache un trésor qu'il ne faut surtout pas manquer lors d'un passage sur cette route qui mène au Parc national de Forêts. Une œuvre contemporaine et monumentale y est exposée à l'initiative du FRAC de Bourgogne. Nancy Rubins y a réalisé *Table and Airplanes Parts*, un assemblage géant de pièces d'avions défiant la pesanteur. On aime ou on n'aime pas, mais le spectacle ne laisse pas indifférent !

BALADE DE LA FRAICHE FONTAINE

Rue de la Gare

Ce petit sentier qui part de la gare de Leuglay est accessible aux personnes à mobilité réduite, il mène à un point d'eau aménagé pour un pique-nique. Au passage, profitez-en pour visiter le hall de la gare car y est exposée une œuvre contemporaine et monumentale spectaculaire réalisée à partir de pièces d'avions. Jolie pause avant de pénétrer dans le Parc national de forêts dont la maison est à quelques pas. Le lieu, d'un calme royal, dispose aussi de plusieurs gîtes.

GÎTES DE LA GARE €€

Rue de la Gare

✆ 03 80 45 97 15

www.gites-de-france.com

5 gîtes pour 4 à 5 personnes. De 270 € à 370 € la semaine selon saison.

Au nombre de 5, les gîtes comportent chacun 2 étages et peuvent accueillir entre 4 et 5 personnes. Le bois et la décoration contemporaine font de ces habitations des espaces chaleureux. Juste à côté, l'ancienne gare fait office de point d'accueil et dispose d'une télévision, de toilettes ainsi que d'une machine à laver et d'un sèche-linge en libre accès. Avec leur conception moderne et leur équipement design, ils prennent des allures de lofts contemporains. Chaque gîte dispose d'une terrasse pour prendre un petit-déjeuner ou un repas face à la nature.

INTERVIEW

PARC NATIONAL DE FORÊTS

240 000 HECTARES À CHEVAL ENTRE LE 52 ET LE 21

La création du Parc national de forêts est la reconnaissance de la valeur exceptionnelle de ce patrimoine paysager, culturel et naturel. Plus jeune Parc national de France, il est le premier à être situé dans la moitié nord et à être dédié à la protection de la forêt de feuillus de plaine. Visiter ce musée à ciel ouvert commence par une découverte en douceur et en total respect des sous-bois.

Affiner son sens de l'observation

Des espèces emblématiques comme la cigogne noire nichent ici. La grande faune forestière est partout : sangliers, chevreuils, cerfs... Des papillons, tel le damier du frêne, peuvent être observés. Sur les sols calcaires poussent la nivéole de printemps, le lis martagon et le magnifique sabot de Vénus. Des milieux fragiles comme les marais tufeux se caractérisent par des sources pétrifiantes engendrant de fines dentelles calcaires créées par l'action des mousses. Riche au niveau culturel, le parc compte des vestiges archéologiques de l'âge du fer, des sanctuaires gallo-romains, 4 abbayes du XIIe siècle, des traces de la métallurgie, 2 centres d'art contemporain et des résidences d'artistes.

Aiguiser son sens du partage

La marque Esprit parc national – forêts valorise les acteurs du Parc national qui partagent des savoir-faire et la passion de leur territoire. Beaucoup sont labellisés, du château à l'hébergement insolite et certains produits de terroir : crémant, bières, muid, langres, époisses...

Apprivoiser les secrets du parc

Des hommes, grâce à des observatoires, s'activent à assurer la pérennité de la forêt et à surveiller les effets du réchauffement climatique. Des acteurs locaux participent à l'éducation à l'environnement par le biais d'animations originales. La Maison du Parc à Leuglay et le Centre d'Initiation à la Nature d'Auberive organisent des sorties pour comprendre les marais tufeux, reconnaître les champignons, découvrir des vestiges de la forêt.

PARC NATIONAL DE FORÊTS

✆ 03 25 31 62 35

www.forets-parcnational.fr

© PARC NATIONAL DE FORETS - ERIC GIRARDOT

© TANGUY CRESSOT

© CHRISTOPHE GALLEMANT

RESTAURANT LES FUMERONS €

1, rue de Valverset
✆ 03 80 81 82 28
www.restaurant-lesfumerons.fr

Du lundi au samedi le midi. Sur réservation soir et dimanche. Formule midi 16,50 €. Soirées à thèmes. Plats à emporter.

Les Fumerons est l'adresse où déjeuner en toute simplicité et convivialité lorsque vous traversez le Parc national de forêts. Marie-Pierre Quennesson, toujours de bonne humeur, prépare une cuisine familiale et traditionnelle qui évolue au fil des jours. En hiver, on adore le feu crépitant de la cheminée de cette petite auberge. Dès l'été venu, offrez-vous l'ardoise bourguignonne, avec son jambon persillé, ses escargots, sa tartine d'époisses chaude et ses pommes de terre rissolées accompagnées d'une salade. Et cela en terrasse à quelques pas de l'Ource.

© MARIE PIERRE QUENNESSON

© MARIE PIERRE QUENNESSON

MAISON DE LA FORÊT

1, ruelle de la Ferme
✆ 03 80 81 86 11
www.maison-foret.com

Ouvert du mardi au vendredi de 9h à 12h et de 14h à 18h ; le week-end de 14h à 18h. Adulte : 5 €. Enfant : 3 €.

La nature ouvre ses portes à la Maison de la Forêt. Ce lieu d'échange et de découverte se situe au bord de l'Ource à Leuglay, au cœur du Parc national de forêts dont il est aussi un site d'accueil. L'objectif de l'association est de faire découvrir et de valoriser le patrimoine forestier du Châtillonnais tout en sensibilisant un large public à l'environnement et aux métiers de la filière bois. La maison propose de nombreuses activités autour de ces thèmes. Dans le centre d'interprétation, vous pouvez découvrir la forêt à travers des expériences tactiles, olfactives et auditives et compléter la visite par des expositions temporaires. La Maison de la forêt organise également de nombreuses activités en plein air comme des promenades, des sorties orchidées ou de l'escalade d'arbres. Vous pouvez aussi partir à la découverte des champignons ou des baies sauvages et pourquoi pas vous familiariser avec les traces d'animaux, le brame du cerf. Apprenez à reconnaître les chants d'oiseaux et à découvrir leur mode de vie grâce à un système multimédia qui vous est prêté, un excellent moyen d'apprendre pour les petits et les grands. Et pour les plus aventuriers, la Maison de la Forêt propose même des jeux de piste. La mission consiste à retrouver des indices à l'aide d'un GPS. Une activité sportive et ludique dans un cadre splendide ! Planté fin 2014, l'arboretum se développe et se visite librement juste en face du parking. Avec la Maison de la forêt, regardez la forêt d'un autre œil et apprenez à écouter la nature.

PÉPINIÈRES NAUDET

4, rue de Lugny
✆ 03 80 81 81 76
www.pepinieres-naudet.com

Les pépinières Naudet sont fortes de plus de 140 ans d'un savoir-faire familial au service de nos forêts. Les descendants des fondateurs (6e génération) sont toujours à la tête de l'entreprise qui compte aujourd'hui 4 pépinières en France, qui cultivent aussi bien de jeunes arbres feuillus forestiers que des résineux ornementaux ou encore des fruitiers. L'entreprise s'engage à préserver les patrimoines des sols qu'elle travaille en privilégiant des techniques de fertilisation naturelles, de nombreuses actions de reboisement des forêts en France comme à l'étranger.

RECEY-SUR-OURCE

Ce territoire de forêts a un riche passé. Les moines ont installé les premières forges à Essarois, Froidvent et Voulaines. Au XVIIIe siècle, ces industries produisent 300 tonnes par an. Doublée de la culture du chanvre, cette économie est brillante jusqu'au milieu du XIXe siècle, avec de grandes familles d'entrepreneurs. Les commandes affluent : manoirs, églises, lavoirs, comme ceux de l'architecte Tridon. A voir : l'église Saint-Rémy, ses statues en pierre polychrome, le sentier botanique du marais des Brosses et la fontaine des Charmes. Côté ciné, *Le Train* de Pierre Granier-Deferre a été tourné ici avec Jean-Louis Trintignant et Romy Schneider.

OFFICE DE TOURISME DU CHÂTILLONNAIS – ANTENNE DE RECEY-SUR-OURCE

Place de Silenrieux
© 03 80 81 05 41
www.chatillonnais-tourisme.fr
Ouvert du 1er juillet au 31 août, du mardi au samedi de 10h à 12h et de 14h à 18h.

Ouverte en juillet et août, vous trouvez à l'antenne de l'office de tourisme du Pays châtillonnais de Recey-sur-Ource, un personnel passionné et compétent. Outre l'histoire de l'époque des Templiers liée à la région, vous pouvez découvrir les truffières et les forêts environnantes du Parc national des forêts. Nombreuses activités et balades proposées. Découvrez sur place toutes les informations et documentations nécessaires sur le patrimoine local.

CAMPING MUNICIPAL €

RD 928
© 03 80 81 02 06
16 emplacements. Jeux pour enfants. Animaux acceptés.

Situé en bordure du lac Parisot, vous pouvez passer un séjour agréable au camping municipal de Recey-sur-Ource, installé à l'un de ses 16 emplacements disponibles. Vous pouvez découvrir le patrimoine forestier de tout le canton grâce à de nombreuses randonnées et balades, mais aussi tout le patrimoine viticole en poussant jusqu'à Châtillon et en prenant la route des Crémants, sans oublier le riche patrimoine architectural de tout ce pays. En outre, les passionnés de pêche peuvent s'occuper avec le lac et les enfants s'y amusent grâce aux jeux qui leur sont dédiés.

BURE-LES-TEMPLIERS

La commanderie des templiers fondée à Bure en 1133 fut la toute première de Bourgogne. En 1958, son propriétaire a profité de l'absence de classement de l'abbaye pour y rechercher le trésor des Templiers... à la dynamite ! De ce grand ensemble demeure seulement des vestiges dont la chapelle actuelle. L'église Saint-Julien est en effet en cours de restauration, travaux menés par les locaux dont l'association « *Les amis de la commanderie de Bure-les-Templiers* », créée en 2009, qui a à cœur d'en sauver le patrimoine. Les chevaliers et les seigneurs templiers étaient régis par une organisation bâtie par Bernard de Clairvaux, fondateur en 1115 de l'abbaye qui porte son nom, après être rentré sous les ordres à l'abbaye de Cîteaux. Autour de Bure-les-Templiers, l'histoire de cet ordre militaire et religieux est donc bien présente encore. Le village est au creux d'un rassemblement de plusieurs vallées, surplombées par la forêt. On est ici au sein du parc national des Forêts de Champagne et de Bourgogne, qui offre un nouvel élan à ce patrimoine naturel et culturel. Le marais du Cônois le long de la RD102J est composé de tuffes en pente sur 7 hectares, il abrite de nombreuses espèces animales et végétales, dont certaines sont rares et peuvent être observées le long du sentier de découverte.

ASSOCIATION LA TRUFFE CÔTE-D'ORIENNE

7, Grande-Rue
© 03 80 81 04 42
www.truffe-bourgogne.fr
Visite guidée. Animations.

La Truffe côte-d'orienne met en valeur la filière truffière en milieu naturel et dans les plantations. L'association diffuse des informations sur la sylviculture truffière, des recettes de cuisine et sur la législation qui encadre sa commercialisation. Un dynamisme qui a conduit à la création d'une association régionale et à la mise en place de projets d'expérimentation en lien avec l'O.N.F. Une truffière paysagère a été constituée à la Maison de la Forêt de Leuglay.

MARAIS DU CÔNOIS

RD102J

✆ 03 80 79 25 99

Ouvert toute l'année. Les observations les plus intéressantes se font de fin juin à début septembre. Gratuit.

A proximité d'une ferme de 1835, ce marais de 7 hectares est classé en zone naturelle d'intérêt écologique, faunistique et floristique. Il figure parmi les plus beaux marais du Châtillonnais. Protégé depuis 1991 par le Conservatoire des sites naturels bourguignons. Un sentier de découverte est aménagé entre caillebotis, passerelles, escaliers, rambardes, et un panneau d'accueil pédagogique permet de découvrir des plantes rares dont certaines sont protégées comme la swertie vivace, l'épipactis des marais et la gentiane pneumonanthe. Brochures à l'entrée.

LE SABOT DE VÉNUS €€

13, Grande-Rue

✆ 03 80 81 00 28

www.le-sabotdevenus.fr

Toute l'année. Du lundi au samedi le midi ; le samedi soir. Menus de 28 à 39 € (+ ardoise). Formule du midi : 15 €.

Le Sabot de Venus compte parmi nos tables préférées. Sabrina et d'Arole Dupaty ont choisi pour leur restaurant le nom de la plus grosse orchidée continentale de la région. Une table gastronomique où chaque jour Arole, le chef, nous concocte de beaux plats, suivant les saisons et privilégiant les produits locaux : époisses fermier, truites de Veuxhaulles-sur-Aube ou truffes de Bourgogne. Pensez à réserver car c'est très vite complet. Si vous souhaitez séjourner ici quelques temps, les propriétaires ont ouvert un gîte dans une ferme typique du Châtillonnais.

LAIGNES

Laignes est une petite ville d'environ 950 habitants située dans le nord de la Côte-d'Or qui par sa devise : « Beau clocher, belles filles, belle fontaine », a de quoi faire rêver les amateurs de patrimoine ! La commune tire son nom de la Laigne, la rivière qui la traverse, dont le nom, contrairement à la commune, ne prend pas de « s » à la fin. Les Laignois y tiennent ! A l'entrée Ouest de la ville, on peut remarquer une chapelle datant du XVIe siècle, vestige de l'ancien hôpital fondé par Marguerite de Bourgogne. Derrière, on aperçoit la tour Maison-Dieu, dernier témoin de la ceinture de rempart qui encerclait jadis les lieux. Le sculpteur Augustin Husson est le père de nombreuses sculptures du village, notamment *La Fileuse* située au cimetière, sur le tombeau de sa mère Marie, qui représente une femme filant la quenouille. Autre œuvre de l'artiste : la magnifique façade néogothique du Café des Chiens qui accueille la bibliothèque médiathèque Louis Blairet, depuis 2008. Des travaux de restauration de sa façade et de sa vitrine ont permis à la mairie d'obtenir le 3e prix du prix régional du patrimoine 2013 dans la catégorie « Patrimoine bâti ». La *Naïade*, située dans le bassin où rejaillit la rivière après des dizaines de kilomètres sous terre, est elle aussi l'œuvre de l'enfant du pays. Au centre de Laignes se trouve l'église Saint-Didier, classée monument historique, de style roman, qui date du XIIIe siècle.

CYCLE EN TRANSITON

Ferme de Conclois

✆ 06 59 73 42 62

https://sites.google.com/site/cycleentransition/

Locations et vente de vélos.

Cycle en Transition n'est pas une boutique de vente et de location de vélos comme les autres, même si elle est 100 % dédiée à la mobilité écologique. Thibaut Salloignon, ingénieur en écoconception, passionné de vélos insolites privilégie l'usage du vélo comme un geste pour l'environnement en limitant les consommations de carburants fossiles. Il vend, conçoit et customise des vélos adaptés aux familles avec l'installation de sièges enfant. Vous pouvez lui réserver une balade (10 personnes au maximum) dont il sera le guide au cœur du parc national de Forêts.

ABBAYE DE MOLESME ★

Abbaye

MOLESME

✆ 03 80 81 62 32

Ouverte à la visite de groupes sur rendez-vous.

Robert de Molesme se leva contre les dérives de l'ordre monastique des Bénédictins, il créa en 1098 l'abbaye de Cîteaux au sud de Dijon et en bordure des plaines de Saône, mais il a commencé par fonder l'abbaye de Molesme en 1075. L'abbaye a connu un fort rayonnement, jusqu'à 300 moines y ont séjourné. A la Révolution, on chassa tous les moines et des familles de maquignons peu scrupuleux prirent la suite. Rénovée à la fin du XIXe s., les travaux se poursuivent encore de nos jours. Cette abbaye mère mérite votre détour avec sa magnifique cour du cloître.

AUBERGE DE LA BAUME €€

Rue Bas
BALOT ✆ 03 80 81 40 15
www.aubergedelabaume.com
Logis 10 chambres. Chambre double de 50 € à 64 €. Soirée étape. Petit déjeuner : 10 €. Restauration

L'Auberge de la Baume dont la renommée de la cuisine n'est plus à faire est aussi un petit hôtel qui vous fait profiter du calme et du charme d'un petit village du Châtillonnais. L'accueil est sincère et c'est une tradition pour Michel Prieur, le chef, sa femme Yvette et leur fille Séverine. L'Hôtel propose 10 chambres avec tout le confort que l'on peut espérer pour passer une nuit dans les meilleures conditions. Surtout, profitez du restaurant où l'on déguste avec un réel plaisir les spécialités bourguignonnes. Une adresse qui plaît pour son authenticité.

RESTAURANT LE POUILLY €

13, rue de l'Europe
MOLESME ✆ 03 80 81 27 85
Ouvert du lundi au samedi midi ; mardi, jeudi, vendredi soir. Menu vendredi soir de 15 à 30 €. Formule midi 14,50 €.

Pouilly fut autrefois le nom du village de Molesme, célèbre pour ses vignes, son abbaye et dorénavant... son restaurant. Philippe Mouilley a repris l'établissement en 2017 et lui apporte son savoir-faire de boucher charcutier traiteur, dont la boutique est située à Ricey-Haut, commune voisine. Chaque jour l'ardoise renouvelle ses propositions de plats 100 % maison : couscous royal, hamburger, tartiflette, tajine de poulet, moules-frites... Le Pouilly est un bon petit restaurant de village, une réussite pour sa convivialité et l'animation qu'il apporte à Molesme.

AUBERGE DE LA BAUME €€

Rue Bas
BALOT ✆ 03 80 81 40 15
www.aubergedelabaume.com
Du lundi au jeudi et samedi soir ; tous les midi. Haute saison tous les jours. Menus de 30 € à 41 €. Formule midi 18 €

L'Auberge de la Baume est une halte gastronomique à ne pas manquer du côté de Châtillon sur Seine ! L'établissement qui occupe une vaste maison du village conserve une certaine authenticité avec sa grande salle rustique où le feu de la cheminée crépite en hiver. En cuisine, Michel Prieur concocte des plats traditionnels comme ses fameux œufs en meurette, son jambon persillé, ses escargots, son bœuf bourguignon, son rumsteck sauce époisses, ou encore son délicieux et raffiné Coq au vin.... La tradition a du bon, surtout, ne changez rien !

L'IMPREVU €€

9, place Victot Gât
✆ 03 45 22 93 72
www.restaurant-limprevu.fr
Ouvert le lundi midi ; du mercredi au dimanche le midi et le soir. Menus de 24,90 à 33,50 €. Formule du midi : 18,50 €.

Ouvert depuis juillet 2020, Cécile et Christophe vous accueillent dans leur restaurant de l'Imprévu situé à Laignes. Une cuisine bistronomique, traditionnelle et faite maison, avec des plats comme la noix de joue de bœuf en pot-au-feu, ou le filet de poisson, selon arrivage. Trois formules de menus vous sont proposées, le midi comme le soir. Pour les végétariens et les végétaliens, sur réservation 24h à l'avance, le chef qui a pensé à tout propose un wok de légumes servi avec ananas "sautés", et nouilles de riz. Un restaurant qui mérite le détour !

AISEY-SUR-SEINE

La Seine prend, dans ce village charmant, une vigueur surprenante, d'autant plus que sa source n'est pas très loin. Le pont a été construit au XVIIIe siècle mais a subi quelques remaniements en 1996. Plus loin, une magnifique roue à eau fonctionne encore, mais a perdu sa vocation première : elle a alimenté en énergie naturelle, depuis le XIXe siècle jusque dans les années 1950, une scierie et une menuiserie. Les rues et ruelles d'Aisey-sur-Seine se parent de plaques confectionnées par un artisan du village avec des pierres de la région châtillonnaise, provenant de la carrière de Beaunotte. A découvrir aussi : les trois lavoirs du village...

ROCHEFORT-SUR-BRÉVON

Dans la vallée du Brevon, entre Aisey-sur-Seine et Recey-sur-Ource, Rochefort-sur-Brévon est la carte postale idéale de la contrée châtillonnaise, un village au charme remarquable ! Un ancien grand et beau château de style néo-Renaissance, celui des comtes de Rochefort, une église romane du XIIIe siècle avec un portail remarquable, un étang, des vestiges de ce que furent un moulin, des forges et une fonderie : autant de sites qui donnent tout son cachet à Rochefort-sur-Brévon. Le village lui-même compte une cinquantaine d'habitants. Une étape emplie de quiétude vous attend lors de votre séjour dans cette région. Ne manquez donc pas de vous y arrêter !

AIGNAY-LE-DUC

Aignay-le-Duc est situé au nord de la Côte-d'Or, sur le plateau de Langres à environ 60 kilomètres de Dijon. Cette petite bourgade paisible possède quelques petits trésors comme l'église Saint-Pierre-et-Saint-Paul (XIIIe siècle) construite sur pilotis et son retable Renaissance, ou encore un magnifique et pittoresque lavoir du XVIIIe siècle dit « de la Margelle ». La région d'Aignay-le-Duc est également le lieu de rendez-vous des amoureux de spéléologie en raison de nombreuses exsurgences, grottes, cavités, gouffres et rivières souterraines présentes tout autour de la cité ; les plus connues étant les sources de la Coquille ou encore la Cave aux loups. A tenter ! Ancienne terre gauloise (le menhir de la Pierre-Fiche atteste ici de la présence celte), Aignay faisait partie des demeures et places fortes des ducs de Bourgogne. Ce bourg prospère s'enrichit grâce à son activité drapière. Au moment de son rattachement à la couronne de France, ses murs sont mis à bas. Par la suite, d'autres guerres mettront à mal la localité. Il subsiste toutefois de beaux vestiges de cette période faste, notamment des châteaux dans les petits hameaux de Duesme, Mauvilly, Quemigny et Rochefort. Une visite s'impose donc dans cette bourgade aux trois rivières qui la traversent, elles-mêmes alimentées par trois sources dont celle de la Galopine, celle de la Froide Fontaine d'Aignay, et enfin la fontaine du Cadet Brot.

ÉGLISE SAINT-PIERRE-ET-SAINT-PAUL ✝ ★

✆ 03 80 91 13 19
www.chatillonnais-tourisme.fr

Ouvert toute l'année. De 9h à 18h. Gratuit. Visite guidée (pour un minimum de 10 personnes).

Edifiée entre 1260 à 1280, cette église a été construite sur pilotis en raison de la présence d'une nappe phréatique. Classée Monument historique depuis 1862, cette église gothique possède un retable remarquable du XVIe s. en pierre évoquant la passion du Christ. Il est classé monument historique depuis 1902. Deux piscines Renaissance, dont l'une assez rare possède un sommet crénelé de type bourguignon, des statuettes en bois polychrome du XVIIIe s. valent votre visite.

OFFICE DE TOURISME DU CHÂTILLONNAIS - ANTENNE D'AIGNAY LE DUC

2, place de la Mairie ✆ 03 80 91 13 19
www.chatillonnais-tourisme.fr

Ouvert du 1er juillet au 31 août, du mardi au samedi par demi-journée.

Afin de vous accompagner au mieux dans votre découverte de la région et plus particulièrement du Châtillonnais, l'Office de tourisme dispose de plusieurs adresses dont une à Aignay-le-Duc. Ouvert tout l'été, ce point d'informations vous permet de tout savoir sur les immanquables du coin. Jetez un coup d'œil à l'église remarquable du XIIIe s. et son magnifique retable du XVIe s. restauré. Pas très loin, se trouve le Cirque de la Coquille, un bel endroit où randonner.

LA DEMOISELLE €€

4, rue sous les Vieilles-Halles ✆ 03 80 93 90 07
www.maisonlademoiselle.com

Gîtes de France. 5 chambres (une familiale de 90€ à 105€). Chambre simple 50 € ; double 55 € ; triple 75 €. Restauration

M. Bonnefoy a ouvert cette maison d'hôtes atypique dans une belle maison de maître datant du XVIIIe siècle et construite contre la roche. Des extérieurs fleuris et un intérieur authentique avec cheminées d'époque, pierres apparentes, décoration simple et élégante. Les cinq chambres disposent de leur propre salle d'eau et cabinet de toilettes. Les parties communes offrent un espace détente avec un salon, une bibliothèque, et un séjour aménagé. Les amateurs du charme rustique seront ici ravis. Un lieu idéal et calme, avec un jardin et une jolie vue sur le village.

LE SENTIER DE LA COQUILLE

✆ 03 80 91 13 19

Accessible toute l'année.

Le départ de cette randonnée de 12 km (4 à 5 heures) se fait devant l'office de tourisme d'Aignay-le-Duc. Marcheurs, suivez le balisage jaune, le sentier passe vers le cimetière, par la combe de l'Aveau-Bouchet, le plateau et la jolie ferme fortifiée de la Pothière. Après un calvaire, vous accédez à une ancienne laiterie. Ici, quittez le balisage et suivez la D101 en direction de l'église d'Etalante, puis de la source de la Coquille, nichée au creux d'un cirque spectaculaire.

PAYS AUXOIS-MORVAN CÔTE-D'ORIEN

L'ancien Auxois était antan le pays d'Alésia, l'oppidum du peuple mandubiens, situé tout près d'Alise-Sainte-Reine. C'est sur ces terres qu'eut lieu la bataille décisive de la guerre des Gaules. Une bataille qui opposa, en 52 av. J.-C., l'armée romaine de Jules César à la coalition gauloise conduite par Vercingétorix, alors chef des Arvernes. A l'époque carolingienne, l'Auxois est ensuite devenu un pagus, puis le comté d'Auxois qui fut réuni au duché de Bourgogne en 1082. Ce comté était divisé en bailliages, le principal de Semur-en-Auxois et les bailliages particuliers d'Avallon, d'Arnay-le-Duc et de Saulieu. La légende de l'Agneau d'Or veut qu'entre les châteaux forts de Châteauneuf, Châtellenot et Commarin, se trouvent des souterrains au milieu desquels serait caché un important trésor templier nommé « l'agneau d'or ». Un pays à découvrir pour ses beaux paysages vallonnés, ses sites archéologiques, et bien sûr ses bonnes tables.

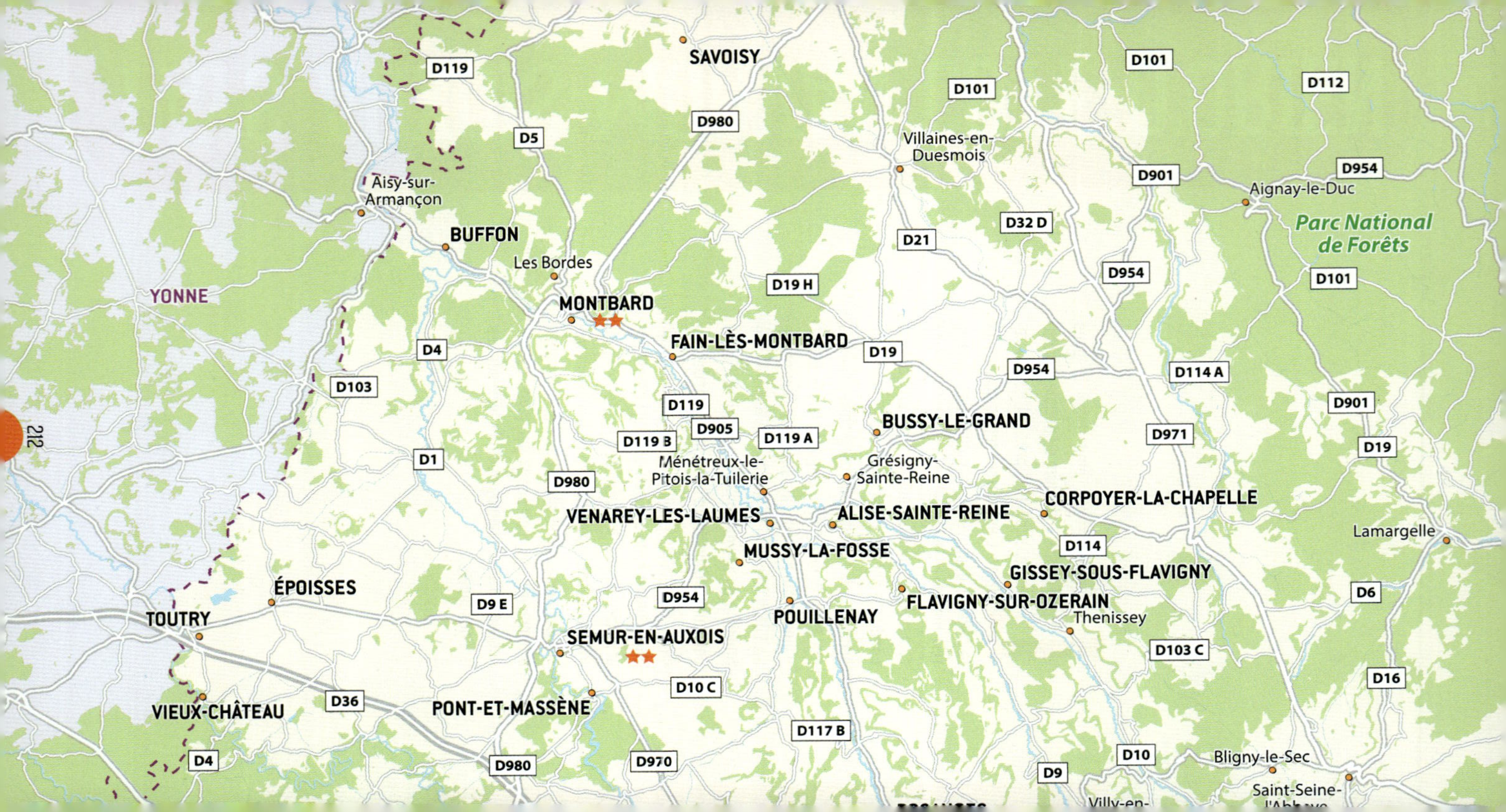

SAVOISY
D119
D5
D980
D101
D112
Villaines-en-Duesmois
D901
D954
Aignay-le-Duc
Parc National de Forêts
Aisy-sur-Armançon
BUFFON
Les Bordes
D32 D
D21
D101
D954
YONNE
D19 H
MONTBARD
FAIN-LÈS-MONTBARD
D4
D19
D954
D114 A
D103
D901
D119
D905
D119 A
BUSSY-LE-GRAND
D971
D19
D119 B
Ménétreux-le-Pitois-la-Tuilerie
D1
Grésigny-Sainte-Reine
D980
CORPOYER-LA-CHAPELLE
VENAREY-LES-LAUMES
ALISE-SAINTE-REINE
Lamargelle
D114
MUSSY-LA-FOSSE
GISSEY-SOUS-FLAVIGNY
ÉPOISSES
D6
D954
D9 E
FLAVIGNY-SUR-OZERAIN
POUILLENAY
Thenissey
TOUTRY
SEMUR-EN-AUXOIS
D103 C
D10 C
D16
D36
VIEUX-CHÂTEAU
PONT-ET-MASSÈNE
D117 B
D10
Bligny-le-Sec
D4
D980
D970
D9

Pays Auxois-Morvan Côte d'Orient
P.N.R. du Morvan
8 KM
La Roche-en-Brenil
MOLPHEY
SAULIEU
FONTANGY
THOREY-SOUS-CHARNY
CHAILLY-SUR-ARMANÇON
THOISY-LA-BERCHÈRE
Liernais
Brazey-en-Morvan
Châtellenot
Arconcey
CLOMOT
JOUEY
MAGNIEN
ARNAY-LE-DUC
SAINT-PRIX-LÈS-ARNAY
Maligny
LACANCHE
LE FÊTE
Essey
VANDENESSE-EN-AUXOIS
CRÉANCEY
PANTHIER
POUILLY-EN-AUXOIS
Bellenot-sous-Pouilly
COMMARIN
CHÂTEAUNEUF
SAINTE-SABINE
LONGECOURT-LÈS-CULÊTRE
Bligny-sur-Ouche
Bessey-en-Chaume
Pernand-Vergelesses
Arcenant
Gissey-sur-Ouche
Agey
SOMBERNON
SAINT-MESMIN
Mâlain
Fleurey-sur-Ouche
Lantenay
Pasques
D108
D11 C
D980
D26
D117 C
D106
D15
D11
D108
D117
D36
D977 BIS
E15
A6
D970
D117
D108 E
D108
D119
D114
D7
D16
D10
D104 C
D905
A38
D104
D8
D109
D18
D1151
D14
D981
D906
D17
D11 A
D981
D16
D104

ALISE-SAINTE-REINE

La ville gallo-romaine d'Alésia se situait sur un oppidum, en haut d'une colline entre Montbard et Dijon. L'un des événements majeurs de l'histoire de France s'est déroulé ici, en 52 av. J.-C. Il s'agit de la fameuse bataille opposant Jules César à Vercingétorix. Après deux mois de siège, Vercingétorix rendit les armes et bientôt la Gaule, qui était presque unifiée, fut conquise. Si de nombreux débats ont opposé les historiens sur la localisation du site, peu de doutes persistent sur le fait qu'Alise-Sainte-Reine corresponde bien à Alésia. Au pied de la célèbre colline où trône la statue de Vercingétorix, ne manquez pas le MuséoParc d'Alésia.

AUBERGE DU CHEVAL BLANC €€

9, rue du Miroir ✆ 03 80 96 01 55
www.regis-bolatre.com
Ouvert le vendredi et samedi soir, le dimanche midi. Traiteur. Cours de cuisine.

Régis Bolâtre est le chef cuisinier de l'Auberge du Cheval Blanc. On aime l'identité bourguignonne de cette adresse, ses tables nappées avec soin et les plats de qualité qui y sont servis. On retrouve les grands classiques, ainsi qu'une belle sélection de poissons, de fromages frais affinés et de desserts gourmands. Pour les vins, la carte fait honneur au terroir entre les Côtes-de-Nuits et les Côtes-de-Beaune. Régis Bolâtre vous accueille également à sa deuxième adresse, le Bistrot de Louise situé à Venarey-les-Laumes et au très bon rapport qualité-prix.

MUSÉOPARC ALÉSIA ★★

1, route des Trois-Ormeaux
✆ 03 80 89 41 91
www.alesia.com
Tarif plein dès 3,50 € ; tarif réduit dès 3 € ; tarif junior dès 2 €. ouvert 7/7 du 15 février au 30 novembre.

Médaillé d'or des Trophées du Tourisme accessible en 2020, le MuséoParc Alésia est un site archéologique unique, qui s'articule autour de trois lieux : le Centre d'interprétation, les vestiges gallo-romains et la statue de Vercingétorix. Découvrez le monde gaulois de 58 à 51 av. J.-C., à travers un parcours pédagogique où l'histoire de nos ancêtres est racontée par un hologramme de Vercingétorix. Les vestiges gallo-romains sont encore plus attractifs grâce aux tablettes, pour une visite en 3D. La saison 2021 accueille une toute nouvelle scénographie.

MUSÉOPARC ALÉSIA €€

1, route des Trois-Ormeaux
✆ 03 80 89 41 91
www.alesia.com
Tous les jours le midi. En juillet et août de 10h à 19h. Menu enfant : 8 €. Formules à 14 et 16 €.

Le restaurant du Muséoparc Alésia, Le Carnyx, vous accueille pour croquer un bout ou pour une pause gourmande. Sa terrasse, qui est située aux abords du centre d'interprétation, vous permet de prendre votre repas en plein air, pendant les beaux jours. Le chef cuisinier Benoît Becard vous propose des buffets à volonté composés de plats bourguignons, avec les formules duo ou trio au choix, ainsi qu'une formule enfant. Le restaurant qui est climatisé en cas de canicule estivale ouvre exceptionnellement ses portes lors d'événements spéciaux comme la Nuit des Musées.

STATUE DE VERCINGÉTORIX

Allée Félix-Kir
Accès libre. Parking.

Vercingétorix, « roi suprême des guerriers » en gaulois, est l'un des héros de l'histoire de France. Elevé au rang de mythe au XIXe siècle, il est indissociable de son ennemi Jules César, qu'il bat à Gergovie. Il cède après un combat et un siège héroïque à Alésia en 52 avant J.-C., après avoir quasiment unifié le peuple gaulois. Il meurt à Rome où César le ramena pour magnifier son triomphe. C'est Napoléon III qui commande au sculpteur Aimé Millet cette statue impressionnante, haute de 6,60 mètres, placée sur un socle de 7 m et dominant Alise-Saint-Reine.

VENAREY - LES LAUMES

Vertes vallées, monts et collines... Vous voici au cœur de l'Auxois, là où en 52 av. J.-C., une bataille décisive mit fin à l'insoumission des « irréductibles » Gaulois, sur les hauteurs d'Alise-Sainte-Reine. Découvrez Vernarey-les Laumes, à la croisée des rivières de la Brenne, de l'Oze et de l'Ozerain. La commune et ses cantons sont particulièrement propices aux loisirs de nature et aux pique-niques : baignade, randonnée pédestre, en VTT, ou équestre, grâce aux multiples circuits possibles sur la voie romaine Sombernon-Alésia. Venarey-les Laumes est aussi un haut lieu culturel avec sa médiathèque et le Pantographe, Centre d'art et de congrès.

CHÂTEAU DE BUSSY-RABUTIN ★★

Rue du Château - **BUSSY-LE-GRAND**
✆ 03 80 96 00 03
www.chateau-bussy-rabutin.fr
Adulte : 8 €. Label Maison des Illustres et Jardin Remarquable. Expositions. Visite guidée. Boutique.

« D'ailleurs je sais que, quand [l'amour] veut s'insinuer, il se sert principalement des yeux [...], ce qu'il ne ferait pas sans doute s'il ne savait bien que de tous les sens les yeux sont les plus susceptibles [...]. » écrit le comte Roger de Bussy-Rabutin dans son avertissement « Au lecteur » de l'*Histoire amoureuse des Gaules*. L'auteur, voulant mettre fin au préjugé selon lequel l'amour est aveugle, signifie que l'amour naît de la beauté. C'est qu'il a connu les splendeurs et les misères d'un courtisan ! Militaire de renom, il fut aussi homme de Lettres avec son *Histoire amoureuse des Gaules* mais aussi avec ses écrits épistolaires qui le lièrent à sa cousine la Marquise de Sévigné. Académicien, Bussy était aussi et surtout un libertin qui connut deux fois l'exil : pour avoir été libertin en participant à une orgie lors de la Semaine sainte en 1659 et pour avoir raconté le libertinage dans son livre. Lors de ces exils, le comte rentre dans ses terres de Haute Côte-d'Or. Au cœur de ces magnifiques paysages, il recrée son monde par des portraits. Pénétrez les murs de ce château pour contempler les portraits des hommes de guerre dans l'antichambre, des femmes de la cour dans la chambre, des hommes d'Etat dans le salon de la tour dorée ou encore la galerie des rois et des ducs de Bourgogne. En sortant, visitez le jardin à la française, célébré comme un jardin remarquable. Une visite immanquables qui permet de mieux connaître le Grand Siècle de Louis XIV, sur les traces d'un personnage haut en couleur de l'histoire de France !

MUSÉE GORSLINE ★

8, route d'Etormay - **BUSSY-LE-GRAND**
✆ 06 27 99 46 01
www.musee-gorsline.com
Ouvert de début juin à fin septembre. Ouvert du vendredi au dimanche de 15h à 18h. Gratuit jusqu'à 17 ans. Adulte : 3 €.

Douglas Gorsline (1913-1985) a étudié à la Yale Art School et à l'Art Student League avant d'enseigner à la National Academy of Design de New York. Auréolé de plusieurs expositions à travers le monde, il s'installe en France dans les années 1960. Illustrateur remarqué, il se détache du réalisme des années 1940 pour s'intéresser au travail des cubistes et de Duchamp. Le musée Gorsline ouvre ses portes en 1994 et rend hommage à son œuvre sous l'égide de celle que l'on nommait la Dame de Bussy, Marie Gorsline, aidée par l'Association des amis du musée Gorsline.

RESTAURANT LESPRIT €€

6, avenue de la Gare
✆ 03 80 89 88 67
www.restaurantlesprit.fr
Tous les jours le midi, du mercredi au samedi le soir. Menus de 15,90 à 24 €. Plat du jour : 9,90 €. Terrasse.

Situé en face de l'office de tourisme, le restaurant Lesprit joue la carte de la simplicité et de l'hospitalité. La salle, aussi spacieuse que lumineuse, accueille les clients qui se sentent ici comme à la maison. Les assiettes colorées reflètent une cuisine créative avec un menu du jour qui change quotidiennement. Si les produits locaux sont à l'honneur pour proposer une cuisine plutôt régionale, les origines péruviennes du chef apportent une petite touche d'originalité. Les groupes sont ici les bienvenus et un service traiteur est également mis en place.

© PL

© PL

PAYS AUXOIS-MORVAN CÔTE-D'ORIEN

OFFICE DE TOURISME ET DE LA CULTURE DU PAYS D'ALÉSIA ET DE LA SEINE

1, avenue de la Gare © 03 80 96 89 13
www.alesia-tourisme.net
Lundi 9h-12h/14h-18h ; mardi au samedi 9h30-12h30/14h-19h. Basse saison (oct à mars) : lundi à samedi 10h-12h/15h-17h.

L'Office de Tourisme du Pays d'Alésia, situé au cœur du nouveau centre d'art et de congrès, est un point de passage obligé lors de votre visite pour obtenir tous les conseils nécessaires à votre séjour. Le Pays d'Alésia compte 24 communes dont Bussy-Rabutin et son château renaissance, Flavigny-sur-Ozerain, classé plus beau village de France, ou Salmaise et ses halles médiévales. Des villages chargés d'histoire qui méritent le détour ! Le Muséoparc d'Alésia est à 5 minutes de là.

CHEMIN DE FER TOURISTIQUE DE L'AUXOIS

Gare
© 03 80 97 05 96
www.actaassociation.wordpress.com
Juin à septembre : week-end uniquement. 8,50 € (4-10 ans 6 €).

Ce sont 32 kilomètres de voies ferrées traversant un paysage typique de l'Auxois que l'association du Chemin de Fer touristique de l'Auxois, l'ACTA, exploite depuis 2012 entre Les Laumes-Alésia, Semur-en-Auxois et Epoisses. 60 ans après sa fermeture (1953), la ligne est ouverte à la circulation touristique les week-ends en période estivale. L'autorail est une caravelle des années 1970 rouge et crème conduit par des cheminots professionnels membres de l'Association.

CAMPING ALESIA €€

Rue Docteur-Roux
© 03 80 96 07 76
www.venareyleslaumes.fr
Ouvert du 1er avril au 15 octobre, toute l'année pour les chalets, emplacements camping-cars du 1er mars au 30 novembre.

Près du site historique de la bataille d'Alésia, ce camping municipal classé 3 étoiles propose soixante-six emplacements et cinq chalets aux vacanciers. Au bord d'une rivière et dans un cadre verdoyant, c'est un lieu confortable, reposant et très bien équipé, qui promet de vous faire passer un séjour dans les meilleures conditions. Activité baignade et espace multi-sports, des équipements de loisirs y sont accessibles à tous. Tout près d'ici, un service location de VTT permet également de s'offrir de belles balades dans ce secteur riche en attraits touristiques.

LE MACARENA €€

Place Pion
© 03 80 96 93 22
www.hotelrestaurantmacarena.fr
Toute l'année 7j/7 midi et soir. Menus 28-36 €. Enfant 11 €. Midi 16,90 €. Hôtel 7 ch. + 3 chambres d'hôtes.

A proximité du MuséoParc d'Alésia, le Macarena offre une pause gastronomique réjouissante. Il faut dire que Marie Jacquemin tient bien son établissement, qui fait hôtel et restaurant ouvert tous les jours. La cuisine est généreuse et à base de produits frais : cassolette d'escargots, grenadin de filet de veau sauce aux morilles, pavé d'autruche beurre maître d'hôtel. En hiver, on apprécie l'ambiance bonne auberge qui règne ici ; en été, on adore la terrasse. Le Macarena propose aussi des pizzas et un service traiteur, il fournit la cantine de l'école du village.

PIZZERIA RESTAURANT SOLÉ MIO €€

1, rue Vercingétorix © 03 80 96 89 14
www.pizzeria-sole-mio.com
Lundi midi, du mardi au vendredi midi et soir, samedi soir. Carte pizzas + plats. Midi 13,50 €. Enfant 9 €. Terrasse.

Patrick et Céline Jan soignent leur établissement depuis plus de 23 ans. Ici les tables sont toujours dressées à quatre épingles et la cuisine de Patrick, qui a travaillé chez Bernard Loiseau et en Corse, est excellente : foie gras maison, œufs pochés sauce époisses, cuisses de grenouille, escalope de volaille Gaston Gérard. Vous pouvez opter pour des pizzas sur place ou à emporter, Sole Mio à l'époisses, Bellissima au saumon et basilic. En été, la terrasse est sympathique.

ARNAY-LE-DUC ★

Arnay-le-Duc est une ville aux multiples facettes ! Implantée au croisement de l'Auxois et du Morvan, cette cité médiévale a conservé un patrimoine historique remarquable avec l'église Saint-Laurent datant de 1288, la tour médiévale de la Motte Forte actuellement en rénovation, le château des Princes de Condé construit à la fin du XVe siècle ou encore la magnifique Maison Bourgogne que vous découvrez en allant à l'office de tourisme. La ville est aussi une ville de culture, elle compte des galeries d'art et de nombreuses expositions sont organisées au Café des Arts ou à l'office de tourisme. Le Musée régional des Arts de la Table vous propose, quant à lui, une nouvelle exposition chaque année et met en valeur la table et tout ce qui la compose. En outre, vous pouvez (re) découvrir l'histoire et le parcours de la RN6 grâce à son musée ! Les 1 500 habitants profitent également de la nature avec l'étang de Fouché et ses nombreux parcours de randonnée. Côté gastronomie, c'est à Arnay-le-Duc que siège la Confrérie de la Poule-au-pot du bon roi Henri IV ! Les membres de ce groupe assurent la promotion des richesses du Pays d'Arnay-Liernais et des produits fabriqués dans le canton. Bref, Arnay-le-Duc est une cité riche de choses à faire, alors bonne découverte !

MAISON RÉGIONALE DES ARTS DE LA TABLE

15, rue Saint-Jacques
✆ 03 80 90 11 59
www.musee-artsdelatable.fr
Ouvert de mai à novembre, 7j/7. Soirées concert dînatoire. Adulte : 6 €. Boutique. Marché de Noël.

© BENOIT FERRER

Installé dans les hospices Saint-Pierre, bâtisse du XVIIe siècle entourée de jardins de roses, ce musée unique en France reçoit plus de 10 000 visiteurs par an. Le lieu est riche en histoire et pièces uniques pour ceux qui s'intéressent à la gastronomie française et aux vins. Chaque année, une nouvelle exposition est proposée. En 2021 : «Saint-Uze, la vaisselle de ma grand-mère» rappelle les repas chez nos grands-parents souvent servis dans de cette vaisselle blanche aux motifs bleus.

ÉGLISE SAINT LAURENT ✝

Rue de l'Eglise
✆ 03 80 90 03 57
www.paroisse-arnayleduc.fr
Ouvert toute l'année. De 10h à 18h. Ouverture jusqu'à 23h le jeudi soir dans le cadre des Nocturnes Estivales.

Située au centre de la ville d'Arnay-le-Duc, l'église Saint-Laurent est un pôle de visite majeur suite à de gros travaux de restauration qui se sont échelonnés de 2003 à 2015. Classée monument historique, elle offre une clarté saisissante. On peut y admirer des huiles sur bois des XVIe et XVIIe siècles. A l'époque romane, l'église Saint-Laurent était la chapelle castrale du château d'Arnay-le-Duc, son chœur est l'ancienne chapelle du château. Agrandie et reconstruite, les piliers, la nef et le chœur datent du XVe siècle, les chapelles des XVIe et XVIIIe siècles.

MUSÉE DE LA LIME 🏛

15, rue Saint-Jacques
✆ 03 80 90 07 55
Ouvert d'avril à novembre. Ouvert le week-end de 14h à 18h. Tous les jours sur réservation de groupe. Adulte : 2 €.

Depuis 2019, Arnay-le-Duc possède un musée des plus étonnants, celui de la Lime. A sa tête l'Association Mémoires de la Lime et la douzaine de bénévoles qui la compose dont son président Raymond Thierry. Sa vocation : faire découvrir aux visiteurs l'histoire de la limerie Proutat-Michot-Thomeret qui a marqué l'histoire d'Arnay-le-Duc entre 1845 et 1958. Durant environ 30 à 45 minutes, découvrez 500 limes différentes, plusieurs machines et l'histoire de la limerie et de ses 500 salariés. Un musée passionnant sur le patrimoine industriel local qui vaut le détour.

LA PETITE MAISON DE LA RN6

D 906
✆ 03 80 64 37 09
www.ass-jparetro.com
Ouvert d'avril à novembre, mercredi 14h-18h, week-end 10h-18h. 1er samedi du mois rassemblement de véhicules anciens.

La Route Nationale 6 est tout simplement mythique. Elle fut l'une des plus grandes routes nationales françaises. De nombreuses personnes l'empruntaient pour partir en vacances puisqu'elle reliait Paris à l'Italie en passant par Lyon et la Savoie. A l'initiative de l'association des jeunes pilotes arnaytois, l'ancienne maison du garde-barrière en bordure de la RN6 a été transformée en musée consacré à cette route mais aussi un lieu de rencontre de passionnés.

OFFICE DE TOURISME DU PAYS D'ARNAY LIERNAIS

6, place Bonaventure des Périers
✆ 03 80 90 07 55
www.arnay-le-duc.com
Toute l'année du lundi au samedi 9h30-12h/14h-18h. Jeudis jusqu'à 22h lors des Nocturnes Estivales. Boutique.

Situé dans la Maison Bourgogne, bel édifice de la fin du XVe siècle, vous pouvez admirer l'échauguette, la tourelle d'escalier et une façade de style Renaissance ornée de têtes de lion et mascarons. Vous obtiendrez ici tous les renseignements utiles à votre séjour. Quelques produits du terroir issus de producteurs locaux est à la vente. Expositions thématiques, visites libres ou guidées de la ville, individuelles ou en groupe, balades vertes et randonnées balisées, demandez conseil !

CHEZ CAMILLE €

1, place Edouard-Herriot
✆ 03 80 90 01 38
www.chez-camille.fr
Mardi à samedi 9h-14h et 16h-19h. Dim 11h-13h. Midi à partir de 18 €. Hôtel 7j/7. 10 chambres : double dès 90 €.

Une adresse réputée dirigée par la famille Poinsot de génération en génération. Son nouveau propriétaire est Fayçal Laroussi, la cheffe Joy Astrid n'est autre que la fille d'Armand Poinsot qui lui a transmis l'amour de la cuisine. Avec son mari Alexis Blanchard, chef, ils sont des gérants qui croquent la vie, vous accueillant avec chaleur. La cuisine s'inspire des recettes mythiques de Paul Bocuse, de la Mère Brazier. La table de Joy Astrid et Alexis est à découvrir : volaille de Bresse au vin jaune et morilles, poulardes en vessie. Hôtel de 10 chambres raffinées.

LE DOMAINE DES PRÉS VERTS SPA €€€

10, impasse des Prés-Verts - JOUEY
✆ 03 45 44 05 60
www.domainedespresverts.fr
Chambres de 199 à 549 € la nuit. Location de 2 CV et vélos. Restauration en chambre. Hammam, sauna. Soins et massages.

Le Domaine des Prés Verts est un complexe hôtelier de luxe situé aux portes du Morvan, à mi-chemin entre Beaune et Saulieu. Ses chambres raffinées sont réparties entre cabanes perchées sur pilotis et roulottes luxueuses ! Chacune d'elles comporte un spa privatif. Petit déjeuner et restauration en chambre sont composés de produits du terroir. Le must ? Déguster un vin bio de l'Auxois face au panoramique qui a fait naître Les Prés Vert, en écoutant votre playlist préférée en hi-fi.

LE DAUPHINÉ €€

33, rue René-Laforge
✆ 03 80 90 14 25
BS mardi, mer, dim midi ; du jeu au sam midi et soir. HS du mardi au sam midi et soir ; dim midi. Menus de 14 à 46 €.

Francis Rapeneau et Hervé Digy le chef de cuisine qui sont à la tête de l'établissement depuis 2010, ont fait du Dauphiné un restaurant où l'on a bien envie de s'arrêter ! Le concept classique plaît, il respecte tous les codes de la bonne adresse : bon accueil, ambiance conviviale, carte de plats maison aux prix raisonnables et service de qualité. On peut s'y offrir des plats bourguignons comme les œufs en meurette ou les escargots, la tête de veau mijotée au crémant ou un émincé de bœuf. Amateurs de sucré, les desserts maison sont exquis.

LE CAVEAU

12, rue Saint-Honoré
✆ 03 80 90 28 57
Ouvert du mardi au samedi de 9h à 12h30 et de 15h à 19h ; les jours fériés de 10h à 12h. Terrasse.

C'est en toute simplicité qu'Emmanuel Bretin développe le bar à vin de son Caveau. En été c'est en terrasse que cela se passe, on peut choisir un vin au verre, mais aussi choisir un cru de la boutique, 3 € le droit de bouchon et l'instant devient convivial autour d'une assiette gourmande, charcuteries, fromages… Une cave à vin tempère les suggestions du moment, ex-Maître d'hôtel et fin connaisseur du monde viticole on peut lui faire confiance. Lors des nocturnes estivales, le menu proposé est toujours très bien, préparé par un chef et ami du patron !

CAFÉ DU NORD €€

12, place Bonaventure-des-Périers
✆ 03 80 64 10 50
www.cafedunord.eu
Du jeudi au mardi 12h-14h30 ; le vend. 12h-14h30 et 19h-22h ; le week-end 12h-22h. Plat du jour 13,50 €. Soirées-ciné.

© LOIC JONINON

Il trône dignement ce Café sur la petite place au centre d'Arnay-le-Duc. L'âme qui se dégage de l'établissement est à la fois inspirante et rassurante, c'est sans doute parce que la bâtisse est une vieille dame âgée de... 370 ans ! A la fois café, restaurant bourguignon et lieu culturel, voire humanitaire, le Café du Nord est bien un véritable lieu de vie et de rencontres. Rencontres culturelles autour d'expositions, de projections de films... C'est le rendez-vous des épicuriens, une cuisine locale, de terroir, faite maison. Un charme fou pour une adresse unique !

L'ÉPICERIE D'ARNAY

14, place Bonaventure des Périers
✆ 03 80 84 02 69
http://lepiceriedarnay.canalblog.com
Ouvert lundi, mardi et jeudi 9h30-13h30 et 14h30-19h, mercredi 9h30-13h, vendredi 14h30-19h, samedi 9h30-18h.

Mélanie Mellier, qui a créé l'Epicerie d'Arnay en 2017, a dans son ADN un regard sur notre monde qui semble coller aux évolutions des modes de consommation. Manger sain, bio si possible, privilégier les produits en circuits courts issus de producteurs locaux et enfin opter pour le zéro déchet avec des produits vendus en vrac ou «solides» pour les cosmétiques, solides car un shampoing, un dentifrice sera présenté comme un savon, avec un minimum d'emballage et surtout naturel voire végan. Le mardi après-midi c'est le rendez-vous du pain bio frais.

GALERIE BRUNO FREY - ARTS PRIMITIFS

5, rue Carnot
✆ 03 80 90 06 92
http://galerieh.free.fr
Ouvert du mercredi au samedi de 10h à 12h et de 14h à 19h. Et éventuellement sur rendez-vous.

Bruno Frey est expert en arts d'Afrique et d'Océanie à la CEA (Compagnie d'Expertise en Antiquités et Objets d'Art). Sa galerie attire des collectionneurs de toute l'Europe. Elle présente des expositions associant des pièces anciennes d'Afrique et d'Océanie (masques, sculptures...) et des œuvres d'art contemporain (sculptures, photographies, dessins, peintures...). Les pièces sont sans cesse renouvelées et leur authenticité est garantie par un certificat.

LE CAVEAU

12, rue Saint-Honoré
✆ 03 80 90 28 57
Ouvert du mardi au samedi de 9h à 12h30 et de 15h à 19h ; les jours fériés de 10h à 12h. Bar à Vin. Terrasse.

© E. VOILLEQUIN

Caviste à Arnay-le-Duc depuis 2011, Emmanuel Bretin, ancien maître d'Hôtel chez Bernard Loiseau, partage avec sa clientèle sa passion pour les vins et les vignerons de Bourgogne. Ses sélections rigoureuses évoluent chaque année, elles sont rangées par ordre de prix croissant. Le Caveau est aussi un bar à vin, on craque pour la petite terrasse en été où il fait bon déguster un verre de vin. Le droit de bouchon est de 3 euros sur la bouteille choisie. Vous trouvez des vins d'ailleurs : Chili, Oregon, bières artisanales, crémants et champagnes, whisky et eaux-de-vie.

BASE DE LOISIRS DE L'ÉTANG FOUCHÉ

Rue du 8-Mai-1945
✆ 03 80 90 03 44
www.arnay-le-duc.com

Située à 10 minutes à pied du centre-ville, à côté du camping ouvert d'avril à octobre, la baignade est surveillée en juillet et août. Des toboggans et des jeux, des tours en bateau-pédalier amusent grands et petits. La base est équipée de fauteuils roulants aquatiques pour les personnes handicapées. Un espace buvette/petite restauration est ouvert en saison. Un circuit-découverte de 2,5 km aux panneaux flore/faune inspirants fait le tour du plan d'eau : une biodiversité à préserver !

LE CUBE MASSAGES & SPA VINÉSIME

10, impasse des Prés-Verts - **JOUEY**
✆ 03 45 44 05 60 - www.domainedespresverts.com

Tous les jours de 9h à 20h. Sauna et hammam 20 €/pers. 1h. Soins et modelages à partir de 40 € sur réservation.

Situé au Domaine des Prés Verts, un complexe hôtelier de luxe aux portes du Morvan, à mi-chemin entre Beaune et Saulieu, Le Cube Massages et Spa Vinésime est un lieu de bien-être et de soins unique en Côte d'Or.

Ce petit cocon au cœur d'un espace paysager ultra soigné prodigue soins et massages avec les produits cosmétiques de la marque Vinésime élaborés à Gevrey-Chambertin. Une véritable expérience dans un esprit nature très poussé. Absolument ressourçant.

CAFÉ DU NORD

12, place Bonaventure-des-Périers
✆ 03 80 64 10 50
www.cafedunord.eu

Formule du jour : 13.50 €. Assiette végétarienne. Film le 1er mardi du mois 5,50 €. Diner ciné 19 €. Concerts, théâtre.

Ici c'est l'authenticité ! Déco des années 1930, convivialité et cuisine maison : carbonade flamande, Andouillette artisanale à la dijonnaise... Le Café du Nord a sa saison culturelle. Dans la salle annexe, des expositions d'artistes ont lieu et chaque 1er mardi du mois, la salle se transforme en une séance cinéma de 50 places organisée en partenariat avec l'UDMJC. Formule ciné simple ou souper-ciné avec une soupe, un plateau de fromage et le film à partir de 20h30. Des films récents sont programmés pour plaire au plus grand nombre. Quelle chouette idée !

FLAVIGNY-SUR-OZERAIN ★

La cité de Flavigny se dresse à 421 m d'altitude, sur un promontoire rocheux cerné de trois rivières : l'Ozerain, la Recluse et le Verpant. A proximité de l'antique Alésia et classée parmi les plus beaux villages de France, la cité doit son nom à un général de César nommé Flavinius. C'est ce Romain qui aurait rapporté des graines d'anis vert de l'un de ses voyages. Quelques siècles plus tard, en 719, un seigneur burgonde fonde l'abbaye Saint-Pierre de Flavigny, occupée par des moines bénédictins. Bénéficiant de la protection des rois carolingiens, elle se développe rapidement et gagne de l'importance. Aujourd'hui, ce qu'il reste des bâtiments monastiques est devenu le lieu de fabrication des anis de Flavigny. Ce *bien bon bonbon* fait la renommée du village dans le monde entier. Plus de 30 salariés travaillent dans les ateliers de dragéification : ils respectent la même recette depuis 1591 ! Dès l'entrée du village, la délicieuse odeur de l'anis vous suit partout. Parmi les joyaux de Flavigny-sur-Ozerain se trouve la crypte carolingienne Sainte-Reine, en visite libre à l'abbaye. Édifiée au XIIIe siècle, l'église Saint-Genès fait aussi partie des étapes à ne pas manquer tout comme la magnifique façade de la Maison au Donataire. Aujourd'hui encore, Flavigny reste une terre spirituelle comme le prouve l'abbaye Saint-Joseph de Clairval installée dans l'ancien Petit Séminaire diocésain. Au mois d'octobre, ne manquez pas la foire de la Saint Simon. Le reste de l'année, osez vous perdre dans les ruelles étroites et entrez dans les boutiques des artisans locaux.

LES ANIS DE FLAVIGNY - LE MUSÉE DES ANIS

Rue de l'Abbaye ✆ 03 80 96 20 88
www.anis-flavigny.com

Toute l'année sf du 18/12/2021 au 02/01/2022 et 1/05. De 10h à 19h (horaires variables selon saison). Visite guidée.

Notre bien bon bonbon ! Catherine Troubat propriétaire et héritière de cet incroyable patrimoine vivant œuvre à le rendre célèbre à travers la planète. Le circuit peut commencer par la visite gratuite de la fabrique où l'on découvre le savoir-faire et l'histoire des jolies boîtes ovales, une recette identique depuis 400 ans. Le Musée, deux belles pièces voûtées de l'abbaye, retrace l'épopée des anis. La boutique permet de prendre un thé et déguster les différents arômes. A croquer !

CRYPTE CAROLINGIENNE DE L'ABBAYE ✞ ★

Rue de l'Abbaye
✆ 03 80 96 20 88
A l'année sauf du 18/12/2021 au 02/01/2022 et 1/05. De 10h à 19h (horaires variables selon saison). Gratuit.

La très belle crypte, avec ses colonnes surmontées de chapiteaux carolingiens, classée Monument historique reste accessible gratuitement à tous. Véritable vestige de son passé religieux, la crypte de l'abbaye St-Pierre, fondée en 719 par un seigneur burgonde, était occupée par des moines bénédictins jusqu'à ce qu'elle soit vendue comme bien national à la Révolution. Rattachée à la fabrique de l'abbaye de Flavigny, ne manquez pas de faire une étape gourmande à la boutique.

MAISON DES ARTS TEXTILES - JARDIN BOTANIQUE ★

Rue Lacordaire
✆ 06 80 30 98 82
www.algranate.com
Sur rdv et visites guidées uniquement. Fermé le mardi. Adulte 5,50 €.

Un musée unique en son genre, jardin botanique, boutique, association et ateliers de tissage à découvrir si l'on vient à Flavigny. Côté musée, sur quatre niveaux, sont présentés à la fois le chanvre ; la laine ; une collection permanente de Design Textile ; des expositions temporaires thématiques, ainsi qu'un atelier de design textile. Également de nombreuses activités, cours... Le jardin botanique est à découvrir, il présente une palette intéressante de plantes à usage textile.

RESTAURANT DE L'ABBAYE €€

Place des Fossés
✆ 03 80 96 27 77
www.restaurant-de-labbaye.fr
7/7 jrs de Pâques à Toussaint, fermé le mardi soir et le mercredi de Toussaint à Pâques. Formule midi : 15 €. Enf. 10 €.

Ce restaurant est installé dans l'ancien relais de poste à l'entrée du village. Tout le charme du bâtiment a été conservé pour notre plus grand plaisir. L'intérieur est accueillant et l'extérieur l'est tout autant avec des grandes terrasses qui ont vue sur le jardin et sur l'entrée du bourg. On y déguste une cuisine de tradition bourguignonne qui rend un bel hommage à la région. Pour vous en persuader, optez pour l'entrecôte charolaise à l'époisses. Des plats de brasserie viennent compléter la carte déjà alléchante. C'est simple et goûtu !

LES ANIS DE FLAVIGNY - LE MUSÉE DES ANIS

Rue de l'Abbaye
✆ 03 80 96 20 88
www.anis-flavigny.com

C'est dans une ancienne abbaye bénédictine que la fabrique des Anis de Flavigny prend place. Il existe plus d'une dizaine de parfums différents. Qu'ils soient gros ou petits, dans une boîte métallique ou dans un étui en carton, les anis de Flavigny se vendent aux quatre coins du monde. Vous pouvez désormais voyager dans le temps dans le Musée des Anis, déguster de bons produits au Café des Anis et feuilleter ou acheter les livres de la Librairie des Anis.

Vue générale de Flavigny-sur-Ozerain.

DOMAINE DE FLAVIGNY ALÉSIA

Pont Laizan ✆ 03 80 96 25 63
www.domainedeflavignyalesia.com
Le Domaine est ouvert tous les jrs 10h-18h. Salle de réception 110 pers. Bienvenue à la ferme, Auxois Naturellement.

Installé dans une ferme qui dépendait de l'abbaye de Flavigny, ce domaine de 14 ha dispose de vignes entre Alésia et l'ancien camp de César exposées sud-est, en coteaux et taillée en lyre pour résister au climat rude. Cépages blancs : Aligoté, Chardonnay et Auxerrois, et cépages rouges : Pinot Noir, César et Pinot Beurot (rosé). Sous l'impulsion de Cyril Raveau, l'œnologue du domaine, la signature est devenue FA pour Flavigny-Alésia, une IGP qui finira un jour en AOC ! A visiter !

FERME DE L'ARBRE ROND

CORPOYER-LA-CHAPELLE
✆ 03 80 96 22 89
Ouvert tous les jours. L'heure de la traite est à 17h30.

Non loin de Montbard et à seulement quelques kilomètres de Frôlois vous trouverez la Ferme de l'Arbre Rond. Pour tous les gourmands et amateurs de fromages impossible de manquer cette petite escale à Corpoyer-la-Chapelle. Dominique Bertrand s'occupe de 40 chèvres et produit elle-même ses fromages. Parole de Petit Futé ses fromages de chèvres sont délicieux ! Elle propose des crottins frais, mi-sec, des buchettes cendrées, poivrées, aux herbes aux bourgeons de cassis. Si vous souhaitez assister à la traite venez à la ferme à 17h30.

MONTBARD ★★

Bordée par le canal de Bourgogne, Montbard a su conserver son centre historique avec ses toits imbriqués, ses ruelles et ses ponts qui s'ouvrent sur le Pays de l'Auxois. La ville nous réserve quelques belles surprises pour qui sait arpenter ses rues et découvrir son magnifique parc niché en son cœur, ses musées et ses édifices où plane l'ombre du naturaliste Buffon. On peut y inclure ses forges ainsi que l'abbaye de Fontenay voisine. L'origine du nom de Montbard hésite entre deux définitions qui soulignent chacune la verticalité du lieu : le mont des bardes, les druides gaulois ou montis barri, le mont qui barre la vallée de la Brenne.

ABBAYE DE FONTENAY ★★★★

MARMAGNE ✆ 03 80 92 15 00
www.abbayedefontenay.com
Adultes 11 €. Basse saison : tous les jours de 10h à 12h et 14h à 17h. Fin mars à mi-nov : tous les jours de 10h à 18h.

La Bourgogne vit naître des destins qui influèrent sur le cours de l'histoire. Dans celle de la religion, un bourguignon se détache particulièrement : Bernard de Clairvaux qui devint saint Bernard en 1174. Né en 1090, Bernard devient moine cistercien à l'abbaye de Cîteaux en 1112 et emmène avec lui 30 de ses amis pour fonder l'abbaye de Clairvaux dont il devient l'abbé. Trois ans plus tard, il fonde l'abbaye de Fontenay dans cette haute Côte-d'Or si riche de beaux paysages. L'abbaye Notre-Dame-de-Fontenay est donc fondée en 1118, il y a plus de neuf cents ans. Neuf siècles qui virent s'écouler la vie des moines dans les différentes pièces comme le cloître, la salle capitulaire, l'église abbatiale, le dortoir ou encore la forge. L'église abbatiale est consacrée à la fin du XIIe siècle.

Au XVIe, Fontenay connaît une grande prospérité. Bientôt, la Révolution secoue la France et en 1790 les huit derniers moines quittent l'abbaye, vendue en 1791 pour devenir une papeterie. Trente ans plus tard, Elie de Montgolfier rachète l'abbaye et développe la manufacture. En 1906, Edouard Aynard, gendre des Montgolfier, rachète Fontenay et rend à l'abbaye sa sérénité et son calme.

L'abbaye de Fontenay, inscrite au patrimoine mondial de l'Unesco depuis 1981, appartient toujours à cette famille. C'est Hubert et Dominique Aynard, qui se décrivent aujourd'hui comme des dépositaires, qui font vivre cet édifice. Un lieu qui attire environ 85 000 visiteurs par an qui découvrent l'abbaye, mais aussi les magnifiques jardins installés sur 2 ha certifiés « Jardins remarquables » où l'on découvre un arbre bicentenaire planté en 1780. La boutique-librairie permet de découvrir des ouvrages passionnants et d'excellents produits régionaux. En tant que visiteurs, vous êtes les premiers mécènes !

De nombreuses manifestations sont organisées chaque année, autant de raisons supplémentaires de découvrir ce lieu sublime, grandiose et ressourçant

La plus marquante sera l'Exposition Alfred Latour du 3 juillet au 31 août 2021. Alfred Latour, artiste, peintre, graphiste et designer de talent réalisa en 1948 une œuvre de 7 toiles murales s'inspirant de l'architecture et des vitraux de l'abbaye. Spectaculaires et si modernes. 70 ans après, elles ont été reproduites selon les techniques traditionnelles de l'époque. A ne pas manquer.

Rallyes de voitures, rendez-vous aux jardins, nocturnes, Fantastic Picnic… Admirez la tenue des jardins remarquables.

Une visite d'abbaye vraiment passionnante pour tous les publics où des émotions particulières vous gagnent.

GALERIE MICHEL ZANIN DE MARMONT

22, rue de la Liberté
✆ 06 66 19 69 52

Ouvert du mardi au dimanche de 10h30 à 12h et de 15h30 à 19h. Galerie expo-vente de 40 artistes parisiens et régionaux.

Quelle bonne idée a eue Michel de Marmont d'installer sa nouvelle galerie à Montbard ! Une quarantaine d'artistes parisiens exposent leurs œuvres sur les 1 200 m² d'espace d'un ancien grand magasin. Le lieu est fabuleux pour son architecture et ses richesses artistiques, il est aussi, en devenir, une résidence hôtelière et un bar lounge dont un rooftop qui seront aménagés en 2022. Les œuvres de Michel de Marmont sont présentes, on y découvre son style dont ses sculptures.

LE CHÂTILLONNAIS ET L'AUXOIS

24, rue du Maréchal-de-Lattre-de-Tassigny - **CHÂTILLON-SUR-SEINE**
✆ 03 80 91 08 65
www.lechatillonnaisetlauxois.fr
Prix : 1,70 € l'unité. Abonnements papier et numérique.

Le *Châtillonnais et l'Auxois* est le titre le plus ancien de la presse hebdomadaire régionale, né en mars 1807. C'est LE rendez-vous de l'info chaque jeudi sur le Nord Côte-d'Or ! Du vide-greniers à la visite ministérielle, l'hebdo couvre tous les événements. Véritable média de proximité et partenaire des manifestations populaires, *le Châtillonnais et l'Auxois* est également habilité à publier les annonces légales. Il est aussi présent sur le Web et les réseaux sociaux.

© LE CHÂTILLONNAIS ET L'AUXOIS

© LE CHÂTILLONNAIS ET L'AUXOIS

L'ATELIER DE BERANGER

MARMAGNE
✆ 07 78 34 57 93
https://beranger-papasodaro-creations.com
Ouvert du jeudi au samedi de 16h à 18h. Et sur rdv.

Il n'en fallait pas plus d'être contraint d'arrêter son métier de cascadeur à Béranger pour se découvrir un talent caché. Celui de créateur sculpteur d'œuvres réalisées à partir de pièces en acier destinées au recyclage. Boulons, chaînes, pièces mécaniques, roulements, éléments de carrosserie revivent en sujets artistiques, petits ou monumentaux, après un nettoyage, un sablage, une découpe, une forge et surtout un coup de soudure de maître. Son imagination innée s'exprime remarquablement. Personnages, végétaux, animaux, tous ont droit à un certain réalisme.

CHAPELLE DES URSULINES ★

Rue Piron
✆ 03 80 92 50 42
www.montbard.fr
Visite sur réservation uniquement.

L'ancienne chapelle est construite en 1870 pour accueillir la congrégation des Ursulines qui avait été expulsée d'un premier couvent en 1792. Bel exemple de style néo-classique et néogothique, ce bâtiment abrite de nos jours le fonds d'atelier du sculpteur Eugène Guillaume (1822-1905). Né à Montbard, il a été directeur de l'École nationale des Beaux-arts et membre de l'Académie française. Outre les plâtres du célèbre sculpteur, vous découvrez les peintures et dessins d'Ernest Boguet, Louis Arnoux et Chantal Quenneville et un ensemble de cycles anciens.

ÉGLISE SAINT-URSE ET CAVEAU DE LA FAMILLE BUFFON

Rue du Parc Buffon
✆ 03 80 92 50 42
www.montbard.fr
Visite guidée de l'église d'avril à septembre. Visite à 11h, 14h30 et 16h. Adulte : 5 €. Entrée gratuite au parc.

L'église est implantée dans la première enceinte du château et conserve une trace architecturale du XIe siècle. C'est au début du XIIIe siècle seulement qu'elle devient église paroissiale. Plusieurs tableaux sont classés aux Monuments Historiques : Une *Adoration des Bergers* du peintre Ménassier (1599), une *Présentation de la Vierge au temple* des frères Charton (1642). Dans la chapelle attenante, le visiteur pourra contempler le caveau de la famille Buffon.

MUSÉE ET PARC BUFFON ★

Rue du Parc-Buffon ✆ 03 80 92 50 42
www.musee-parc-buffon.fr

Entrée gratuite. Boutique. Parc accès libre toute l'année. Visite guidée de 2h suivie d'une dégustation au cœur du parc.

Le musée Buffon est labellisé Musée de France et « Maison des Illustres » et vous propose un parcours à travers l'histoire des sciences. Une collection minutieusement sélectionnée pour retracer l'évolution de la pensée scientifique du XVIIe au XIXe siècle, des cabinets de curiosités au Muséum d'Histoire Naturelle. Microscopes, sphères armillaires, herbiers… côtoient des objets plus intimes de deux personnalités qui ont influé sur les sciences au XVIIIe siècle : Georges-Louis Leclerc, comte de Buffon et Louis Jean-Marie Daubenton, tous deux originaires de la ville de Montbard. De nombreux événements, conférences, visites ou ateliers sont programmés tout au long de l'année entre art et science. Incontournable.

Le parc Buffon fut aménagé par le naturaliste dès 1734, sur le site d'un ancien château des Ducs de Bourgogne, ce jardin classé Monument historique en 1947, avec ses quatorze terrasses, offre un panorama remarquable sur Montbard et la vallée de la Brenne. On y trouve les tours Saint-Louis et de l'Aubespin, le cabinet de travail de Buffon, l'église Saint-Urse.

La Tour de l'Aubespin et la Tour Saint-Louis, datées du XIVe siècle, forment les vestiges les plus visibles de l'ancienne forteresse médiévale. D'une hauteur de 46 mètres, la Tour de l'Aubespin comporte quatre salles voûtées et une terrasse supérieure qui offre un superbe point de vue sur Montbard et la vallée de la Brenne. La Tour Saint-Louis servait quant à elle de cabinet de travail l'été, de laboratoire et de bibliothèque au célèbre naturaliste.

LA MIRABELLE €€

1, rue de la Brenne
SAINT-RÉMY
✆ 09 53 73 45 62
www.restaurant-la-mirabelle.com

Ouvert du jeudi au lundi le midi et le soir ; le mardi midi. Menus de 32 à 34 € + carte. Formule du midi : 25 €.

© CLARISSE PROU

Elle est délicieuse cette nouvelle Mirabelle ! Benjamin Rouzé et Clarisse Prou tournent la page de la Mirabelle, ils arrivent de Bretagne où ils ont forgé leur expérience. Les plats à emporter du début d'année ont conquis la clientèle locale. La cuisine de Benjamin est 100 % maison, préparée avec une majorité de produits locaux. Ses plats sont soignés et créatifs, intégrant souvent des produits et saveurs de la mer. Cabillaud rôti au chorizo, poire rôtie au miel ? Truite de l'Aube marinée à l'ail des ours, strudel pommes et anis de Flavigny ? Un choix au top.

OFFICE DE TOURISME DU MONTBARDOIS

Place Henri Vincenot
✆ 03 80 92 53 81
www.ot-montbard.fr

Wifi. Boutique. Label Tourisme & Handicap. Location vélo Bike'n'Drop sur www.velibourgogne.fr.

Situé en face de la gare, l'Office de Tourisme du Montbardois, met tout en œuvre pour faciliter votre séjour. Un vaste espace d'accueil est aménagé avec boutique souvenirs de produits régionaux et de nombreux guides référençant les lieux à voir. L'application mobile « Balades en Bourgogne » permet de suivre l'itinéraire « Montbard sur les pas de Buffon ». Les visiteurs peuvent aussi louer des vélos et partir en balade le long du canal, avec leur Vélibook sur le porte-bagage.

WEEK-END DE L'ART ABORDABLE ET DU STREET ART

Rue du Parc Buffon
www.facebook.com/galeriemichelzanindemarmont/

Du 2 au 4 juillet 2021, accès libre 10h-21h. Animations et démonstrations.

Depuis que Michel de Marmont a installé l'une de ses galeries d'art contemporain à Montbard, la ville connaît un nouvel attrait. Le week-end de l'Art Abordable et du Street Art sera un point d'orgue d'animation artistique avec une cinquantaine d'artistes présents dans le splendide parc Buffon, abordables à tous les points de vue. Amateur passionné, flâneur en quête de couleurs : chacun y trouvera son bonheur en redécouvrant au passage les trésors du centre historique de la ville.

RESTAURANT LE SAINT REMY €

1, grande rue de Blaisy - **SAINT-RÉMY**
✆ 06 30 46 67 39
Haute saison, ouvert lundi mardi et du jeudi au samedi midi & soir ; dimanche midi. Formules à partir de 14,90 €

© JÉRÔME HURTE

Le Saint-Rémy bénéficie début 2021 de la rénovation totale de sa bâtisse, à l'arrière, les immenses parasols et le barnum constituent des espaces confortables et privilégiés. Jérôme Hurte et son fils Florian vous invitent à déguster les produits frais qui constituent leurs menus. On aime les formules buffets, parfaitement constitués, y compris en plats chauds. Le week-end, c'est cochon de lait à la broche, avec jambon à l'os la semaine. En dessert, des verrines garnies sont au choix, avec fruits, crèmes ou pâtisseries, façon café gourmand et 100 % maison.

HÔTEL DE L'ÉCU €€

7, rue Auguste Carré
✆ 03 80 92 11 66
www.hotelecu-montbard.fr
Logis. Ouvert tous les jours en haute saison. 29 chambres. Chambre double à partir de 80 €. Garage. Restauration.

L'hôtel-restaurant de L'Écu, ancien relais de poste du XVIIe siècle situé au cœur de la ville, est une vraie maison de tradition familiale qui marie le charme de l'hospitalité à celui de la gastronomie. Du mobilier ancien mêlé à un style moderne, de nouvelles tapisseries, une literie confortable, des fauteuils et des canapés… Tout est mis en œuvre pour vous permettre d'être installé confortablement. Le double vitrage vous assure de passer un séjour au calme. Pour les amateurs de vélo, c'est un point de départ idéal pour découvrir la Bourgogne.

LE CALYPSO €

2, place Aline-Gibez
✆ 03 80 92 05 30
www.calypso-montbard.fr
Fermé la semaine de Noël. Ouvert du mardi au samedi le midi et le soir. Pizzas à emporter. Terrasse.

Au Calypso un excellent accueil vous est garanti grâce à une équipe au top et à la bonne humeur de Christelle et Anthony. La décoration est cosy et moderne, jusque sous la véranda. La terrasse peut accueillir jusqu'à 80 couverts, à l'ombre des parasols. La carte propose un choix de plats traditionnels et de pizzas. Les portions sont généreuses et l'on se régale aisément d'une fricassée de volailles au curry, accompagnée d'un verre de vin. Un choix de plats végétariens vous est également proposé. La fréquentation du Calypso étant toujours dense, pensez à réserver !

L'ARROSOIR €€

8, route de Dijon
FAIN-LÈS-MONTBARD
✆ 03 80 92 67 78
Ouvert du lundi au jeudi le midi ; vendredi et samedi midi et soir. Menus de 19,90 à 24,90 €. Formule midi 14,90 €.

Béatrice Thiefin décline toutes ses valeurs et sa passion culinaire dans une cuisine originale inspirée par le potager. Si le restaurant s'appelle l'Arrosoir, ce n'est pas par hasard, car l'autre passion de Béatrice est le jardinage et plus précisément le maraîchage en permaculture. Ses serres sont couvertes de plans qui s'épanouissent naturellement, issus de semences soigneusement sélectionnées. Point de frites, ni de burger à l'Arrosoir, mais surtout des produits frais cuisinés et sublimés avec talent en s'associant aux richesses régionales.

L'ATELIER DE BERANGER

MARMAGNE
✆ 07 78 34 57 93
https://beranger-papasodaro-creations.com
Ouvert du jeudi au samedi de 16h à 18h. Et sur rdv.

L'Atelier de Béranger est une mine d'idées cadeaux pour les amateurs d'œuvres originales réalisées en pièces d'acier. Créateur sculpteur, Béranger propose des sujets pleins de réalisme et d'émotions alors que «simplement» constitués de boulons, chaînes, pièces mécaniques, roulements ou éléments de carrosserie. La mante religieuse monumentale est parfaite dans son genre. On peut préférer l'autruche, un arbre boule ou une rose. Du petit sujet à la pièce géante digne d'une place de village, il y en a pour tous les goûts. On peut commander une création sur mesure.

SAULIEU ★

Saulieu est un site remarquable du goût, une ville réputée pour ses établissements gastronomiques et sa fête du Charolais au mois d'août. C'est ici que la maison mère, Le Relais Bernard Loiseau, est installée avec sa Villa Loiseau des Sens. Bernard Loiseau, une marque mondialement connue qui fait partie du patrimoine gastronomique français. Le groupe possède aussi les restaurants Loiseau de Vignes à Beaune, Loiseau de Ducs à Dijon et Loiseau Rive Gauche à Paris. De l'intimité du musée François Pompon à la splendeur de la basilique romane Saint-Andoche, Saulieu réserve bien des surprises aux amateurs de sculpture et d'art. De mai à octobre 2021, dans la ville, une exposition à ciel ouvert célèbre les 100 ans de l'Ours Pompon : l'art animalier est partout avec des ateliers sculpture, un festival de théâtre, des visites thématiques. Parsemées dans le territoire, les fresques publicitaires rappellent la grande époque de la Nationale 6, la Route du Soleil et des Vacances. Saulieu est aussi la capitale du sapin du Morvan : de petits producteurs à la culture raisonnée sont rassemblés au sein d'une coopérative, la SAMCO. Terre de légendes, les ouvrages de Sandra Amani, le circuit des pierres de légendes, une chasse au trésor (la soupe de la sorcière au perron des lutins) vous en content quelques-unes. Le Parc du Morvan est un immense terrain de jeux et d'activités, mais c'est aussi une mosaïque de milieux naturels et un repaire d'ateliers d'artisans. Séjourner ici, c'est prendre un grand bol d'air, un bain de gourmandise et de verdure !

LA BASILIQUE SAINT-ANDOCHE ✝ ★

Place Docteur-Roclore
✆ 03 80 64 07 03

Visites guidées organisées sur RDV par la Pastorale du tourisme.

On l'aperçoit de loin en arrivant à Saulieu, c'est l'une des plus belles églises romanes de la région, elle a fêté ses 900 ans en 2019. Des travaux ont permis de remettre en valeur ce joyau. Construite au XIIe siècle sur les ruines d'une abbaye du VIIIe siècle, la basilique est bâtie en calcaire de l'Auxois d'un seul jet, 42 m de long sur 25 m de large. A l'intérieur, des reliques de saint Andoche et de ses compagnons martyrs, un grand orgue au son exceptionnel et d'autres trésors.

MUSÉE FRANÇOIS POMPON 🏛 ★

Place du Docteur-Roclore ✆ 03 80 64 19 51
www.saulieu.fr

Tous les jours sauf lundi après-midi et mardi. Entrée 3 €. Gratuit le dimanche et pour les -18 ans.

Il est dédié au célèbre sculpteur animalier, François Pompon, né à Saulieu en 1855. Auteur talentueux de *L'Ours blanc* dit l'Ours Pompon, Saulieu célèbre ses 100 ans en 2021 avec une exposition à ciel ouvert d'artistes contemporains dans la ville. Des reproductions de l'Ours sont visibles à Saulieu, au Jardin Darcy de Dijon. 20 œuvres de Pompon se trouvent au Musée de Saulieu. Vous pouvez aussi y voir des stèles gallo-romaines, une salle dédiée aux arts populaires, une autre à la gastronomie... A la boutique, vous pouvez acheter une copie de l'Ours modèle réduit.

DOMAINE DE LA PIERRE RONDE ⛺ €€€

Lac de Chamboux - **SAINT-MARTIN-DE-LA-MER**
✆ 03 80 84 13 07
www.domainedelapierreronde.com

Ouvert toute l'année. Tarif variable en fonction de l'hébergement. Petit déjeuner. Barbecue.

C'est un village fantastique à 5 km de Saulieu. Plus d'une dizaine de logements atypiques vous sont proposés : yourtes, tipis, tentes de trappeur, tentes inuit, maisons sous terre façon hobbit, maison des elfes, pour un total de 60 personnes en été et de 40 en hiver. De la simple tente inuit sans équipement aux yourtes dotées de lits confortables, d'un poêle à bois et même d'une baignoire, le choix est large.Vous êtes ici au plus proche de la nature. Baignade et promenade au menu.

HOSTELLERIE DE LA TOUR D'AUXOIS 🛏 €€€

Square Alexandre-Dumaine ✆ 03 80 64 36 19
www.tourdauxois.com

25 chambres, 6 suites. Chambre double à partir de 99 € ; suite de 145 à 159 €. Ouvert d'avril à nov. Piscine chauffée.

Magnifique établissement ! Tour bâtie sur des remparts du XIIIe siècle, le couvent datant du XVIIe siècle a été rénové en gardant un charme fou. Aneline et Vincent Fournier, deux passionnés, le gèrent avec brio. 25 chambres authentiques et 6 suites : poutres apparentes, tomettes au sol, mobilier et déco très soignée ; la piscine chauffée, la terrasse. La carte de la brasserie fait la part belle aux produits de terroir de qualité : tartare de charolais, œuf bio parfait aux lentilles...

RELAIS BERNARD LOISEAU €€€

2, rue d'Argentine ✆ 03 80 90 53 53

www.bernard-loiseau.com

Relais & Châteaux. 19 chambres, 13 suites. A partir de : chambre dble 285 €, appart. 775 €, suite 585 €. Spa, piscine.

Mythique à l'époque d'Alexandre Dumaine, Bernard Loiseau en a fait une référence mondiale. La Côte d'Or 2 étoiles Michelin, l'hôtel de luxe 5 étoiles, le restaurant Loiseau des Sens 1 assiette Michelin, l'œnothèque et un immense spa ! 32 chambres et suites dans une magnifique bâtisse avec jardin, desservies par une tour-escalier en chêne. Elles allient la pierre, les tomettes de Bourgogne et les boiseries anciennes, avec cheminée, terrasse ou balcon. Les clients de l'hôtel ont un libre accès au spa et au petit spa, à la piscine et aux 2 restaurants. 100 % bonheur.

LOISEAU DES SENS €€

4, avenue de la Gare ✆ 03 45 44 70 00

www.bernard-loiseau.com

Ouvert du samedi au mercredi 12h-14h et 19h-22h. Menu Retour du Marché 35 € (midi et soir sauf week-end).

Ce restaurant créé en 2017 est le 2e restaurant de la Maison Bernard Loiseau à Saulieu. Une cuisine inédite sur le créneau santé-plaisir différente du restaurant gastronomique de La Côte-d'Or, 2 étoiles Michelin. Depuis juin 2020, la cheffe Virginie Jacquet, qui a officié à La Côte-d'Or et dans de belles tables étoilées, dirige la cuisine. Produits locaux et bio, menus végétariens, sans gluten, retour de marché... Ensuite, détendez vous au spa de La Villa Loiseau des Sens qui totalise 1 500 m² dans une architecture contemporaine en pin du Morvan fièrement dressée.

RELAIS BERNARD LOISEAU €€€

2, rue d'Argentine

✆ 03 80 90 53 53

www.bernard-loiseau.com

Du samedi au mercredi le midi ; du vendredi au mercredi le soir. Réservation recommandée. Menus de 165 € à 250 €.

Bienvenue dans l'univers de l'excellence de la cuisine française. Le chef, Partick Bertron, qui a travaillé pendant 20 ans avec Bernard Loiseau, entretient brillamment son image et ses créations qui sont devenues des classiques de la gastronomie à l'image des jambonnettes de grenouilles à la purée d'ail et de persil, du sandre à la peau croustillante et fondue d'échalote sauce au vin rouge ou du Saint-Honoré cuit minute à la crème chiboust. La carte évolue au fil des saisons, les saveurs sont travaillées avec passion tout comme les produits et les présentations.

RELAIS BERNARD LOISEAU

2, rue d'Argentine

✆ 03 80 90 53 53

www.bernard-loiseau.com

Ouvert tous les jours de 9h30 à 12h30 et de 14h à 19h.

Dans le prolongement du Relais, la boutique Bernard Loiseau est une véritable échoppe à l'ancienne, avec poutres apparentes et grandes vitrines de bois peint, qui vous propose un large choix de plaisirs de la table. Parmi les références de cadeaux et de gourmandises disponibles vous trouvez des fabrications maison ainsi que les produits utilisés dans les cuisines du célèbre restaurant comme la moutarde Bernard Loiseau / Edmond Fallot et aussi toute une série de petits plaisirs de bouche souvent élaborés en partenariat avec des producteurs régionaux.

FROMAGERIE LA FOUCHALE

4, place de la République

✆ 03 80 64 02 23

www.fromagerie-lafouchale.fr

Du mardi au samedi 9h-12h30/15h-19h. Sur les marchés : Autun (mer. et vend. matin), Avallon (samedi). Vente en ligne.

La Fouchale est une halte qui fleure bon les produits de la ferme. Venus de la patrie du comté, Juliette et Geoffrey sont incollables sur l'histoire et les terroirs de fromages. Il promeuvent le travail de producteurs locaux avec des animaux élevés en plein air et un savoir-faire artisanal. Vous êtes conquis. Les fromages de chèvre naturels, sans additifs ni colorants, l'époisses, le soumaintrain, le chaource, la Pierre qui Vire, la Boule des Moines, la tomme de vache. Brillât-Savarin disait : «Un repas sans fromage est comme une belle à qui il manque un œil.»

SPA LOISEAU DES SENS

4, avenue de la Gare

✆ 03 45 44 70 00

www.bernard-loiseau.com

Tous les jours de 9h à 20h. Ouvert à la clientèle extérieure à l'hôtel. Restaurant Loiseau des Sens.

Le prestigieux label Spa-A le distingue, c'est un des meilleurs de la région. Un espace de 1 500 m² donnant sur les jardins du Relais Bernard Loiseau. Une palette exceptionnelle d'outils : découvertes sensorielles, hammam, sauna, massages, piscines, bain bouillonnant extérieur : le must ! Au dernier étage, un spa privatif avec vue sur les monts de l'Auxois et un espace séminaire idéal pour les séjours d'entreprise. La Villa Loiseau des Sens propose dans son restaurant une cuisine santé-plaisir gourmande. Des ruches sur la toiture produisent le miel de la boutique.

SEMUR-EN-AUXOIS ★★

Niché au creux d'un méandre de l'Armançon, l'éperon sur lequel est construit Semur est une véritable défense naturelle contre des dangers extérieurs. Le site a favorisé l'implantation humaine et l'édification d'une forteresse au Moyen Age. Semur abrite de beaux hôtels particuliers, d'anciennes maisons vigneronnes et une superbe église collégiale. Observez bien les façades des maisons : vous pourrez y découvrir diverses inscriptions, sentences d'un autre temps comme cet « endurer et pleurer » gravé rue Buffon. La devise de la cité est inscrite sous l'un des porches de la ville : « Les Semurois se plaisent fort en l'accointance des estrangers. »

COLLÉGIALE NOTRE-DAME ✝ ★

Place Notre-Dame

Ouvert toute l'année de 9h à 17h45/18h30 selon la saison.

La collégiale Notre-Dame, située en plein cœur de Semur est une église majestueuse dont la construction s'étend sur près de trois siècles, de 1220 à la Renaissance. D'inspiration gothique, son architecture élancée a de quoi séduire. Véritable livre de pierre, l'extérieur vous donne à voir un calendrier des travaux agricoles ou encore « la légende dorée de l'apôtre saint Thomas ». Vous pouvez aussi vous amuser à chercher les sculptures : escargots, lion, cochon, singe, dissimulées sur la façade avec les gargouilles. A l'intérieur, les vitraux sont remarquables.

LES PORTES DE LA VILLE ★

Ouvert toute l'année. Gratuit.

6 portes protégeaient le bourg Notre-Dame. 4 sont encore là. La porte Sauvigny porte le nom du receveur général des États de l'Auxois au Moyen Age. Ses tours en poivrière, les rainures de son pont-levis montrent sa fonction défensive. Sous le porche la devise semuroise : «Les Semurois se plaisent fort en l'accointance des estrangers». La porte Guiller aux délicates fenêtres géminées et linteaux trilobés du XIVe siècle. Reliant le bourg Notre-Dame aux faubourgs, la porte de la Fontaignotte construite au XIIIe siècle. La porte des Cycogniers reliant la rue Chaude.

LA TOUR DE L'ORLE D'OR ★

Rue des Remparts

http://terres-auxois.fr/

Les week-ends, rue du Rempart de 14h à 19h de juin à août. Gratuit pour les -18 ans. Adulte : 3 €. Toutes les 40 min.

La plus grande des tours de l'ancien donjon est imposante : 44 m de haut, 15 m de diamètre, des murs de 5 m d'épaisseur à la base et 2,50 m au sommet. Au cours de la visite guidée, vous découvrez les collections de la Société des Sciences historiques et naturelles de Semur sur 4 niveaux. Le sous-sol donne sur une estacade reconstruite qui permettait de surveiller la route venant de Paris. On sait, depuis 2010, grâce à la dendrochronologie (la science qui permet de dater le bois) que planchers et charpente de la tour datent de 1274. Une visite à ne pas manquer !

OFFICE DE TOURISME DES TERRES D'AUXOIS

2, place Gaveau ✆ 03 80 97 05 96

www.terres-auxois.fr

Du lundi au samedi 9h30-12h15/14h-18h, dimanche et fériés 10h-12h30. Exposition temporaire de savoir-faire locaux.

Au cœur de la cité médiévale, c'est un passage obligé. La ville possède moult trésors : la magnifique ville fortifiée avec le *Parcours des trois enceintes*. Ses 130 flèches en bronze vous guident à travers les monuments, les paysages et points de vues remarquables ; le *Parcours du S'murot* pour les enfants. Le Musée, la Collégiale Notre-Dame, les donjons, les ruelles ont leur histoire à raconter. Une boutique-souvenirs, produits de terroir, topos, en vitrine, une expo d'artistes locaux.

LES LODGES DU CANAL €€

Ecluse 31 Y - **CHASSEY**

✆ 06 15 74 52 84

les-lodges-du-canal-de-bourgogne.fr

Ouvert toute l'année. Gites au bord du canal dès 170 € la nuit, petit déjeuner compris. Maison éclusière dès 90 €.

Les Lodges du Canal ont tout pour plaire : vue sur le canal et la campagne, bruissement de l'eau de l'écluse et chant des oiseaux, confort, originalité et beauté. Outre la maison éclusière joliment rénovée, vous avez 5 gîtes insolites au choix : perché dans un arbre, sur une toue sur l'eau, dans une petite cabane minimaliste, avec de splendides terrasses qui peuvent être équipées d'un bain finlandais chauffé à 30 °C par un poêle à bois. On vous prête des vélos pour pédaler le long du canal sur la voie verte du chemin de halage.

LA FONTAIGNOTTE €€€

4, place Notre Dame
✆ 03 80 89 86 26
www.lafontaignotte.com
5 chambres entre 160 et 220 €, petit déjeuner compris. 1 suite : 240 €.

Un lieu hors du temps, actuel et convivial. Hôtel particulier du centre médiéval de Semur rénové en maison d'hôtes. Son propriétaire Charles Gassot, acteur et réalisateur à la filmographie géante, a réalisé de gros travaux et réussi le mariage du classique et du moderne avec des œuvres d'artistes qu'il aime, comme Sempé ou Enki Bilal. Les 5 chambres sont belles et confortables. La vue est unique sur l'Armançon et sa vallée verdoyante. L'auberge bistronomique propose une cuisine inventive faite de produits fermiers locaux, élaborée et servie par Martin et Laura.

HOSTELLERIE D'AUSSOIS €€€

Route de Saulieu ✆ 03 80 97 28 28
www.hostellerie.fr
Logis. Ouvert à l'année sauf 24/12. 42 chambres. Chambre dble à partir de 87 €. Menu du marché de 16 à 24 €. Sauna.

Cet hôtel-restaurant situé dans un cadre d'exception, 3 étoiles avec la distinction Hôtel Elégance aux Logis vous propose de résider dans l'une de ses 42 chambres. De la single à la familiale, décorées de couleurs vives, elles sont confortables. La Table de l'Hostellerie d'Aussois propose des produits frais et de saison, plat généreux aux saveurs raffinées faits maison. Détendez vous au bord de la piscine, au sauna ou défoulez-vous à la salle de sport. L'établissement peut recevoir les groupes, réceptions familiales et l'atterrissage en hélicoptère de ses VIP.

HÔTEL RELAIS DE LA CÔTE-D'OR €€€

1, rue de la Liberté ✆ 03 80 97 24 54
auxois.fr
Logis. Accueil de 7h à 21h. 17 chambres : double à partir de 95 € la nuit. Petit déjeuner buffet ou en chambre : 12 €.

Cet hôtel-relais a l'âme d'un relais de poste situé au cœur de la cité médiévale. Sa façade refaite aux couleurs ocre en parfait respect du style bourguignon démontre le souhait de Véronique Jobic d'offrir 17 chambres confortables qui mêlent l'histoire, les matériaux nobles et la modernité. Le bar de l'hôtel, le Z, propose de découvrir des vins de Bourgogne : ambiance feutrée et cheminée pour un pur moment de détente. Voici une étape incontournable dans votre périple, le charme opère.

LA CUISINE DE LA FONTAIGNOTTE €€

4, rue de la Fontaignotte
✆ 03 80 96 91 69
www.lacuisinedelafontaignotte.com
Ouvert du mardi au samedi le midi et le soir ; le dimanche midi. Formule du midi : 19 € (2 plats - 24 € 3 plats).

Le cœur gastronomique de la Fontaignotte bat à nouveau. Le chef Martin Vial et Laura Rulens ont redonné vie à ce magnifique restaurant installé dans un hôtel particulier aux sommets des remparts. Martin, armé d'une expérience sérieuse en cuisine gastronomique, travaille les produits de saison et locaux pour revisiter les classiques avec talent. Si l'assiette tutoie la perfection, le cadre est lui, enchanteur. Ambiance bistrot chic avec une vue unique sur la vallée de l'Armançon.

LE PARI DES GOURMETS €€

10, rue du Lac - **PONT-ET-MASSÈNE**
✆ 03 80 97 11 11
www.leparidesgourmets.fr
BS : dimanche-vendredi le midi, mardi-samedi le soir. HS : lundi-samedi soir, tous les jours le midi. De 13 à 37 €.

Yannick et Laurent Savioz, deux frères et remarquables chefs, vous font partager leur passion de la cuisine en vous proposant de beaux et bons plats, méticuleux. La cuisine du Pari des Gourmets est presque unique, toujours esthétique avec une signature inimitable et une inventivité sans limites pour sublimer les produits, dans les cuissons et les assaisonnements. La terrasse ombragée par ses vignes grimpantes est idéale en été, quand ce n'est pas jour de cuisine au barbecue. Les prix raisonnables pour une telle créativité justifient bien le succès de l'endroit.

BISCUITERIE MISTRAL

4, route de Dijon
✆ 03 80 89 66 66
www.biscuits.fr
Lundi et mardi (9h-12h30 et 13h30-19h), mercredi au samedi (9h-19h). Visites gratuites de l'atelier sur réservation.

Cette fabrique installée sur les terres d'Auxois depuis 1954, est une référence en matière de biscuits, issus de recettes traditionnelles. En boutique, vous trouverez des madeleines, quatre-quarts, moelleux nature ou aux fruits... L'entreprise s'est depuis quelques années tournée vers une gamme bio et éthique, ainsi le dernier-né de cette gamme s'appelle le cookie végan bio. Présente dans d'autres villes, la marque est installée à Dijon, Quetigny et Auxerre. Si le déplacement est compliqué, vous pouvez opter pour le site marchand ou la livraison à domicile.

AUX VIEUX PAVÉS €€

4, rue du Vieux Marché ✆ 03 80 92 27 45
www.restaurant-aux-vieux-paves.com

Ouvert 7j/7 7h30-23h. Côté brasserie service non-stop, formule 9,90 €. Côté restaurant formule 14,50 €. 2 Terrasses.

Repris avec talent en 2020 par Lucien Bottini, Aux Vieux Pavés s'est agrandi en 2021, avec un côté brasserie au service rapide et à l'offre séduisante, croque-monsieur à l'Epoisses, quiche aux escargots, gaufres, glaces... Côté restaurant Yohann Piron concocte les plats fétiches de l'adresse, tête de veau, poulet Gaston Gérard, jambon persillé, çassolette d'escargots, entrecôte charolaise à l'Epoisses. Tout est maison et réalisé avec des produits frais et locaux. La bonne adresse pour rester *carpe diem* et s'offrir de bons moments, surtout les soirs de concert.

AUX VIEUX PAVÉS

4, rue du Vieux Marché
✆ 03 80 92 27 45
www.restaurant-aux-vieux-paves.com
Ouvert 7j/7 de 7h30 à 23h. Côté brasserie service non-stop. Animations, jeux de société, concerts.

Depuis début 2021, Aux Vieux Pavés s'est agrandi sur la rue Buffon avec un côté brasserie. Lucien Bottini y étend sa bonne humeur avec une offre de restaurant plus rapide qu'au restaurant. Tout est préparé maison, format croque, gaufres, quiches aux recettes gourmandes, époisses, escargots... La gamme de bières est large, la carte de vins s'étoffe. Une adresse à l'esprit tranquille avec un coin jeu, des petits salons et 2 grandes terrasses. Les salles sont enjolivées de fresques clin d'œil à la ville de Semur. L'ambiance s'encanaille les soirs de concert.

ŒNOTHÈQUE LE TANIN

20, place Notre Dame ✆ 03 80 96 13 11
www.oenotheque-semur.fr
De mardi à jeudi 10h-13h/15h-20h ; ven et sam 10h-13h/15-22h, dimanche 10h-13h. Dégustation vin au verre de 4 à 8 €.

Le renouveau de l'Œnothèque de Semur est remarquable, il rend un hommage à Patrick Dano qui a fait de cette échoppe un lieu incontournable. Plus de 500 références de vins de toute la France, des whiskys, crèmes, crémants, champagnes... Les découvertes se prolongent jusqu'au caveau. Jean-Luc Lefèvre, passionné de vins, a un énorme réseau de vignerons. Amandine Bernard, jeune diplômée caviste, apporte un regard précieux et vous conseille très bien. Le bar œnomatique de vins au verre de la cave permet de déguster 12 vins avec des tapas les soirs de fin de semaine.

LA DAME AUX CHAPEAUX

4, place Gustave Gaveau ✆ 06 74 98 90 90
www.ladameauxchapeaux.fr
Du mercredi au lundi de 7h30 à 22h. Terrasse. Soirée cabaret tous les 2 mois et 1 concert/mois. Restauration.

A raison de six soirées cabaret par an et d'un concert par mois, Edwige Lebrun transforme son petit restaurant en un lieu festif. Tout se passe au caveau qui peut accueillir environ 35 personnes attablées dans un environnement chaleureux en contact direct avec les artistes. La soirée inclut le repas, l'apéritif est offert. Paillettes, charme, humour, tous les ingrédients sont réunis pour se changer les idées. Convivialité et bonne humeur partagées avec la dame au chapeau, une adresse coup de cœur aux portes de la vieille ville ! Excellente cuisine faite maison.

EPOISSES ★

Epoisses est associée à son fromage rond, au fumet sans égal, à la réputation mondiale. Epoisses c'est aussi un superbe château, des fortifications, une église, un vieux colombier et un charmant village. A la rencontre du Tonnerrois et du Morvan, l'activité commerciale et artisanale s'est développée tôt. A la fin du Moyen Age, Epoisses fournit du sel jusqu'à Dijon. La vie est prospère, rythmée par le bruit des outils des forgerons et des tonneliers. Des moines cisterciens s'installent au XVIe siècle, la légende dit qu'ils ont créé l'époisses. Au XIXe siècle, sa réputation va de Marseille à Paris ! La famille Berthaut perpétue ce savoir-faire avec brio.

CHÂTEAU D'ÉPOISSES ★

✆ 03 80 96 40 56
www.chateaudepoisses.com
Parc ouvert toute l'année. Visite libre 2 €. Intérieur du château ouvert à la visite. Adulte : 9 €. Fermé le mardi.

Protégé par une double enceinte, Époisses est un petit village fortifié avec son église, ses belles maisons en pierre et son colombier du XVIe siècle. Demeure des rois de Bourgogne, il aurait abrité la reine Brunehaut. Plus tard, le Grand Condé, Chateaubriand, et la reine Elizabeth II d'Angleterre y ont séjourné. Madame de Sévigné, est elle aussi accueillie dans ces lieux. Le Château d'Époisses est un livre d'histoire à ne pas manquer ! La simple balade dans le parc et les jardins vaut à elle seule le détour avec le colombier aux 3 000 niches !

DÉLICES DU TERROIR €€

5, place du Jeu-de-Paume
✆ 06 86 65 13 07
Ouvert du mercredi au lundi et les jours fériés à partir de 9h. Encas à toute heure, assiette gourmande 8 €, plat 15 €.

C'est parce que la Boutique d'Agnès regorge de bons produits, qu'elle propose de prendre un encas, un repas, à toute heure et à partir de 9h du matin. Délices du Terroir est aussi un petit restaurant, on s'installe volontiers en terrasse face au Château d'Époisses et c'est encore mieux dans le charmant patio tout rénové. Agnès qui est originaire de Franche-Comté vend des produits gourmands de Bourgogne et du Jura. Elle s'adapte à vos envies selon ses possibilités. Ici, on trouve de la bonne humeur tout en prenant un bon repas et aussi les soirs de concert !

DÉLICES DU TERROIR

5, place du Jeu-de-Paume
✆ 06 86 65 13 07
Du mercredi au lundi et fériés : 9h-19h. Ouvert le dimanche. Terrasse, patio. Encas à toute heure.

La boutique de produits gourmands d'Agnès Guillaume est des plus accueillante. Passionnée et généreuse, elle a sélectionné le meilleur. Originaire de Franche-Comté, c'est à Epoisses qu'elle s'est établie. On y vient pour ses charcuteries, ses fromages, l'épicerie fine et le coin des connaisseurs de vins... Agnès aime aussi cuisiner et partager. A toute heure elle prépare des assiettes gourmandes, de fromages, de charcuteries et des plats chauds, comme ce filet mignon farci à la mozzarella et aux tomates séchées. Le patio intimiste est parfait pour les concerts !

© E. VOILLEQUIN

© E. VOILLEQUIN

FROMAGERIE BERTHAUT

Place du Champ-de-Foire
✆ 03 80 96 44 44
www.fromagerie-berthaut.com
Ouvert du mardi au samedi de 9h30 à 12h15 et de 14h à 18h. Maison mondialement réputée. Recettes sur le site Internet.

Robert et Simone Berthaut, tristes de voir disparaître la recette du XVIe s., décident en 1956 de ressusciter la méthode traditionnelle de fabrication et le goût incomparable de l'époisses. Texture fondante, belle couleur orangée, affiné plusieurs semaines, frotté au marc de Bourgogne. 65 ans après, la Fromagerie Berthaut perpétue cette exigence de qualité et ce respect du terroir dans le monde, au service de l'AOP époisses et de l'IGP soumaintrain. Vous trouvez ici des vins et tous les fromages dont le Trou-du-Cru, un exercice d'élocution française à lui seul !

VITTEAUX

Vitteaux est une jolie petite ville bâtie sur la Brenne. Cette cité pittoresque compte un grand nombre de vieilles bâtisses de caractère. La maison Béline en est un bel exemple. Datant du XIIIe siècle, elle offre encore une splendide cave voûtée d'époque et un extérieur remarquable : fenêtres à arcades sculptées, colonnettes. Les halles, du même siècle, ont un plafond à la française soutenu par d'énormes poutres transversales. Enfin, du château fort bâti par les comtes de Chalon et de l'enceinte fortifiée, il ne reste aujourd'hui plus grand-chose : le château fut démoli sous Louis XIII. Toutefois, ces vestiges donnent à Vitteaux un charme certain.

CHÂTEAU DE SAINTE-COLOMBE-EN-AUXOIS - ARCADE

SAINTE-COLOMBE ✆ 03 80 49 65 05
www.chateau-saintecolombe-arcade.com
Ouvert d'avril à fin octobre. Sur rendez-vous le reste de l'année. Tarif variant selon les expos. Accueil groupes, gîte.

Ce château, construit en 1640, fut sauvé de la ruine en 1986 par l'Association Arcade (Atelier de Recherche en Création Artistique et en Design) créée par Alain Gislot. Devenu un centre culturel, lieu de promotion de la création contemporaine en design et métiers d'art, il présente des expositions, une boutique-salon de thé. Les expositions donnent lieu à des rencontres/échanges entre étudiants, artistes et visiteurs, plus de 5 000 par an. Le gîte de groupe de 8 chambres est un plus.

MONTAGNE DE MYARD

Ouvert toute l'année. Circuit pédestre téléchargeable sur le site www.vitteaux-tourisme.com.

Un parcours fléché (8 km) et jalonné de panneaux explicatifs permet de découvrir les différents sites de la «montagne» de Myard. Situé à 510 m d'altitude, ce plateau domine la vallée de la Brenne et de l'Armançon. Il y a 6 000 ans les premiers éleveurs et agriculteurs sédentaires de l'Auxois défrichent l'extrémité nord du plateau. Ils y construisent un village fortifié, protégé par une muraille de pierres sèches renforcée par les falaises. Le village est abandonné aux environs de 1800 avant J.C, puis à nouveau occupé, 800 ans plus tard, à l'âge du bronze.

PARC DE L'AUXOIS ★

Le Foulon

ARNAY-SOUS-VITTEAUX

✆ 03 80 49 64 01

www.parc-auxois.fr

Haute saison tous les jours de 10h à 19h. Adulte : 17 €. Enfant de 3 à 12 ans : 13 €.

Le Parc de l'Auxois situé à 30 min de Dijon est un site en constante évolution qui a fêté ses 30 ans en 2018. Il est implanté sur 40 ha de superficie dans un écrin de verdure où s'ébattent plus de 500 animaux, représentant près de 100 espèces différentes. La rencontre avec les grands carnivores que sont les tigres et les lions est l'un des temps forts de votre visite. Plus proches de nous, les ours et loups nous semblent plus familiers ! 2019 voir l'arrivée de nouveaux pensionnaires. Les jaguarondis et les ocelots, félins d'Amérique de petite taille et les saïmiris, des singes-écureuils. Certains espaces sont aménagés pour vous permettre d'être au plus proche des animaux et de vous promener parmi une famille de lémuriens, une colonie de loriquets (petits perroquets), un groupe de wallabies ou encore une harde de daims. Soucieux de vous sensibiliser au monde animal, les soigneurs animaliers vous proposent tout au long de la journée des nourrissages et des animations commentées. Le Parc de l'Auxois est également un lieu de détente où les enfants profitent de manèges tandis que toute la famille apprécie les aires de jeux et le petit train. Atout supplémentaire, la piscine et ses toboggans aquatiques vous garantissent la possibilité d'un rafraîchissement idéal sous la chaleur estivale de juillet et août. Pour la pause repas, cafétéria et aires de pique-nique bien appropriées sont également à la disposition des visiteurs. Enfin, la boutique permet à chacun de pouvoir s'offrir un petit souvenir.

PAYS AUXOIS MORVAN « PAYS D'ART ET D'HISTOIRE »

13, rue de L Hôtel de ville

www.pays-auxois.com

Le Pays de Auxois-Morvan « Pays d'art et d'histoire » fait revivre les grands personnages qui ont ponctué son histoire via un parcours balisé mettant en avant des grands chefs de guerre comme Vercingétorix à Alésia, des scientifiques comme Buffon à Montbard ou encore des cuisiniers de renom comme Bernard Loiseau à Saulieu. Ce parcours historique et culturel est une invitation à visiter la région et découvrir les lieux de prédilection de ces « célébrités ».

PRODUITS AUXOIS NATURELLEMENT

13, rue de l'Hôtel-de-Ville ✆ 03 80 49 65 00

www.pays-auxois.com

Produits disponibles en maisons de pays, offices de tourisme, épiceries fines, fermes, supérettes de l'Auxois.

C'est à l'initiative du Pays de l'Auxois Morvan, soutenu par la Chambre d'Agriculture de Côte-d'Or, que la « marque » est née en 2009. Elle permet de valoriser les producteurs du territoire dans le cadre de circuits courts. Acheter un Produit Auxois Naturellement c'est la garantie d'acheter un produit issu du terroir de l'Auxois Morvan qui intègre une dimension durable et le respect d'une charte. Sites et produits de terroir sont ainsi labellisés et arborent le beau logo de la marque.

GAMOTEL

Rue Hubert Languet ✆ 06 32 23 95 10

www.gamotel.com

Sur réservation de 6 à 12 personnes, de 129 € à 269 € par personne, dîner, gîte et petit déjeuner compris.

Gamotel est une version d'escape game qui se déroule en fin de journée, gîte et couvert compris. Vous repartez le lendemain matin après avoir résolu l'énigme des héritiers de la Maison du Baron de Vitteaux. De l'extérieur, rien ne laisse supposer toute la qualité de la propriété qui s'étend sur un vaste jardin où les gamers ont aussi à faire. La maison est richement décorée dans une ambiance à la Agatha Christie. Dès votre arrivée, le jeu commence, même si au passage vous choisissez votre chambre digne d'une bonne maison d'hôtes, l'ambiance de mystère en plus.

La Communauté de communes de l'Auxois Sud comporte 23 communes et s'étend sur 272 kilomètres. De Pouilly-en-Auxois à Sainte-Sabine, jusqu'à Pont-de-Pany dans la vallée de l'Ouche où les paysages vallonnés le long du canal de Bourgogne permettent de faire de jolies balades aux beaux jours. Pour y séjourner et faire étape, des auberges et des gîtes de caractère vous accueillent comme au château de Sainte-Sabine. Pour un peu d'animation, rendez-vous à l'écluse de la Charme de Saint-Victor-sur-Ouche. Et pour une promenade bucolique, optez pour le petit train de l'Ouche qui chemine sur l'une des plus anciennes voies ferrées de France, datée de 1830, de Bligny jusqu'à Pont-d'Ouche. La vallée de l'Ouche est un vrai petit coin de paradis en Côte-d'Or et des plus bucolique. Pendant la période estivale, pour une journée pique-nique et baignade, direction le lac de Panthier situé sur les communes de Vandenesse-en-Auxois, Créancey et Commarin.

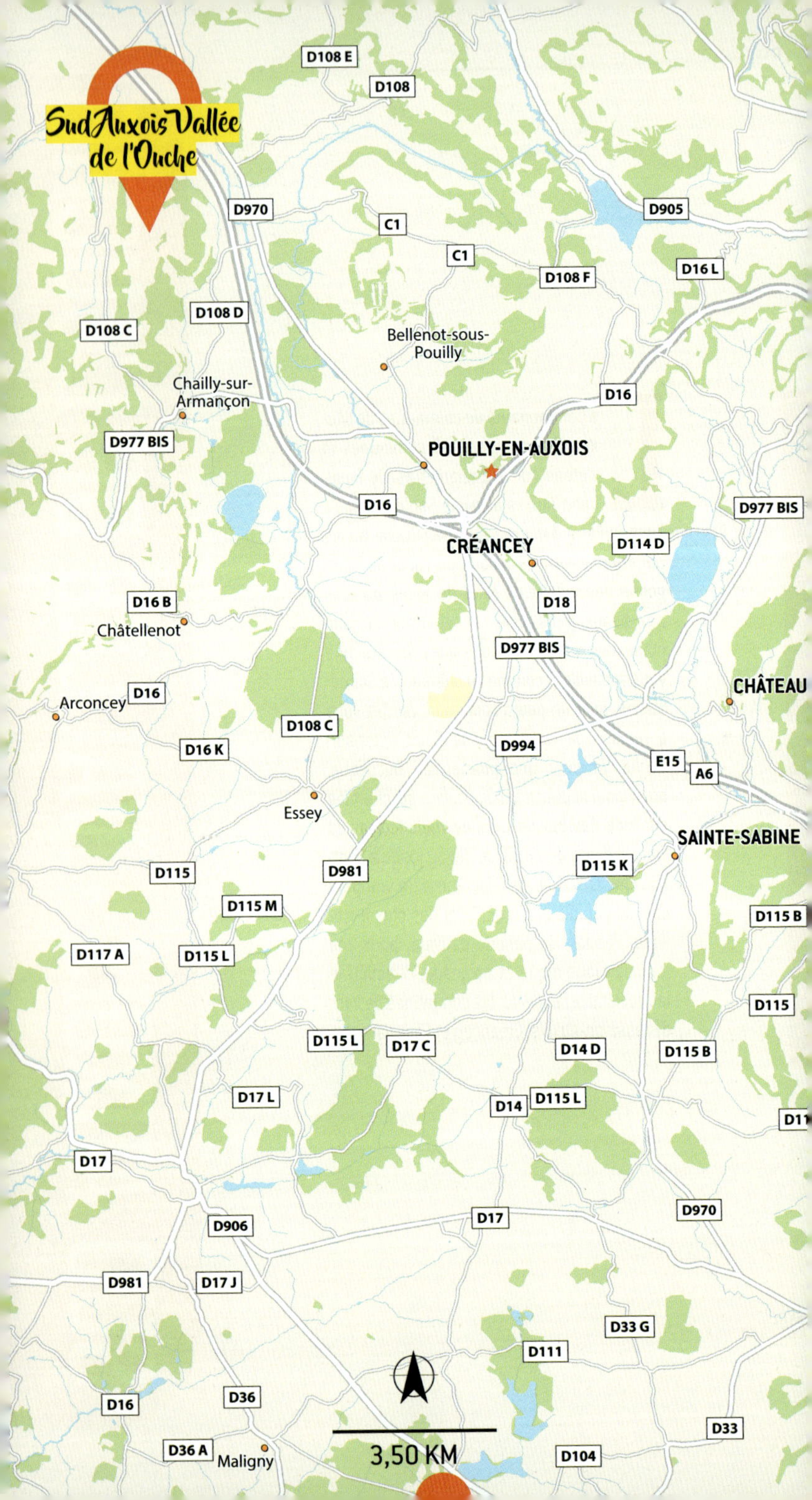

SudAuxois Vallée de l'Ouche
D108 E
D108
D970
C1
C1
D905
D108 F
D16 L
D108 D
D108 C
Bellenot-sous-Pouilly
Chailly-sur-Armançon
D16
D977 BIS
POUILLY-EN-AUXOIS
D16
D977 BIS
CRÉANCEY
D114 D
D18
D16 B
Châtellenot
D977 BIS
CHÂTEAU
D16
Arconcey
D108 C
D16 K
D994
E15
A6
Essey
SAINTE-SABINE
D115
D981
D115 K
D115 M
D115 B
D117 A
D115 L
D115
D115 L
D17 C
D14 D
D115 B
D17 L
D14
D115 L
D17
D970
D906
D17
D981
D17 J
D33 G
D111
D16
D36
D33
D36 A
Maligny
D104
3,50 KM

D114
D7
Savigny-sous-
Mâlain
Mâlain
D104 C
LANTENAY
D104
FLEUREY-SUR-
OUCHE
SOMBERNON
A38
D905
D108 I
D905
PONT-DE-PANY
6
D108
D9 G
Agey
D114
GISSEY-SUR-
OUCHE
D35 F
D104
D31
D35
D33
D104 B
D8
D109 B
D115
D109
D116
D109 B
D18
D25
Arcenant
D25
Meuilley
D104
D115
D104 A
D8
D2
-SUR-OUCHE
Villers-la-
Faye
D18
D115
D104
D111 A
Magny-lès-
Villers
Pernand-
Vergelesses

PONT-DE-PANY

Située au cœur de la Côte-d'Or, la Vallée de l'Ouche attire les visiteurs grâce à son environnement naturel privilégié et son patrimoine culturel qui vous mène tout naturellement jusqu'aux portes de l'Auxois à Sombernon. On aime flâner sur les bords de l'Ouche ou du canal de Bourgogne, partir à la découverte de ces paysages magnifiques en toute saison, de tous ces villages attachants des bords de l'Ouche, mais aussi de ceux qui sont blottis dans les reliefs environnants. Que ce soit à pied, à vélo, en bateau ou en kayak, venez admirer l'environnement de la vallée de l'Ouche et jouir des activités liées au tourisme vert. La nature généreuse promet de belles promenades ou des randonnées plus sportives. La richesse de la vallée de l'Ouche tient aussi à son patrimoine historique. Eglises, lavoirs, ponts anciens... sont autant de prétextes à une escapade pour découvrir les villages ! Sans oublier les hauts lieux que sont les sites de Mâlain et son château, de Barbirey-sur-Ouche et ses jardins, de Velars-sur-Ouche et Notre-Dame-d'Etang. Et pour découvrir ce territoire de façon originale, montez à bord du CFVO, Chemin de Fer « touristique » de la Vallée de l'Ouche, au départ de la gare de Bligny-sur-Ouche...

Pour obtenir toutes les infos nécessaires à votre découverte, pensez à l'office de tourisme Ouche et Montagne installé à Pont de Pany.

CHAPELLE DE NOTRE-DAME-D'ÉTANG ET PANORAMAS SUR LA VALLÉE DE L'OUCHE

45, route de Notre-Dame-d'Étang
VELARS-SUR-OUCHE ✆ 03 80 33 33 59
www.notredamedetang.fr

Balade à pied au départ du parking du bout de la route de Notre-Dame-d'Étang. Permanences au chalet d'accueil l'été.

Vers 150 av. J.-C., on se retranche déjà sur la montagne d'Etang lors des invasions celtes. Une chapelle où est vénérée la statuette de Notre-Dame d'Étang, une Vierge à l'Enfant, est construite. Pendant la guerre de Cent Ans, la statuette aurait été enterrée par un fidèle au sommet de la montagne pour éviter la profanation. En 1435, l'histoire dit qu'un bouvier, étonné par l'abondance et la qualité de l'herbe, creuse et découvre la statuette. Dès 1436, une chapelle est érigée pour vénérer la statuette gardée par un ermite, ensuite confiée aux minimes qui construisent un monastère sur le plateau Saint-Joseph. De nombreux pèlerins et visiteurs illustres viennent se recueillir (saint François de Sales, sainte Jeanne de Chantal, Louis XIV et sa mère Anne d'Autriche, Bossuet...). Le monastère est détruit à la Révolution et la statuette est conservée dans l'église de Velars jusqu'à ce jour. Sous l'impulsion de l'abbé Javelle, curé de Velars, débutent les travaux de l'actuelle chapelle, inaugurée en 1896. Une statue en bronze de la Vierge et de l'Enfant Jésus de 8 m pesant 10 tonnes est posée sur la coupole. Les pierres utilisées étaient gélives, le monument s'abime.

En 2012, la municipalité et les amis de Notre-Dame d'Etang (asso@notre-dame-detang.fr) lancent une restauration. Ce site est très visité. L'ascension est appréciée des randonneurs, le point de vue vaut le détour. Souscription publique en partenariat avec la Fondation du patrimoine.

LES JARDINS DU CHÂTEAU DE BARBIREY

2, rue du Château - **BARBIREY-SUR-OUCHE**
✆ 03 80 49 08 81 - www.chateaudebarbirey.com

Ouvert de 13h à 19h. En juin et septembre le week-end. En juillet et août du mardi au dimanche. Adulte : 6 €.

Rencontre avec l'art et la nature autour d'une ancienne seigneurie agricole du XVIIIe siècle. 8 ha où chacun flâne et découvre au fil de la promenade un lieu de vie, de poésie et de rencontres. Recréés et réorganisés grâce à la motivation de trois associations, ces jardins conjuguent avec malice les zones très travaillées et les endroits plus sauvages. Classés «jardins remarquables» en 2004, ils ont été inscrits à l'inventaire supplémentaire des Monuments historiques l'année suivante.

LES SENTIERS DE RANDONNÉE EN OUCHE ET MONTAGNE

✆ 03 80 49 77 43
www.ouche-montagne.fr

Consultables sur le site Internet ainsi qu'au point d'accueil touristique à Pont-de-Pany.

Vous aimez la randonnée active ou familiale, l'office de tourisme de Pont-de-Pany et le site internet www.ouche-montagne.fr vous donnent accès aux fiches descriptives des sentiers de la région, avec le parking de départ, la difficulté, le balisage, le circuit... Une immersion en pleine nature, au cœur du patrimoine et des villages, du haut des falaises ou en fond de vallée, le choix est très varié. Sentier de Baulme-la-Roche, du Mâlain, des Roches d'Orgères, Traversée des 5 vallées...

SITE DU CHÂTEAU DE MÂLAIN

Rue du Four
MALAIN
✆ 07 83 32 35 06
www.gam.malain.fr
Ouvert le week-end et les fériés de 14h à 18h. Adulte : 4 €. Enfant (+12 ans) : 1 €. Animations. Fermé du 2/11 au 6/04.

Ancienne seigneurie des XIIe et XIIIe siècles, elle est reconnue par les monuments historiques « en reconstruction » après avoir longtemps été classée en « ruine ». Voici les travaux entrepris par l'association : l'électrification, la sécurisation du lieu, l'aménagement des anciennes cuisines et des 11 salles visitables et des jardins. La salle des 3 poteaux, qui a gardé ses embrases d'escalier en colimaçon et sa cheminée, accueille désormais une exposition permanente « de la vigne au vin ». Cela nous rappelle qu'à Mâlain en 1900, on comptait plus de 100 hectares de vignes. Si une grande partie des murailles et quelques salles, comme le cachot et la chapelle, subsistent des XIIe et XIIIe siècles, la plupart des vestiges datent de la fin du XVe siècle.

En montant au château depuis le parking, contournez-le par la gauche et explorez la « grotte du trou du diable », lieu de découverte d'ossements humains de plus de 17 000 ans exposés au musée du village, géré aussi par le GAM (Groupe Archéologique du Mesmontois). Visitez ce Musée, installé dans une ancienne ferme rénovée, il regroupe sur 3 niveaux une sélection significative des objets issus des fouilles et d'importantes collections ethnographiques, géologiques et minéralogiques.

Enfin, en sortant du village en direction d'Ancey, la cité gallo-romaine de Mediolanum est une vraie curiosité, impressionnante, en libre accès. Tout au long de l'année, le château est le cadre de représentations théâtrales et de concerts.

OFFICE DE TOURISME OUCHE ET MONTAGNE

250, rue de Bourgogne
SAINTE-MARIE-SUR-OUCHE ✆ 03 80 33 33 59
www.ouche-montagne.fr
Basse saison : du vend. au dimanche 10h-12h30/13h30-18h. Haute saison : du vend. au lundi, mercredi 10h-12h30/13h30-18h.

Situé au rez-de-chaussée de la Communauté de Communes, profitez de cette pause pour vous renseigner sur les activités, les randonnées, les panoramas, les lieux historiques, les artisans, bref les bonnes adresses. Location de vélos. En été, l'écluse de la Charme à Saint-Victor-sur-Ouche est un lieu sympa où vous pouvez trouver des dépliants touristiques. Si l'OT est fermé, adressez-vous à la Communauté de Communes Ouche et Montagne où vous trouverez aussi des boissons fraîches.

LA 34 S - ECLUSE DU BANET €

Canal de Bourgogne - Chemin de Champagne
GISSEY-SUR-OUCHE
✆ 06 48 23 47 72
www.la34s.fr/
De mai à septembre, du vendredi au lundi et jours fériés. Service continu de 11h à 19h. Gîtes : de 43 € à 153 € la nuit.

Le long du canal de Bourgogne, la maison de l'écluse 34 S c'est une boutique de produits locaux et artisanaux, une cave de vins fins, une halte nautique, une offre de croisière gourmande, une table d'hôtes, un bar-terrasse et 2 gîtes, un sur terre et un flottant. Urs et Doris sont suisses, ils ont imaginé cette maison éclusière du XIXe siècle comme un endroit surprenant et il l'est ! Dégustez la cuisine maison sur une des tables installées le long du quai ou sur la terrasse couverte.

L'AUBERGE DU MOULIN THIBEL €€

80, rue Moulin-Thibel - **GISSEY-SUR-OUCHE**
✆ 03 80 40 07 52
www.laubergedumoulinthibel.fr
Vendredi, samedi et dimanche journée continue et les fériés. Pizza, salades repas, burgers. Suggestions à l'ardoise.

L'Auberge avec sa grande terrasse est une invitation à passer un moment convivial. Karelle vous accueille chaleureusement. François, le chef, cuisine des plats généreux, savoureux. Michel, le pizzaïolo et Pat, le sommelier complètent l'équipe. La cave à vin est remarquable et le caveau intimiste aussi. Bagels, burgers, pizzas et des spécialités : Crevettes poêlées, saumon gravlax, mousseline d'avocat, faux-filet aux girolles, sauce Epoisses. L'Auberge est ouverte le dimanche soir.

L'AUBERGE GOURMANDE €€

17, allée de la Cude - **VELARS-SUR-OUCHE**
✆ 03 80 33 62 51
www.auberge-velars.com
Lundi et du jeudi au dimanche midi. Menu du marché : 24 € midi et soir en sem., de 35 € à 64 €. Enfant 12 €. Terrasse.

Cette auberge de caractère à l'atmosphère feutrée et familiale sur l'axe de la vallée de l'Ouche est une valeur sûre. Le décor soigné et rénové est le bienvenu, Delphine Faivre et son équipe nous accueillent toujours aussi chaleureusement. Christophe Faivre, chef créateur passionné, nous réserve le meilleur comme à son habitude. Quel que soit le menu, ses plats sont un vrai régal pour les yeux et le palais ! On repart avec le plaisir d'avoir vécu un moment exceptionnel un peu hors du temps. La grande terrasse est très agréable aux beaux jours.

UN GRAIN SUCRÉ

15, rue de la Ferme
MALAIN
✆ 06 72 34 00 76
www.ungrainsucre.com

Passion partagée, voici la philosophie d'Adrien Cantaux. Pâtissier, chocolatier, confiseur passionné, il propose de parfaire vos connaissances en chocolaterie, confiserie et pâtisserie, vous apprendre à réaliser chez vous des gourmandises avec le matériel adapté. Il anime des ateliers gourmands à domicile pour des particuliers, des associations, des entreprises. Retrouvez les réalisations d'Adrien à l'heure du goûter, lors de marchés ou de manifestations dans les communes de la Vallée de l'Ouche et ses alentours. L'actualité du food trailer est sur Facebook.

LA KANOPÉE

255, rue de la Gare - **SAINTE-MARIE-SUR-OUCHE**
✆ 06 99 55 83 74
www.la-kanopee.com
Ouvert le vendredi et le samedi de 15h à 19h. Mercredi et jeudi sur rdv - horaires d'été plus larges cf. Facebook.

La Kanopée est une micro-brasserie née de la passion de Thierry Kniebiher. Armé d'une grande expérience de l'industrie agroalimentaire et formé à l'Institut français des boissons, il apporte à La Kanopée un sérieux ADN de longévité. L'espace bar-terrasse adjacent à la brasserie permet de déguster les bières tout en s'offrant un petit mâchon d'accompagnement. Cinq recettes de bières pour tous les goûts : une blanche délicate et fruitée, une blonde aromatique, une brune de caractère, une French IPA aux notes d'agrumes et une New England IPA discrète et poivrée.

GOLF DE LA CHASSAGNE

Chemin de La Chassagne
MALAIN
✆ 03 80 40 78 57
www.golflachassagne.com
Ouvert toute l'année, tous les jours de 9h à 19h. Golf 18 trous.

Golf 18 trous créé en 2011 par Philippe et Sébastien Rance, il s'étend sur 20 ha au sein d'une propriété de plus de 100 ha. Situé dans les combes du relief de Mâlain, il est traversé par la Douix. Ce parcours est à la fois technique et sportif. Les fairways sont vallonnés, les greens spectaculaires, dénivelés et obstacles vertigineux : vues superbes sur le château de Mâlain. Parc forestier ouvert au public pour des promenades sur les sentiers balisés respectant l'espace des golfeurs. Restaurez-vous au Club House. Depuis 2018, nouveau practice, couvert ou aérien.

BLIGNY-SUR-OUCHE

La communauté de communes de Pouilly-en-Auxois - Bligny-sur-Ouche regroupe 47 communes. Parmi elles bien évidemment la commune de Bligny-sur-Ouche. Elle se situe entre la vallée de l'Ouche, l'Auxois et les Hautes-Côtes, dans un superbe cadre bucolique qui mêle collines boisées et prairies verdoyantes bordées par l'Ouche. On la surnomme d'ailleurs «La Suisse bourguignonne» ! Avec de tels atouts naturels, il est évident que les randonneurs s'en donnent donc à cœur joie grâce aux différents parcours proposés. Mais vous pouvez aussi admirer le paysage dans un TGV... Train à Grande Vibration car la commune s'enorgueillit d'avoir bénéficié, par ordre d'apparition, de la troisième ligne ferroviaire de France. Elle reliait Epinac à Pont-d'Ouche. Aujourd'hui, des passionnés l'entretiennent et font rouler d'anciennes locomotives à vapeur ou diesel pour le plus grand plaisir des petits comme des grands. Un patrimoine important qui compte aussi douze moulins tout au long de l'Ouche et dont le plus ancien date du XIIIe siècle. Quant à ses armoiries, elles portent haut les symboles de Bligny : les fortifications et les tours en guise de couronne, épis de blé et fleurs de chanvre en guise de collier - les deux grandes productions de la ville -, écusson rouge rehaussé d'un arc et d'une flèche, symboles de la confrérie locale de Saint-Sébastien, compagnie d'archers qui fut, dès le XIIIe siècle, gardienne des murailles de Bligny.

MUSÉE PAPOTTE - ARTISANAT, VIE RURALE ET CHANVRE

7, rue du Moulin-Papotte ✆ 03 80 20 12 71
www.museepapotte.com
05, 06 et 09 : dim. et fériés 14h30-18h. 07 et 08 : tous les jours (sf ven. et sam.) 14h30-18h. Adulte/enf : 4 €/1.50 €.

Situé dans un ancien atelier d'ébéniste, le Musée regroupe tous les métiers d'antan qui ont fait la vie des campagnes : du sabotier (machine datant de 1947) au cordonnier, du maréchal-ferrant, bourrelier au paysan. Tous leurs outils y sont exposés. Des guides passionnés font découvrir leurs usages et leur utilité grâce à des démonstrations. Un métier à tisser de 1860 rappelle qu'il y avait 80 tisserands à Bligny en 1846 et on cultivait le chanvre. Comme un air du bon vieux temps !

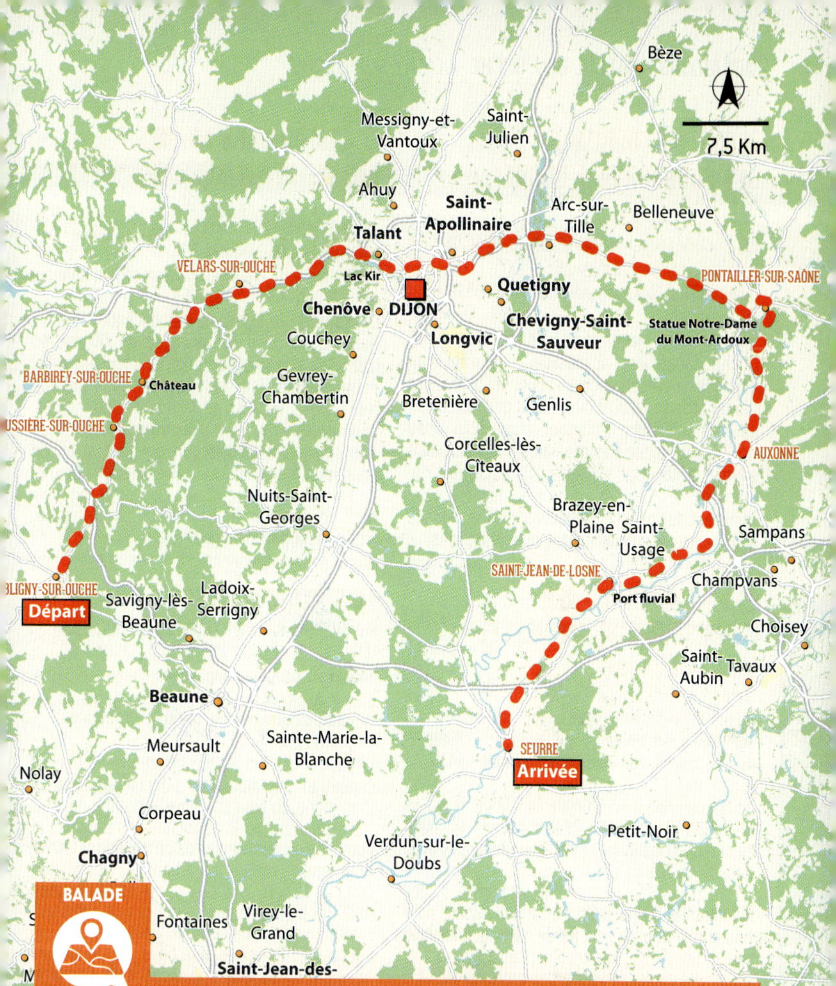

BALADE

DE L'OUCHE À LA SAÔNE

Partez de Bligny-sur-Ouche au cœur de la Suisse Bourguignonne, et à vélo longez la rivière en direction de Dijon. Vous traverserez La Bussière-sur-Ouche, puis Barbirey-sur-Ouche, son château, ses jardins et ses maisons des XVIIIe et XIXe siècles. Cap ensuite sur Velars-sur-Ouche, au pied du Mont-Afrique. Ici, l'Ouche côtoie le canal de Bourgogne et vous ne serez plus qu'à quelques encablures du lac Kir. Vous pourrez donc profiter de la belle Dijon pour la soirée. Le lendemain, direction Pontailler-sur-Saône où la Saône, l'Albane, la Bèze, la Vingeanne, l'Ognon et le canal entre Champagne et Bourgogne se croisent. Un paradis pour les activités nautiques ! Surtout, rendez-vous au pied de la statue Notre-Dame du Mont-Ardoux où vous profiterez d'une vue panoramique sur la plaine de la Saône et les monts du Jura.

Ensuite, rejoignez la médiévale Auxonne. Son centre-ville est chargé d'Histoire ! Jour 3, Saint-Jean-de-Losne vous attend. Ce port fluvial situé aux confluents de la Saône, du canal Rhin-Rhône et de celui de Bourgogne reçoit 5 000 bateaux/an. Et de nombreux cyclistes grâce à sa Voie verte. Vous pourrez profiter d'une croisière dans les environs avant d'atteindre Seurre. Pourquoi pas en bateau, d'ailleurs ? Car dans la ville natale de Bossuet le tourisme fluvial règne aussi en maître ! Au terme de ces 3 belles journées vous aurez parcouru un peu moins de 140 km.

OFFICE DE TOURISME DES SOURCES DE L'OUCHE À L'AUXOIS

21, place de l'Hôtel de Ville ✆ 03 80 20 16 51
www.tourismepouillybligny.fr
Ouvert du mardi au samedi de 9h30 à 12h30 et de 14h à 18h.

Situé sur la place principale de Bligny-sur-Ouche, facilement accessible, ses différents espaces de présentation en bois ont été réalisés par un artisan local. Randonnées pédestres aux sources de l'Ouche, train touristique de la Vallée de l'Ouche, Musée Papotte, sites à visiter... vous savez bientôt tout sur le territoire. La librairie-boutique, les produits du terroir, la galerie où exposent des artistes complètent l'offre. Pensez à demander le calendrier des manifestations.

CFVO-CHEMIN DE FER TOURISTIQUE DE LA VALLÉE DE L'OUCHE

Gare - Route d'Arnay ✆ 03 80 20 17 92
http://chemindefervalleedelouche.blogspot.fr
Mai, juin, sept : trains à vapeur dim. et jrs fériés 14h45, 16h30. Juil-août du lun au sam. 15h30. 8,50 €, enf. 3 €.

1h de promenade en train sur l'ancienne ligne Epinac-Dijon, ça vous tente ? Les membres de l'association CFVO bichonnent d'anciennes locomotives à traction vapeur (la plus ancienne, « La Couillet » de 1910, classée Monument Historique) et des locomotives diesel qu'ils mettent en service pour parcourir 7 km de voie ferrée dans la bucolique vallée. En 1830, cette voie servait à transporter du minerai de fer et de charbon entre Epinac et le Canal. L'association est d'utilité publique.

ABBAYE DE LA BUSSIÈRE-SUR-OUCHE €€€

RD 33 - **LA BUSSIÈRE-SUR-OUCHE**
✆ 03 80 49 02 29 - www.abbayedelabussiere.fr
20 chambres de 195 à 600 € ; petit déjeuner à 25 €. Restaurant gastronomique étoilé le 1131 et le Bistrot des Moines.

Découvrez cette abbaye et passez un séjour inoubliable au cœur de la vallée de l'Ouche dans le plus grand des raffinements. Dans ce cadre entouré d'un parc de 7 hectares, des chambres entièrement rénovées et confortables, avec salle de bain et baignoire jacuzzi pour se relaxer. Des suites duplex avec terrasse aux chambres Deluxe, vous dormirez comme dans un nid douillet. Le restaurant gastronomique étoilé ou le Bistrot des moines sont à la hauteur de ce lieu Relais & Châteaux.

LE BISTROT DES MOINES / ABBAYE DE LA BUSSIÈRE €€

RD 33 - **LA BUSSIÈRE-SUR-OUCHE**
✆ 03 80 49 02 29
www.abbayedelabussiere.fr
Ouvert du lundi au dimanche, midi et soir. Horaires variables en basse ou haute saison. Terrasse.

L'Abbaye de la Bussière est un bijou de raffinement, au cœur de la vallée de l'Ouche où une allée d'arbres centenaires vous accueille. Pour déjeuner, deux restaurants : un établissement étoilé, le 1131, et le Bistrot des moines, plus accessible. Vous dégusterez sur place une cuisine bistronomique qui met le terroir en valeur, préparée par le chef Meilleur Ouvrier de France Guillaume Royer. Le Bistrot est idéal pour un repas professionnel ou en amoureux. Très bon rapport qualité-prix.

LE BISTROT DU PORT €€

Port de Pont d'Ouche - **THOREY-SUR-OUCHE**
✆ 06 80 02 17 38
www.bistrotduport.weebly.com
Ouvert du 04/04 au 20/10/2021. Les midis du mercredi au dimanche et les soirs du jeudi au samedi. Menus de 26 à 32 €.

Le Bistrot du Port est un concentré de bonnes choses et une ambiance ! Accolé au canal de Bourgogne, on peut déjeuner et profiter de la sérénité des lieux au son apaisant des clapotis. Sonya est aux commandes de ce joli bistrot tout de bois vêtu, on mange bon et parfois bio, des produits de saison issus de circuits courts. L'après-midi, un thé Damman Frères et une pâtisserie maison, comme ce baba au petit épeautre bio, succulent ! En soirée, une bière artisanale, une absinthe du Jura et une planche de fromages ou de charcuteries locales régalent vos papilles.

ABBAYE DE LA BUSSIÈRE-SUR-OUCHE €€€

RD 33 - **LA BUSSIÈRE-SUR-OUCHE**
✆ 03 80 49 02 29
www.abbayedelabussiere.fr
Une étoile au Michelin. Du mercredi au dimanche pour le dîner et le dimanche au déjeuner et au dîner. Menus dès 98 €.

Dans le cadre de l'abbaye de la Bussière, Le 1131 (date de fondation du lieu) vous invite à découvrir la cuisine de Guillaume Royer, Meilleur Ouvrier de France 2015. Promenez-vous dans la carte comme vous le feriez dans la région en commençant par la terre avec les morilles à l'Aligoté ; sautez à l'eau avec la truite bio de l'Yonne parfumée au fruit de la passion. Enfin, un petit tour dans les prés avec la pintade de la Ferme du Poiset et sa déclinaison de pois chiches bio.

SAINTE-SABINE

Sainte-Sabine est une charmante commune de 200 habitants située à quelques minutes de Pouilly-en-Auxois, à une trentaine de kilomètres de Beaune et à 50 kilomètres de Dijon. L'histoire raconte qu'au XIIe, un moine de l'abbaye de la Buissière se rend à Rome pour rapporter des fragments de reliques (une pratique courante à l'époque pour légitimer la fondation d'un nouvel établissement religieux). Il revient donc de la ville éternelle avec une partie du crâne de sainte Sabine, une martyre chrétienne du IIe siècle. Il meurt en chemin, à Lassey où des religieux avaient été établis par saint Martin. Les moines de la Buissière viennent chercher la relique et le corps de leur confrère. Mais une force surnaturelle les empêche d'avancer. Ils laissent donc les reliques de la sainte en ce lieu rebaptisé pour l'occasion Sainte-Sabine. Au XVIe siècle, la famille De Messey y construit un splendide château qui surplombe la vallée. Ce château est aujourd'hui un hôtel de luxe. Ne ratez pas ce village bucolique, son église du XVIe, le reliquaire de sainte Sabine qui est l'une des plus belles pièces d'orfèvrerie du XIVe et la vue imprenable sur Châteauneuf-en-Auxois. A l'ouest de Sainte-Sabine, le réservoir de Chazilly, lieu de pêche bien connu des amateurs, est l'un des cinq réservoirs qui servent à l'alimentation du canal de Bourgogne.

CHÂTEAU SAINTE-SABINE - RESTAURANT LE LASSEY €€€

8, route de Semur ✆ 03 80 49 22 01
www.saintesabine.com

Ouvert tous les jours le soir ; du jeudi au mardi le midi. De novembre à fin mars, fermé les lundi et mardis.

Dans ce magnifique édifice du XVIe siècle, vous découvrirez un restaurant de grande qualité : le Lassey ! Le chef Benjamin Linard vous propose de déguster une cuisine traditionnelle faite de produits frais et locaux ! Une expérience gustative unique. Le menu déjeuner change régulièrement. Le soir, la carte et les menus gourmand, gourmet ou dégustation finiront de vous ravir ! Nouveau pour vos déjeuners d'été : «l'Instant brasero», grillades et plancha sur la superbe terrasse...

POUILLY-EN-AUXOIS ★

Situé le long du canal de Bourgogne, Pouilly-en-Auxois a plus d'un attrait touristique : richesse du patrimoine (colombiers, châteaux, villages fortifiés aux alentours...), balades dans la nature ou sur les chemins de halage, en bateau ou à vélo, découvertes gastronomiques... L'attraction principale est sans nul doute le port de plaisance où passe le canal de Bourgogne. Des croisières de 2h (ou plus) sont possibles à bord de la Billebaude, qui passe sous une voûte souterraine de 3,3 km. Ne manquez pas la Halle du Toueur construite par l'architecte japonais Shigeru Ban et qui abrite un ancien toueur électrique, qui servait à remorquer les bateaux.

CHÂTEAU SAINTE-SABINE - RESTAURANT LE LASSEY €€€

8, route de Semur ✆ 03 80 49 22 01
www.saintesabine.com

22 chambres. Chambre double de 120 € à 260 € ; suite de 200 € à 260 €. Demi-pension (de 240 à 380 €). Piscine. Parc.

Superbe château du XVIe siècle, devenu sous l'impulsion de Susanne et Jean-Louis Bottigliero, un château-hôtel au cachet extraordinaire, niché dans un coin de verdure. Le chef Benjamin Linard, après avoir côtoyé les chefs étoilés Georges Blanc, Bernard Loiseau et Jacques Lameloise, dévoile une cuisine revisitée dans les menus Découverte, Gourmand et Gourmet. Philippe Para dirige le château avec brio, le parc, la piscine complètent l'offre de ce lieu dont la réputation est grandissante.

LA VOÛTE DE POUILLY

Rue du 8 mai 1945
✆ 03 80 90 77 36
www.cap-canal.fr

Mai-octobre, le bateau La Billebaude. Adulte 13 €. Enfant 8 €. Aller-retour. Durée 2h15 ou 1h15. Tarifs 26/13 €, 16/8 €.

La construction de ce tunnel de 3,3 km, édifié entre 1826 et 1832, permit d'économiser la construction de plusieurs écluses. Situé sur la ligne de partage des eaux, il permet le passage du canal de l'un à l'autre des deux bassins. En 1867, un toueur à vapeur est installé pour aider à «touer» (tracter) les bateaux. La fée électricité est utilisée à partir de 1893. Le bateau de la Billebaude propose un aller-retour de 2h au cours duquel vous traversez la voûte de Pouilly, vous passez une écluse et vous faites un arrêt au toueur électrique.

OFFICE DE TOURISME DES SOURCES DE L'OUCHE A L'AUXOIS

Port de plaisance
✆ 03 80 90 77 36
www.tourismepouillybligny.fr
Ouvert toute l'année. Du lundi au samedi de 9h à 12h30 et de 14h à 18h.

La Capitainerie, sur le port de plaisance, abrite l'office de tourisme. Ouvert toute l'année, il centralise de nombreuses informations touristiques de l'Auxois sud à la vallée de l'Ouche : pour vous, bons plans, fiches de randonnée. La Véloroute, ce chemin de halage balisé le long du canal de Bourgogne, vous emmène à Dijon d'un côté et à Tonnerre de l'autre… à la force des mollets ! Si vous préférez la nature vue de l'eau, les réservations pour le bateau-promenade se font ici.

CAP CANAL - LE BATEAU PROMENADE LA BILLEBAUDE

Port de plaisance ✆ 03 80 90 77 36
www.cap-canal.fr
Circuit de la voûte aller simple : adulte 9,50 €, enfant 6,50 €, aller-retour 13 € et 8 €. Croisières thématiques.

Croisières insolites au sommet du canal de Bourgogne à bord du bateau électrique La Billebaude (50 passagers). La promenade comprend la traversée de la fameuse voûte de Pouilly (souterrain illuminé de 3 333 m dans lequel le canal s'engouffre sous la ville) et le passage d'écluse(s). Des croisières animées et thématiques ponctuent la saison. Vous pouvez embarquer 6 vélos à bord pour rejoindre la véloroute. Réservation impérative et embarquement au port de Pouilly-en-Auxois.

HÔTEL DE LA POSTE €€

2, rue du Docteur Chauveau ✆ 03 80 90 86 44
www.hoteldelaposte-pouilly.fr
Ouvert toute l'année. Chambre double de 65 € à 82 € selon la saison. Chambre 2 à 4 personnes : de 65 € à 96 €.

C'est sur la place de la Libération au cœur de Pouilly-en-Auxois que vous trouvez l'Hôtel de la Poste, ancien relais de poste sous Napoléon du XVIIIe siècle. 7 chambres spacieuses et lumineuses refaites à neuf en 2018. Le plus de l'établissement est bien évidemment, son restaurant, celui d'Anthony Bonnardot, la troisième génération de restaurateurs de talent, passé dans les plus grandes maisons. Sa réputation n'est plus à faire, cuisine soignée et 100 % maison. Enfin, si vous possédez un vélo, l'hôtel dispose d'un local dans lequel vous pouvez l'entreposer.

RITCHIE'S DINER €€

ZAC portes de Bourgogne
✆ 06 52 59 02 88
Ouvert tous les jours le midi et le soir. Burgers, Tapas, Tacos salads, grillades. Réservation conseillée.

Installé dans un wagon SNCF relooké aux couleurs de la compagnie Union Pacific en jaune et rouge, il attire et réjouit l'œil. Eddy Ronget et Sébastien Senabre vous invitent pour un voyage insolite le temps d'un repas à l'américaine. Les amoureux des années 50/60 apprécient le voyage. Humour à la carte avec : Los Jean Jaurès Burger, Amélie Poulet Burger, Charles de Gold Burger. Autant de burgers minute composés à base d'ingrédients frais. Vous dégusterez burger-frites, tacos et milk-shake installé sur une banquette de Skaï jaune vif au son d'un tube du King.

LE MÉDIÉVAL €€

Place de la Halle - **MONT-SAINT-JEAN**
✆ 03 80 64 35 54
www.lemedievalrestaurant.com
Artisan cuisinier Euro-Toques. Ouvert du mardi au samedi midi et soir et dimanche midi. Menus de 29,50 € à 56 €

Le Médiéval offre un cadre unique en Côte-d'Or sur la place centrale du village historique de Mont-Saint-Jean. Sa terrasse ombragée est un must en été. La cuisine de Franck Wittman est précise, valorisée dans une très belle vaisselle, audacieuse parfois, comme ces bols en pierre dans lesquels il sert ses Œufs parfaits 63 °C au chaource fermier et aux truffes qui sont devenus une de ses spécialités. Exigeant sur les produits sélectionnés, persévérant et inventif dans ses recettes, sa cuisine monte en gamme. En vue pour le printemps 2021, une nouvelle déco !

RESTAURANT DE L'HÔTEL DE LA POSTE €€

2, rue du Docteur Chauveau ✆ 03 80 90 86 44
www.hoteldelaposte-pouilly.fr
Du mardi au samedi le midi et le soir. Menu du jour 16 €. Menus Marché : 22 € ; Terroirs : 32 € ; Saveurs : 44 €. Carte.

Antony Bonnardot, propriétaire et chef du restaurant de l'Hôtel de la Poste a officié dans de grands restaurants : le Chapeau Rouge à Dijon, Lameloise à Chagny. Il perpétue l'histoire de sa famille installée ici depuis 3 générations. Sa notoriété est parfaitement établie, ses recettes sont originales et appréciées : cœur de ris de veau, jus corsé au ratafia de bourgogne, paleron de bœuf confit au tandoori pendant 7 heures, Saint-Jacques poêlées, émulsion gingembre et curcuma. Exquis !

HÔTEL GOLF CHÂTEAU DE CHAILLY €€€

Rue Dessous - CHAILLY-SUR-ARMANÇON
✆ 03 80 90 30 30
www.chailly.com
Lundi au samedi, midis + soirs. Menus de 49 € à 95 €. Brunch le Dimanche à 39,50 €. Piscine, spa, golf 18 trous, jardin.

C'est une invitation à vivre un moment magique : golf, hôtel, spa, restaurant l'Armançon. Dans cette forteresse du XVIe, les 3 salles de l'Armançon sont accueillantes et confortables. Les lieux sont propices à la découverte de la cuisine savoureuse, colorée et fraîche du chef Jean-Alain Poitevin avec le menu 'De la Ferme à l'Assiette', 100% Côte d'Or ! Les vins choisis par Thierry Ledieu sont divins et le service est top. Pensez au brunch le dimanche, une formule innovante appréciée !

LA MAISON DE PAYS DE L'AUXOIS-SUD

Rond-Point (sortie A6, direction Créancey)
✆ 03 80 90 75 86
www.maison-auxois.com
Ouvert de 10h à 18h et/ou 14h à 18h/18h30 selon la saison.

Plus de 3 500 produits issus des productions de près de 130 artisans locaux dont près de la moitié en produits de bouche. Bienvenue à la Maison du Pays de l'Auxois ! En rayon : truffes, fromages de chèvre, saucissons, une cinquantaine de vins, des liqueurs, des bières, confitures, jus, moutardes Fallot et Reine de Dijon, miels, pains d'épices, biscuits, anis, escargots… Mais aussi des jouets en bois, des bijoux, des vêtements, des objets en verre et même des produits de beauté bio.

MICROBRASSERIE LA CLÉ DE VOUTE

17, avenue du Général de Gaulle
✆ 06 71 86 63 92
https://brasserielavoute.com/
Ouvert du mardi au jeudi. De préférence sur rdv. Bières en vente directe + épiceries locales et restaurants.

La Voute est une bière née en 2019 qui fait référence au patrimoine de Pouilly-en-Auxois. Olivier Vailly prépare ses bières artisanales avec des houblons et malts soigneusement assemblés. La capacité de production est de 1 200 litres par mois. Blonde, Blanche, Ambrée, Coffee Stout, IPA, de saison ou encore maturée en fût de chêne de cognac, le choix est vaste. Elles ont une vraie personnalité et juste alcoolisées. On les aime aussi parce qu'elles sont bio.

CHÂTEAUNEUF

Du haut de son éperon rocheux de 475 m d'altitude, Châteauneuf domine ses environs et offre l'un des plus beaux points de vue sur la région. Le bourg est blotti autour de son château qui, construit à partir de 1175, reste un des plus beaux témoignages de l'architecture militaire bourguignon. Visitez également l'église Saint-Jacques-et-Saint-Philippe. Datant du XVe siècle, elle a été rénovée et présente des statues classées aux Monuments historiques dont une de saint Jean-Baptiste attribuée à Claus Sluter. Chemins, ruelles et vénérables bâtisses fleuries : l'endroit est recensé parmi les plus beaux villages de France. Aux encombrements relatifs des week-ends estivaux répond le calme du reste de l'année : un bol d'air pur et une escapade au pays d'Henri Vincenot. L'un de ses ancêtres était ici maréchal-ferrant. Le site était voué à une fonction défensive et ce dès l'époque gauloise. Les fortifications et plus tard le château regardent dans trois directions : la côte des vins, les bois de la montagne dijonnaise et les champs de blé de l'Auxois. C'est donc naturellement que la bourgade devient un centre de foires fréquenté. On a pu dénombrer quatre rendez-vous de ce type au XIVe siècle et six à la fin du XIXe siècle. Le commerce apporte une certaine prospérité à l'endroit. Le XIXe siècle ne lui est pourtant pas favorable. La contrée voit sa population – des agriculteurs pour la plupart – partir. Le site est aujourd'hui fort prisé et les places sont rares pour qui veut devenir propriétaire d'une maison des XIVe, XVe ou XVIe siècles dans ce petit coin de paradis.

LE POINT DE VUE DE LA CROIX DE MISSION

Un petit coin de paradis, presque magique, qui offre une vue parfaite à 180 degrés sur les paysages de l'Auxois. Asseyez-vous paisiblement sur la pierre surplombée d'un crucifix, entourée d'arbres séculaires, et admirez l'horizon, les collines, les villages alentour, la végétation locale… En poursuivant en direction du bois, plusieurs parcours balisés de randonnées sont proposés. Distances et difficultés le plus souvent abordables pour toute la famille.

LE CHATEAU DE CHATEAUNEUF

✆ 03 80 49 21 89

chateauneuf.bourgognefranchecomte.eu

Ouvert tous les jours sauf certains jours fériés de 9h30 à 12h45, 14h à 18h30. Adulte : 5 € Enfant (12-17 ans) : 3,50 €.

Le Château de Châteauneuf est un merveilleux témoignage de l'histoire militaire et de la puissance de la Bourgogne. Le Conseil régional de Bourgogne Franche-Comté, propriétaire du site depuis 2008, vous invite à participer à des visites guidées qui vous font découvrir le donjon du XIIe siècle, le Grand Logis du XVe et ses pièces des XVIIe et XVIIIe siècles, le Logis de Philippe Pot du XVe, la chapelle et la tour sud du XIVe siècle ! Vous découvrez une belle collection de mobiliers déposée par le Musée des Beaux-arts de Dijon, le Centre des Monuments nationaux et le Musée des Arts décoratifs de Paris.

Pour comprendre pleinement l'histoire de ce château, ses gloires, ses tragédies comme la mort de Catherine de Châteauneuf sur le bûcher pour avoir empoisonné son mari, faites un tour au centre d'interprétation situé dans le Logis des hôtes pour découvrir l'histoire de manière ludique et interactive avec des vidéos et supports tactiles. Un espace game théâtralisé vous entraîne dans les méandres de l'histoire. Des visites guidées aux thèmes variés sont organisées : visite du jardin, un potager d'inspiration médiévale et ses 90 espèces de plantes aromatiques et médicinales, visite des combles, visite spéciale Les Dames de Châteauneuf qui décrit le rôle de 4 femmes au château du XIIIe au XVIIe siècle. La saison culturelle au château est très riche, demandez le programme !

Enfin, appréciez le village classé « Plus Beaux villages de France », le belvédère et son panorama splendide.

CAFÉ DU CHÂTEAU €

Route Départementale 977b - **COMMARIN**

✆ 03 80 49 23 67

www.commarin.com

Petite restauration, formule pique-nique. Terrasse. Boutique. D'avril à novembre : tous les jours 10h-18h (20h l'été).

Le Café du Château de Commarin, né en 2018, propose un repas de qualité. Sa terrasse couverte de parasols offre une vue unique et captivante sur le Château. En 2019, à côté de la boutique, une salle de restauration a été aménagée pour les jours frais et pluvieux. Le service est assuré à toute heure jusqu'au coucher de soleil. Salades, charcuteries et fromages, jambon persillé, soupe bio, le tout accompagné d'une bière ou d'un verre de vin, des vins spécialement sélectionnés pour vous. Un moment un peu surréaliste qui prolonge admirablement la visite du château.

CHÂTEAU DE COMMARIN

Route départementale 977b - **COMMARIN**

✆ 03 80 49 23 67

www.commarin.com

De fin mars à mi-novembre, ouvert tous les jours de 10h à 18h. Adulte : 7,90 €, Enfant (-16 ans) : 4,40 €.

Le Château se visite à l'extérieur et à l'intérieur tous les jours. Situé à Commarin, au pied du charmant village de Châteauneuf, cette propriété est un voyage dans le temps qui débute au XVe siècle lorsqu'il était château fort. Habité par la même famille depuis 26 générations, Bertrand de Vogüé, son propriétaire, met tout en œuvre pour que ce trésor soit accessible et attrayant. A l'intérieur, découvrez des trésors d'architecture et de mobilier des XVIIe et XVIIIe siècles, dont une splendide collection de tapisseries héraldiques du XVIe et la très belle bibliothèque qui contient une édition originale de L'*Encyclopédie* de Diderot et d'Alembert ! Faites un tour par la chapelle du XIVe siècle, abritant une intéressante mise au tombeau en terre cuite ou l'ancienne cuisine avec un immense fourneau en fonte datant de 1880. A l'extérieur, admirez les deux tours rondes, les fossés et les jardins. Vous pouvez profiter toute l'année jusqu'à 20h aux beaux jours, de l'immense parc à l'anglaise à l'abri de ses arbres centenaires, soit plus de 35 ha. Un parcours Découverte vous est remis pour visiter le Parc, en 2021, il abrite une exposition de Totems de l'artiste Kevin Pearsh.

Dans l'enceinte, un restaurant-bar à vin : le Café du Château. Vous pouvez déguster un verre de vin de Pays des Coteaux de l'Auxois dans la salle climatisée ou sur la terrasse. De là, vous avez une superbe vue sur le château, vous pouvez rester jusqu'au coucher du soleil. Créative, l'équipe du Café propose de déjeuner à toute heure du jour avec des salades et charcuteries/fromages ou une formule pique-nique faite de produits régionaux, bio. Le cadre vous donne envie de vous marier, qu'à cela ne tienne, il est possible de réserver les somptueuses écuries du XVIIe siècle construites sur le modèle de celles de Chantilly.

Envie d'une flânerie, passage par la Boutique. Un espace librairie dispose d'une belle collection de livres sur Henri Vincenot, auteur d'ici à découvrir. Des produits gourmands et des crus emblématiques de la région sont à déguster ou à emporter.

Quand on aime, il ne faut pas partir, direction les maisons du Château. Vous pouvez séjourner dans la Maison Seguin ou le Pavillon de Chasse, le temps d'un week-end, d'une semaine ou plus. La Maison Seguin offre 120 m², un confort moderne tout en gardant le charme de l'ancien avec jardin privé pour 7 personnes. Le Pavillon de chasse, lui, avec ses 150 m² jusqu'à 12 personnes, peut recevoir vos amis ou vos proches, le salon et le jardin sont grands !

Et pour l'anecdote, demandez : où sont les garçons ? Trop drôle !

LE BISTROT DES PRÉS VERTS €€

Rue de la Porte Huillier

✆ 03 62 02 21 21

www.lebistrotdespresverts.com

Ouvert tous les jours de 10h à 22h. Bistrot. Cave à vins. Boutique.

Le Bistrot des Prés Verts est une cave à manger intimiste de Châteauneuf-en-Auxois, l'un des plus beaux villages de France ! Un chaleureux cocon avec une boutique et un salon remarquablement aménagé pour apprécier une sélection de 19 vins au verre jusqu'au Grand Cru accompagnés de planches et bocaux gourmands. Une parenthèse chic, le temps d'une dégustation ou d'un repas raffiné, à la découverte de la Bourgogne grâce à une sélection exigeante de produits Bio & Terroir.

HÔSTELLERIE DU CHÂTEAU €€

Grande Rue ✆ 03 80 49 22 00
www.hostellerie-de-chateauneuf.com
Réservation recommandée. Menus de 19,90 à 43 € (menus spéciaux pour les groupes). Carte : 28 € environ.

© GRILL//HOSTELLERIE

Les superbes paysages de l'Auxois vous ouvrent l'appétit ? Alors arrêtez-vous ici ! Une magnifique bâtisse pour votre régal, un restaurant traditionnel avec des spécialités bourguignonnes, poulet Gaston Gérard, œufs en meurette, jambon persillé... et gril au feu de bois. Tout ici inspire la détente, le repos et le calme. Pour prolonger ce doux moment, l'Hostellerie du Château propose 9 chambres de caractère, l'accueil est chaleureux et attentionné. Petits-déjeuners ou repas copieux servis sur les belles terrasses, celle avec la vue sur le château est sublime.

LE BAN BOURGUIGNON €€

23, rue du Château
COMMARIN ✆ 03 80 52 03 85
https://le-ban-bourguignon.business.site/
Ouvert tous les jours midi et soir. Plancha-party coté jardin le vendredi soir en été. Terrasse. Traiteur

Le Ban Bourguingon à Commarin est à l'initiative de Carlos Alves, traiteur installé à Chevannay, au Domaine du pré du Chêne. Le Ban Bourguignon devient la vitrine de son savoir-faire dans laquelle il a sorti le grand jeu. Apéritifs bourguignons, dont le « maison », coulis de framboise, ratafia et Crémant de Bourgogne ! La cuisine préparée au laboratoire de Chevannay est 100 % maison et à base de produits locaux, escargots, jambon persillé, truite du Morvan… aucun classique n'est oublié. La terrasse côté jardin permet de prendre l'air aux beaux jours.

L'ORÉE DU BOIS €€

Grande-Rue
✆ 03 80 49 25 32
www.ldb-chateauneuf.com
Fermé de décembre à janvier. Ouvert les week-ends de février et mars. Fermé le mardi, sauf en juillet-août.

Le restaurant L'Orée du Bois se trouve presque au point culminant du village de Châteauneuf et est installé dans l'unique maison à colombages du village. En été, on opte pour la petite terrasse, l'hiver, on se prélasse au coin de la grande cheminée centrale de la salle. On apprécie l'ambiance terroir et « le petit accent » de Stephen Houchin, qui a la fibre gastronomique. On vient à l'Orée du Bois pour ses crêpes sucrées et salées, mais on y revient pour sa spécialité : l'assiette de l'Auxois, composée de charcuteries et de fromages de la région.

LA PIZZ' DU CASTEL €€

Grande Rue
✆ 03 80 49 26 82
www.grilldu castel.fr
Ouvert du mercredi midi au dimanche soir. Menus de 14,50 à 21 €. 8,50 € menu enfant. Carte : 15 €. Groupes jusqu'à 30 pers.

Que de changements au cœur de l'Auxois...La cuisine gastronomique et régionale du Grill du Castel est désormais installée au sein de l'Hostellerie du château tandis que l'ancien établissement se transforme en pizzeria traditionnelle. Des pizzas sur place et à emporter, à l'époisses, à l'andouillette, des salades, des assiettes de charcuterie italienne et de bonnes pâtes sont au menu. En dessert, la Dijonnaise, délicieuse coupe glacée, met le cassis à l'honneur. Des prix doux, un service agréable et une déco chaleureuse : la Pizz' du Castel va à l'essentiel !

LA BOUTIQUE DES PRES VERTS

Rue de la Porte Huillier
✆ 03 62 02 21 21
www.laboutiquedespresverts.com
Ouvert tous les jours de 10h à 22h. Terrasse. Boutique.

La Boutique des Prés Verts est née dans la continuité de l'hôtellerie de luxe que développent Jérémy Leleu et Lucie Onno. Depuis toujours ils servent dans les petits déjeuners et paniers-repas des produits de première qualité, salés, sucrés et destinés aux amateurs de bières et vins. On peut dorénavant se les procurer dans la charmante boutique de Chateauneuf ou en ligne. Vous trouvez aussi une gamme complète de produits de soin et bien-être et des objets de décoration artisanaux.

SOMBERNON

Sur son promontoire, Sombernon est un charmant village qui domine la vallée de l'Ouche et la montagne dijonnaise. De Pasques à Saint-Jean-de-Boeuf en passant par Sombernon, Remilly-en-Montagne et Arcey, découvrez des villages au charme unique et laissez-vous éblouir par des sites rocheux et verdoyants, propices aux activités de pleine nature. L'écrivain et poète bourguignon Henri Vincenot présentait Sombernon comme étant le « toit du monde occidental ». Entouré de forêts, d'eau et de verdure, le village a beaucoup à offrir et attire de nombreux visiteurs. Entre vallées et montagnes, les paysages d'Ouche et Montagne ne manquent pas d'attrait.

L'ORÉE DES CHARMES €€

56, rue d'Avau - **BLAISY-BAS**
✆ 03 80 33 03 03
www.oreedescharmes.fr

Ouvert tous les jours le midi, du lundi au samedi le soir. Menus de 31 à 41 €. Enfant : 15 €. Formule midi : 14,50 €.

Didier Pougeoise, chef de cuisine expérimenté, a repris l'Orée des Charmes fin 2014, un établissement aux allures de maison familiale. Le restaurant propose une cuisine traditionnelle et créative qui évolue au fil des saisons. Les plats sont préparés à partir de produits frais de qualité pour un résultat tout en finesse. Foie gras cuit au torchon servi avec une petite gaufre belge et marmelade de tamarin puis blanc de turbot aux asperges. On apprécie cette cuisine 100 % maison. Profitez de cette halte gourmande dans une salle aux poutres de bois apparentes.

LES 2 ARTELIERS - BOIS CRÉATIONS - XAVIER MASSON

37, rue de la Libération
✆ 03 80 33 33 76
www.boiscreationsxaviermasson.fr

Ouvert du lundi au samedi de 10h à 19h sauf journées d'exposition en extérieur.

La maison de Catherine et Xavier Masson est aussi leurs «Arteliers» où ils vendent leurs productions. Xavier Masson maîtrise une technique très aboutie du travail du bois lui permettant de créer des œuvres originales aux finitions inédites. Des sculptures, tire-bouchons et bijoux qui pourraient bien vous étonner. Les matières premières sont souvent des bois de pays, lilas, houx, prunier, buis… les finitions sont polies, cirées ou incrustées de micro-mosaïques ou de galuchat.

DOMAINE DU PRÉ DU CHÊNE €€

Le Pré du Chêne - **CHEVANNAY** ✆ 03 80 23 63 17
www.alvestraiteur-domainelepreduchene.fr/accueil-le-pre-du-chene

Gites de groupes - 50 € la nuit par personne - Traiteur - Evenements.

C'est parce que le domaine du Pré du Chêne, traiteur et lieu de d'organisation d'évènements, est installé dans une ancienne ferme forte du XIIe siècle que Carlos Alves a exploité ses multiples espaces. Plusieurs gites de grande capacité sont en cour de création. La déco demeure sobre et ce sont les pierres de la bâtisse, ses poutres et plafond qui en font le charme. Le rapport praticité, qualité, prix est imbattable au creux de ce vallon de l'Auxois. Les groupes de motard, automobilistes, randonneurs trouveront de quoi gaillardement s'amuser et bien se reposer.

LA CAVE DE SOMBERNON

4, place Bénigne Fournier
✆ 03 80 41 57 46

Du mercredi au samedi de 9h30 à 12h30 et de 15h à 19h. Le samedi dégustations à l'aveugle, dégustations régulières

© LA CAVE DE SOMBERNON

La Cave de Sombernon est le rendez-vous des épicuriens. Camille Voisin, fort de son bagage en œnotourisme et de son titre de meilleur apprenti caviste de France, sait dispenser les meilleurs conseils en la matière. Cette boutique élégante, très bien achalandée, abrite des merveilles, des vins d'ici et d'ailleurs avec des prix en entrée de gamme à la portée de toutes les bourses, des spiritueux venant de pays froids ou de pays chaud, un espace épicerie fine avec thés, cafés et conserves de produits régionaux et un beau rayon de bières artisanales.

LA CHAMPIGNONNIÈRE DE DIJON

Hameau de Corcelotte en Montagne
SAINT-MESMIN ✆ 09 54 48 04 84
https://champignonnieredijon.fr
Ouvert jeudi et dimanche à 14h ; vendredi et samedi à 15h30. Visite 1h. Adulte 7,50 €. Enfant 6,50 € (+ étudiants).

La Champignonnière de Dijon, située au château du Hameau de Corcelotte près de Sombernon, est un lieu chargé d'histoire où l'on découvre les secrets de la myciculture. Il faut compter une bonne heure, voire une heure et demie pour les groupes qui ont réservé une dégustation pour faire le tour du propriétaire : visiter l'exposition retraçant la genèse de la Champignonnière, la boutique regorgeant de préparations à base de champignons pour agrémenter sa cuisine ou préparer un apéritif original. On apprend aussi que saint Bernard qui construisit l'abbaye de Clairvaux résida dans ce petit château qui a conservé un charme historique mis en relief par les décorations des portes qui rappellent la géométrie des différentes toitures bourguignonnes. Blandine et Luc Lecherf, qui se sont installés ici en 2016, partagent volontiers la passion qui les anime. Des dégustations peuvent être organisées et, à présent, la Champignonnière est aussi restaurant de ferme-auberge vendredi, samedi et dimanche, sur réservation. On y déguste des plats à base de champignons, mais aussi des légumes du jardin du château. Ils se rendent trois fois par semaine sur le marché de Dijon pour venir au plus près des mangeurs de champignons de la métropole dijonnaise. On les retrouve à la Halle centrale vers l'horloge le mardi, le vendredi et le samedi matin. Un accès direct et facile à leurs fameux champignons. Le must reste de monter au Hameau de Corcelotte pour en savoir plus !

LE SPULLER €€

42, rue Ferdinand-Mercusot
✆ 03 80 53 71 27
https://hotel-le-spuller-sombernon.hotelmix.fr
Menus de 20 € à 32 €. Menu enfant -10 ans : 9 €. Formule du midi : à partir de 15 €. Vue panoramique.

Le Spuller offre une vue panoramique sur une immense vallée, un point de vue unique dans ce village aussi baptisé Toit du monde occidental. Rémy Sauvage, votre chef propose une cuisine traditionnelle de qualité. La salade Spuller traduit parfaitement cela avec sa gougère garnie d'une fricassée de pleurotes à la crème d'époisses qui accompagne des œufs pochés. Chaque plat propose un peu d'originalité dans sa présentation, ce qui accentue l'appréciation de sa qualité ! Le Spuller organise régulièrement des soirées à thème avec un DJ ou un orchestre.

BAUM' PLANTES

Rue Lanal - **BAULME-LA-ROCHE**
✆ 06 83 27 79 75
Visites sur réservation. Possibilité de vente par correspondance.

A 25 km à l'ouest de Dijon se situe Baulme-La-Roche et le merveilleux site de production et de transformation de Baum' Plantes. C'est là-bas que Claude Soutenet cultivait et transformait des plantes médicinales et aromatiques avant de passer le flambeau à Stéphanie Parizot et à Jean-François Guilloteau. Depuis janvier 2015, ces deux passionnés travaillent en respectant les cycles naturels et les principes d'une agriculture biologique. Ils vous proposent de profiter des vertus des plantes sous diverses formes : tisanes, sirops, aromates, gelées ou confitures... Succulents et peu sucrés, les sirops sont un concentré de plantes fraîches cueillies lors de la floraison.

DOMAINE DU PRÉ DU CHÊNE

Le Pré du Chêne - **CHEVANNAY** ✆ 03 80 23 63 17
www.alvestraiteur-domainelepreduchene.fr/accueil-le-pre-du-chene
Prestations à la carte, au Domaine ou sur le lieu de votre choix.

Carlos Alves est installé au Domaine du Pré du Chêne près de Sombernon. Un cadre idéal pour son offre de traiteur et d'hébergement, avec plusieurs salles de réception à disposition de la clientèle. Les services sont à la carte avec une prise en charge complète de vos événements. En un peu plus de 15 ans d'activité, Carlos Alves a développé un catalogue important, proposant des formules à thèmes qui vous font voyager au travers de traditions culinaires de France et du monde. Depuis avril 2020, le restaurant Le Ban Bourguignon à Commarin est la vitrine du Domaine.

RÉSERVOIR DE GROSBOIS

Route Départementale 905
GROSBOIS-EN-MONTAGNE
✆ 03 80 33 33 59
www.ouche-montagne.fr
Ouvert toute l'année. Baignade surveillée et snack en juillet-août.

Situé à 20 minutes de Dijon, entre Aubigny-lès-Sombernon et Grosbois-en-Montagne, le réservoir est un lieu de baignade. Ce lac artificiel, créé par un barrage offre une belle plage de sable parfaitement entretenue et où il n'y a qu'à jeter sa serviette pour profiter du soleil. Une digue vous emmène en excursion en pleine nature à la découverte de sept balcons d'observation de la faune et de la flore. Face à la plage, il est possible de pêcher. Envie d'une boisson fraîche ou d'une glace ? Le Chalet de la plage se fait un plaisir de vous servir en juillet et août.

VAL DE SAÔNE VINGEANNE

Il y a pléthore de choses à faire et à voir dans cette partie de la Côte-d'Or qu'est le Val de Saône Vingeanne. Pour ceux qui se posent la question, la Vingeanne est une rivière, affluent de la Saône, qui prend sa source sur le plateau de Langres et qui s'étend sur près de 90 km. De Saint-Jean-de-Losne à Gray en passant par Pontailler-sur-Saône, parcourez le pays du Val de Saône Vingeanne par les routes, en voiture ou sur 1 700 km d'itinéraire à vélo afin de découvrir ses villages comme Fontaine-Française et son château à l'architecture classique, Auxonne dont la spécialité culinaire est l'oignonade, ou encore Seurre et sa base nautique, où il fait bon venir se baigner l'été. Tout au nord, ne manquez pas le village de Bèze et ses grottes, ouvertes aux visites sur 500 mètres. Un petit village à la longue histoire puisqu'il remonte à l'Antiquité. Son nom vient du celte "Bezw" ou "Bedw" qui signifie « rivière à sa source ».

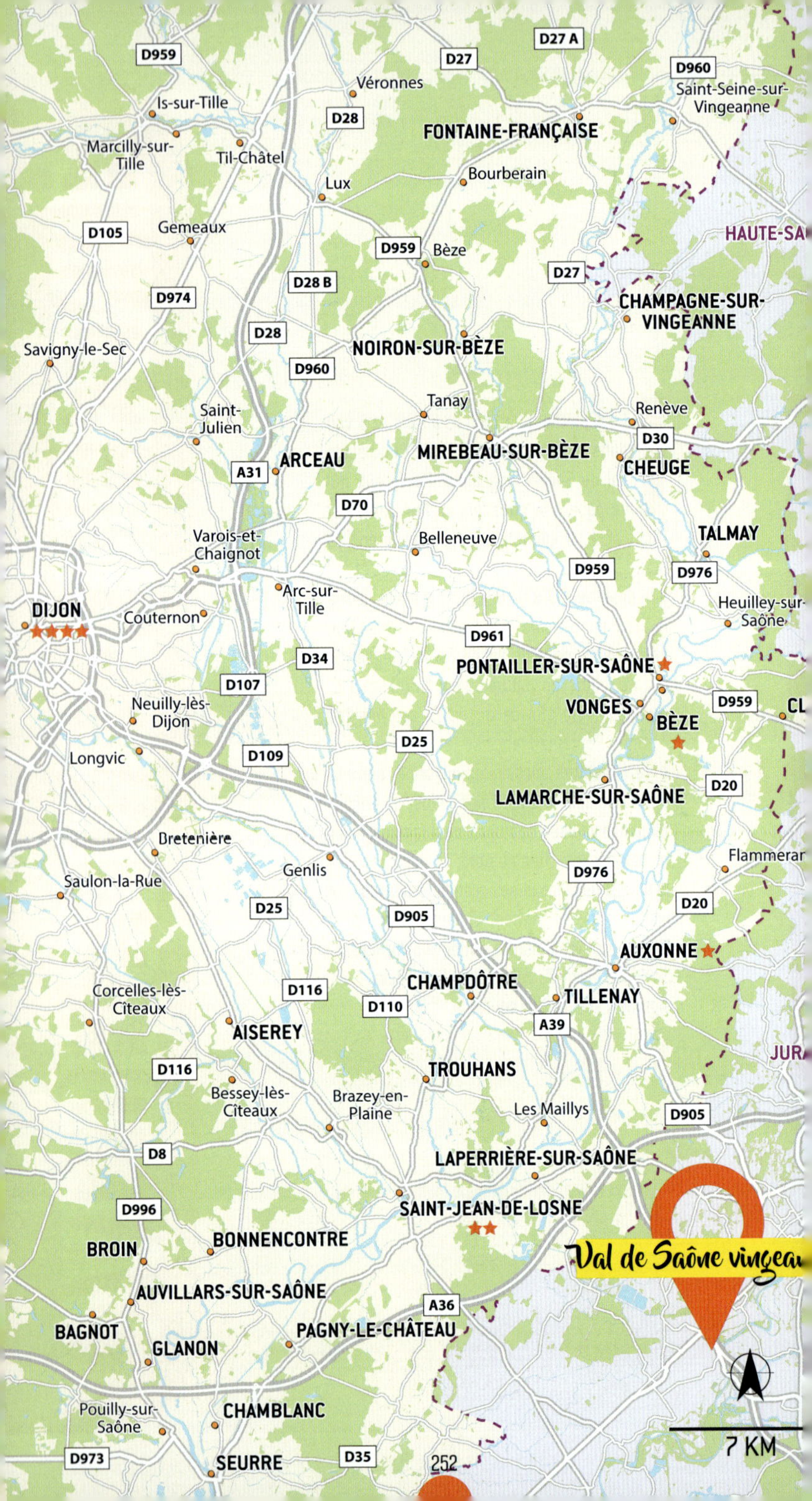

D959
D27 A
D27
D960
Véronnes
Saint-Seine-sur-Vingeanne
Is-sur-Tille
D28
FONTAINE-FRANÇAISE
Marcilly-sur-Tille
Til-Châtel
Bourberain
Lux
D105
Gemeaux
HAUTE-SA
D959
Bèze
D28 B
D27
D974
CHAMPAGNE-SUR-VINGEANNE
D28
Savigny-le-Sec
NOIRON-SUR-BÈZE
D960
Tanay
Saint-Julien
Renève
D30
ARCEAU
MIREBEAU-SUR-BÈZE
A31
CHEUGE
D70
TALMAY
Varois-et-Chaignot
Belleneuve
D959
D976
Arc-sur-Tille
DIJON
Couternon
Heuilley-sur-Saône
D961
D34
PONTAILLER-SUR-SAÔNE
D107
Neuilly-lès-Dijon
VONGES
D959
CL
BÈZE
D25
Longvic
D109
D20
LAMARCHE-SUR-SAÔNE
Bretenière
Flammerans
Genlis
D976
Saulon-la-Rue
D25
D20
D905
AUXONNE
Corcelles-lès-Cîteaux
D116
CHAMPDÔTRE
TILLENAY
D110
AISEREY
A39
JURA
D116
TROUHANS
Bessey-lès-Cîteaux
Brazey-en-Plaine
Les Maillys
D905
D8
LAPERRIÈRE-SUR-SAÔNE
D996
SAINT-JEAN-DE-LOSNE
BROIN
BONNENCONTRE
Val de Saône vingeanne
AUVILLARS-SUR-SAÔNE
A36
BAGNOT
PAGNY-LE-CHÂTEAU
GLANON
Pouilly-sur-Saône
CHAMBLANC
7 KM
D973
SEURRE
D35

© CLODIO - ISTOCKPHOTO.COM

Le village de Bèze.

AUXONNE ★

Ancienne ville frontière, Auxonne (que l'on prononce Aussonne, en référence à son ancienne orthographe) est une ville charmante. Place forte depuis l'époque médiévale, elle est dotée d'un passé militaire prestigieux : Louis XI y construisit un château, Vauban remania les bastions et installa un arsenal d'artillerie en 1689 et un siècle plus tard, Napoléon Bonaparte, alors jeune lieutenant, fut élève à l'école d'artillerie. Etape importante de ravitaillement pour les plaisanciers, capitale du Val de Saône, la ville bénéficie d'une situation géographique privilégiée qui permet de nombreuses activités sur l'eau, notamment grâce à un port flambant neuf. Le centre-ville est d'une grande unité architecturale : nombreuses sont les maisons datant de la fin du Moyen-Age. Elles offrent aux visiteurs la possibilité de se balader dans un décor pittoresque et de découvrir des détails architecturaux authentiques. Vous pouvez ainsi admirer un escalier en bois à balustres tournés, des colombages avec galerie couverte (sur la place d'Armes) ou encore une belle façade renaissance avec pietà (rue du Bourg). Si la rénovation du château est toujours en cours, sachez qu'il est possible de se promener aux abords du chantier pour admirer les travaux visant à préserver ce joyau du patrimoine d'Auxonne. Chaque année, elle est le théâtre de manifestations devenues des rendez-vous incontournables comme son carnaval qui a lieu en mars (tout un dimanche de fête !). Ainsi, la ville fait le bonheur des passionnés d'histoire et des amoureux de la nature autant que des plaisanciers et des simples promeneurs.

CHÂTEAU LOUIS XI

Rue du Château
✆ 03 80 37 34 46
Circuit d'interprétation en accès libre toute l'année. Accueil de groupes. Gratuit.

Le château d'Auxonne a été construit à la fin du XVe siècle par le roi Louis XI, qui voulait asseoir son autorité sur la Bourgogne tout en renforçant la défense des frontières de son royaume. Le château comptait 5 tours d'angles reliées par des courtines. L'ancien logis du gouverneur, les casernes sont du XVIe siècle. Les casernes, construites par Vauban, au XVIIe siècle, sont occupées par des associations. Insolite : le caveau abrite des terrains de pétanque. Un parcours historique libre d'accès compte 5 points d'observation avec des notices explicatives.

LES FORTIFICATIONS ★

Ouvert toute l'année. Gratuit.

Ancienne ville-frontière et place forte militaire, Auxonne demeure l'unique témoin bourguignon de fortifications classiques. Bien qu'entièrement remaniées au XVIIe siècle selon le premier système de Vauban, elles restent époustouflantes d'ingéniosité. On peut admirer les deux tiers des bastions et courtines, et deux portes monumentales : celle dite « de Comté », réalisée en 1503 et la porte Royale, érigée en 1677. En 2015, tout comme l'intégralité du site, les fortifications et les remparts ont été rénovés. De nouveaux points de vue sont donc accessibles !

VAL DE SAÔNE VINGEANNE

Notre-Dame d'Auxonne.

ÉGLISE NOTRE-DAME

Place d'Armes
✆ 03 80 37 34 46
Ouvert toute l'année. Tous les jours et les jours fériés de 8h à 12h et de 14h à 18h.

N'hésitez pas à entrer dans l'église Notre-Dame, elle cache quelques petits trésors. L'entrée se fait par le portail sud : les statues qui l'ornaient à l'origine, ont disparu à la Révolution. Elles ont été remplacées au XIXe siècle par des copies des prophètes du Puits de Moïse de la Chartreuse de Champmol. Subsistent pourtant aussi des sculptures du XVIe siècle représentant Adam et Eve, ainsi que des personnages et des créatures monstrueuses ou imaginaires comme une belle sirène. La tour sud est le plus ancien élément de l'édifice : elle date de la fin du XIIe siècle ou du début du XIIIe siècle. L'église a été restaurée au XIXe siècle : la toiture de la nef est alors recouverte d'ardoises et le clocher est surélevé. Les chapelles latérales datent des XIV et XVe siècles. La Chapelle des militaires à déjà été rénovée : remise en peinture, éclairage, nettoyage des pierres, remise en état du mobilier et du parquet. Regarder dans le chœur l'ornementation des stalles en bois. Les personnages qui sont sculptés sur les accoudoirs sont comiques par leurs expressions et leurs grimaces. A ne pas manquer également : une statue de saint Antoine et un *Christ de pitié*, appelé aussi « Christ aux liens », dans la première chapelle à gauche ; une fresque murale représentant saint Hubert, le saint patron des chasseurs, sur le cinquième pilier de la nef, près de l'entrée ; un lutrin en bronze du XVIe siècle et enfin, dans la chapelle absidiale de droite, deux statues de la Vierge datant du XVe siècle dont une *Vierge au raisin*.

OFFICE DE TOURISME CAP VAL DE SAÔNE

11, rue de Berbis ✆ 03 80 37 34 46
www.capvaldesaone-tourisme.fr
Location de canoés, vélos adultes et enfants, cartes de pêche, billetterie, réservation de spectacles, visites guidées.

A côté de la place d'Armes, vous trouvez des informations sur le territoire du Val-de-Saône avec toutes ses activités nautiques : voile, aviron, canoë, optimist, ski nautique... Des visites en famille « au fil de l'eau », « à la découverte d'Auxonne » ou « patrimoine militaire » par un guide-conférencier conjuguent histoire et actualité. Des expositions temporaires présentent les œuvres d'artistes et la boutique, des produits du terroir. Une promenade au port est vivement conseillée.

LA RÉSERVE ÉCOLOGIQUE DES MAILLYS

Visites guidées - Calendrier consultable sur le site du Département de la Côte-d'Or. Visite guidée (uniquement).

Découvrez ce site protégé, lieu d'observation, de sensibilisation et d'éducation à l'environnement. La réserve s'étend sur une ancienne gravière de 36 ha dont 28 sont en eau. Cet endroit exceptionnel abrite près de 170 espèces d'oiseaux. Pour observer la petite faune et la flore : un sentier pédagogique avec des visites guidées organisées par le Département et la Ligue pour la Protection des Oiseaux. Prêt de jumelles et longues-vues. Le calendrier des visites est sur www.cotedor.fr.

VISITE ET MONTÉE DE LA TOUR DE L'ÉGLISE NOTRE-DAME

✆ 03 80 37 34 46
www.capvaldesaone-tourisme.fr
Individuels tous les vendredis l'été, groupes toute l'année sur résa. Tarif : 1 €/pers. Enfant -12ans : gratuit. 30 min.

En période estivale, l'office de tourisme CAP Val de Saône vous propose une montée accompagnée de la tour de l'église Notre-Dame d'Auxonne. 40 mètres et 169 marches plus haut, la vue panoramique offre alors un bien joli point de vue sur la ville et ses monuments mais aussi sur tous les environs. Des guides agrémentent cette visite de commentaires historiques et d'explications. Le nombre de places étant limité, pensez à réserver auprès de l'Office de Tourisme !

PORT ROYAL

Port de plaisance
✆ 03 80 39 23 00
www.portroyal.fr
150 emplacements pour des bateaux de 6 à 38 mètres. Tarifs complets à télécharger sur le site.

Depuis 2011, Auxonne possède l'un des plus beaux ports fluviaux de France qui porte le nom de Port Royal. Situé au pied des remparts du XIIIe siècle construits par Vauban, le port sur 6 ha, géré par la société H^2O, dispose de 150 emplacements pour des bateaux de 6 à 38 mètres. La capitainerie accueille les marins avec tout le professionnalisme d'H^2O : espace accueil, sanitaires, douches, informations touristiques, salle de repos, wifi et webcam pour surveiller son embarcation. Un projet d'agrandissement est en cours d'étude pour passer la capacité à 300 bateaux.

CAMPING L'ARQUEBUSE €€

Route d'Athée
✆ 03 80 31 06 89
www.campingarquebuse.com

Ouvert toute l'année. Accueil jusqu'à 20h30. 120 emplacements. Caravanes, bungalows toilés 4/5 places, mobil-homes.

Bienvenue dans ce camping familial en bord de Saône, face au port de la ville. 100 emplacements répartis sur 5 ha avec des mobil-home. Testez les tout nouveaux « coco-sweets » arrondis avec structure rigide et toile de tente, douillets et insolites, ou les tentes lodge amazone. Un effort particulier est fait pour la qualité du confort et des prestations. Sur place : planche à voile, ski nautique, canoë-kayak, piscine découverte et chauffée de la ville. Ponton et mise à l'eau. Le chalet restaurant-bar et pizzéria Le Pinocchio et sa terrasse vous attendent.

HÔTEL-RESTAURANT DU CORBEAU €€

1, rue de Berbis ✆ 03 80 40 06 15
www.hotel-auxonne.com

Ouvert toute l'année. Réception du lundi au samedi de 17h à 21h. 9 chambres : simple 65 €, double 75 €, triple 85 €.

L'Hôtel***, idéalement situé au cœur historique de la Cité, a fait l'objet d'une rénovation complète de ses 9 chambres : 7 chambres doubles (literie 160x200 cm) et 2 chambres triples avec vue sur l'église Notre-Dame d'Auxonne ou l'ancien arsenal, lieu de promenade. Un salon avec ordinateur, jeux de société et jeux pour enfants pour votre détente. Le restaurant, une très bonne table propose une Oignonade auxonnaise, réduction au vin blanc, jambon grillé, œuf poché et frites...

HÔTEL-RESTAURANT DU CORBEAU €€

1, rue de Berbis ✆ 03 80 40 06 15
www.hotel-auxonne.com

Ouvert toute l'année, du mardi au samedi. Menus de 27 € à 32 €. Menu enfant : 12 €. Le midi : 15 €/19 €. Terrasse.

Situé au centre d'Auxonne, près des halles et face à la cathédrale, il offre une salle spacieuse décorée dans un style moderne et élégant. Si les teintes sont sobres et reposantes, Pascal Ramel met de la couleur dans ses assiettes. Une carte créative avec des produits frais, locaux, des menus « saveurs Bourgogne » : Œufs pochés crème à l'époisses, Magret de canard, réduction à la framboise et poêlée de légumes, Pavlova aux fruits rouges, glace cassis et vanille. Le must : la terrasse !

LA CAVE DE LONGEAULT

D905
LONGEAULT ✆ 03 80 73 49 27
www.lacavedelongeault.com

Ouvert du mardi au samedi de 9h30 à 12h et de 14h à 19h. Label «Caviste Indépendant». Vente en ligne.

La Cave de Longeault, située entre Dijon et Auxonne propose les sélections de Sylvain Thibaud en vins, bières et spiritueux. Bourguignon dans l'âme, passionné, il aime partager ses trouvailles et ses coups de cœur et donner des conseils pour vos accords mets et vins. Sa sélection de rhums et whiskys vous fait voyager. Il va chercher ses produits chez de petits producteurs, pour leur qualité, l'histoire qu'ils racontent et leur prix. La cave regorge d'idées cadeaux. Location de tireuse à bière et fût de 30 litres, verres et rayon d'épicerie fine à découvrir.

MANUFACTURE DE LONGCHAMP

2 A, allée du Petit Pont - **LONGCHAMP**
✆ 06 35 53 23 93
www.manufacture-de-longchamp.com

Visite sur rendez vous.

C'est en digne héritier d'un savoir-faire ancestral que Philippe Orliac, artiste céramiste et propriétaire de la manufacture de Longchamp, perpétue la tradition de la céramique qui existe depuis 1832. À travers 6 siècles d'histoire, elle passera de la tuilerie à la faïencerie pour devenir une référence dans le haut de gamme. En 2016, Philippe relance la manufacture : créativité, inventivité, raffinement. Depuis 2018, le catalogue de la gamme de porcelaine propose une vaisselle à personnaliser. Prenez rendez-vous à l'atelier ou allez sur le site d'achat en ligne.

LOCATION DE CANOËS AUXONNE ET PONTAILLER-SUR-SAÔNE

11, rue de Berbis ✆ 03 80 37 34 46
www.capvaldesaone-tourisme.fr

Ouvert du 1/06 au 31/08. Sur réservation. Adulte : 16 € la 1/2 journée, 24 € la journée. Enfant -12ans : 12 € / 15 €.

Le parcours permet de découvrir la faune et la flore à bord d'un canoë. Au départ d'Heuilley-sur-Saône, vous naviguez sur l'Ognon ou la Saône. Munis de tout l'équipement de sécurité, vous voilà parti à l'aventure. Vous pagayez à votre rythme, à la découverte du patrimoine local. Une signalétique adaptée vous informe des dangers, des zones de débarquement et de portage. Pour plus de facilité, vous pouvez réaliser les parcours à l'aide de l'application gratuite « Balades en Bourgogne ».

GENLIS

Cette commune doit sa croissance aux générosités de la géographie qui font de ce site un lieu de passage. Le pays a tiré parti d'une terre fertile. Ses blés ont fait vivre nombre de paysans, notamment après l'assainissement du marais des Tilles dans la seconde moitié du XVIIe siècle. L'économie est encouragée au cours du XIXe siècle avec la création des halles marchandes, l'arrivée de la machine à vapeur et l'installation d'une gare en 1854. D'un point de vue touristique, Genlis constitue un trait d'union avantageux entre l'agglomération dijonnaise et les terres du Val de Saône ou celles, tout aussi proches, des vignobles de la Côte de Nuits.

PONTAILLER-SUR-SAÔNE ★

La Saône, l'Albane, la Bèze, la Vingeanne, l'Ognon, le canal entre Champagne et Bourgogne… Plusieurs cours d'eau traversent Pontailler qui, en tant que ville frontalière a connu des périodes tumultueuses. Elle a donc été pillée et traversée à maintes reprises par les troupes des seigneurs de Langres et de Champagne. C'est aujourd'hui un véritable petit paradis pour ses 1 300 habitants, pour les pêcheurs et pour les adeptes des activités nautiques : location des bateaux au port de plaisance (des pénichettes sans permis fluvial), plage aménagée et baignade surveillée en juillet et août. Plus généralement, les amoureux de la nature sont ravis, puisque Pontailler est le point de départ de nombreuses balades à pied ou à vélo, notamment sur la Voie Bleue. La petite ville, classée station verte, est donc propice à la détente. Vous trouvez dans le centre, construit sur une presqu'île entourée par la Saône et la Vieille Saône (la rivière a changé de lit au début du XXe siècle), l'église Saint-Maurice du XVIIIe siècle et des lavoirs à niveau variable. Ne manquez pas de rejoindre la statue de Notre-Dame du Mont-Ardoux. Vous aurez une vue panoramique sur la plaine de la Saône et les monts du Jura. Pourquoi ne pas finir par un petit resto autour d'une bonne friture, l'une des spécialités du coin ? Marché tous les samedis matin.

HOSTELLERIE DES MARRONNIERS €€

3, rue Saint-Eloi
© 03 80 36 12 76
www.bourgogne-tourisme.com
Menus de 28 à 43 €. Enfant : 10 €. Formule du midi : 15,50 € (pour 3 plats). Terrasse sous les marronniers vue port.

Alexandre Rey et Linda Jean, qui ont repris les Marronniers en 2019, ont apporté un petit vent de jeunesse alors que l'adresse avait déjà une forte notoriété. Nouvelle déco chaleureuse côté bistrot où la carte est complétée de planches apéritives pour accompagner les vins au verre. A la carte les incontournables des Marronniers : fritures de goujonnettes, de carpes ou d'ablettes selon l'arrivage, filet de sandre façon pochouse, côte de bœuf, tartare de veau… Une cuisine 100 % maison.

© ALEXANDRE REY

© ALEXANDRE REY

VAL DE SAÔNE VINGEANNE

LOCATION DE CANOËS AUXONNE ET PONTAILLER-SUR-SAÔNE

✆ 03 80 37 34 46
www.capvaldesaone-tourisme.fr
Ouvert du 1er juillet au 31 août. Ouvert du samedi au mercredi de 10h à 12h30 et de 13h30 à 18h. Sur réservation.

Le parcours permet de découvrir la faune et la flore à bord d'un canoë. Au départ d'Heuilley-sur-Saône, vous naviguez sur l'Ognon ou sur la Saône. Une signalétique adaptée vous guide et vous informe des éventuels dangers, des zones de débarquement et de portage. Pour plus de facilité, vous pouvez télécharger l'application « Balades en Bourgogne » sur votre smartphone, vous y trouverez les différents circuits possibles et les points d'intérêts que vous allez rencontrer au fil de l'eau.

VOIE BLEUE, PISTES CYCLABLES ET PARCOURS VTT

✆ 03 80 47 84 42
www.capvaldesaone-tourisme.fr
Plans des circuits disponibles à l'Office de Tourisme et sur votre smartphone via l'application Balades en Bourgogne.

En vélo, vous pouvez longer la Saône ou rejoindre Dijon. La Voie Bleue Moselle-Saône est une piste cyclable qui suit la Saône, de la Haute-Saône jusqu'à Lyon. L'un des circuits part de Talmay, passe par Pontailler sur Saône et Lamarche sur Saône pour vous faire arriver à Auxonne. Vous pouvez également vous promener en vélo de Vaux-sur-Crône à Lamarche-sur-Saône (1h30 / 15 km). Au programme, traversée de la forêt domaniale de Longchamp et baignades en bord de Saône.

MAISON DE L'EAU, DE LA PÊCHE ET DE LA NATURE

4, rue de Condé - **HEUILLEY-SUR-SAÔNE**
✆ 03 80 47 81 37 - www.capvaldesaone-tourisme.fr
Ouvert les après-midi d'avril à septembre. Adultes : 2 €, de 6 à 12 ans : 1 €, gratuit pour les moins de 6 ans.

Sa vocation consiste à l'éducation à l'environnement du Val de Saône, 4 salles d'exposition muséographique permettent la découverte de la nature et de la pêche au travers de techniques audiovisuelles, d'aquariums, d'espaces didactiques. Une salle pédagogique, des ressources documentaires, du matériel d'observation, un point relais d'informations touristiques sont à votre disposition. La maison accueille les enfants à partir de 6 ans, tous les mercredis au sein d'ateliers, stages d'été.

OFFICE DE TOURISME CAP VAL DE SAONE TOURISME - BUREAU D'INFORMATION TOURISTIQUE DE PONTAILLER-SUR-SAÔNE

3, rue du 8-Mai 1945 ✆ 03 80 47 84 42
www.capvaldesaone-tourisme.fr
Ouvert de juin à mi-septembre, du lundi au vendredi de 10h à 12h30 et de 13h30 à 18h. Location de vélos adultes/enfants.

Ici, vous trouvez tout : des dépliants et cartes utiles à votre séjour ; des conseils pour visiter le patrimoine historique : château de Talmay, chapelles et églises, nombreux lavoirs ; des bons plans pour les activités à pratiquer : pêche, canoë, ski nautique, baignade ; des balades à vivre : circuit des écluses, circuit du bois charmant. On peut également louer des vélos (VTC, VTT, vélos à assistance électrique), faire un achat à la boutique : produits du terroir, livres, artisanat.

LA VOIE BLEUE

✆ 03 80 47 84 42
Plans des circuits disponibles à l'office de tourisme de Pontailler.

Echappez-vous ! 700 km de voyage à vélo au bord de l'eau, du Luxembourg à Lyon. Vous pouvez longer la Saône ou rejoindre Dijon. La Voie Bleue est une piste cyclable qui suit la Saône, de la Haute-Saône jusqu'à Lyon. L'un des circuits part de Talmay, passe par Pontailler et Lamarche pour vous faire arriver à Auxonne. Vous pouvez également vous promener de Vaux-sur-Crône à Lamarche-sur-Saône (1h30/15 km). Au programme, traversée de la forêt domaniale de Longchamp et baignade en bord de Saône. Demandez les autres itinéraires à l'office de tourisme de Pontailler.

CAMPING DE LA CHANOIE €€

46, rue de la Chanoie
✆ 03 80 67 21 98
www.camping-lachanoie.com
Baignade surveillée ; label Accueil vélo. Ouvert d'avril à octobre. Terrain de 6 ha. 153 emplacements. Restauration.

Le camping de Pontailler-sur-Saône apporte un témoignage supplémentaire sur la bonne tenue du tourisme en Val de Saône. Familial, convivial, il accueille tentes, caravanes et camping-cars et proposent des chalets en location. Des jeux pour les enfants permettent aux familles de passer un séjour des plus agréables durant les vacances, entre jeux de plein air et jeux d'eau, la Saône se situe à quelques mètres et une plage a été aménagée... Les équipements, le cadre et les animations emportent l'adhésion envers cet agréable bord de Saône.

LAMARCHE-SUR-SAÔNE

Lamarche-sur-Saône est située sur la rive droite de la Saône, à 30 km de Dijon, de Dole ou de Gray. Trait d'union entre Pontailler-sur-Saône et Auxonne, elle voit passer plus de 6 000 bateaux de plaisance chaque année. Sur les 3 396 ha de son territoire, Lamarche-sur-Saône abrite 3 étangs, dont celui dit « du Milieu », d'une superficie de 8 ha et réservé à la pêche. La 2e richesse de la commune est sa forêt : 940 ha peuplés de chênes en futaie, de charmes, de bouleaux, de trembles et d'arbres en taillis qui font le bonheur des amateurs de nature. Les passionnés de patrimoine ne sont pas en reste : église aux deux clochers et chapelle du XVIIe siècle.

LE NYMPHÉA €€

32, rue de Franche Comté
© 03 80 32 02 50
http://restaurant-nymphea.com/
Haute saison ouvert 7j/7 midi et soir. Menu à 25 € le we + carte. Formule midi 14 €. Terrasses, ponton d'amarrage

© FRANÇOIS TAIEB

Printemps 2021, le nymphéa rouvre sous bon augure. Ses nouveaux gérants, Pauline et son mari le chef François Taied ont pour eux l'expérience de la restauration gastronomique. Le Nymphéa conserve son charme de bord de Saône avec ses 2 terrasses et sa grande salle à la vue unique. François prépare une cuisine accessible entre plats traditionnels, fritures et grenouilles en saison et menus plus évolués et créatifs le week-end. A la demande générale, les burgers resteront à la carte, découverts sur les marchés locaux. La carte des vins est soignée jusqu'aux prix.

MIREBEAU-SUR-BÈZE

La commune de Mirebeau-sur-Bèze, chef-lieu de canton et de la Communauté de Commune du Mirebellois Fontenois, a construit un nouveau complexe culturel et touristique baptisé le Forum. L'Office de Tourisme Mirebellois Fontenois s'y est installé en septembre 2019, il est voisin du centre d'interprétation Le Mirabellum qui met en valeur l'histoire du territoire marquée par la présence pendant vingt ans, au Ier siècle, de la VIIIe légion romaine – soit plus de 5 000 soldats – à Mirebeau-sur-Bèze, dans un énorme camp. Ce projet concrétise la mise en valeur de son site archéologique sur lequel des recherches ont eu lieu et ont mis à jour un sanctuaire gaulois et ce camp militaire romain. Mais les faits d'histoire ont aussi eu lieu au château-fort. Au XVIIe siècle, la résistance héroïque des Mirebellois face aux troupes de l'infatigable Gallas n'a malheureusement pu empêcher sa destruction ; il ne reste aujourd'hui que quelques vestiges visibles dans le parc du château. Le lavoir de Mirebeau-sur-Bèze mérite lui aussi le détour avec son plancher mobile. En passant à Oisilly, pensez à admirer l'église romane Saint-Léger des XIIe et XIIIe siècles. N'hésitez pas non plus à passer par le viaduc d'Oisilly qui reliait Gray à Is-sur-Tille. Construit entre 1886 et 1888, cet édifice mesure 294 mètres de long et 20 mètres de haut. Ses sept arches en anse de panier enjambent de façon majestueuse le canal et la Vingeanne… Mirebeau-sur-Bèze est un village charmant qui offre aux visiteurs de belles balades bucoliques.

PARCOURS LUDIQUE DU CHAT MIRABEL

6 Ter, Place Général Viard
www.tourisme-mirebelloisetfontenois.fr

Découvrez ou redécouvrez Mirebeau-sur-Bèze grâce à ce circuit ludique inspiré du Parcours de la Chouette à Dijon. Sur le sol, les empreintes de pattes du chat Mirabel vous permettent de suivre facilement ce parcours de 2 km environ. A chaque monument remarquable, une plaque fournit des informations sur l'histoire du patrimoine local. Un livret descriptif complet est disponible gratuitement en mairie et à l'office de tourisme, point de départ de la balade.

LE MIRABELLUM - CENTRE D'INTERPRÉTATION DU CAMP DE LA VIIIE LÉGION

6 Ter, Place Général Viard
www.tourisme-mirebelloisetfontenois.fr
BS mardi, mercredi, vendredi et samedi 10h-12h et 13h-17h. HS du mardi au samedi 10h-13h et 14h-18h. Gratuit.

Le Mirabellum, centre d'interprétation du camp de la VIIIe légion, et le nouvel office de tourisme ont pris place dans le nouvel équipement de Mirebeau-sur-Bèze, Le Forum, un lieu convivial dédié à la vie culturelle et touristique du territoire doté d'une médiathèque et d'une salle de spectacle. Le Mirabellum met en valeur l'histoire du territoire marquée par la présence pendant vingt ans, au Ier siècle, de la VIIIe légion romaine – soit plus de 5 000 soldats – à Mirebeau-sur-Bèze, dans un camp construit en dur et étendu sur 22 ha en 70 après J.-C. Le Mirabellum vous permet de découvrir ce pan de l'histoire locale, à travers un parcours animé autour d'une maquette du camp romain avec projections, tablettes numériques, livrets de jeux pour enfants…), on peut aussi admirer de nombreux vestiges archéologiques découverts à Mirebeau et ses environs. Le camp de la VIIIe légion fut révélé par une archéologie aérienne dans les années 1970 puis des fouilles dans les années 1980. Les pièces racontant cette histoire trouvent à présent leur place dans ce musée né de l'engagement de passionnés. C'est très moderne et spectaculaire. L'exposition s'articule autour de plusieurs thématiques, l'une permettant de se plonger au cœur du travail d'un archéologue. La vie du légionnaire est largement explorée et les explications sont adaptées, tant dans la forme que dans le contenu, à un public familial. Une étape enrichissante pour les passionnés des voies romaines en route pour Alésia.

L'ATELIER DE SOPHIE €€

36, Grande Rue ✆ 03 80 36 51 70
Du lundi au samedi le midi ; le vendredi soir. Le samedi soir sur résa. Formule midi 13.50 à 16,50 €, soir 20 à 25 €.

Le petit restaurant situé au cœur de Mirebeau sur Bèze devient un restaurant digne de ce nom, avec Sophie Virot, une jeune chef expérimentée qui propose une cuisine du jour 100 % maison avec un menu du midi au prix tout doux mais avec 2 choix pour chaque plat. Les propositions sont plus qu'honnêtes et travaillées avec savoir-faire, des plats traditionnels avec parfois la tête de veau, un bourguignon de joue de bœuf ou poulet tex-mex. La petite salle s'étend avec une petite terrasse en été. C'est très convivial et surtout bien bon !

L'IMPRÉVU €€

6, rue Paul Auban
✆ 03 80 72 74 89
Ouvert du lundi au samedi le midi ; du mercredi au samedi le soir. Formule du midi 15 €. Animations. Terrasse.

L'Imprévu de la zone commerciale domine le rond-point du contournement de Mirebeau-sur-Bèze. La salle de 80 couverts est accueillante avec une décoration contemporaine, bois clairs, papiers peints ultra-tendance et mobilier noir. À L'Imprévu, la cuisine est 100 % maison, c'est d'ailleurs sur ce critère qu'est né le restaurant en 2018 : produits frais et locaux, légumes de saison. Isabelle Régnet qui dirige l'établissement et son chef cuisinier, qui est aussi pâtissier, ont construit une carte où chacun trouve son bonheur sans jamais être effrayé par les prix.

BÈZE ★

Bèze est reconnu comme l'un des plus beaux villages de France, niché au fond d'un vallon verdoyant et ombragé. Il tire son nom du celtique *bezw* qui signifie « rivière à sa source » ou « fontaine aux eaux dormantes ». Le duc de Bourgogne, Amalgaire, a reçu du roi Dagobert toutes les terres situées à l'est de Dijon. Après avoir laissé son cheval boire à la source, il se promène et est si séduit par les lieux qu'il décide d'y fonder une abbaye. Nous sommes en 630. Dès le siècle suivant, les moines transplantèrent des ceps du village jusqu'aux terres de Gevrey. Le Clos-de-Bèze est aujourd'hui la vigne la plus ancienne de Bourgogne. Bèze a vu naître le député Arnoult, qui, en 1790, donna le nom de Côte-d'Or au département nouvellement créé. Le chanoine Kir, futur maire de Dijon, fut curé de la paroisse entre 1910 et 1924. Favorisé par l'histoire, ce village l'est tout autant par la nature qui l'a doté de grottes splendides. C'est un petit coin de paradis où la pierre et l'eau font bon ménage. Ne manquez pas la visite de la grotte où l'on navigue en bateau sur la rivière souterraine à l'eau cristalline. Le projet de réhabilitation de la cure de Bèze présage un nouvel embellissement du village. Un pont piéton enjambe la rivière pour passer directement des grottes au parc de la Cure dont la bâtisse sera rénovée et le jardin aménagé, permettant aux visiteurs de rejoindre facilement le centre du village et l'abbaye. Entre restaurants, hôtels, gîtes, commerces, artisanat d'art, patrimoine culturel et naturel, il y a de multiples raisons pour venir à Bèze.

ABBAYE DE BÈZE ★

Rue de l'Encloître ✆ 06 17 64 24 41
www.abbayedebeze.blogspot.fr

Ouvert à partir du 29 mai. Visite de l'Abbaye, du Parc et du Jardin de roses anciennes. Guide anglais et néerlandais

L'abbaye de Bèze fondée en 630 fut la quatrième des abbayes mérovingiennes du diocèse de Langres. Ce qui subsiste de cette abbaye bénédictine a été inscrit à l'inventaire supplémentaire des monuments historiques en 2010. Sept fois détruite et sept fois reconstruite entre le VIIe et le Xe siècle, elle connaît une renaissance vigoureuse au XIe siècle et atteint son apogée au XIIe siècle, sous l'abbatiat d'Etienne de Joinville. Des personnages importants y sont passés. Guillaume de Volpiano qui restaure le respect de la règle de saint Benoît ou le pape Pascal II en 1107.

Vendue à la Révolution comme bien national à un entrepreneur de Langres qui détruit l'église et une grande partie des bâtiments à la fin du XIXe siècle, elle devient la propriété d'un industriel dijonnais, Philippe Breuil, dont les actuels propriétaires sont les descendants. Aujourd'hui, 5 générations plus tard, la famille héritière s'occupe du domaine avec passion, qu'il s'agisse de l'entretien des jardins ou de donner des explications au public. Dans le parc, vous découvrez un sequoia, un hêtre rouge et des platanes bicentenaires. Dans le jardin à l'anglaise, plus de 250 rosiers anciens sont à découvrir lors du «Rendez-vous aux Jardins» début juin. En juillet et en août, rencontrez les propriétaires pour une visite personnalisée et riche en informations. Et si la chaleur de l'été vous pose problème, sachez que le parc de l'abbaye reste frais grâce aux arbres et à la rivière la Bèze. Fin mai : Week-end des roses anciennes. Début juin : Rendez-vous aux Jardins.

GROTTES DE BÈZE

Chemin des Grottes ✆ 03 80 75 31 33
www.beze.fr

Ouvert tous les jours d'avril à novembre. Horaires évolutifs. Adulte 8,50 €. Enfant (5-17 ans) : 5 €. Gratuit -de 5 ans.

La rivière souterraine a été découverte en 1950 par des spéléologues Dijonnais et ouverte au public en 1970. La visite s'effectue à pied puis en barque à une température de 12 °C. Vous naviguez sur une eau d'une extrême limpidité tout en écoutant le guide, vous découvrez de très belles concrétions. Réservez vos places à l'espace d'accueil Robert Poinsot créé en 2019, ultra moderne, situé à l'entrée de la grotte. Du 1/07 au 1/09, nous vous conseillons de privilégier la visite le matin avec un pull puis de vous autoriser une flânerie au fil des rues du village. Top.

SOURCE DE LA BÈZE ★

Allée de la Source
✆ 03 80 75 30 84

C'est ici que naît la rivière qui a donné son nom au village : la Bèze. Sa source est située en contrebas de la grotte que l'on peut visiter. Source vauclusienne, c'est l'une des plus importantes de France avec un débit pouvant atteindre 20 m^3 par seconde en période de crue. L'eau est étonnamment claire et pendant les périodes où le débit est important, on peut observer des bouillonnements spectaculaires. De ce point de départ, vous pouvez vous balader le long de la Bèze et profiter du charme du village, de ses paysages, de sa faune et de sa flore.

Le lavoir et la tour d'Oysel.

VÉLORAIL DE LA VINGEANNE

Ancienne Gare - **CHAMPAGNE-SUR-VINGEANNE**
✆ 06 22 94 11 18
www.veloraildelavingeanne.fr
Ouvert d'avril à fin septembre. Basse saison le week-end. Haute saison tous les jours de 11h à 18h.

Le VéloRail de la Vingeanne propose des balades sur l'ancienne voie ferrée entre Champagne-sur-Vingeanne et le lieu-dit « La Fontaine de l'âne ». La promenade dure environ 1h30 soit 9 km aller/retour. Il est aussi possible de louer des VTC et des trottinettes électriques. Le vélorail bénéficie du label Accueil Vélo qui garantit un bon accueil et des services de qualité offerts aux cyclistes. Pour satisfaire les amateurs, 12 vélorails sont à votre disposition. Une manière amusante de passer de la Bourgogne à la Franche-Comté en alliant sport et découverte !

LE BOURGUIGNON €€

Rue Porte de Bessey
✆ 03 80 75 34 51
www.le-bourguignon.com
25 chambres dont 5 chambres familiales à partir de 117€ et jusqu'à 6 personnes. Chambre double à partir de 81 €.

C'est dans une bâtisse traditionnelle au cœur d'un des plus beaux villages de France que se trouve Le Bourguignon. Ce bel hôtel-restaurant, 3 étoiles et 2 cheminées, vous accueille dans la plus pure tradition bourguignonne. Admirablement géré par Jacques et Audrey, le lieu est convivial, les 25 chambres possèdent le charme et l'élégance de la sobriété. Literie king-size dans les chambres doubles, l'hôtel possède 5 chambres familiales jusqu'à 6 personnes. Les prix raisonnables en font un lieu idéal pour un **séjour en famille, romantique**, ou d'affaires.

LE BOURGUIGNON €€

Rue Porte de Bessey
✆ 03 80 75 34 51
www.le-bourguignon.com
Du dimanche au jeudi 12h-13h45 et 19h-20h45, samedi 19h-20h45. Menus de 33 € à 43 €. Formule du midi 20 €. Traiteur.

Jacques et Audrey vous accueillent dans leur restaurant, situé dans l'un des plus beaux villages de France, une belle étape avant la visite des grottes. La cuisine d'Olivier Rouhier vous invite à un voyage gustatif au cœur du terroir bourguignon. Feuilleté d'escargots ou entrecôte à la crème de Brillât Savarin et filets de canard aux baies de cassis. Vous pouvez combiner votre menu : 2, 3 ou 4 plats. Tout est fait maison, les glaces par un maître artisan. La carte des vins fait la part belle à des viticulteurs locaux pour accompagner les plats de votre choix.

AUBERGE LE RENARD'EAU €€€

10, rue des Deux Ponts ✆ 03 80 75 30 13
https://auberge-renardeau.fr
Restauration (carte et menu à 25 €, menu à 40 €). Chambre double à partir de 70 €. Suites.

Laurent et Jennifer de Geest vous accueillent à l'Auberge du Renard'eau, un bel établissement avec sa jolie glycine à l'entrée, dans un village classé parmi les plus beaux de France. Le chef cuisinier Olivier Raux vous réserve des plats faits maison composés à partir de produits frais, locaux et de saison. Des viandes de qualité, bien préparées avec cuisson spéciale au feu de bois ! L'Auberge du Renard'eau organise aussi des soirées à thèmes. Côté logement, laissez-vous séduire par le charme rustique des chambres avec poutraison, parquet, pierre apparente.

GABRIELLE PATISSERIES

4, place de Verdun
www.gabrielle-patisseries.fr
Ouvert mercredi 7h-12h, jeudi et vendredi 7h-12h et 16h-19h, samedi 7h-19h, dimanche 8h-18h. Confections à la carte.

Gabrielle Randrianasolo, est une jeune pâtissière qui a choisi d'installer son laboratoire à Bèze. C'est dans l'ancienne école monastique de la commune qu'elle prépare ses pâtisseries, un lieu hautement fréquenté par les touristes, et un salon de thé y est dorénavant ouvert. Gabrielle, son CAP de pâtissier en poche, mais surtout une certaine maturité quant au service client et une vraie passion pour le bien manger et la pâtisserie, a trouvé un créneau pour ses productions. Elle prépare des gâteaux au gré de ses inspirations et surtout à la demande de ses clients.

FONTAINE-FRANÇAISE

Fontaine-Française a connu de nombreux événements historiques, notamment les guerres de religion au XVIe siècle lors d'une bataille qui opposa Henri IV à la Ligue catholique. Mais aussi la guerre de Dix Ans qui dura de 1634 à 1644 (épisode comtois de la guerre de Trente Ans) et qui dévasta le village à plusieurs reprises. Fontaine-Française ne manque pas d'attraits touristiques, à commencer par son château, classé monument historique, connu comme l'un des plus beaux de la région. À découvrir aussi son moulin à farine et la fontaine Henri IV. Pour ne rien manquer de ce qu'il y a à découvrir dans le village, le circuit du Fourneau est idéal.

CHÂTEAU DE FONTAINE-FRANÇAISE ★

Rue Honorine-de-Monaco
✆ 03 80 75 80 40
www.chateau-fontainefrancaise.fr
Ouvert juillet août du mercredi au dimanche, septembre samedi et dimanche. Adulte 6 €. Enfant 4 €. Jardin Remarquable.

Le château de Fontaine-Française, fut construit en 1754 sur l'emplacement de l'ancienne forteresse qui avait vu la célèbre victoire du roi Henri IV sur les Espagnols en juin 1595. A la fin du XVIIIe siècle, Madame de Saint-Julien tenait au château un salon littéraire brillant, fréquenté par Voltaire et madame de Staël. Ses jardins comportent 400 tilleuls taillés en portique et ifs taillés en boule, ce qui lui a permis d'être labellisé Jardin remarquable en 2015.

LA TOUR BAR RESTAURANT PIZZERIA €€

5, place Henri IV
✆ 03 80 75 26 09
www.barpizzeria-latour.fr
Ouvert du mardi au dimanche midi et soir. fermé dimanche en basse saison. En haute saison 1 à 2 soirées concert/mois.

Depuis que Mathieu et Quentin Henoch ont repris le restaurant de la Tour, on s'y arrête volontiers lors d'une balade à Fontaine-Française. A la carte, pizzas, burgers et des plats traditionnels préparés par Jérémy Taupin, un jeune chef qui est venu renforcer l'équipe de cuisine. La carte s'enrichit de plats traditionnels bourguignons, foie gras maison, déclinaisons de viandes et poissons. Tout est préparé avec des produits frais, la carte est courte, mais assurément bonne.

LA TOUR BAR RESTAURANT PIZZERIA

5, place Henri IV
✆ 03 80 75 26 09
www.barpizzeria-latour.fr
Soirée concert 2 fois par mois en été le samedi soir jusq'à minuit.

Le restaurant, La Tour se transforme certains samedis soir d'été en lieu de concert ultra convivial. Il faut dire que le restaurant de Mathieu et Quentin Henoch a tout pour cela. Une vaste terrasse dotée d'une petite scène sur la place Henri IV, un bar installé dans une grande salle qui peut faire salle de concert avec table de billard, babyfoot et flipper. Pas besoin d'animation d'ailleurs pour rendre le lieu festif ! Soirées rock, jazz, blues, country, à thème autour d'un plat.

SAINT-JEAN-DE-LOSNE ★★

Située au confluent de la Saône, du canal de Bourgogne et du canal Rhin-Rhône, la ville de Saint-Jean-de-Losne était un grand centre de batellerie jusqu'au début du XXe siècle, mais le développement du transport routier a fait péricliter l'économie marinière. Heureusement pour Saint-Jean-de-Losne, le tourisme fluvial y a redynamisé l'activité. Son port est fréquenté par plus de 5 000 bateaux chaque année et grâce à la Voie Verte, étape de l'EuroVelo 6 en Bourgogne, la ville voit passer de plus en plus de cyclistes. C'est aussi un centre important de sports nautiques et une étape agréable sur le Chemin St-Jacques-de-Compostelle pour les pèlerins.

LA MAISON DES MARINIERS - MUSÉE DE LA BATELLERIE ★

3-5, rue de la Liberté
✆ 06 41 75 25 13
www.musee-saintjeandelosne.com
Ouvert tous les jours et les jours fériés de 10h à 12h et de 14h30 à 18h. Entrée gratuite. Visite guidée : 3 €.

Installé dans une maison du XVe siècle, l'une des plus vieilles maisons de la ville, le musée de la Batellerie vous invite à découvrir la vie des mariniers et de la batellerie à travers une exposition permanente à la fois ludique et très documentée. Photos anciennes, maquettes de bateau ou d'écluses sans oublier ce superbe scaphandrier que l'on croirait sorti des aventures de Tintin. On doit à l'association Aqua la rénovation de la dernière péniche construite en bois de France.

OFFICE DE TOURISME RIVES DE SAÔNE - BUREAU D'INFORMATION TOURISTIQUE DE SAINT-JEAN-DE-LOSNE

Quai Lafayette ✆ 03 80 37 15 70
www.saone-tourisme.fr
Haute saison : du mardi au samedi 10h-12h30 et 14h-18h. Ouvert les dimanches impairs en juillet et août de 9h à 14h.

Quai Lafayette, un bâtiment à ossature bois flambant neuf accueille les touristes et les plaisanciers : guichet SNCF, office de tourisme, location de vélos, sanitaires publics, et une terrasse, en bord de Saône, le top pour organiser des dégustations ! Demandez une visite guidée, une chasse aux trésors ou suivez la Balade des Mariniers. A l'esplanade des itinérances, des ateliers bien-être sont organisés tout l'été.

BATEAU PROMENADES VAGABONDO

Quai National ✆ 07 69 76 26 97
https://bateau-promenades-vagabondo.business.site
En juillet-août : croisière 1h30 départ du quai National. Adulte : 13,50 €. Formules croisières repas

Saint-Jean-de-Losne, premier port fluvial de plaisance de France, est entouré d'eau avec la Saône et plusieurs grands canaux. On peut s'offrir une balade en bateau lors d'une visite de la ville : plusieurs formules sont proposées jusqu'au repas-croisière. Votre bateau est le *Vagabondo*, amarré sur le quai National, juste à côté du pont. Partez pour une croisière où se mêlent culture, histoire et gastronomie. Avec pas moins de 120 places en croisière et 80 en croisière-repas, le *Vagabondo* et sa terrasse panoramique offre toutes les conditions pour une balade mémorable avec vue imprenable sur la nature et la cité. Votre capitaine, Pascal Louvet est un irréductible de la navigation fluviale, on le comprend car son père, son grand-père et son arrière-grand-père furent mariniers. Qui de mieux pour piloter le bateau et surtout vous faire partager la particularité de la navigation sur nos fleuves qui, entre les ports, permet d'observer différemment nos paysages et leur faune ? Le *Vagabondo* relie Auxonne, Seurre et Dole selon les jours et les formule, il est – soulignons-le – un excellent ambassadeur de la région Bourgogne-Franche-Comté puisque trait d'union entre Dole et Saint-Jean-de-Losne. Il se transforme aussi en bateau restaurant le temps d'une croisière repas allant de 2h à 7h selon les formules. Sur ses 28,70 mètres de long, il aménage une salle de restaurant pouvant accueillir jusqu'à 80 personnes et servir un bon repas préparé par un traiteur local.

LOCATION DE VÉLOS EN RIVES DE SAÔNE

Quai Lafayette ✆ 03 80 37 15 70
www.saone-tourisme.fr
A partir du 1er juin. Dès 5 € l'heure ou 15 € la journée. Forfait famille 4h : 18 €, journée 25 €. Remorque (5 €).

Profitez du grand air ! La communauté de communes Rives de Saône s'est équipée de vélos destinés à la location et répartis sur les offices de tourisme de St-Jean-de-Losne et de Seurre. Pédaler sur la véloroute aménagée et sécurisée, découvrir les paysages et charmes de bords de Saône et rejoindre Dôle ou Verdun-sur-le-Doubs par la Voie Bleue est tentant. Craquez pour le forfait famille pour 4 heures ou la journée. Il comprend 2 VTC adultes,1 junior, 1 remorque ou 2 vélos enfants.

CAMPING LES HERLEQUINS €

7, chemin de la Plage
✆ 06 23 96 19 33
www.campinglesherlequins.com
Mi-ombragé, herbeux. Terrain de jeux pour enfants. Ponton d'accostage devant le camping. Restauration, bar, terrasse.

Le camping les Herlequins est situé au bord de la Saône, au bout de la ville, il est très au calme sans route passante. C'est dans un cadre naturel et reposant de 36 ha de verdure que sont proposés 65 emplacements rénovés et ombragés avec un accès direct sur la rive. Inutile de dire qu'ici, c'est la tranquillité qui prime ! Il y a cependant un snack-bar-restaurant ouvert aux beaux jours. On y prend volontiers un petit déjeuner et la carte snack est disponible à toute heure du jour. La ville de Saint-Jean-de-Losne et ses quais animés en été sont à quelques pas.

DEMEURE DE L'ÎLE ROLLET €€

12, quai de l'Europe
✆ 09 81 13 35 22
www.demeuredelilerollet.com
Accueil vélo. 4 chambres. Chambre double à partir de 95 € ; suite à partir de 120 €. Petit-déjeuner inclus. Sauna.

Installées dans une maison construite en 1837 au style parfaitement conservé, les chambres d'Hôtes de la Demeure de l'Ile Rollet offrent un confort et un charme de 1er niveau. La décoration intérieure, très intimiste et cosy, offre aux visiteurs l'environnement idéal pour se laisser porter. Les chambres agencées avec goût situées à l'étage offrent des vues imprenables sur la Saône. Un grand parc boisé permet de passer de parfaits moments de repos. Un espace bien-être avec jacuzzi, et la possibilité de massages complète cette offre haut de gamme.

SAUCONNA €€

9, quai National ✆ 03 80 71 50 31
www.hotel-restaurant-sauconna.fr
Ouvert 7j/7. 6 chambres. Chambre double 62 € ; chambre triple dès 100 €. Petit déjeuner 10 €. Restauration.

Le Sauconna est un établissement hotelier idéalement situé en bord de Saône reprit par Jonathan et Adeline en 2019. L'hôtel sans prétention propose juste 6 chambres simples mais spacieuses et bien tenues. Le Sauconna c'est aussi et surtout une table que Jonathan orchestre d'une main assurée et passionnée. Adeline en salle veille à tout et apporte la touche gracile pour que tout se passe bien. La vue imprenable et la proximité avec la Saône sont autant de bons arguments pour que les touristes fassent étape. Tarifs, amabilité et calme sont ses atouts majeurs.

LE BOUCHON LOSNAIS €€

19, quai National
✆ 03 80 29 03 62
BS ouvert du mercredi au dimanche le midi et le soir. HS du mercredi au lundi de 9h à 0h. Formule du midi : 16 €

Ce Bouchon installé sur le quai National a tout pour lui ! On ne vous parle pas de la terrasse avec une vue plongeante sur la Saône, non, on vous parle de sa salle façon bistrot aux briquettes couvertes de photos souvenirs, de sa cuisine, de son ambiance. Brice Jean-Baptiste, qui a un beau bagage d'expériences en restauration et sommellerie, a bien fait de s'installer ici ! Tout y est sympathique : ardoise renouvelée chaque semaine où l'on peut s'offrir un tataki de thon ou une entrecôte black angus. Friture, foie gras ou jambon persillé sont inscrits à demeure.

LE COMPTOIR DE PAGNY €€

1, rue de la Poste - **PAGNY-LE-CHÂTEAU**
✆ 03 80 72 01 09
www.comptoir-de-pagny.fr
Maître Restaurateur. Ouvert du mercredi au dimanche midi ; vendredi et samedi soir. Formule du midi 15,90-17,90 €.

Le Comptoir de Pagny est une adresse tout en modestie apparente mais qui propose une très belle cuisine. Créé par Iza Guyot, cette cheffe expérimentée, qui a dirigé plusieurs restaurants à Paris (depuis plus de trois décennies !), propose une véritable cuisine gastronomique, revisitant avec créativité les classiques de nos terroirs avec les spécialités du Comptoir, la Pôchouse, la joue de bœuf des mariniers... L'accent est mis sur le mélange subtil des saveurs qui surprennent et ravissent. A noter que les produits proviennent principalement de producteurs locaux.

LES DÉLICES DE KRISTINA €€

1, rue de la Gare
BRAZEY-EN-PLAINE
✆ 06 23 38 16 77
Ouvert le mardi, le mercredi et le dimanche le midi ; du jeudi au samedi le midi et le soir. Menus de 13.50 € à 31 €

Kristina qui est traiteur depuis 2014 propose une cuisine semi-gastronomique, mijotée et préparée à base de produits frais et locaux. Quand on sait qu'elle fut décoratrice avant de s'adonner à sa passion qu'est la cuisine, on comprend tout. Le comment du charme discret de la salle et l'esthétique de ses plats ! Le restaurant est installé dans une belle bâtisse, tout est neuf et très élégant. Deux terrasses sont aménagées, une réservée pour les fumeurs, une autre assez vaste pour les non-fumeurs. Un restaurant qui vaut la balade !

SAUCONNA €€

9, quai National
✆ 03 80 71 50 31
www.hotel-restaurant-sauconna.fr
BS du mardi au samedi midi et soir + dimanche midi. HS ts les jours midi et soir. Menus 24 € à 36 €. Terrasse vue Saône.

Pour bien manger sur les quais à Saint-Jean, c'est au Sauconna qu'il faut aller. Jonathan Oudot et Adeline Barthod-Malat qui ont repris l'établissement en 2019 jouent la carte gastronomie. Avec Jonathan, le chef de cuisine, tout est cuisiné du jour, jusqu'aux meilleures charcuteries. Sa pochouse est déjà une référence du Sauconna, préparée avec des poissons et anguilles livrés vivants. Vous préférez la viande ? L'ardoise suggère une entrecôte de veau crème de truffes ! Et pour finir crème brûlée au pain d'épices. Petite friture en amuse-bouche. Parfait !

DOMAINE DU LAC DE CHOUR

FRANXAULT
✆ 06 22 68 06 72
Ouvert week-end à partir du 13 février 2021. 7j/7 de fin avril à fin septembre. Emplacements camping-car. Restaurant.

Le lac de Chour proche de Dijon, Beaune et Dôle est un site de loisir unique implanté sur 58 hectares dont 38 ha d'eau proche d'une sortie de l'autoroute A36. Toutes les générations peuvent s'y ressourcer. Une partie du lac est réservée aux joies de la baignade et au farniente. Les aventuriers et les sportifs choisiront une balade en bateaux à pédales ou le tour du lac à pied ou en vélo. Les pêcheurs disposent de leur espace avec différents forfaits pour découvrir le cheptel des poissons du lac. La qualité de l'eau de ces anciennes sablières est toujours au top.

PARCOURS ÉCOPAGAYEURS DE SAINT-JEAN-DE-LOSNE

Chemin de la Plage ✆ 03 80 77 92 78
www.pagaies-des-bords-de-saone.fr
Ouvert d'avril à fin septembre. Sur rdv sauf en juillet-août 7j/7 10h-18h. 14 €/pers pour 2h. Itinérant 20 à 30 €/pers.

Un concept unique en France créé par le Comité régional de canoë-kayak, géré par les Pagaies des Bords de Saône. Le parcours EcoPagayeurs s'adresse à tous ceux qui savent nager. Rdv à la base de canoë-kayak, les bénévoles vous remettent le matériel (bateau monoplace ou biplace facile à manœuvrer, gilet de sauvetage, pagaies, topo-guide) et puis à vous de choisir votre boucle : Petit EcoPagayeurs pour les familles ou Petit Cîteaux. Découvrir la biodiversité de la rivière en s'amusant !

SEURRE

Située près de Beaune, la ville flirte avec la Saône-et-Loire et le Jura. Ville d'eau, Seurre s'étire le long de la Saône. L'aménagement récent des quais, sans voitures, en fait une promenade agréable où vélos et marcheurs trouvent leur bonheur. Le visage de la ville change et invite à partager les quais de manière conviviale avec une guinguette ouverte de mai à octobre, où restauration rapide, boissons, crêpes et glaces vous donnent envie de vous attarder. Les sportifs ne sont pas en reste avec l'eurovélo 6 et la voie bleue Saône Moselle qui traverse la Côte-d'Or en longeant la Saône. Le tourisme fluvial, la pêche et les sports nautiques, particulièrement développés au Camping municipal de la Plage avec sa base nautique, renforcent cette image dynamique. Côté ville, son patrimoine avec l'ancien couvent des Ursulines, la Maison des ancêtres de Bossuet, les maisons en briques rouges, le Jacquemart et l'église Saint-Martin raconte une histoire, et si vous voulez en savoir plus, des visites guidées sont organisées. La Maison Bossuet, berceau de la famille Bossuet, date de 1504 ; cette maison en briques rouges abrite une boutique de produits originaux et de qualité fabriqués par des artisans des rives de Saône et de ses environs : bijoux, bougies, déco en bois et pierre, céramique, peintures, savons, produits du terroir... A partir du mois de mai, n'hésitez pas à pousser la porte de l'Artisanerie de la Saône : elle innove en proposant en plus des articles encourageant le zéro déchet. Un clin d'œil à l'environnement dans un cadre qui motive à soutenir et à préserver une nature à la fois liquide et solide.

L'ÉTANG ROUGE - MUSÉE DE PLEIN AIR

Route de Franche-Comté ✆ 09 61 38 56 11
www.saone-tourisme.fr

Entrée libre lundi mardi jeudi vendredi de 9h à 17h30 en juillet et août. Visites commentées. Adulte : 3 €.

A la sortie de Seurre un village typiquement bourguignon a été reconstitué à partir de maisons anciennes des communes environnantes ; démontées, réparées, transportées sur le site, elles ont été réédifiées. L'espace est ouvert toute l'année et certaines maisons sont ouvertes à la visite pendant l'été, vous pouvez y accéder librement. Un support, vendu à l'entrée permet de prendre connaissance de l'histoire du site et de ses nombreuses constructions typiques.

L'HÔTEL-DIEU ★

14, Grande Rue du Faubourg Saint-Georges
✆ 03 80 24 47 00

Ouvert du lundi au vendredi de 9h à 11h30 et de 14h à 17h. Visite organisée par l'Office de Tourisme sur inscription.

Seurre, à l'instar de Beaune, dispose d'un magnifique et réputé Hôtel-Dieu. Construit durant les XVIIe et XVIIIe siècles, l'aile nord a été ajoutée dans la seconde moitié du XIXe siècle. L'établissement et sa salle des malades étaient dirigés par les sœurs hospitalières qui prodiguaient des soins aux malades, âgés ou nécessiteux, pratiquaient des opérations chirurgicales, des accouchements. Vous pouvez visiter la chapelle, la salle des Pauvres de 18 lits, l'apothicairerie et ses pots en faïence ainsi que la chambre de l'évêque. Quel beau témoignage ! A voir !

MAISON BOSSUET / MUSÉE DE LA SAÔNE ET DES GENS DE LA SAÔNE

13, rue Bossuet ✆ 09 61 38 56 11
www.saone-tourisme.fr

Ouvert de mai à fin septembre. Ouvert le mardi et le dimanche de 15h à 18h. Visite commentée sur rendez-vous.

Bâtie en 1504 en briques rouges, cette demeure est remarquable pour son architecture, ses plafonds à la française et sa charpente. Elle a appartenu à la famille de Jacques-Bénigne Bossuet, précepteur du jeune Louis XIV. Une boutique éphémère d'artisanat local occupe une partie du rez-de-chaussée. Les étages abritent le musée avec une présentation géologique, la production de grès de l'usine de céramique, la batellerie fluviale et ses maquettes, l'industrie de la prothèse.

OFFICE DE TOURISME RIVES DE SAÔNE - BUREAU D'INFORMATION TOURISTIQUE DE SEURRE

Rue de la Perche à l'Oiseau ✆ 09 61 38 56 11
www.saone-tourisme.fr

Bureau d'info touristique. Accueil Vélo. Recharge des batteries vélos. Visites guidées pour les groupes sur rdv.

L'office de tourisme se situe à la capitainerie du port de Seurre, dans la continuité des nouveaux quais. Il est devenu le rendez-vous info des plaisanciers, des cyclistes et touristes motorisés car facile d'accès. 2 visites commentées de la ville sont proposées. La première comprend une visite commentée du Musée de la Saône et des gens de la Saône. La seconde vous emmène découvrir la ville, son centre historique, les maisons de briques et colombages, l'église, les vieilles demeures...

VISITES COMMENTÉES

Rue de la Perche à l'Oiseau ✆ 09 61 38 56 11
www.saone-tourisme.fr

En saison estivale. Sur réservation. 3 € visite commentée / 7 € visite commentée avec dégustation de produits régionaux.

A la belle saison, pendant environ 1h30, l'antenne de Seurre de l'Office de Tourisme Rives de Saône vous propose de découvrir le patrimoine historique de la ville. La visite est ponctuée d'anecdotes très intéressantes d'un commentateur seurrois passionné. Pour les plus gourmands, une dégustation de produits régionaux est possible. Une belle manière de découvrir tous les charmes patrimoniaux, historiques et gourmands de Seurre ! En complément, le parcours du Jacquemart est un circuit découverte fait de panneaux de présentation incluant une énigme pour les enfants.

PORT DE PLAISANCE

Capitainerie
✆ 03 80 20 31 05

Ouvert tous les jours. Horaires en fonction des saisons. Horaire pour une nuit à partir de 10,50 €.

Le port de Seurre situé au nord de la ville est équipé pour accueillir les plaisanciers de passage et ceux qui restent plus longuement. Les équipements sont complets : 60 anneaux, électricité à quai, eau à quai, sanitaires, douches, lave-linge, sèche-linge, ponton avec évacuation des eaux usées, téléphone public, poubelles, mise à l'eau, aire de jeux, aire de pique-nique, accueil handicapé, aire de services de camping-car. Pour les vacanciers de quelques heures, la capitainerie propose d'accoster à la halte fluviale proche du centre-ville par les quais.

LOCATION DE VÉLOS - CAMPING DE LA PLAGE

3, Le Portail
✆ 03 80 20 49 22
www.campingdelaplage-seurre.fr

Une étape incontournable pour les amoureux de la Petite Reine.

Situé sur la rive droite de la Saône, le camping de la Plage de Seurre, labellisé Accueil Vélo, loue une douzaine de vélos VTT et vélos enfants aux vacanciers et campeurs. A 1 km, la Voie Bleue Moselle-Saône offre 700 km de voyage à vélo au bord de l'eau. En aval de Seurre, entre Saône et Doubs, la Voie Bleue fait route commune avec l'itinéraire de l'EuroVelo 6, de jolies bâtisses et clochers rythment votre route jusqu'à Verdun-sur-le-Doubs où les deux rivières se rejoignent.

CAMPING MUNICIPAL DE LA PLAGE - SEURRE €€

3, Le Portail
POUILLY-SUR-SAÔNE
✆ 03 80 20 49 22
www.campingdelaplage-seurre.fr

Un camping dynamique au bord de la Saône où les amoureux de loisirs sont rois.

En bord de Saône, ce camping de 100 emplacements et 2 roulottes insolites propose une multitude d'activités nautiques : location de canoës, kayaks, skis nautiques, avirons et pédalos. Labellisé Accueil Vélo, les équipements, la location de vélos et les itinéraires cyclables s'ajoutent à ses atouts loisirs. Vous attabler au restaurant face à la ville de l'autre côté de la rivière est un délice. Terrain de pétanque, aire de jeux, zone wifi, pain frais et votre cœur chavire.

RESTAURANT DE LA PLAGE - CAMPING DE SEURRE €

3, Le Portail
✆ 07 62 31 57 82
www.campingdelaplage-seurre.fr

Ouvert tous les jours en haute saison de 11h à 23h. Restaurant, bar et glacier.

Très saisonnier, mais idéalement situé, le restaurant du Camping de la Plage offre un point de vue unique sur la ville de Seurre et ses quais nouvellement aménagés en promenade piétonne. Attablé en terrasse, vous êtes à quelques mètres de la Saône et au cœur du camping. Ambiance vacances, lieu idéal pour venir déguster une petite glace dans l'après-midi et accès immédiat à la base nautique. La restauration est simple : salades, grillades… sans oublier la buvette, bien sûr !

BRASSERIE JEAN BART €€

62, rue de la République
✆ 03 80 26 56 04

BS ouvert du lundi au vendredi le midi ; du mercredi au samedi le soir. HS du mardi au dimanche midi et soir. Terrasse.

Situé à quelques minutes des quais de la Saône, le Restaurant Pizzeria Jean Bart propose une pause repas idéale en termes de prix, de qualité et de convivialité. Outre de bien bonnes pizzas, le Jean Bart propose des menus aux couleurs de la Bourgogne avec des plats traditionnels, on peut aussi déguster des classiques comme des escargots ou des cuisses de grenouilles, plats de poissons et viandes, la tête de veau certains jours, mais aussi des burgers à composer soi-même. Le côté rétro du Jean Bart est toujours aussi plaisant.

LE GRILLARDIN €€

5, Grande Rue du Faubourg-Saint-Georges
✆ 03 80 21 17 62

BS ouvert du lundi au vendredi midi et soir. HS tous les jours midi et soir. Carte et pizzas. Formule du midi. Terrasse.

Le Grillardin est une valeur sûre. C'est dans un cadre contemporain que Yves Marchal, votre chef aux talents reconnus, vous accueille. Le mur en ardoise fait office de carte, les menus y varient au gré des produits du marché, des saisons mais aussi de l'inspiration du chef. Le Grillardin joue l'efficacité avec une touche d'originalité dans la présentation de ses plats. Optez aussi pour une pizza avec un large choix. L'été, la terrasse couverte offre une belle ambiance lumineuse le soir... et la Saône n'est pas très loin pour la balade digestive.

RESTAURANT LA MARINE €€

1, quai du Midi
✆ 03 80 21 12 90

Du lundi au dim midi et soir sauf mercredi toute la journée. Menus de 23,50 à 26 €, enf. 9 €. Formule du midi à 14 €.

Un endroit sympa pour s'offrir un bon repas. Cette jolie maison décorée de briquettes typiques de Seurre possède une belle terrasse couverte en été près des quais avec vue sur la Saône. Le restaurant de Frédéric et Kimchi peut surprendre, c'est un mix de cuisine française et japonaise, et un Sushi Bar en plus. Si Frédéric apporte ses références pour une cuisine traditionnelle, Kimchi partage sa passion pour la cuisine japonaise. Maître Sushi, elle sait parfaitement réaliser ces mariages de riz vinaigré, d'algues et de tartare de poisson. Une cuisine à 4 mains !

LA CAVE DE BOURGOGNE

46, rue de la République
✆ 03 80 21 10 08

Ouvert du mardi au samedi de 9h30 à 12h et de 14h à 18h

Si la Cave de Bourgogne a tout du Caviste, sachez que vous êtes avant tout chez un viticulteur de Meursault, le domaine familial Boyer-Gontard qui a créé sa boutique à Seurre en 2009. La Cave de Bourgogne ne propose que des vins de petits producteurs, en priorité ceux du Domaine Boyer propriétaire de 7 ha de vignes sur Meursault, Auxey-Duresses, Chorey-lès-Beaune, Monthélie, Savigny les Beaune et Gevrey-Chambertin soit environ une cinquantaine de références. La Cave élargit sa gamme en négoce du Beaujolais à Chablis avec une palette de prix abordables pour tous.

FAUBOURG DES SAVEURS

57, rue de la République ✆ 03 45 76 90 54
www.faubourg-des-saveurs.com

Ouvert du mardi au samedi de 9h à 12h30 et de 14h30 à 19h30. Epicerie fine, Crèmerie fromagerie, Bar à Fromage.

Faubourg des Saveurs est l'épicerie fine idéale pour garnir son panier de produits artisanaux et régionaux. Aux heures des repas, elle s'anime façon restaurant avec planches de fromages et charcuterie et fondues. Le rayon fromage est achalandé d'une centaine de produits : Cîteaux, comté, époisses... Le rayon charcuterie propose, avec les salaisons Tuyé du Papy Gaby du Jura ou le persillé de la Gaec des Hameaux, des produits aux circuits courts. Au rayon caviste, bières artisanales et crus emblématiques permettent de faire le bon choix sur les conseils de Pascal.

BASE NAUTIQUE DE LA PLAGE DE SEURRE

3, Le Portail ✆ 03 80 20 49 22
www.campingdelaplage-seurre.fr/base-nautique

Ouvert de fin avril à début octobre 2021. Pendant l'ouverture du Camping et les conditions d'accès aux différents clubs.

Située sur le Camping de la Plage de Seurre, la base nautique vous propose de multiples activités sur la Saône. Plusieurs clubs sportifs s'y côtoient pour vous faire découvrir leur sport (initiations, cours...) : ski nautique, wakeboard, aviron, canoë, kayak. Visiteurs et campeurs peuvent réserver canoës, kayaks et pédalos à l'accueil du camping. Après l'effort, le réconfort est le bienvenu au restaurant-bar de la Plage qui vous accueille tous les jours en haute saison de 11h à 23h.

VOIE BLEUE SEURRE - SAINT-JEAN-DE-LOSNE - EUROVELO 6

✆ 09 61 68 56 11

Ici, les véloroutes se croisent et offrent plusieurs possibilités d'itinéraires. Une portion de L'Eurovélo 6 se superpose avec la Voie Bleue Moselle-Saône (entre Samerey et Chalon-sur-Saône), une échappée de 700 km au bord de l'eau du Luxembourg à Lyon. L'EV6 est un itinéraire qui relie l'Atlantique à la Mer Noire, soit 4500 km de voie cyclable. Le Canal de Bourgogne et le Canal du Centre permettent de rejoindre Beaune et Dijon par les chemins de halage et la voie des vignes.

ORGANISER SON SÉJOUR

Que l'on veuille gagner le Nord (en arrivant de Provence, de Côte d'Azur ou des Alpes) ou que l'on rejoigne l'ouest de la France en partant de la région Grand Est, la Côte d'Or se trouvera bien souvent sur votre passage. Véritable carrefour de communication, son réseau autoroutier - que viennent renforcer ses routes nationales et départementales - permet en effet d'être à la croisée de (presque) tous les chemins. Du côté du rail ? La gare de Dijon reçoit le TGV depuis 40 ans, et relie ainsi Paris à Marseille. Bref, rien de plus simple que d'arriver ici pour un séjour qu'on choisira selon ses envies : œnologique, cyclotouristique, historico-culturel ou gastronomique. L'offre d'hébergements de restauration y est pléthorique et s'adaptera à votre budget, quel qu'il soit. Reste donc à vous organiser au mieux avant votre arrivée. Car il n'est pas question de manquer quoi que ce soit des trésors offerts par ce si beau département !

S'Y RENDRE

Traversée par plusieurs autoroutes (l'illustre A6 bien sûr, mais aussi l'A31, l'A36 et l'A39), la Côte d'Or est très facilement accessible, d'où que l'on vienne ! Depuis l'Ile-de-France, on y accédera par le département de l'Yonne ou par l'Aube, et depuis Lyon ou Marseille via la Saône-et-Loire. Si vous venez du Grand Est (ou du Luxembourg), vous emprunterez l'autoroute A31 jusqu'à Beaune, rejointe aussi par l'A36 depuis l'Allemagne, Mulhouse ou Besançon. En train ? La gare TGV de Dijon aide à atteindre facilement la région tandis qu'un solide réseau de TER pourra faire le relais jusqu'à votre destination précise. Les lignes de bus passent évidemment par là aussi. Enfin, si vous vous trouvez loin, il vous restera l'avion : l'aéroport de Dole-Jura, du côté de la Franche-Comté, ne se situe qu'à 50 km de Dijon. Sans oublier les aéroports parisiens et lyonnais, certes un peu plus éloignés, mais qui, tout de même, ne sont pas si loin...

GARE DE DIJON

31, cour de la Gare
DIJON ✆ 36 35
www.mobigo-bourgogne.com
Ouvert tous les jours de 4h15 à 23h. Ouverture des services aux personnes. Bornes automatiques : 4h15/0h15.

Vous pouvez accéder à la gare en tram ou en voiture : un parking est à votre disposition juste devant, gratuit pendant les vingt premières minutes. Dans le grand hall des départs, vous pouvez accéder aux guichets SNCF TER (sur votre droite, en entrant) et Grandes lignes (au fond). Pensez à utiliser les bornes automatiques ! Côté boutiques, vous trouverez plusieurs cafés, une pharmacie, une boulangerie, une sandwicherie, un Quick et des Points Relay. Vous trouverez aussi plusieurs services : assistance voyageurs handicapés, objets trouvés, toilettes...

GARE SNCF

Avenue du 8-Septembre
BEAUNE
✆ 03 80 22 13 13
Guichet ouvert le lundi et le vendredi de 7h à 19h ; du mardi au jeudi et le samedi de 9h à 19h.

La gare de Beaune se situe sur la ligne de Paris-Lyon à Marseille-Saint-Charles, entre les gares de Corgoloin et de Meursault. Elle dispose d'un bâtiment voyageurs avec ses équipements en automates pour l'achat de titres de transport, d'une salle d'attente et d'une borne d'information interactive. Un souterrain qui relie les différentes voies est décoré en l'honneur d'Étienne-Jules Marey et de la chronophotographie dont il est l'inventeur. Le parking de la gare, qui vient tout juste d'être rénové, en améliore par ailleurs l'accessibilité en voiture.

GARE TGV DE MONTBARD

Place Henri-Vincenot
MONTBARD

La gare de Montbard ne manque pas de charme. Cette petite station sous forme de grande maison vous permet de voyager aisément vers Lyon, Dijon, Paris et Besançon, entre autres. Des trains partent presque toutes les heures pour la capitale. Pensez également aux autocars qui vous emmènent vers Châtillon-sur-Seine ou encore Clamecy. Sur place, vous trouvez un parking pour motos, scooters et vélos. Pour prendre vos tickets, rendez-vous à l'accueil ou à la borne libre-service lorsqu'il y a du monde, cela peut vous faire gagner de précieuses minutes.

AÉROPORT DOLE-JURA

TAVAUX © 03 84 72 18 53
www.aeroportdolejura.com
Ouvert du lundi au vendredi de 9h à 19h. Samedi et dimanche de 9h à 17h. Parking gratuit de 1 200 places.

A 50 km de Dijon (du côté de la Franche-Comté), l'aéroport de Dole est en pleine expansion, proposant régulièrement de nouvelles destinations. Ainsi peut-on venir (ou aller) au Portugal, au Maroc, en Italie, en Grèce, aux Canaries, en Croatie, à Malte ou en Irlande notamment. Sans oublier la Corse. Situé à 10 minutes de la gare SNCF de Dole, et 3 minutes de la sortie d'autoroute A39, les transferts sont donc extrêmement facilités. Et toute une belle gamme d'hôtels et restaurants se trouve à proximité. Une belle alternative pour ceux qui viennent de loin !

FLIXBUS

PARIS
© 01 76 36 04 12
www.flixbus.fr
Service client disponible 24h/24.

FlixBus est une start-up allemande qui a vu le jour en 2013 dans le but de simplifier les déplacements en Europe. En quelques années, l'entreprise est devenue leader et dispose aujourd'hui du plus grand réseau européen de bus longue distance. Les réservations se font en toute simplicité (sur le site Internet), et – une fois installé – le passager peut profiter de différents services mis en place : application mobile, wifi gratuit, suivi GPS des bus en temps réel. Depuis 2015, FlixBus se déploie aussi à l'international. Jusqu'en Scandinavie !

MOBIGO

DIJON
© 03 80 11 29 29
www.viamobigo.fr
Ouvert du lundi au samedi de 7h à 20h. Centrale d'appels.

Plateforme téléphonique et site Internet, Mobigo gère les transports dans l'ensemble de la région Bourgogne-Franche-Comté. Par celle-ci vous obtiendrez des informations sur les lignes desservant l'ensemble des départements, mais également les horaires des bus ou trams dans Dijon (comme dans toutes les autres villes bourguignonnes). Avec bien sûr aussi tout ce qu'il faut savoir sur vos futurs déplacements en TER. Une plateforme très complète où l'on peut aussi acheter ses tickets (à l'unité, par carnets de 10 ou par abonnement).

SÉJOURS ET CIRCUITS

Que vous souhaitiez découvrir la route des grands crus ou que vous préfériez partir sur les traces des Ducs de Bourgogne, que vous optiez pour un parcours à vélo à la découverte de la nature et du patrimoine régionaux ou que vous rêviez d'une croisière au fil de la Saône ou du Canal de Bourgogne, de nombreuses agences et différents organismes se proposent de vous aider à l'organisation de vos séjours thématiques. De nombreuses formules existent qui s'adapteront à tous les budgets et à toutes les durées. Alors, n'hésitez pas à consulter ces offres ! De même, si vous préférez vous débrouiller seul, là aussi des solutions existent qui faciliteront vos déplacements d'un point à un autre de votre circuit. Ainsi, par exemple, les offices de tourisme de Côte d'Or ont créé plusieurs applications mobiles et des sites internet pour vous guider une fois sur place, ou pour vous aider dans vos préparatifs.

AUTHENTICA TOURS

DIJON
✆ 06 87 01 43 78
www.authentica-tours.com

À la journée, la demi-journée ou même sur plusieurs jours, l'agence de tourisme propose des parcours privatisés ou en petits groupes pour vous faire découvrir le meilleur de la région. Laissez-vous porter par ces professionnels, à bord d'un mini-bus haut de gamme et en compagnie d'un accompagnateur local pour visiter des villages typiques comme Flavigny-sur-Ozerain, où sont nés les fameux anis de Flavigny. Les transports sont assurés depuis les aéroports de Lyon, Paris, Dijon ou encore Genève. Faites confiance à ce spécialiste reconnu dans le milieu du tourisme.

BURGUNDIA TOUR

22, rue Duvivier
PARIS
✆ 06 18 86 72 56
www.burgundia-tour.com
Du lundi au vendredi, de 14h à 19h

Burgundia Tour est une agence de voyages parisienne spécialisée dans l'œnotourisme en Bourgogne. Toute l'année, l'agence propose excursions et escapades dans des lieux d'exception et chargés d'histoire, à destination des groupes (minimum 4 personnes). Une occasion unique de découvrir la région, en minibus confortable dans une ambiance ludique et bon enfant, mais néanmoins hyper chic. Excursions ou escapades comprennent déjeuners, dîners et dégustations. Et un hébergement dans un hôtel de charme 4 ou 5 étoiles pour certaines d'entre elles.

WINE AND TOURS

10, rue Gaston Roupnel
COUCHEY
✆ 03 80 59 88 19
www.wine-and-tours.com

Située en Côte-d'Or, Wine And Tours (dirigée par Dimitri Bourgeois), tournée vers l'œnotourisme, vous propose de visiter la Bourgogne-Franche-Comté. Les clients seront amenés à découvrir les vignobles de ces deux régions. Des circuits sur mesure pendant lesquels Dimitri s'occupera de tout, de votre arrivée à l'aéroport pour les touristes internationaux à vos transferts. Du Beaujolais jusqu'à Chablis, de Marsannay à Beaune (mais aussi dans le Jura), visites, dégustations, rencontres, haltes gourmandes ou découvertes par les airs sont ainsi proposées...

QUOTATRIP

www.quotatrip.com

QuotaTrip est une nouvelle plateforme de réservation de voyage en ligne qui met en relation des voyageurs à la recherche d'expériences authentiques et uniques et des agences de voyages locales sélectionnées pour leurs compétences et leur sérieux. Le réseau de QuotaTrip couvre près de 200 destinations du monde entier. Le but de ce rapprochement est simple : proposer un séjour entièrement personnalisé aux utilisateurs. QuotaTrip promet ainsi l'assurance d'un voyage serein, sur mesure, sans intermédiaires et sans frais supplémentaires.

SE LOGER

Des régions les plus urbaines (Dijon et Beaune) aux coins les plus ruraux, en Côte-d'Or les offres d'hébergement sont multiples. Du plus classique au plus atypique, du bon plan très économique à l'hyper luxe, de l'auberge de charme aux complexes ultra modernes, vous aurez le choix ! Pourquoi pas un séjour en camping au bord de l'eau ? Ou dans un palace du côté de la capitale des Ducs ? A moins que vous ne préfériez une nuit dans l'une des très nombreuses chambres d'hôtes au cœur des villages médiévaux ou tout près des vignes... Quant à ceux qui privilégient les voyages écoresponsables, qu'ils soient tranquilles : ici comme ailleurs, le tourisme vert est en pleine expansion. N'hésitez pas à explorer les mines d'informations réunies par les organismes et les agences de réservation. On vous l'assure : vous n'êtes pas au bout de vos (belles) surprises ! Attention, toutefois : l'été venu, il est plus que prudent de réserver.

GÎTES DE FRANCE BOURGOGNE €€

5, rue René-Char

DIJON

https://www.gites-de-france.com/fr/bourgogne

Accueil du lundi au vendredi de 9h à 18h.

Gîtes de France Bourgogne, c'est avant tout un réseau qui vous permet d'organiser vos vacances ou vos courts séjours dans toute la région selon vos envies et vos critères personnalisés. En visitant le site internet, vous trouverez toutes les locations de chambres d'hôtes, les gîtes, les maisons de charme et même les lieux insolites, département par département. Pas de surprise, les prix sont affichés, tout est détaillé. Un réseau incontournable pour découvrir le coin !

CAMPINGS.COM

✆ 02 53 04 00 89

www.campings.com

Centrale ouverte du lundi au dimanche 9h-19h.

Site de réservation en ligne proposant plus de 3 000 campings parmi les plus sympathiques de France, Campings.com dispose d'une belle offre bourguignonne. Des coups de cœur, des Crazy Days avec des offres spéciales, des campings de 3 à 5 étoiles, des locations de mobil-homes... Comparez en ligne les différents campings (par lieu ou par marque), et trouvez celui qui deviendra le cocon idéal pour vos vacances en famille ou entre amis ! Paiement direct en ligne, ou même paiement différé. Et appel possible à la centrale de réservation du lundi au dimanche

HOME EXCHANGE €€

www.homeexchange.fr

Désormais affilié à HomeExchange, le leader mondial de l'échange hébergement, Troc Maison avait ce slogan : « Échangez... ça change tout ». L'idée reste la même : un site Internet pour échanger son logement (studio, appartement, villa...) moyennant un abonnement annuel (130 €) à l'agence en ligne, qui se charge de la présentation du bien et de la mise en contact des intéressés. Quand 50 % du budget vacances des Français passent dans le logement, le principe ne peut que fonctionner. Le choix est large avec plus de 400 000 offres dans 187 pays.

VAOVERT €€

DIJON

www.vaovert.fr

Connaissez-vous Vaovert ? Née à Dijon, voici la première plateforme d'hébergements éco-responsables de France. Hôtels, gîtes ou chambres d'hôtes, campings ou lieux insolites, Vaovert référence plus de 1 200 belles adresses 100% françaises et entièrement respectueuses de l'environnement. Une offre adaptée à toutes les envies et à tous les budgets, pour un voyage qui comblera forcément vos attentes et fera du bien à la planète ! Ou comment allier plaisir et responsabilité. Une démarche séduisante et profondément dans l'air du temps. On adore !

SE DÉPLACER

Forte de son réseau routier et autoroutier très dense, les déplacements ici sont chose particulièrement aisée. Sans compter le réseau ferroviaire, mais aussi les très nombreuses voies vertes qui rendent nos randonnées à vélo particulièrement agréables ! Saviez-vous, par exemple, que des organismes existent qui vous permettent de louer un vélo à un endroit pour le rendre à un autre ? Cependant, que ceux qui ne sont pas assez sportifs pour se lancer dans un périple champêtre se rassurent ! Taxis et VTC sont là aussi pour vous mener à destination. Des services de location de véhicule rétro également, pour aller au bout de vos rêves. Et n'oublions pas le réseau de bus (et de TER) Mobigo qui traverse la Côte-d'Or et permet même (si on le souhaite) de rejoindre les autres départements de la région. Voici quelques pistes pour vous aider, mais d'autres existent, bien entendu, pour vous aiguiller d'un point à l'autre du département.

BOURGOGNE CHIC

10, Impasse des Prés Verts - **JOUEY**
✆ 03 45 44 05 55 - www.domainedespresverts.fr/fr/activites-visiter-la-bourgogne

Location d'une Citroën 2CV Collection «Le Domaine des Prés Verts». 1 journée de location (jusqu'à 4 personnes) : 120 €.

Bourgogne Chic est la marque dédiée à la location de 2CV que Jérémy Leleu et Lucie Onno proposent au Domaine des Prés, un complexe hôtelier premium au cœur des paysages de l'Auxois. Que vous l'ayez connue ou pas dans votre jeunesse, la 2CV, décapotable, est une automobile mythique qu'il faut absolument connaître. La balade tranquille que vous allez vous offrir fera pâlir de jalousie les collectionneurs de voitures anciennes qui savent ce que vous vivez. Peinture noir éclatant et doux glouglou du bicylindre pour rejoindre les trésors de la Bourgogne autrement.

CENTRE PORSCHE DIJON

7, rue Paul Langevin
DIJON ✆ 03 80 52 08 00
https://drive.porsche.com/france/fr/accueil.html

Ouvert du lundi au vendredi de 9h à 12h et de 14h à 19h ; le samedi de 9h à 12h et de 14h à 18h.

Conduire une Porsche n'est plus un rêve, Porsche Drive, dont le Centre Porsche de Dijon a été pilote met à disposition un service de location exclusif. De la Porsche 718 Boxster T aux toutes nouvelles 992 Carrera et Taycan 4S Electrique en passant par le Macan et le Cayenne, ce sont 5 modèles que vous pouvez louer une journée, un week-end et jusqu'à un mois si le cœur vous en dit. Parmi les clauses, attardez-vous à celle des cautions. Elles sont importantes compte tenu de la valeur des voitures. Mais l'expérience est unique pour les admirateurs de la marque.

ROULE EN RÉTRO - LOCATION DE VOITURES ANCIENNES

18, rue Buffon - **BEAUNE** ✆ 06 11 47 78 84
www.roule-en-retro.com

Location d'une voiture de collection à partir 1/2 journée - assurances et assistance cpr - km illimité - résa en ligne.

Roule en Rétro est une plateforme de location de voitures anciennes née de la passion d'Arnaud Le Bihan : le principe est simple, vous choisissez votre véhicule et la date à laquelle vous souhaitez le réserver. Plusieurs possibilités s'offrent à vous, soit vous allez récupérer votre véhicule chez le loueur, soit on vous la livre à votre hôtel, vous pouvez aussi bénéficier du service avec chauffeur. Une balade découverte dans un véhicule vintage sans se soucier de la logistique

LES 2 ROUES ÉLECTRIQUES

13, avenue Jean-Jaurès
DIJON ✆ 03 80 46 12 36
www.les-2-roues-electriques.fr

Ouvert du lundi au samedi. Sur rendez-vous le dimanche et lundi. Prêt antivol, kit de réparation, casque, gilet fluo.

Les 2 Roues Électriques, qui furent l'un des premiers spécialistes du vélo électrique à Dijon, propose la location de vélos classiques et électriques. Le parc est important avec des VTT, VTC, tandems, vélos enfants et remorques… Pour une balade occasionnelle ou un essai grandeur nature, on peut les louer à partir de la demi-journée jusqu'à plusieurs mois. En plus, la boutique fait face au port du Canal, le point de départ rêvé pour une escapade. Les 2 Roues Électriques peuvent aussi vous livrer sur votre lieu de séjour ou de départ, alors pourquoi se priver !

BURGUNDY BIKE

12, rue de la Maladière - **BROCHON**
✆ 06 38 16 50 33
www.burgundybike.com
Ouvert tous les jours de 8h30 à 18h30. Du 15/04 au 15/10, sinon sur rendez-vous. Demi-journée 30 €. Journée 40 €.

Burgundy Bike est un service de location de vélos à assistance électrique géré par Olivier Gaugry qui fut le gérant de la fromagerie Gaugry pendant 32 ans. Visitez les vignobles bourguignons à bicyclette grâce à un service de proximité, réactif, disponible et innovant. On peut dire que Burgundy Bike a un tour d'avance avec, en nouveauté, son tandem, parfait pour pédaler à deux ! Louez à la demi-journée, à la journée, à la semaine ou même au mois. Une adresse à classer dans les bons plans. Rendez-vous sur la page Facebook ou par téléphone pour prendre rendez-vous.

CYCLE EN TRANSITON

Ferme de Conclois
BURE-LES-TEMPLIERS
✆ 06 59 73 42 62
https://sites.google.com/site/cycleentransition/
Locations et vente de vélos.

Cycle en Transition n'est pas une boutique de vente et de location de vélos comme les autres, même si elle est 100 % dédiée à la mobilité écologique. Thibaut Salloignon, ingénieur en écoconception, passionné de vélos insolites privilégie l'usage du vélo comme un geste pour l'environnement en limitant les consommations de carburants fossiles. Il vend, conçoit et customise des vélos adaptés aux familles avec l'installation de sièges enfant. Vous pouvez lui réserver une balade (10 personnes au maximum) dont il sera le guide au cœur du parc national de Forêts.

DIVIAVÉLODI

16, place Darcy
DIJON
✆ 03 80 11 29 29
divia.fr/page/diviavelodi
Du lundi au samedi 9h30-19h. Abonnement de 1,50 € à 30 €

A l'heure de la circulation douce, le vélo est à la fois pratique, silencieux, bon pour la santé et pour la planète. Divia a mis en place le système de vélo en libre service pour tous : Diviavelodi. Les usagers peuvent profiter des 340 km de piste cyclable de l'agglomération. Une offre utilisable aussi bien pour les résidents de la métropole que pour les visiteurs. Profitez d'un système d'abonnement de 24h à 1 an. Diviavelodi, c'est 40 stations pour 400 vélos ! Rendez-vous dans l'une des stations que vous pouvez trouver sur le site divia.fr.

LOCATION DE VÉLOS - CAMPING DE LA PLAGE

3, Le Portail
SEURRE
✆ 03 80 20 49 22
www.campingdelaplage-seurre.fr
Une étape incontournable pour les amoureux de la Petite Reine.

Situé sur la rive droite de la Saône, le camping de la Plage de Seurre, labellisé Accueil Vélo, loue une douzaine de vélos VTT et vélos enfants aux vacanciers et campeurs. A 1 km, la Voie Bleue Moselle-Saône offre 700 km de voyage à vélo au bord de l'eau. En aval de Seurre, entre Saône et Doubs, la Voie Bleue fait route commune avec l'itinéraire de l'EuroVelo 6, de jolies bâtisses et clochers rythment votre route jusqu'à Verdun-sur-le-Doubs où les deux rivières se rejoignent.

LOCATION DE VELOS À ASSISTANCE ÉLECTRIQUE À L'OFFICE DE TOURISME

3, rue Sonoys - **NUITS-SAINT-GEORGES**
✆ 03 80 62 11 17
www.gevreynuitstourisme.com/accueil
Location à l'heure ou à la journée de 15 à 60 € tous les jours sauf le dimanche.

L'office de tourisme Gevrey-Chambertin-Nuits-Saint-Georges vous propose de découvrir le secteur en toute légèreté et sans effort, avec ses vélos à assistance électrique disponibles à la location. Ils seront parfaits pour arpenter le vignoble avec une autonomie de 60 à 120 km, laissant la possibilité de faire une belle escapade. Les 8 vélos sont disponibles au bureau de Nuits-Saint-Georges uniquement. On peut les louer à l'heure, la demi-journée, la journée ou le week-end.

LOCATION DE VÉLOS EN RIVES DE SAÔNE

Quai Lafayette - **SAINT-JEAN-DE-LOSNE**
✆ 03 80 37 15 70 - www.saone-tourisme.fr
A partir du 1er juin. Dès 5 € l'heure ou 15 € la journée. Forfait famille 4h : 18 €, journée 25 €. Remorque (5 €).

Profitez du grand air ! La communauté de communes Rives de Saône s'est équipée de vélos destinés à la location et répartis sur les offices de tourisme de St-Jean-de-Losne et de Seurre. Pédaler sur la véloroute aménagée et sécurisée, découvrir les paysages et charmes de bords de Saône et rejoindre Dôle ou Verdun-sur-le-Doubs par la Voie Bleue est tentant. Craquez pour le forfait famille pour 4 heures ou la journée. Il comprend 2 VTC adultes,1 junior, 1 remorque ou 2 vélos enfants.

S'INFORMER

La Côte-d'Or bénéficie, bien évidemment, d'une offre médiatique riche et puissante. Outre les antennes régionales des structures nationales bien connues (comme *France 3* ou *France Bleu*, par exemple), elle bénéficie bien sûr de ses grands quotidiens régionaux (et parfois même très locaux), de ses antennes de radio locales et indépendantes, et de magazines et de journaux vantant la vie bourguignonne sous tous ses aspects. Des publications consacrées à la vigne, aux journaux féminins ou masculins en passant par les périodiques économiques, culturels ou sportifs, vous trouverez ici tout ce dont vous aurez besoin pour vous informer sur l'actualité du territoire ! Et pour participer activement à la vie d'ici tout au long de votre séjour... Toutes ces sources d'infos sont à retrouver en kiosques, en librairies, dans différents hôtels et commerces, sur les ondes télé ou radio, et sur Internet évidemment !

BOURGOGNE TOURISME

5, avenue Garibaldi
DIJON
✆ 03 81 25 08 00
www.bourgogne-tourisme.com

Bourgogne Tourisme est le site touristique par excellence qui centralise toutes les informations relatives à ce territoire. Parmi les rubriques proposées chacun trouvera son bonheur en fonction de ses loisirs préférés : œnotourisme, gastronomie, artisanat, patrimoine, sites naturels, activités nautiques, relaxation, parc de loisirs, sports et bien d'autres ! Selon le département que vous souhaitez découvrir, les rubriques "J'y vais", "J'y suis" vous donneront de nombreuses idées de sorties. N'hésitez pas à consulter ce portail, pour un séjour inoubliable !

FRANCE 3 BOURGOGNE-FRANCHE-COMTÉ

6, avenue de la Découverte - **DIJON**
✆ 03 80 77 35 35
http://france3-regions.francetvinfo.fr/bourgogne

France 3 Bourgogne-Franche-Comté accompagne au quotidien les téléspectateurs par des informations sur tous les aspects de la vie locale. Plusieurs rendez-vous sous forme de J.T., mais aussi des magazines sur la culture, le patrimoine, les loisirs, les sports et la nature, des émissions politiques, des documentaires, des chroniques et un agenda des sorties en Bourgogne. À noter que le site internet regorge d'infos pratiques, très utiles : météo, trafic en temps réel, etc.

CÔTE-D'OR TOURISME - ADT

19, rue Ferdinand-de-Lesseps - **DIJON**
✆ 03 80 63 69 49
www.cotedor-tourisme.com

Organe de communication et de promotion du tourisme. Site internet et applications.

Côte-d'Or Tourisme se fait l'écho des activités et découvertes de ce beau et riche territoire. L'Agence départementale du tourisme, dont Marie-Claire Bonnet Vallet est la présidente, vous permet d'organiser votre séjour avec des informations précises sur les solutions d'hébergement, les adresses de restauration, les visites de caves et domaines, villes et villages ou encore les musées. Les visiteurs peuvent aussi télécharger l'application « Balade en Bourgogne », aussi ludique que fonctionnelle et compagnon de voyage à emmener partout avec soi.

OFFICE DE TOURISME BEAUNE ET PAYS BEAUNOIS

6, boulevard Perpreuil - **BEAUNE** ✆ 03 80 26 21 30
www.beaune-tourisme.fr

Ouvert tous les jours. Haute saison : du lundi au samedi de 9h30 à 19h ; le dimanche et les jours fériés de 9h30 à 18h.

Tout est mis en œuvre pour personnaliser et dynamiser votre séjour. L'offre est si vaste en Pays Beaunois que commencer par l'Office de Tourisme est excellent. Des points d'accueil modernes au design contemporain vous accueillent, 2 à Beaune, 1 à Chagny, Meursault, Nolay, Santenay et Savigny-lès-Beaune. Conseils efficaces, bons plans, offres tarifaires, découverte avec un greeter, billetterie en ligne et aux comptoirs, bornes 24/24 apportent une forte valeur ajoutée à vos expériences.

FG.
FeelGood.

OFFICE DE TOURISME DE DIJON MÉTROPOLE

11, rue des Forges - **DIJON** ✆ 08 92 70 05 58
www.destinationdijon.com
Basse saison : lun.-sam 10h-13h et 14h-18h, dim. 10h-13h et 14h-16h. Haute saison : lun.-sam. 10h-18h30, dim. 10h-17h30.

Trois espaces permettent aux visiteurs d'optimiser leur séjour et de se documenter sur la capitale des Ducs : l'office de tourisme central, logé au Palais des Etats de Bourgogne, l'accueil Dijon Gare et celui du Puits de Moïse, au Centre hospitalier de la Chartreuse. Les hôtesses multilingues de l'espace central de la rue des Forges vous renseignent sur les offres culturelles, patrimoniales et muséales. Les curiosités ne manquent pas ! Découvrez également son espace boutique.

LE BIEN PUBLIC

7, boulevard Chanoine-Kir
DIJON
✆ 03 80 42 42 42
www.bienpublic.com
Quotidien papier et en ligne.

Véritable institution à Dijon, Le Bien public est fondé en 1868 par Lamartine. Son contenu fait la part belle à la couleur et aux illustrations et propose à la fois de l'information de proximité comme de l'actualité nationale et internationale. Le Bien public, c'est plusieurs éditions : Dijon, région dijonnaise, Côte de Beaune, Côte de Nuits, Haute Côte-d'Or... Le Bien Public offre également un programme TV ainsi que le magazine Version Femina et des suppléments sport, gastronomie, sortie, immobilier. Rendez-vous sur www.bienpublic.com pour la version numérique.

FEMMES EN BOURGOGNE

33 a, boulevard de Chèvre Morte
TALANT
✆ 06 03 51 37 41
www.femmesenbourgogne.com
Gratuit.

Un magazine des plus gentleman, car dirigé par Thomas Barbier qui vient également de lancer *Monsieur en Bourgogne* pour former le couple gagnant ! *Femmes en Bourgogne* est le magazine féminin de référence dans le paysage de la presse locale. Une nouvelle charte graphique particulièrement soignée, des choix éditoriaux actuels et territoriaux, ainsi que de beaux reportages photo. Disponible chez plus de 2 000 dépositaires en Côte-d'Or, on est quasiment sûr de le trouver partout ! Le site permet de le feuilleter en ligne, sans oublier sa page Instagram, très suivie.

FRANCE BLEU BOURGOGNE

29, rue Guillaume-Tell
DIJON
✆ 03 80 59 21 21
www.francebleu.fr/bourgogne
Voir le site internet pour connaître la fréquence selon la zone où vous vous trouvez.

France Bleu Bourgogne est la radio de l'info locale et régionale. Pour mémoire, France Bleu est un réseau de 44 stations en France. A Dijon, c'est sur 98.3 FM que vous pourrez la capter. Société, actualité, info trafic, histoire, sport, musique, interviews, reportages... toute l'info à connaître, celle qui vous touche de près, est là ! France Bleu Bourgogne met aussi à disposition une page Facebook et un compte Twitter. Bien entendu, la radio est aussi accessible sur Internet. Et sur mobile en téléchargeant l'application dédiée.

L'INATTENDU

DIJON
✆ 06 74 26 89 82
Magazine trimestriel disponible dans les presses de la région. Prix unitaire 5,95 €. Abonnement pour 4 numéros 30 €.

Nouveau dans la presse régionale, *L'Inattendu* est l'une des belles surprises de l'année 2021. Magazine trimestriel dirigé par Anne-Claire Désautard Filliol, axé sur les sciences, l'environnement, le bien-être et la spiritualité, découvrez ou redécouvrez la région Bourgogne-Franche-Comté au travers de témoignages et de chemins de vie inspirants. *L'Inattendu* propose de vous évader, au fil des pages, avec des contenus enrichissants, ainsi qu'avec des dossiers approfondis comme le lien entre la musique et le cerveau, par exemple. Une vraie bouffée d'oxygène !

MONSIEUR EN BOURGOGNE

DIJON ✆ 06 03 51 37 41
monsieurenbourgogne.com
Gratuit.

Ce fut la nouveauté média de l'année 2020 : suite au succès de *Femmes en Bourgogne*, sa société éditrice 3 Mai Média dirigée par Thomas Barbier décline la formule avec *Monsieur en Bourgogne*. Sous la forme d'un semestriel, ce magazine traite de la gente masculine de notre région sous tous ses aspects. Mode, bien-être, sport, économie, sujets sociétaux... On retrouve le savoir-faire rédactionnel de *Femmes en Bourgogne*, et un tirage très important de 60 000 exemplaires par numéro. On vous conseille aussi de faire un petit tour sur son site monsieurenbourgogne.com.

RESTER

Depuis quelques années, de plus en plus de Français affirment rêver de changer de vie, et la crise sanitaire n'a évidemment fait que renforcer ce besoin de changement. Alors on se plaît à rêver de s'installer dans une toute nouvelle vie... au grand air ! Bien évidemment, la Côte-d'Or, sa verdoyante nature et ses vignes s'y prêtent parfaitement. Ceci, même si aux campagnes on préfère les villes, car l'agglomération dijonnaise s'affiche à taille bien plus humaine et chaleureuse que la plupart de nos grandes villes françaises ! Si au terme de votre séjour ici vous rêvez à votre tour d'y élire domicile, alors n'hésitez pas à aller frapper aux portes des agences immobilières ou à éplucher les petites annonces de particuliers. Bien entendu, les organismes sont là aussi pour vous aiguiller et vous apporter aides et conseils pour votre future installation. A l'aube de votre changement de vie, la Côte-d'Or saura vous accueillir.

BFC PROMOTION HABITAT

45, avenue du Drapeau
DIJON
✆ 03 80 28 81 70
www.bfc-promotion-habitat.fr
Ouvert du lundi au vendredi de 9h à 12h et de 14h à 18h.

BFC Promotion Habitat est vraiment le promoteur qui facilite l'accession abordable au travers de plusieurs formules comme la vente de biens sous plafonds de prix et de ressources avec TVA à 5,5% et bénéficiant de prêts à taux Zéro ou du dispositif de Location Accession (PSLA). L'offre s'étend aussi aux terrains à bâtir en Côte d'Or et Saône-et-Loire, l'entreprise étant aussi lotisseur et aménageur foncier comme ce fut le cas récemment à Crimolois. Venez découvrir ces offres d'accession à la propriété à prix abordable d'une grande diversité.

LOGEMENT BOURGOGNE

2, rue des Corroyeurs
DIJON ✆ 03 80 44 18 29
www.jeunes-bfc.fr
Site de Dijon ouvert le lundi 13h30-18h, du mardi au vendredi 10h-12h/13h30-18h (17h30 le mercredi).

Logement Bourgogne est un portail visant à diffuser l'information sur le logement des jeunes et à présenter l'offre sur la région, qu'elle soit individuelle ou collective, durable ou temporaire. Il est géré par le Centre Régional d'Information Jeunesse Bourgogne-Franche-Comté (CRIJ) qui exerce une mission de service public en diffusant auprès des jeunes et des adultes une information au cœur de leurs préoccupations (études, métiers, emploi, formations, etc.), le tout avec la garantie d'une totale impartialité et de façon toujours très pratique.

IMMOBILIER.NOTAIRES.FR

DIJON
www.immobilier.notaires.fr

www.immobilier.notaires.fr est le site officiel de l'immobilier des notaires de France, avec près de 80 000 offres au compteur dont près de 400 en Côte-d'Or. Ce site devient même LA marque de la négociation immobilière des notaires, une marque qui rappelle aux vendeurs comme aux acheteurs que le notaire est un professionnel de l'immobilier qui sait pratiquer les transactions préalables aux actes officiels. Ce site propose de nombreux services. Vous pouvez entre autres accéder au service «immo-interactif» et faire vos offres d'achat en ligne.

LE MAG DE L'IMMO

14, boulevard Thiers
DIJON ✆ 03 80 79 36 09
www.lemagdelimmo.com
Gratuit. Disponible dans près de 600 dépôts et distribué dans les boîtes à lettres. Site : plus de 1 500 annonces.

Le Mag de l'Immo est le média de référence des annonces immobilières en Côte-d'Or depuis plus de 20 ans. Le magazine papier est tiré à 30 000 exemplaires et est consultable en ligne. Distribué dans les boîtes aux lettres de Dijon, on le trouve aussi dans des lieux de dépôt et des salles d'attente. Le site (www.lemagdelimmo.com) permet, lui, de sélectionner les offres dijonnaises quartier par quartier et propose aussi une sélection de locations étudiantes. De plus, avec l'onglet «Projet» chacun peut poser ses questions et trouver des réponses.

PASSEPORT

INDEX

D

E

K

L

M

EDITION

Directeurs de collection et auteurs : Dominique AUZIAS et Jean-Paul LABOURDETTE
Responsable d'édition : Pascale LEFORT
Avec la collaboration de Eric VOILLEQUIN
Auteurs : Morgane MACE, Laurent FIALAIX, Magali MASSON, Valérie MAYINGILA, Jean-Michel BARBIER, Marie-Elise TRAHAND DURAND, Pierre-Maximilien JENOUDET, Cyrielle HISBERGUE,Cynthia BENZIANE, Romain PIGEAUD, Elsa MELENDEZ, Noémie FAVRE-COQUERET, Delphine TABARY, Jean-Paul LABOURDETTE, Dominique AUZIAS et alter
Directeur Editorial : Stéphan SZEREMETA
Rédaction France : Elisabeth COL, Tony DE SOUSA, Mélanie COTTARD, Audrey VEDOVOTTO
Rédaction Monde : Caroline MICHELOT, Morgane VESLIN, Pierre-Yves SOUCHET, Natalia COLLIER

FABRICATION

Responsable Studio : Sophie LECHERTIER assistée de Romain AUDREN
Maquette et Montage : Julie BORDES, Delphine PAGANO
Iconographie et Cartographie : Anne DIOT, Julien DOUCET

WEB ET NUMERIQUE

Directeur Web : Louis GENEAU DE LAMARLIERE
Développeurs : Adeline CAUX et Kiril PAVELEK
Intégrateur Web : Mickael LATTES
Webdesigner : Caroline LAFFAITEUR
Community Traffic Manager : Alice BARBIER, Mariana BURLAMAQUI et Vincent PHAM

DIRECTION COMMERCIALE

Directeur commercial : Guillaume VORBURGER assisté de Manon GUERIN
Responsable Régies locales : Michel GRANSEIGNE
Responsables Développement régie inter : Jean-Marc FARAGUET et Guillaume LABOUREUR
Chefs de Publicité : Camille ESMIEU
Chefs de Publicité Régie nationale : Caroline AUBRY, François BRIANCON-MARJOLLET, Perrine DE CARNE MARCEIN

DIFFUSION ET PROMOTION

Directrice des Ventes : Bénédicte MOULET assistée d'Aissatou DIOP
Responsable des ventes : Jean-Pierre GHEZ assisté de Nelly BRION
Relations Presse-Partenariats : Jean-Mary MARCHAL

ADMINISTRATION

Président : Jean-Paul LABOURDETTE
Directrice des Ressources Humaines : Dina BOURDEAU assistée de Sandra DOS REIS et Eva BAELEN
Directrice Administrative et Financière : Valérie DECOTTIGNIES
Comptabilité : Jeannine DEMIRDJIAN
Recouvrement : Fabien BONNAN assisté de Sandra BRIJLALL et Vinoth SAGUERRE
Responsable informatique : Elie NZUZI-LEBA

PETIT FUTÉ CÔTE D'OR

LES NOUVELLES EDITIONS DE L'UNIVERSITE
18, rue des Volontaires - 75015 Paris.
✆ 01 53 69 70 00 - Fax 01 42 73 15 24
Internet : www.petitfute.com
SAS au capital de 1 000 000 € - RC PARIS B 309 769 966
Couverture : A vélo dans les vignes © Rozenn Krebel
Impression : IMPRIMERIE CHIRAT - 42540 Saint-Just-la-Pendue
Achevé d'imprimer : juillet 2021
Dépôt légal : 14/08/2021
ISBN : 9782305059518

Pour nous contacter par email, indiquez le nom de famille en minuscule suivi de @petitfute.com
Pour le courrier des lecteurs : info@petitfute.com

IMPRIMÉ EN FRANCE